生活即教育

社会即学校

教学做合一

a MEXIC
peón de
plica el
México

陶行知全集

第11卷

补遗一

补遗一
附录
编后记

四川教育出版社
·成都·

图书在版编目（CIP）数据

陶行知全集. 第11卷 / 方明主编. —2版. —成都：
四川教育出版社，2009.4
ISBN 978-7-5408-5050-0

Ⅰ.陶… Ⅱ.方… Ⅲ.陶行知（1891~1946）-全集
Ⅳ.G4-52

中国版本图书馆CIP数据核字（2009）第033518号

装帧设计　宁成春
责任编辑　唐容平　李曦川　余　兰
技术编辑　顾求实
责任校对　伍登富
责任印制　田东洋
出版发行　四川教育出版社
　　地　　址　四川省成都市锦江区三色路238号新华之星A座
　　邮政编码　610023
　　网　　址　www.chuanjiaoshe.com
印　　刷　成都市金雅迪彩色印刷有限公司
版　　次　2020年1月第3版
印　　次　2024年2月第2次印刷
成品规格　152 mm×228 mm
印　　张　54.5　　插页　4
字　　数　710千
全套定价　2200.00元

如发现印装质量问题，影响阅读，请与本社联系。总编室电话：(028) 86365120
编辑部电话：(028) 86365129

再版前言

1991 年，张劲夫同志祝川版《陶行知全集》出版，在《人民日报》撰文，称这部巨著是一笔宝贵的精神财富。他在文章的结尾深情地写道："新版《陶行知全集》的出版，必将永育后人，光照千秋！"

陶行知是一位伟大的社会改革家，是中国 20 世纪推动现代化的先驱。他坚持以与时俱进的生活教育来推动川流不息的现代化。他热爱人民，躬亲实践，手脑并用，勇于创新，对祖国和人类所作出的贡献及取得的成果是多方面的。从《全集》中可以看出，他涉猎的领域很广，诸如对政治制度、经济发展、社会道德、国际交往、科学普及、民族团结、宗教信仰、新文字推广、环境保护、计划生育等等均有精辟的论述。陶行知又是伟大的人民诗人，其诗的大众化"独开风气之先"，《全集》中收入他的诗 800 余首，仍未搜齐。当然最突出的仍是他创立的生活教育理论。大家熟悉的"生活即教育"、"社会即学校"、"教学做合一"和他倡导的全民教育、终身教育、创造教育、民主教育以及他身体力行的崇高师德，是多么贴近我国的现实与未来的走向啊！

随着我国改革开放的不断深化，现代化进程的长足发展，人们对陶行知留下的这笔精神财富的借鉴意义也愈益有了更清晰的认识。近两年不少读者要求购书，有的省市成立了陶行知研究会，要求供应几十套上百套。而当年印制的新版《全集》8000 套，早已罄尽。面对这日增的需求，中国陶行知研究会也希望能尽快再版。在此情势下，四川出版集团、四川教育出版社决定高质量地再版《陶行知全集》（十二卷本），并组成再版的编辑出版班子，对初版进行认真修订。《全集》约800万字，修订任务繁重，原来各卷的责任编辑年事已高，有的已经辞世（本套书第一版出版后辞世的编纂、出版人员未在《全集》编辑委员会和出版工作者委员会成员名单中注明）；最初使用的原稿，已交有关的博物馆和纪念馆保存，这更增添了校订的难度。出版社抽出十几位年富力强的编辑分担各卷的编务及协调工作，并请有关专家指导，两位老主编和张行可、吴琴南也全力投入，中国陶行知研究会又寄来陶行知自选集的影印本供校勘用。在共同努力下，终于按计划完成了再版的修订任务。

这次修订的主要情况如下：

一、原体例不变

开初有同志提出不论著作体例，统按时间顺序排列；有的主张前十卷不变，将最后两本补遗卷打散，分类按时序插入前面各卷。多数认为这样做不仅工作量过大，原有特色会消失，且不易查阅，故决定再版仍保持原状。

二、改错字及改正注释中的一些讹误

《全集》出版后，原来的编辑发现一些错处，特别是不少读者陆续来信指出发现的问题，这次都做了认真考证校订并逐一改正。此类改正达几百处，但仍有个别人名无从查考。这里特向来信的热心读者表示敬意和谢意。

三、几项调整

将各卷的人名索引合为一处，避免了重复，删去了该人名出现在书中的页码。人名索引刊在第九卷卷末，将原第九卷中1940年1至7月的书信移入第八卷。

抽去了两首重复的诗歌。另抽去第九卷附录中的《陶行知年表》，部分内容并入第十二卷《陶行知及其生活教育活动纪略》。抽去第十二卷附录中致陶行知的信57封，对《陶行知西旅长编》作了删节。另有少量附录因篇幅关系按时间顺序做了移动。

卷首的图片有小调整，第五卷和第九卷各换了一张照片，第四卷增加了一幅手迹。

最可喜的是增加了15篇最近得到的陶行知的佚作。一是1939年写给沈钧儒的信；二是1946年在中国人民救国会第五次大会上的报告记录；还有13篇是香港中文大学哲学博士何荣汉先生提供的英文稿：《一个金陵大学学生的自述》（1912年）、《陶文濬的伊利诺斯州立大学政治学博士入学申请表》（1914年）、《中国的道德和宗教教育》（1916年）、陶文濬致德芬道夫的4封信（1915~1917年）、《祈先生的新贡献》、《中国在转变中》、《中国的乡村教育运动》（1927年）、《生活即教育》（1932年）、《创造的教育》（1933年）、《小先生和识字运动》（1934年），这些均已翻译为中文编入第十二卷。这里，特向何荣汉先生致谢。

这次不仅认真校订内文，对书籍的开本、版式、封面等都提出了高要求，为此还请了北京的装帧设计家宁成春先生做装帧设计，力争出精品。

本书编辑中的不妥处，恳希读者指出，因为陶行知留下的这笔珍贵精神财富是属于我国人民和全世界人民的。

编　者

2004 年 12 月 1 日

《陶行知全集》
编辑委员会

主　　编　戴自俺

副 主 编　孙传华　苏辛涛　郭　笙　陶晓光

分卷主编　理论卷（第 1~4 卷）　孙传华　苏辛涛　洪　桥　祝德顺　周正章

教材卷（第 5 卷）　戴自俺　陶　城　陈贻鑫

英文著译卷（第 6 卷）　温致义

诗歌卷（第 7 卷）　聂大朋

书信卷（第 8、9 卷）　张邦民

衔备忘卷（第 10 卷）　庞曾漱

编　　辑　（按姓氏笔画为序）

王超英　刘有声　江长风　李　冬　陈　思　杨立义

张　颖　张德生　姚启安　鲁　风　裴未如　韩忠祥

程翊德　储朝晖

审　　定　陆静山（主任）吴树琴　楼化篷　徐明清

丁　丁　龚思雪　李能寿

特邀主编　胡晓风

新版

《陶行知全集》出版工作委员会

编辑说明

一、陶行知（1891—1946）是我国伟大的人民教育家、伟大的共产主义战士。他为中国教育改造、普及人民教育、争取民族解放和建立人民民主的新中国奋斗了一生，留下了大量的著作。他的著作，散见于1913年到1946年的国内外报刊。生前曾以各种形式出版各种专集，流传甚广，影响深远。延安也曾出版《行知教育论文选集》。1946年，延安各界追悼陶行知筹备委员会倡议出版《陶行知全集》，但因限于当时条件，未能实现。1957年7月，张宗麟曾在《人民教育》发表文章，公开建议人民教育出版社编辑出版《陶行知全集》。1959年原中央教育部所拟定的《教育科学规划》曾有出版《陶行知全集》的项目，但因当时各种阻力尚未排除，终未实现。中国共产党第十一届三中全会以后，研究陶行知的活动又活跃起来。1981年，由邓颖超同志主持的陶行知诞辰90周年纪念大会在北京市全国政协礼堂召开。安徽、上海、江苏、四川、北京等地相继成立了陶行知研究会。1982年，华中师范学院（现华中师范大学）教育科学研究所和湖南教育出版社，在征得安徽、上海、江苏、四川、北京等省、市陶行知研究会赞同和陶行知先生亲属的大力支持下，组成《陶行知全集》编辑委员会，由华中师范学院教育科学研究所主编，湖南教育出版社于1985年出版了六卷本《陶行知全集》，在抢救我国民族文化遗产、促进我国教育改革、建设具有中国特色的社会主义教育体系等方面作出了有益的贡献。

二、1985年9月，中国陶行知研究会、中国陶行知基金会成立，对陶行知的研究开始了新的篇章。随之，中国陶行知研究会陆续收到了陶研工作者，陶行知生前友好、学生以及部分读者的许多宝贵建议，要求中国陶行知研究会争取时间，趁陶先生的一些老朋友和学生以及部分陶行知研究的老专家尚健在的时候，组织力量，在原有的基础上，重新编辑出版一部较完备的新版《陶行知全集》（以下简称《全集》），在1991年陶行知诞辰100周年时出版，以应时代及广大读者的需要。

三、本版《全集》的编辑工作，本着求“全”、求“真”的原则，增补了迄今为止收集到的佚文、佚诗、佚信等，并作了认真的校勘；在考订的基础上加了注释；对作者用外文所写著作均作了新的校译；各卷插图有了新的补充和调整。特别要指出的是，本版增补了作者自1936年4月至1946年7月所用的小笔记本55册，以作者所题《衙备忘》为名全部整理编入第十卷，约40万字，系首次发表，是研究陶行知最后十年战斗生涯的极为珍贵的史料。

四、本版《全集》按文章体裁分类，共成十卷。各卷保留了作者原有自编专集的原貌；专集外的文章，再按时间顺序排列。第一至四卷为论著卷（包括论文、演讲记录、谈话、提案等）；第五卷为教材卷（包括各类教材及编辑手稿、儿童科学读物、寓言、歌曲等）；第六卷为英文著译卷（包括英文著述、英文书信；著述中译、书信中译；中译英、英译中等）；第七卷为诗歌卷；第八、九卷为书信卷；第十卷为《衙备忘》。

五、本版《全集》的编辑原则为：（一）尽可能做到“全”；（二）保持陶行知著作的原貌；（三）所收文稿，均经慎重的考证、核查。

六、本版《全集》的注释要求是：（一）以具有中师毕业以上文化程度的广大教师及其他读者为对象；（二）注释条目的选择，以有助于理解原文为准；（三）文字力求简明扼要；（四）对人物、事件，介绍历史背景，力求客观真实，不带政治帽子；（五）人名索引根据其与原著及作者的关系而确定其详略。

七、本版《全集》的编辑和校勘，除充分利用中国陶行知研究会所珍藏的资料以外，并专门组织了力量，到江苏、上海、安徽陶行知纪念馆，中国第二历史档案馆以及华中师范大学近代历史研究所，浙江湘湖师范学校等单位查核大量原件，还尽量查阅手稿及各种版本的专集，多方比较、考证，以求臻于完善。凡有增删或改动者，均采用注释加以说明或以其他方式处理，以便对照。

八、本版《全集》的编辑工作是由中国陶行知研究会领导下组成的编辑委员会主持进行的；出版工作是由四川省党政领导及有关人士组成的出版工作委员会主持进行的，特别是中共四川省委宣传部在多方面给予了大力支持。

九、在编辑过程中，得到南京中国第二历史档案馆，北京中央档案馆，广东省档案馆，北京图书馆，华南师范大学图书馆，南京大学图书馆，南京图书馆，北京师范大学图书馆，上海图书馆，上海辞书出版社图书馆，中央教育科学研究所图书馆，安徽省图书馆，四川省图书馆，四川大学图书馆，广东省图书馆，广州中山大学图书馆，华中师范大学近代史研究所，江苏晓庄陶行知纪念馆，上海陶行知纪念馆，安徽陶行知纪念馆，四川教育学院，各省、市、自治区陶行知研究会以及陶行知先生生前友好、学生和亲属的赞助及支持，在此谨一一深表感谢！

十、由于水平及各种条件所限，本版《全集》疏漏、错误在所难免，敬请读者教正。

《陶行知全集》编辑委员会

1990年12月

凡 例

一、本全集编入迄今收集到的陶行知的全部文稿，有文章、诗歌、教材、书信、演讲、小说、谈话、章程、提案、文电、广告、备忘录等2530篇（其中教材13本、小说1部、备忘录55册）。凡有作者手稿，有作者个人署名，或虽未署名但有根据可确认为作者所著者，均收为正文；合署而非作者起草，或虽有个人署名但不能确认为作者所著的文稿，均与其他参考材料一起作为附录。附录共314篇（包括附在第九卷末的年表），一种为文末附，一种为卷末附录。

二、作者的自编集共17本（其中小说1部），大体上按出版的年代排在有关卷的前面，作为第一部分。自编集以外的集外文汇、集外诗汇、集外书信等均按写作或发表的时间逐年编入有关各卷，作为第二部分。有的诗文收入几种自编集内，此次只在一本集子中排印，其余均存目。第六卷英文著译卷，分类按年编排。第十卷《衙备忘》用手稿影印，一册为一篇，在篇末加少量的译文与注释。

三、除少数姓名和文言文中的个别字外，统用简化字，以国家语言文字工作委员会1986年重新发表的《简化字总表》为准。

四、陶行知原著中的纪年、数字、译名及章节标题的分层序码等均保持原貌。纪年多系民国纪年，如三年、廿一年、卅二年（即公元1914年、1932年、1943年）等。数字则汉字与阿拉伯字并存。翻译的人名、地名与通译不同的，在注释中注明通译的名称。编者所写的注释文字统用公元纪年，数字用法按国家语委等七部门公布的试行规定。

五、论著、诗歌、教材及儿童读物的标题用原题，个别有变动的在题注中说明。书信的标题，除作者自编集外，多系编者从信中摘取原话为题。

六、原著无标点的，由编者加添标点；原著用旧式标点或标点不规范的，重新标点。

七、改正了原稿中的错字，删除了衍文，漏字在〔　〕内添补，无法辨认的字用口号代替。通假字、古今字、异体字等，除文言文中的少数字外，均按有关规定处理。

八、编者的题注为脚注。书信及一些档案资料现存放何处，均不作注。

九、作者本人的署名，1934年7月16日前为“陶知行”，现一仍其旧。编者所写注释中则一律称“陶行知”。

十、第十卷和课本、小说不作人名索引，其余各卷正文中出现的人名，均按姓氏笔画作索引，附在卷末。附录不作人名索引和注释。

陶行知全集第十一、十二卷

编辑出版委员会

编辑前言

《陶行知全集第十一卷（补遗一）》收入1917年至1946年间陶行知的著作347篇，另有附录28篇。

本卷在编排体例上不再将论著、诗歌、书信等分类，全部按写作或发表的时间顺序排列。

本卷收入了少数回忆文章中记录的陶的讲话，这不是陶的原著，因内容比较重要，也较真实可靠，为便于阅读，所以排在正文当中。

文中〔　〕内文字系编者所加。

本卷收入《申报》的时评59篇，确定为陶行知撰写。在编辑本全集前十卷的过程中已经发现若干篇时评，从内容到笔调都与陶行知当时的文章极其相似；但因出版时限紧迫，佐证资料不足，认识不一而搁置。此次遍查了1918年至1936年的《申报》，并对1931年9月至1932年7月的300篇时评反复研究考证，选出认为是陶写的70篇。再将选出的时评送请有关人士审核，意见集中后又将有疑点或有争议的抽去13篇，同时根据李楚材的意见增补了两篇。

从现在掌握的资料来看，陶行知当年确为《申报》写了大量的时评。1931年1月，史量才实施革新申报计划，秘密聘请陶行知为总管理处顾问。当时黄炎培、戈公振在主持设计部。黄主管对外关系，联络社会，戈主管新闻业务，陶主管舆论。陶作顾问的职责就是掌握报纸的舆论导向。陶所依靠的是一个松散的进步知识分子集合体。这个群体以宋庆龄、马相伯为首，后来在共同从事救亡运动中，先后组成中国民权保障同盟、救国会及国难教育社等组织，支持中国共产党及其领导的民族解放运动。《申报》是当时文化上“反围剿”的一个重要阵地，陶行知为申报写了大量时评是情理中的事。当年与陶一起战斗的胡愈之，1981年在《纪念陶行知》一文中指出：陶“曾连续发表了大量政论性文章，抨击国民党的不抵抗主义。另一方面他看到中国共产党高举抗日民族统一战线的大旗，号召全国人民团结抗战。”（《胡愈之文集》第六卷193页，三联书店1996年版）这从1985年马荫良口述、张癸纪录整理并经马本人修订的《陶行知与申报》中得到进一步证实。马说：“在1931年至1934年间（特别是1932年），《申报》的时评，大都由陶先生出点子、命题、列纲，或由陶先生修改写成的。”“《申报》支持进步势力和救亡运动，是由陶先生掌舵的。”（《陶行知研究》第70页，湖南教育出版社1987年版）马荫良时任申报经理，是亲历其境的历史见证人，其言可信。李楚材在讨论本卷文稿的来信中，有三封信内提到：三篇论“剿匪”与“造匪”的时评，“马荫良先生几次向我说过，此三文是陶所写。”1996年12月，李楚材在上海再次提出陶为申报写时评的问题时，出示了台湾《史量才与上海申报》（20）为证。后吴瀚从北京提供了胡憨珠的全文（在《传记文学》第65卷4期至第69卷3期上连载23期），其中叙述的事实，与马荫良的口述几乎完全一致，只是详略不同，褒贬各异。当时是陈彬和主持笔政。陈是陶行知推荐入申报馆的。曾有人告诉胡愈之，陈彬和不能写文章，多是他人捉刀而以陈的署名发表。胡憨珠的文章也证实了这个看法。可见时评所署

“彬”字，当为“集体笔名”，不仅陶、陈可用，其他分工撰写的人亦可用，有的时评可能是经过多人之手的“集体创作”。陈彬和在1933年出版的一本申报时评的序中说：“李组绅、黄任之、陶行知、杨幸之诸先生平时指导讨论”，也说明了这一点。当时形势也不容许把参加写作集体的所有名字公开。胡憨珠的文中也很称赞论“剿匪”与“造匪”的三篇时评；并说申报从不采用“共匪”二字，这是由总管理处议决在案之后，通知全编辑部同人一体知照的。胡憨珠文中还说：“申报当时对于抗日的这个问题，是每日以时评的评骘文章，督促政府，激发民气，一时成为舆论中心。”“申报馆似乎成了左翼联盟的盟本部。”胡憨珠是申报馆的老职工，所言事实与胡愈之、马荫良相吻合，应是可信的。还有更直接的证明：陶行知自己编的《斋夫自由谈》一书的最后两篇文章，就是他为《申报》写的时评。

陶行知为《申报》写了大量时评，可以肯定；但要从中准确地选出他的文章，则有相当大的难度。1931年至1934年，申报几乎天天有时评，间或有一天两篇的。因时评多由大家分写；有的集体讨论，推人执笔；有的某人起草，他人修改。总之，不少时评具有你中有我，我中有你的特点，确认较难。1936年7月陶行知途经新加坡，在青年励志社也讲过这种情况：“上海九七老人马相伯，每天写信做文章，勉励爱国青年，鼓吹救国。有人说他给我包围了，其实是我给他包围了。因为他做了文章就打电话叫我去看，看了自然觉得非常好，好就要给他拿到报上发表。”（本全集四卷120页）谁包围谁说不清楚，文章也是马、陶难分。我们的水平有限，认定不准确，或有错入，或有遗漏，均在所难免，只有恳请识者指正，以图今后补救。

还需要加以说明的，是本卷收入的8篇有关发展汽车运输业的文章。文章均发表在《申报·汽车增刊》上，都署名为“陶”。这个署名见之于1924年7月26日《申报常识·平民周刊》上《问一问》。后来陶行知把这首诗改题为《问到底》，收入他的《幼苗集》。在审读考订中，有同志提出这些文章可能不是陶先生写的。因为1922—1923年陶忙于中华教育改进社工作，无时间和精力来研究这方面问题；讲美国汽车工业需调查才行；如陶重视筑路，为何以后又不赞成用归还的赔款筑路。多数编者认为这几篇文章系陶所写。陶赴美留学，先是入伊里诺大学攻读市政，对道路建设有所研究。1919年3月他就发表过《道路与教育》一文（本全集第一卷253页），介绍马萨诸塞州“道路修得好”，“教育也很发达”的情况。这次收入本卷的几篇，也多是介绍美国的有关情况，基本上是根据公布的统计数字，加以述评的文字，有的就是以消息报道形式发表。这不会占去陶先生太多的精力。至于不赞成用赔款筑路，陶先生1924年在《何不提倡裁兵筑路》（本全集第一卷534页）中非常明确地表示：“我们很相信新的中国是要四通八达的道路和四通八达的教育来创造的”，“赞成交通事业和教育事业要有充分的互助合作。”只因从俄、美等赔款的具体情况出发，“硬要移作筑路之用，很有困难的地方”。因此才向吴佩孚等提出：“与其主张赔款筑路，不如主张裁兵筑路”。1925年7月，陶在《我对于屯昌汽车路办理的意见》(本全集第二卷193页)中讲了公路交通对于发展商业及文化教育事业的意义，并提出了要办理成功的要素及具体措施。这篇文章也是最先在《申报·汽车增刊》上发表的。其后还有他的同乡许世琪的有关文章。陶的文章是应中国道路建设协会负责人王正廷、郭秉文等人的邀约而写的。可以看出陶先生在这一时期是很重视教育与交通的联系的，当然也很注意与其他各行各业携手，这正是生活教育本身所决定的。

本卷收入陶行知 1917—1946 年的著作 347 篇，均系前十卷未收的佚文，有论著、诗歌、书信及讲话记录等，其中有不少篇章是首次发表。稿件均按写作或发表时间顺序排列。另收附录文字 28 篇。

1

1　伟大的人民教育家陶行知

2　1915 年陶行知在美国伊利诺大学获政治学文科硕士学位。这是陶（后排右二）与同学合影

3　陶行知与胡适在哥伦比亚大学同学时留影

2

3

4

5

6

4 陶行知任南京高等师范学校教授时与教育科第一级毕业生留影。前排左六为陶行知，左一为陈鹤琴

5 中华教育改进社董事会合影。右三为陶行知

6 1921 年 12 月实际教育调查社在北京召开讨论会时合影。前排左三为陶行知，左七为美国教育学家孟禄

7 陶行知（前排右二）在加拿大维多利亚市华侨中学与教职员合影

7

8

9

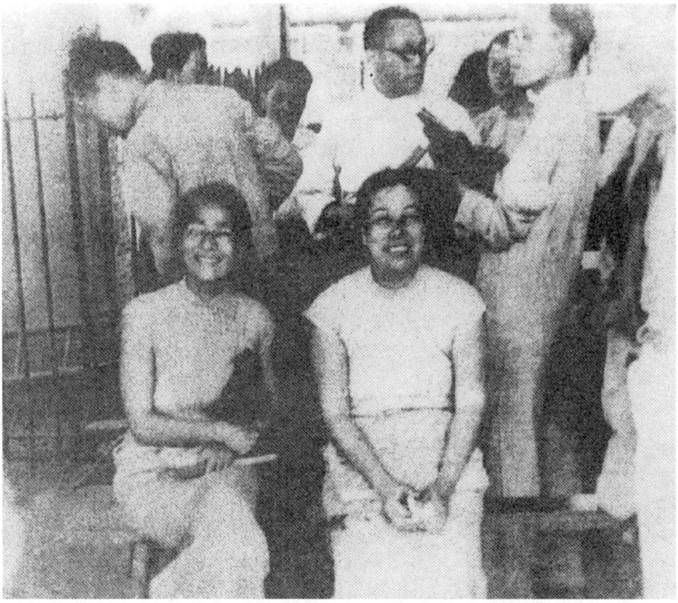

10

8 陶行知（左四）吴树琴（左三）夫妇与友人在重庆北温泉合影

9 陶行知（左二）请中国科学社生物研究所所长秉农山（右一）等人做育才学校自然组顾问，这是与该所研究人员的合影（后排左一为陶宏）

10 1946年陶行知（后右二）在上海火车站欢送去南京请愿的代表。前排左一雷洁琼，左二许广平。

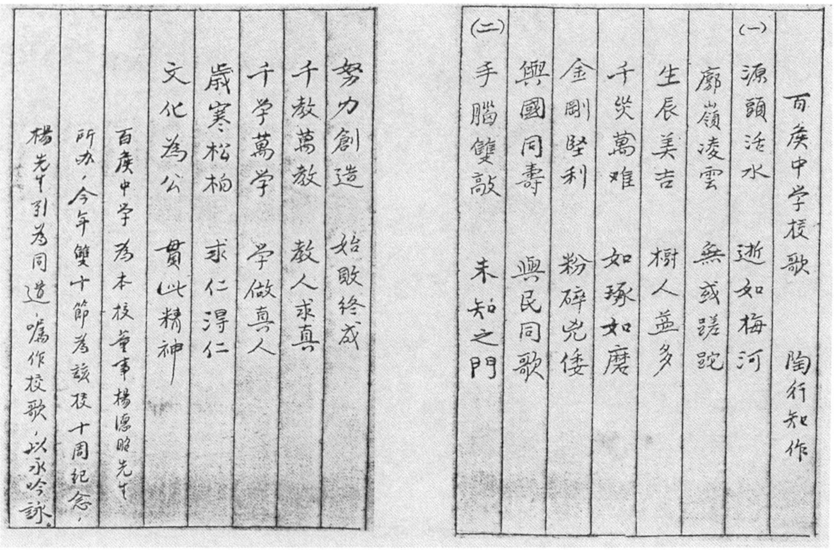

百侯中学校歌　陶行知作

(一)源頭活水　逝如梅河

廓嶺凌雲　無或蹉跎

生長美吉　樹人益多

千災萬难　如琢如磨

金剛堅利　粉碎兇倭

興國同壽　與民同歌

(二)手腦雙敲　未知之門

努力創造　始敢終成

千教萬教　教人求真

千学萬学　学做真人

歲寒松柏　求仁得仁

文化為公　貫此精神

百侯中学為本校董事楊德昭先生所办，今年雙十節為該校十周紀念，楊先生引為同道，囑作校歌，以永吟詠。

11

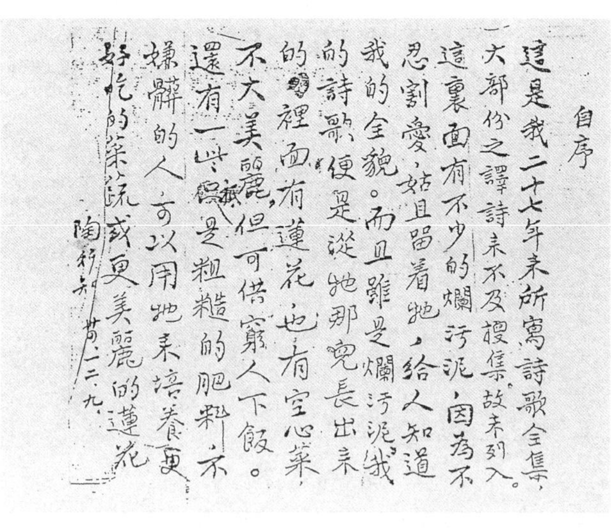

自序

這是我二十七年來所寫詩歌全集，一大部份之譯詩來不及搜集，故未列入。這裏面有不少的爛污泥，因為不忍割愛，姑且留着牠，給人知道我的全貌。而且雖是爛污泥，我的詩歌便是從牠那兒長出來的。裡面有蓮花，也有空心菜，不大美麗，但可借窮人下飯。還有一些祇是粗糙的肥料，不嫌髒的人，可以用牠來培養更好吃的菜蔬或更美麗的蓮花。

陶行知　廿、一二、九。

12

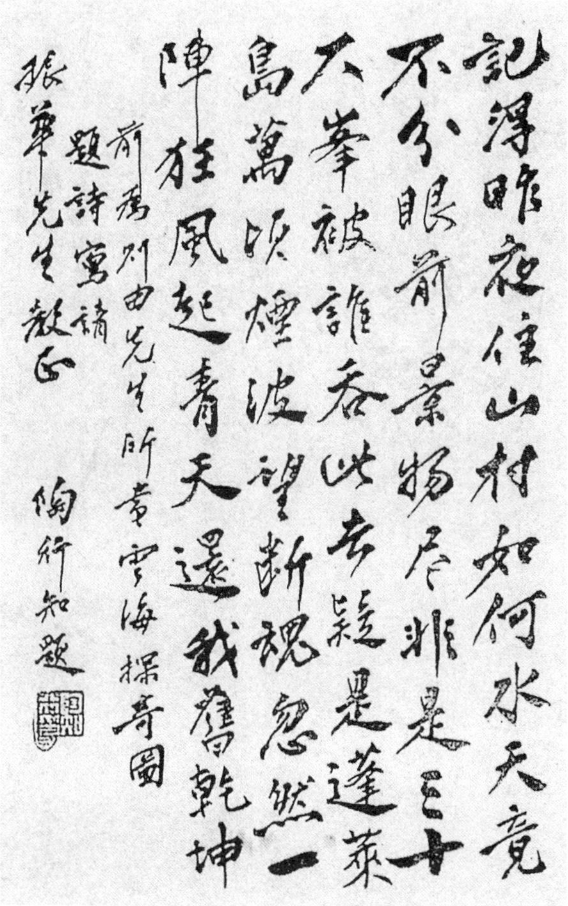
記得昨夜住山村如何水天竟
不分眼前景物盡非是三十
六峯被誰吞此去疑是蓬萊
島萬頃煙波望斷魂忽然一
陣狂風起青天還我舊乾坤
前為劉由先生所畫雲海探奇圖
題詩寫請
張華先生教正
陶行知題

13

11、12、13　陶行知手迹

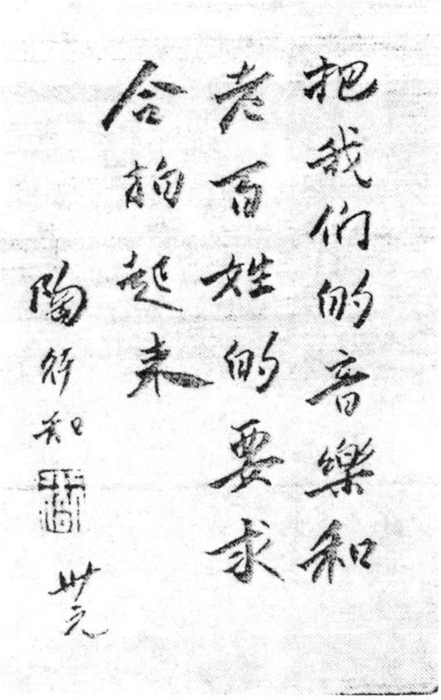

14

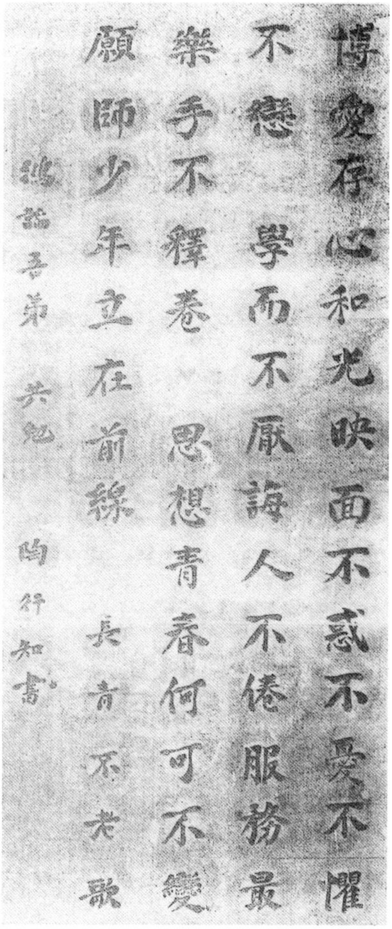

15

14、15　陶行知手迹

目 录

1924年

1925年

1926年

1933年

1934年

1935年

1936年

1938年

1939年

1940年

1941年

1942年

1943年

1944年

1945年

附　录 717

补遗一

1917 年

遗传论*

遗传之事，欧美学者认为教育根本问题之一。其关系教育，至为重大。故遗传家始高尔登（Galton）至戈打得（Goddard）殚思极虑，以冀深造，五十年来良多发明。今辑诸家名说，以资海内教育家之借镜。苟有心斯学者，利用诸专家之阅历，以作基础，再尽精微，俾此学大放光明，以佐教育之进行，记者实有厚望焉。

释义　人生智能品格之来源有二：一由于天然之禀赋，一由于外界之陶冶。禀赋于天然者，谓之遗传的智能品格，又曰生成的智能品格。简言曰先天，亦曰天性，名虽异而义皆同。陶冶于外界者谓之习染的智能品格，又曰后获的智能品格。简言曰后天，亦曰习惯，皆异名而同义者也。前者与生俱来，后者随遇推移，遗传与习染交相为用，而人之智能品格备焉。

遗传与教育之关系　教育者，所以发展智能培养品格使归于正之具也。其第一要义在探索学徒智能品格之本源，方可对证施药而无弊。不然，则认寒为热，不特为教者劳而无功，受教者且有误服汤药之虞。夫智能品格之来源，既有遗传与习染之分矣，而遗传智能品格之中，复有可改移与不可改移之辨。譬之眼色，

* 原载1917年3月《留美学生季报》第4卷第1期。季报系中国留美学生会主办，在美国编辑，上海印刷。陶回国后对文章作了修改，于1921年1月5日前由南京高等师范学校印单行本，署名陶知行。本篇据单行本排印。

或黑或碧，纯属遗传，一成不可复易。吾人禀赋之类此者，实不知凡几。天工既不可以人力胜，则虽日事培植之工，亦如捕风捉影，终鲜实效。然如躁性可以熏陶而变和蔼，惰性可以督促而进勤敏，其造端虽由遗传，其转移则恃习染。天工虽定于前，人力终胜于后。教育之功，则在设备种种适当习染之机会，使天性之正者，得以发荣滋长；其不正者，得以湮没于无形。不特此也，某项天性，吾既知其为可改移矣，然而改移之中，复当辨其差等。其可改移之处，为全局乎？抑为一部分乎？其举人皆同乎？抑随人而异乎？苟施以培植，当在何时，当用何法，始能收圆满之效果。此种问题，皆与教育成效有极密切之关系。讲求教育者，安可不勤求其解决之方。解决之方维何？曰亦惟从事遗传智能之考察耳。

遗传要旨　语云“将门出将种。”又曰：“有其父必有其子。”故遗传之要义，即为同同递传（Like produces like）。六趾之猫，其子常有六趾。何则？种子相同耳。

隔代遗传　遗传之事，不必尽由父母。有祖父母之性情不现之子女，而现之孙子孙女之身者。此种遗传，谓之隔代遗传（Atavism or reversion）。

（参考Thomson，Heredity P.132）

返本遗传　性情之隔一代而遗传者，谓之隔代遗传。但性情隔二三代而遗传者有之，隔四五代而遗传者有之，甚至远祖远孙，同具一性情，而为中间诸代所未经见者亦有之。此之谓返本遗传（Reversion）。

（参考Thomson，Heredity PP.119，120，121，133，137。）

习染之智能品格不能遗传　由同同递传之义言之，恒人几疑凡父母之智能品格皆能传之子孙。以为父母善音乐，其子女必善音乐，父母善算术，其子女亦必善算术。欲知此说之当否，必先知吾人之智能品格有生成（Congenital）与后获（Acquired）之分。欲知其子女之善音乐算术与否，须辨其父母果何由而善音乐算术。其生成也耶？抑学成也耶？知生成学成之分，则论断不难矣。吾见生成聋瞽父母之产聋瞽子女者矣；然若父母遭险致伤耳目，而成聋瞽，遂谓其子女亦必成聋瞽，则吾未之前见。伊利诺大学（Illinois University）试验习染或人为智能品格之能否遗传，特养鼠数百尾，其二法则取数鼠斩去其尾，冀观其所产小鼠是否无尾。然新鼠皆有尾。嗣后每逢产小鼠，即去小鼠尾，今且历试数十代矣。而后代小鼠皆有尾。此可见习染智能品格之不足以遗传也。

生成智能与后获智能遗传力之区别，先贤鲜能言之。博学如达尔文（Darwin）犹主纤胞汇集之说。谓人身为细胞所组织而成，全身细胞放射纤质使流通汇集以成种子细胞（Sex Cells）。（此说见Provincial Theory of Pangenesis）然种子细胞既藉全身纤质放射汇集而成，则身体一部分有何变动，影响且及于未来之子女。然证以斩鼠尾之事，则其说不攻自破矣。

遗传关　父母之性情能越遗传关（Bridge of Heredity），方能传之子女，否则不能。习染智能品格之不能超过遗传关者，亦必不能奏遗传之效。外斯曼氏（August Weismann）最先倡此说，谓有种子细胞（Germplasm or Sex Cells）与形体细胞（Somatoplasm or Body Cells）之别。性情根源于种子细胞，始有遗传力。其仅根源于形体细胞者，皆不能有遗传力。种子细胞，即所谓遗传观。欲习染或学成智能品格之遗于子孙，必先使此智能品格同化于种子细胞内，方能奏效。

外氏此说，盖本于种子绵延之理（The Continuity of The Germplasm）。外氏谓人之由来，实缘父母之种子细胞汇合所成。幼儿当初成胎时，即有一种细胞，自集以成幼儿之种子细胞。幼儿之种子细胞，离其所受之形体细胞，独立发育。其根源惟在父母之种子细胞，与父母之形体细胞绝不相混。故父母之智能品格，具于种子细胞者，世世相传不绝。其仅具于形体细胞者，则绝对不能遗传。何则？未能过遗传关也。此说揆诸事实，较诸达尔文氏为更确切矣。

外说与教育　按外氏之说，学成或习染的智能品格皆无遗传能力。如是则教育所培植之智能品格，虽有慈父爱母不能持以遗传于子女。大匠诲人不能使人巧，天性为之也。即能使人巧，亦不能使人之子孙巧，盖以学成之事不能遗传耳。反之，前代苟具一种天生之才智，虽当生之时有不达有达之分，而于后代之遗传，则无毫厘之影响。亦以才智之子，不以生前父母之通塞，而增减其禀赋也。故以直接言，父母之受教育与否，与子女之禀赋绝不相关。若言间接之关系，则父母有相当之教育与否，家庭之良窳系之。家庭之良窳，子女之观感系之。即以体质而论，父母苟知卫生，则幼儿成胎前后俱受无形之利益。虽然，此俱外铄之因果。影响纵大，不能误作遗传观也。（参考A.Weismann，The Germplasm A Theory of Heredity）

禀赋之不齐　孟子曰："夫物之不齐，物之情也。"父母之于子女，固是同同相传，然所同者其大纲，所异者其细目。细目之所以不齐，以其结合构造之手续各异。故子女或类其父，或类其母；或一部分类父，一部分类母；或因性质融和之结果，与父母皆不类。而类似之中，复有浓淡深浅之分。故曰所同者其大纲，所异者其细目。

融合遗传　融合遗传（Blending Inheritance）之研究始于高尔登氏（Galton）。高氏常见父高母矮而其子不高如父，亦不矮如母，但近乎其中。以为此种遗传，必有定例。且儿女躯干之修短，不仅为父母所影响，即远祖近祖躯干之构造，皆与有力焉。高氏见其然也，乃竭力以求其原理之所在。几经试验而"趋中原则"（The Law of Regression）以立。趋中原则亦曰"祖传原则"（The Law of Ancestral Heredity）。所谓趋中原则者何？曰世代相距之远近，与对于后代之遗传力有反比例。以通常之禀赋言之，父母之影响居其半；祖父母及外祖父母之影响共占四分之一；曾祖父母及外曾祖父母共占八分之一。由此类推递减。约言之，一代之遗传力倍其上代之数。世代相距愈远，则其影响于后代遗传之势力亦愈薄弱。而其代代相差之率，则为半数。故一人之身系万千祖宗之体质性情所铸成。其融合而成之体质性情，一一皆有其本源。苟此万千祖宗皆为上智，则可必其子孙之为上智。苟有一焉而为下愚，为中才，无论男女，皆足以使后代减色。苟此万千祖宗皆为下愚，则可必其子孙之为下愚。苟有一焉而为上智，为中才，即足以使后代生色。二者俱向中才趋进，前者向中才降，后者向中才升，故谓之“趋中原则”。就事实言，天下祖宗不能皆为上智，皆为下愚。其间差等不定，升降靡常。有上智焉，有下愚焉，有中才焉。儿孙之禀赋，亦视此三种祖宗之多寡及其遗传力之强弱以为定耳。英雄不世出，大奸慝亦不世出，而中才遍满天下，趋中原则实为牢不可破之铁案矣。（参考F. Galton. The Possible Improvement of The Human Breed，Nature64：1901，P. 659）

夹杂遗传　融合遗传外复有夹杂遗传（Particulate or Mosaic Inheritance）。所谓夹杂遗传者，即父母之一种体质性情，杂陈并现于儿女之身，显然可别。如父母眼色不同，则子女一眼色类父，一眼色类母，亦所经见之事。又如黑牛白牛能产花犊，或白身黑斑，或黑身白斑，皆夹杂遗传之类也。

单独遗传　有一种性情遗传，或纯类父，或纯类母，不相融合，亦不夹杂，但能独立以奏遗传之功。如父眼色碧，母眼色棕，而子女之中，或二眼皆碧色，或二眼皆棕色，凡此之类，皆为单独遗传（Alternative Inheritance）。

单独遗传及夹杂遗传之三原理　单独遗传及夹杂遗传之说，虽创始于高尔登氏，而表章奥义，则孟特儿（George Mendel）之功居多。孟特儿者，奥斯马加之僧侣也。当西历一八六六年〔应为1856年〕时，于波拉尼（Brünn）〔即原捷克斯洛伐克之布隆〕之花园中，杂种黄豆，以察其遗传之现象。然孟说初流行时，大为时流所攻击。待至一九〇〇年，荷兰植物家佛里斯氏

(De Vries）兴，屡经试验，俱符孟说，孟特儿所主张之三原理，遂一跃而为遗传学之铁案。

孟特儿之三原理为何？一曰单独性质（Unit Characters）；二曰性质分立（Segregation）；三曰性质之隐显（Dominance And Recessiveness）。按孟说，凡有生之物皆由百千单独性情组织而成。在种子细胞内，每一单独性质各有其特别之原素。原素虽彼此有相互之关系，然当呈现之时，矫然不倚。此之谓单独性质之说。至两种子细胞汇合时，苟各含相反之原素，既不容融合，则惟有分立以施夹杂或单独遗传之功。此之谓性质分立之说。若二性质虽经遗传，然二者因他故，势不能同时并现，则其彰明较著者为显现性质（Dominant Character），其不著者为隐伏性质（Recessive Character），隐伏性质虽内蓄不现，然其遗传力正未尝稍弱，但不之见耳。

孟特儿取长种豆与矮种豆，交植园中，见所出新豆，显属次长种，则"长"者为显现性，矮者为隐伏性，无疑。然新豆受矮豆之影响，矮性虽隐状，而矮性之遗传力正未尝少减。苟取此种新豆而再种之。则第三代之新豆四之一属矮种，四之一属长种，四之二属次（长）种而蓄矮性。

既得黄豆遗传之经验，孟氏乃创立公式以表原理。用"显"字代显现性情，"隐"字代隐伏性情。于是则孟特儿之公式如下：

（公式一）

第一代　　　　第二代

显＋隐　＝　显隐

（公式二）

第二代　　　　第三代

显隐＋显隐＝显＋2显隐＋隐

解释：公式二第一项与第二项之显配合得显。第一项之显与第二项之隐配得显隐。第一项之隐与第二项之显配得显隐。共为二显隐。第一项之隐配第二项之隐得隐。故等于显+2显隐+隐。

若以豆之遗传证之，上立之公式可为下式：

（公式一）

第一代		第二代	
长+矮	=	长	矮
		（显）	（隐）

若取第二代之同种豆再植之，则得式如下：

（公式二）

第二代						第三代						
长	矮	+	长	矮	=	长	+	2长	矮	+	矮
（显）	（隐）		（显）	（隐）		（显）		（显）	（隐）		（隐）

由此式观之，可见第三代之豆，四之一属长种，四之一属矮种，四之二属次长种而蓄矮性。此类数目不可误作实数观，几分之几云云，纯由机会上立论。故以黄豆论，其第三代有一分机会属长种，一分机会属矮种，二分机会属次长种。以言实数，则或与机会相符，或与机会稍歧，难以确言。但能取千万事实而考核之，则实数与机会相差不远矣。

准如孟氏公式，则上智与下愚敌体，智与愚皆备于子女之身。智分显现，昭彰可睹。愚分隐伏，内蓄而不可察。故就表面视之，则其子女才智仍然卓荦。然内面隐伏之愚分，固无时不求外著。苟压力解脱，则愚相立形于后代。故对于此类子女，苟择同类者为之婚配，则以理论上之机会推之，其第三代之纯属上智者四之一，纯属下愚者四之一，其余之四分之二则才智平庸而显蓄愚分。世固有父母才智过人而其子女不皆慧者，则以前代遗有隐伏之愚分耳。反之，父母躯干适中，或举魁梧；才智庸常，或产英俊。亦以此理为枢机也。

除上立公式之外，孟特儿尚创有五公式，并前而为六。读者苟明第一公式，则其余可以类推也。兹举六公式如下：

	第一代	第二代
公式一…………………	显隐×显隐=	显+2显隐+隐
公式二…………………	隐隐×隐隐=	隐隐
公式三…………………	显隐×隐隐=	显隐+隐隐
公式四…………………	显显×隐隐=	显隐
公式五…………………	显显×显隐=	显显+显隐
公式六…………………	显显×显显=	显显

参考（W.Bateson，Mendel's Principles of Heredity）

疑问　自孟说阐明以来，动植物家历试不爽。故其三原理几已公认为遗传学之金科玉律。然亦有待解之疑义。有时显现性质遗传不纯，有如红白牛产棕犊之类。实未能以孟说解之。甚至有时所产生物呈一种特别现象，全然不类前代。此亦孟氏未经解释之疑问。然而疑问为发明之母，疑问愈多，则发明之机会愈众。欢迎疑问，虚心竭思以求解决之方，俾真理愈明，则学者所有事也。

1918 年

将来复多薰育*

凡关于学生之道德旨趋，与夫责任义务，娓娓千百言，所以召勉学生者备至，他校毕业训词则有之，无有特开训词会者。既往已沐春风，将来复多薰育，此为本校之特有精神。

* 原载1918年10月《金陵光》第十卷第一号。此系作者1918年6月23日任南京高等师范学校同学会会长时，在毕业生会上报告的开会宗旨，申明不作毕业训词。

1919 年

为新教育杂志集稿*

——致胡适

适之先生大鉴：

新教育杂志屡承惠赐鸿篇，至深感激。第六期兹定六月一日出版，拟于四月二十五日以前集稿。

先生热心教育，学识宏通。凡定阅本杂志者，莫不欲继续获睹先生之文以为快。幸用特专函奉恳，务请将本期所愿担任题目先期寄下，并希早日惠寄全文，俾得如期出版以惠国人，不胜欢迎感盼之至。专此即请

著安

陶知行启

三月二十日

* 原载耿云志编《胡适遗稿及秘藏书信·陶知行（行知）信三十通》第36卷350、351页，黄山书社出版。1919年3月20日陶为新教育杂志第六期约胡适撰稿。自第四卷第二期起，陶接替蒋梦麟担任该杂志主编，编辑部设在南京东南大学教育科。题为编者拟。

尊重人格为最重要*

今日国耻纪念有二种观念：甲、快乐，乙、悲痛。所谓快乐者何？今日纪念之举动，热心文明，为向来所未有也。悲痛者何？希望合群一致进行。爱国热诚，出于个人之自动。果能坚持到底，不改初志，尊重人格为最要也。

* 原载1919年5月11日《申报》第二张第七版第三栏。此系陶行知于1919年5月9日上午在南京小营演武厅为国耻纪念日各界举行的国民大会上的演说。下午三时，省议会举行会议纪念，陶行知又发表演说，并参加了两次会后的游行。

论学界联合会组织办法书*

记者足下：

宁垣[①]组织学界联合会，昨将章程通过，鄙意必将[②]教职员加入者。其要点有三：

（一）学生应爱国，教职员亦应爱国；学生应为社会服务，教职员亦应为社会服务。

（二）教育贵自动，但自动云者，非学生自动，教员不动，乃是要大家自动。

（三）团体最忌之事为彼此猜疑。若教职员忌学生之风潮，学生忌教员之摧残，一校之中，已成敌国。学校不统一，安望国家统一？教职员学生合办之后，其利有三：（甲）吾国学生与教职员分离甚远，多由于缺少合办的动作，吾人应乘此机会，力谋联络，以达真正教育之目的。（乙）教员所经历之世故人情，足以补学生之不足，而学生之无量热忱，足以补教员之不足。分则

---

* 原载1919年5月19日《时报·教育周刊·世界教育新思潮》第13号。教育周刊是随报附送的单页。《世界教育新思潮》后改为《教育界》，主编蒋梦麟。

1919年2月24日，《世界教育新思潮》创刊，发表署名教育硕士陶知行的文章：《教学合一》。这篇文章说明，"教学合一"的精神不仅用于学校教育，而且用于教职员学生合办南京学界联合会。陶当时任南京高师教务长，正与该校刘伯明教授筹组联合会的筹备会。五四运动爆发后，陶、刘即筹组南京各界的国耻纪念大会。5月13日南京学界联合会正式成立，成立大会上通过会章，确定了"服务社会、发挥爱国主义"的宗旨，15日推定应尚德、陶知行任正、副会长。

两失，合则两得。（丙）教职员学生合办，可免许多意外危险，且鄙意以为合办之意，不仅仅顾问指导而已，且当共图实施之方法。联袂进行，其裨益之多，吾南京学界联合会可作证据。昨日通过章程时，一团共和精神，为归国后所未见，兹将章程另封寄奉。黄、徐、沈、蔡[③]诸公处，烦为转致，并将此信便于诸公一阅，务乞指导提倡，至为感荷。此颂
公绥

陶知行（五月十四日）

注释

①“宁” 即南京简称，“宁垣” 即南京城。

②将 请。

③黄、徐、沈、蔡 黄为黄炎培，时任江苏省教育会副会长，中华职业教育社理事长；徐为徐世昌，1918—1922年任大总统；沈为沈恩孚，时任江苏学务总会会长，中华职业教育社发起人之一；蔡为蔡元培，时任北京大学校长。

附：南京21校职教员之不平鸣

秀山督军、震岩省长钧鉴：

天祸中国，党争迭起，内政不修，外交日棘。自青岛问题提出，欧洲和会失败后，以致演成此次罢学罢市之风潮，飚举急驰，几及全国。宁垣为东南重镇，民智开通较先，遂受津沪之影响，一致罢课罢市表示爱国热忱。我军民两长默察大势之阽危，民心之愤激，不忍为武汉浙杭之残民政策。盖处于共和政体之下，断不容以强暴之武力斩绝民气也。乃见报载钧座灰日会衔通电，有学生持棍站立岗位逼迫警察，或书改良政府，推翻政府，誓斩日奴，实行公产及下关墙垣挤倒受伤者数人等语。又载督军复华侨联合会书，有军警蹂躏学生一事本督军并无所闻及苏省军

警程度高尚，决不致发生此事，即本督军亦不容发生蹂躏学生之事等语。职教员等伏读之下，不胜惶骇。按诸当日实在情形，实有不符之处。此必警察厅长报告有朦清听故也。查此次罢课罢市，本为曹、章、陆[①]三人卖国之问题而起，学生罢课、商民罢市皆纯出于爱国之热忱，学生既非他人所能指使，商民亦非学生所能威逼。在杭州、芜湖，则学校放假以后商民始行罢市。在南京，则学生已停止游行两日，商民尚不开市是其明证也。且宁垣罢课在北京、上海之后，学生类皆知秩序之宜守，激烈之为非，故整队游行肃穆有法，以职教员等所知，并无推翻政府，誓斩日奴，实行公产等语。警察厅长所据为学生罪案者即政府改良一旗（据学生陈昌胜言政府改良而警厅长诬为改良政府）。夫政府改良，本共和国民人人所应有之希望，报章书籍数见不鲜。警察据此以拘押学生已属不合。乃警厅长仇视学生，故入人罪，昭昭在人耳目。又惟恐不足以为拘捕学生之口实，故特加重其辞，以推翻政府、实行公产等字样之旗帜，为罗织地步。然试问当日果有此等字样之旗帜，曷不直即拘捕，而仅捕一陈生，其为捏辞朦耸显然。至持棍站立岗位，逼迫警察更系捏报。查学生列队游行其间，有自为维持秩序者，站立道旁并无侵迫警察之情形，在警察一面或误会以为侵权。然在欧美文明诸邦，学生组织童子军以维持公安者实属非鲜，政府且极意奖励之。而警厅长乃深为恨，任意加以诬辞，是岂实事。又如殴辱学生，则万目共睹，而下关墙垣挤倒伤人之遁词，不难按地而稽其谬是。钧座灰电所云均系警厅长一面之词，该厅长既滥用职权，纵容巡警殴学生，又复欺蒙长官，渎职之咎实所难辞。兹再将当日学生被殴情形除附呈巡警殴伤学生影片及殴伤事实三件外，谨节要条述如左以明真相。

（一）（略）

（二）（略）

（三）（略）

以上缕陈此次罢课罢市期内，警察厅长王桂林及少数署长警察所行种种不法事实，职教员等皆查有实据，毫无虚饰。伏以我军民两长本爱护学生之至意，旦夕彷徨，隐忧无极，现在佥任虽去，学校之原状正在逐渐回复，而人心经此波激，尚未宁静，正宜有至诚之意表明事实，以期上下相孚，更新图治，断不可摭拾浮言，致使外人藉口，预伏未来之隐忧。职教员等用敢据事直陈，藉表公论。再查现在警械使用条例，第一条警察官吏执行职务，非至于穷于和平应付，不得使用警械，则此次警察有公然对于手无寸铁并未扰乱秩序之学生，动辄使用警械，显为不合。至警厅长王桂林暨下关区警署长王固磐、中区署长王文贵以及殴辱学生之巡警等，滥用职权，蒙蔽长官，是否须负刑事及惩戒处分，自属监督长官及司法官厅职权，只候钧裁。专布诚悃，顺请勋安。

南京21学校职教员

刘经庶、陶知行、姜琦、吴翔庆

等95人公启

（附呈四件略）

原载1919年6月19日、20日上海《申报》第二张第八版。此稿足证学生联合会脱离学界联合会后，陶行知仍支持学生联合会，支持爱国民主运动。是陶行知支持南京五四运动的力证材料。

注释

① 曹、章、陆　即曹汝霖、章宗祥，陆宗舆。三人均参与北洋政府的丧权辱国外交活动，五四运动时遭到人民群众的强烈谴责。

南京各团体联合会宗旨*

服务社会，一人之力不如一团体，一团体之力不如各团体之联合。上海已设立各团体联合会议，法良意善，吾人似宜酌量进行。

* 原载1919年7月4日《申报》。1919年7月1日上午，南京15个团体召开会议，磋商设立南京各团体联合会。陶行知作为南京欧美同学会负责人与会，并被推请报告开会宗旨。南京各界联合会于7月15日正式成立。

六门课程纲要*

（一）

教育学　第一学年全年　每周三小时　陶知行先生

纲要：（甲）教育的意义与价值
（乙）教育目的
（丙）教育原科普通事实与原则
（丁）教育工具
（戊）教育方法

（二）

教育行政问题　第三学年上学期　每周二小时　陶知行先生

纲要：（甲）总论
1. 社会化与化社会之教育行政

* 摘自《教育专修科学程纲要》，原载《南京高等师范学校教育专修科第一级教学概况》油印本9—20页。陶行知教的6门课程属教育学系教育原理门。另有《教育哲学》、《中等教育》、《小学校之组织及行政》及《比较教育》4门课程，共计10门课程。

2. 科学的教育行政

3. 效率的教育行政

（乙）中央教育行政

1. 各国中央教育行政之比较

2. 教育宗旨

3. 中央政府与教育

4. 教育部之组织及沿革

5. 教育部之职权

6. 教育部之部员

7. 中央教育经费

8. 教育部所管之教育

9. 非教育部所管之教育

10. 理想之中央教育行政

（丙）省教育行政

1. 省教育行政机关之沿革

2. 省议会与教育

3. 省公署与教育

4. 省教育厅之组织职权与厅员

5. 省视学制度之怀疑

6. 省教育经费

7. 教育厅直隶之教育

8. 非教育厅管辖之教育

9. 省教育会与省教育之关系

10. 各省教育计划之比较与理想之教育行政

（丁）县教育行政

1. 县教育行政之沿革

2. 县署主任隶属县视学与劝学所之关系

3. 县视学制度之怀疑

4. 劝学所制度之怀疑

5. 县教育行政

6. 县教育经费

7. 县教育行政与乡村教育之将来

8. 理想之县教育行政

（戊）都市教育行政　在第二学期教学纲要表另编

教法：调查，参考，演讲，讨论

（三）

都市教育行政　第三学年下学期　每周两小时　陶知行先生

纲要：本学程之宗旨在研究关于都市教育之各种问题，顺序略仿克贝勒先生公立学校行政一书，但各题均依据中国情形，参考各国制度讨论研究之

（1）总论

a. 各国都市教育略论

b. 中国教育行政组织系统

c. 中国之都市及都市教育之萌芽

（2）都市教育议事机关之机关及应有之组织职权

（3）都市教育局长应有之资格、应操之职权与应享之待遇

（4）都市教育局之组织（一、二、三等都市教育局之组织）

（5）教员问题

（6）学校设置

（7）课程编制与适应

（8）成绩测验（另有教育测验，故缺）

（9）卫生行政

（10）就学督促

(11) 庶务行政

(12) 资产处理

(13) 教育经费与会计

(14) 学务表册与报告（另有学务表册及学务调查与报告二学程，故缺）

(15) 与其他市政之联络

(16) 与其他教育机关之联络

(17) 都市教育行政人员之培养

教法：调查，参考，演讲，讨论

（四）

师范学校之组织及行政　第三学年下学期　每周一小时　陶知行先生

纲要：本学程之目的在研究关于师范教育之各种问题，尤注重各种师范课程之编制

（甲）总论

1. 各国师范教育之总略
2. 中国与日本师范教育沿革之对证
3. 师范教育之需要
4. 师范教育之种类

（乙）初级师范之各种问题

1. 初级师范分期与校址
2. 初级师范之组织与行政问题组织，教职员师范行政与附属学校之关系设备，学生之入学程度年龄收费服务升学
3. 分科问题分工设置
4. 课程编制问题专科第一部第二部讲习科

5. 实地教学与附属学校

6. 推广教育，改良现任小学教员，改良私塾，改良社会。

（丙）中学校师范组织之实施及课程之编制

（丁）师范讲习所之实施及课程之编制

（戊）高等师范与大学教育科问题

（五）

实用教育统计学　第二学年上学期　每周三小时　陶知行先生

纲要：（甲）统计学史略

（乙）统计学与科学之教育

（丙）事实之征集（列表和分类）

（六）

学务表册　第三学年下学期　每周二小时　陶知行先生

纲要：本学程之目的在研究如何改良现在通行之表册，使学务得有更确之稽核，内容包含关于学生、教职员、课程、设备、经费以及其他办学手续上必须之表册。总以合于地方教育行政机关、初等学校、中等学校之用途为主。大学校之表册亦略加研究。教学方法在调查美国、日本、中国通行之各种表册，加以讨论研究，使学生实习编制以图改良。

1920年

电请贡院皖款作留学基金*

安徽省长、教育厅长钧鉴：

南京贡院之款，苏六皖四，闻已分配定妥。乞将皖款，定作欧美留学基金，无任祷切。另呈详。安徽旅宁同学会陶知行等五百人公叩。号。

* 原载1920年1月29日《申报》。此系1920年1月20日电文，“等五百人”名略。“号”为简的“20日”。

致柯临久函*

日昌先生大鉴：

启者顷得二次手书敬悉。一是所陈愚兄对于文郎求学事已蒙嘉许，至以为感。惟同人虽怀极力赞助志愿，及察先生之意，不免有所惑者。文郎之欲出外求学，先事来函，挽同人代商之先生，同人见其抱负不凡，自是赞成。而求学之举，费用不赀。今先生对于经济一层，无明白表示确定之担负，同人自惭力弱，嗣后文郎之事，除以乡谊招待照料外，恐无力过问其他事项。至于南京之有学界机关辅助寒士求学之举云云，同人见闻狭陋，未之前知歙县试馆之费。此地歙县同乡公决，只作补助高等专门或大学学生些微零用，盖除修理等开销外，所入极少，中等学生概不补助。文郎之事当望再思，同人在此除经济外，其他照料引导事宜自当勉力。专此奉复。即颂。

台安！

歙县旅宁同乡会公启

三月二十一日

* 这是柯临久家属保存至今的一封信。信封后署“陶缄”字样，信中的“日昌”即柯临久之字。“文郎”指柯庆施。信封上还写有“安徽歙县南乡齐武方遂生堂收下转寄水竹坑柯临久先生启”。信封上邮戳的时间是“安徽齐武九年三月廿七”。题为编者拟。

附一

知行、文采、家治乡台先生大鉴：

久仰斗山，缘悭一面，昨奉手翰，如睹光仪，即维新祉呈祥，春祺迪吉，至以为颂。弟藏拙家居，毫无善述，因睹世界潮流，舍身为地方谋公益，创办小学十载于兹，成绩甚微，殊多抱歉耳。小儿尚惠在敝校毕业后，送至省立第二师校肄业，去年入本科第二年级，平素羡慕外省文明，久有出外求学之心，徽校非真所志，去冬因事假归至运漕，想系又动往昔之念，通函请求，乃蒙诸位先生关怀桑梓，提拔后生，复荷赐函询问，垂念殷殷，厚意浓情溢于言表。热忱挚爱，世所罕逢，此种高谊，感深入骨，小儿何幸修此，快何如之。惟是在外求学，学费，固非家乡可比，奈，弟家素清寒，苦乏担负之力，况敝校经费短绌，赔累频仍，以致力与愿违，无以仰副先生厚望。倘蒙设法相助，俾小儿如愿以偿，将来能得成才，是皆先生所赐，则感，玉成，大德实无涯涘矣。谨此奉恳，并鸣谢忱，敬请

公安　并颂春祺，百益　爱照不备

乡教弟柯　谨上

正月十五日

附二

知行、文采、家治诸位乡台先生大鉴：

正月元宵日，由邮挂号奉复一函，当可送呈台览矣。日昨又奉三月二日惠书，敬悉一切。小儿尚惠求学事，因弟复函未到，乃蒙关切注念，一再赐教，至理名言，字字珠玉，提拔后生无微不至，又承捐廉辅助，愧感尤深。方知学膳费每年有一百五十元至二百元当可济用。但不知小儿资格可进何种相当学校及年级，尚望赐知。去年报载，南京有学界机关，辅助寒士求学之举（垫

款毕业后得事缴还），又南京歙县试馆为学界公业，前清光绪末年受业家先叔，在水师学堂口时经受数年，每年房租颇有盈余，此款近来不知何人经理，亦能津贴寒士学生一二否？总之此事弟意已详前函，切望乡台先生致力设法，则感，玉成，大德，实非浅鲜。弟亦正在勉力张罗也，谨此再恳，敬请

公安并盼

赐福为荷

乡教弟柯　谨上

三月十五日

附三

知行乡台先生大鉴：

久疏函候，抱歉殊深，近维潭祉增绥，交祺畅适，至以为颂。小儿尚惠屡有书来，云到金陵进校各事，极承先生及诸位乡台热心指导，实力维持，既感且惭，铭心镂骨。弟前以家寒，未能多筹学费，为儿辈培学问之资，甚以为歉。嗣后只筹得每年百元，分两三次邮寄，恐尚不敷，随后设法多筹多寄，量力进行，知关注念，敬以奉闻。但小儿赋性粗疏，好高鹜远，切近细事漠不关心，在校一切，伏乞先生垂青照拂，启迪愚蒙。将来小儿能得成才，是皆先生及诸位乡台所赐也。谨此布恳，并鸣谢忱。顺请铎安，诸惟心照不备，附寄小儿一信，乞掷交收

乡教弟柯　谨上

夏历六月十三日

附1、2、3均抄自柯临久致陶知行、文采、家治信之草稿。柯临久是柯庆施之父，尚惠即柯庆施。

夏历庚申年，即1920年，六月十三日即7月28日

寓休息于有限制的演讲*

——致胡适

适之吾兄：

前天寄上一信，想已经收到了。

暑期学校章程，已经付印。广告今天登报。南方学界都晓得你已经允许在暑期学校讲演。大家都希望你来。如果变更，一定要使大家失望。

吾兄要在暑期休息，也是一件好事，我很赞成。但是在南京演讲，也如同休息一样。如果精力不足，就照前议演讲《中国古代哲学史》和《白话文法》。至于《西洋近代哲学史》可以取消。我并且要为你找一个适意的地方居住；包你可以读书休息，包你可以免除一切无谓的应酬。总之我希望你休息，希望你在南京休息；更希望你寓休息于有限制的演讲。暑期学校好像是新明大戏院；梅畹华来，才能开台，请你不要拆台罢！

孟和先生处希望你劝驾。

陶知行写

九、五、十四

* 原载耿云志编《胡适遗稿及秘藏书信·陶知行（行知）信三十通》第36卷360—362页，黄山书社出版。题为编者拟。

暑期学校事属创举*

——致胡适

适之吾兄：

接到你五月廿四的信非常感激。我仔细思量，并与张子高、郭鸿声二兄讨论，大家都说这次暑期学校，事属创举，关系很大。吾兄担任的功课，都是多数学子所注目的，所以大家都希望你能够多留几天，使得学生不致失望。我们计划了一下，如果有四个星期，七月十二至八月七日，大概可以说得去。如此你每星期所任的功课分量也可以减少些，于休息一层，也可多些机会。至于著书一层，我们很希望你不致因此间断，应用的书籍，尽可搬来；一切运费，由我们开支。现在我所最虑的，就是夫人生产一事。万一上头所说的计划与产期太逼近，那也不应该过于勉强。但至少希望你能在南京留三个星期。请你自己斟酌。

论到讲题一层，我想你的《古文文法与白话文法之比较》比纯粹讲白话文法，还更加有用，就遵命变更。但是《中国哲学方法的变迁》一题，似乎太过于专门。此地大家觉得还是你从前所拟的《中国古代哲学史》好些。这个题目一来普通些，二来你已有成书，可以参考。这不过是我们的意见，供你采择；究竟改与不改，还请你快信通知。

---

* 原载耿云志编《胡适遗稿及秘藏书信·陶知行（行知）信三十通》第36卷363—367页，黄山书社出版。题为编者拟。

这次敝校为谋暑期学校经济独立起见，所说的报酬，已是小不堪言，希望你不要推辞。

附上教授纲要表两张，请即填就寄下。无论来四个星期，三个星期，或任何星期，无论讲题有无变更，都请将表填来，作为最后之定局。希望你身体康健。

知行

五、廿八

孑民、梦麟二先生暑假期内，何时南回？能在南京演讲一两次否？讲题请代约，请代问一问。

最好的上课时间*

——致胡适

适之吾兄：

前天回了你一封信，现在大约可以送到了。还有一个问题，要和你商量。此地已经发表的每周教授时间表，将你的功课配在八至十时。因为这个时间最好，所以没有预先和你接洽。不过此刻所加的五小时，如果放在七至十二时，怕影响多数学生的功课。上午六时至七时及下午任何时间都可安排。但是六至七时太早，下午太热，吾兄之意如何？万一两种时间都不合意，我再来想法子。请你将你的意思告诉我，以备安排时间的参考。

陶知行

五、卅一

* 原载耿云志编《胡适遗稿及秘藏书信·陶知行（行知）信三十通》第36卷368、369页，黄山书社出版。题为编者拟。

请如期南下*

——致胡适

适之吾兄：

昨天程君保和来信，说你因为北大补课事要到八月三号才能到南京上课。这话确否？我因此非常担忧。这次报名的人几乎无人没有你的功课，还有许多小学教员，特为要学你的白话文法不远千里来到这里，如果开学的时候你不能来，他们必定大大失望，我们暑期学校的信用必定一落千丈。所以我希望这事不确。如果确实，还要请你想个法子，使他不成事实。

万一北大补课要到八月才了，恐怕孟和先生的功课也要受影响，务必请你和他商量，求个万全的方法，使他能够如期南下。拜托拜托！

陶知行

六月九日

* 原载耿云志编《胡适遗稿及秘藏书信·陶知行（行知）信三十通》第36卷370、371页，黄山书社出版。题为编者拟。

挽留方振民校长*

——致胡适

适之吾兄：

昨晚接到屯溪来电，说第三中学已起风潮，振民先生已经提出辞职书。依我看来，此事的发端因为少数教员不能满学生之意，并有几位野心的人要想利用时机谋校长的位置。但是吾徽人才太少，除振民先生之外，要想得一位靠得住的人，实在无处找。所以我主张仍旧维持方校长，但是教员却要改换好几位。振民先生始志未尝不想请好教员，一来路途远，二来薪水低，照现在的办法好教员是请不到的，这内中的困难我是澈底的明白。说句实在话，如果用现在的方法，就是你我去做校长也是请不到好教员。要解决这个问题，只有一个法子，这法子就是依据去年教育部四月二十五日第七百八十七号所发咨文（见教育公报第六年第六期），减少授课时间去减少教员，加增教员薪水。照这法子做去，再加些图书，学生既可自动，又能请好教员，岂不是一举两得么。至于校长之学问道德可称得人，何必去多此一举。吾兄若以为可就，请先电学生挽留校长，再用快信指示改革方针。我也如此做去，省得那些少年去走错路。

吾兄的病好了么？我很挂念。

知行写

九、十二、十二

---

* 原载耿云志编《胡适遗稿及秘藏书信·陶知行（行知）信三十通》第36卷387—389页，黄山书社出版。题为编者拟。

明年元旦去皖演讲*

——致胡适

适之吾兄：

演讲会是刘载黎等所发起，现因正式省教育会未曾产出，暂由中等以上学校主持。以后希望芜湖与安庆二处同为学术演讲中心，每年举行若干次，遇有学者即开讲，不必拘定日期。北京方面讲员，请兄注意预约。皖省财力艰难，最好是乘便南下时乘便演讲。

此次演讲改在一月一日举行，讲员有伯明、士一、洪芬、默君、伯秋与弟六人。

三中并未解散，学生代表已到南京谈过，对于振民先生亦主张挽留。教育厅已电请振民先生面商改革事宜，日内可到皖。弟到皖时当能晤面。至教员一层，英文数理化可以物色相当人才，国文请劝许君屈就。许君原有第二学期回徽之说。其余俟振民先生到后，再行奉商。

现在皖省所最缺的即是有能力之教员，务请在北大、北高及其他方面注意，以便需要时可以应济。

知　行

九、十二、廿六

* 原载耿云志编《胡适遗稿及秘藏书信·陶知行（行知）信三十通》第36卷390—392页，黄山书社出版。题为编者拟。

介绍金大学生转入北大*

——致胡适

适之吾兄台鉴：

兹有金陵大学学生陈君源湘、朱君文伟，愿转入北大肄业暂处旁听之列，俟下学年再应入学试验。该生等成绩均当优良，应具转学书及成绩证明书均已备齐，应请格外招呼，俾遂问学之忱。曷胜感祷，专此布悬。即颂。

公绥

陶知行启

十二月卅一日

陈生等拟于一月七号北上并以附闻。

---

* 原载耿云志编《胡适遗稿及秘藏书信·陶知行（行知）信三十通》第36卷393、394页，黄山书社出版。系1920年12月31日用南京高等师范学校信笺写。题为编者拟。

1921 年

安徽三中有不稳现象*

——致胡适

适之吾兄：

几个月前，蒙你写信来安慰我，至可感激。当时本想回信道谢，只因言长纸短，又无空闲，写了好几天还没有写完，所以未曾寄来。

过不多时，舍妹病就加重，我精神上受无穷痛苦。后来决计送全家陪妹妹上庐山养病，去了一个多月，百事不问，化外人的生活，却是很有滋味的。

第二届暑期学校，再三辞不掉，只好又下山来担任。听说你要到上海来，无论如何，请你担任演讲数次。务请预拟题目，先期告诉我。

三中的事现在有些不稳。这不稳的现象，依我看来，是因为两个缘故：

（一）被革的学生和被除的教员，时常放谣言，时常运动破坏。

（二）一般有校长热的时常乘机进行凑火打劫。我们本县人更利害。他们说：哪里我们歙县人就一个校长人才也没有么？

有了这两个缘故，这次风潮发生，大家就以为是千载一时的

* 原载耿云志编《胡适遗稿及秘藏书信·陶知行（行知）书信三十通》第36卷372—384页，黄山书社出版。题为编者拟。

好机会，群起攻击振民先生。听说汪东木已经准备了人俟候了方先生辞职。新安教育危乎殆哉！

其实这次风潮，只是因为从前祸根未曾除尽。本来可以消于无形，只因诸位同事，阅世都浅，不能从容处理，故尔如此。依我就事评事，可以概括如下：

（一）袁君（体操教员）处心积虑都可见他是报怨的小人（祸根未除者）。

（二）雍君顾全私谊而忘大局（不愿当众公布袁罪，愈被人疑为主动）。

（三）许、王辈只顾力求自己清白，未暇寻个水落石出。

（四）振民先生平日量稍窄，不能容人的小错处。

这次风潮原因不一，而所以如此结束的，就是因为这四点。幸而袁、雍以外之教员，均能一致，故不久即归平静。此刻内部是很统一的，而外面一般人无风作浪，想凑火打劫，我们实在不能不注意。现在想谋三中校长的有三人。

一是徐公前校长。他从前把三中办得不像样子，所以他做校长，是很成问题的。

二是祁门一位先生。此人学问人，只知行不知道。但如果这位先生来，将来歙县人反对他，一定如同反对方先生一样。

三是江范五先生。因为他弟兄数人都和我同学，所以知之稍详，如今就把他和振民先生比一下：

甲、他的度量比振民先生大些。

乙、他是个歙县人，在歙县朋友多些，冤家也多些。

丙、他的学问不及振民先生。

丁、他对于办理教育事业的专心，不及振民先生。

戊、他的交际能力大些，但与新教育少接触。

己、他的体力强些。

就这三人与振民先生比较而论，我以为还是振民先生继续为宜。

振民先生的短处：

一、量稍小，不能容人短处。

二、身体弱，遇不如意时，会发燥。

三、人以为是短处而我才以为是好处的，就是他不是本县人。（三中是省立学校，难道只有本县人可以做校长吗？）

振民先生的长处：

一、志愿终身从事教育。

二、愿有青年学者教青年。

三、银钱和交际上丝毫不苟且。

四、聘请教职员，纯采人才主义，力矫徇私之弊。（人说他任用私人，真是冤枉。从前有几个婺源人，都是前任遗下的。现今所用的人：一是你和程韬甫先生介绍的，二是春庭先生介绍的，三是我介绍的。就所聘教员论，与江苏省立学校比较，可以无愧。）

五、现任教职员内部已一致。

六、熟手。

振民先生前天来信说，要辞职，叫你我二人赶快推荐惇士继任。这也是很好的事情。惇士少年老成，我很佩服他。不过芜湖和他的几个朋友都说他是个学者，缺乏干才。不知你以为如何？总之，他的声望未著，在歙县又是后辈，此刻时机是否已经到了？我想万一振民先生固辞，只好推荐他，你看如何？一二日内三中有四五个教员来，我再打听一番，来报告你。

不过省城对于三中，大有急于下箸之势，我已写信请他们维持，你能写一封信去吗？你有什么意思，请你告诉我，我们总要一致，才好。

你的身体如何？

知　行

六月卅日

现在社会改革家往往无耐性，喜观近效。可叹！

1922年

报告孟禄博士在华活动*

现有简单的报告：孟禄先生考查的地方，北方有奉天、天津、保定、开封、山西等地；南方有南京、上海、无锡、苏州、通州、杭州、厦门、广州、佛山等处。在各处选了几校考察一下。

先在北京开预备会。去年十二月十九、二十、二十一三天开正式大会。各省均派代表参与；而凡发起人、调察人、捐款人也都列席。在这个会里所研究的是：（一）组织；（二）课程；（三）教法；（四）行政；（五）教员之养成；（六）特别教育，如美术、卫生等；（七）职业教育。讨论了三天。后来有一好结果，就是组织了一个中华教育改进社。原有调查社、协进社、新教育社三个机关所做的事互有重复，不如组织一个更有力的机关。现有三社同人，商议简章；推举董事九人，即蔡、熊、张、汪、黄、郭、李……等诸先生①。由董事聘干事，研究推广，以成全国一致研究的机关。

* 原载1922年3月《教育汇刊》第三集，系1922年1月4日在南京高等师范学校公宴孟禄会上，介绍孟禄此次来华的活动与收获。

注释

① 1921年12月中华教育改进社的九位董事是：蔡孑民、熊希龄、张伯苓、汪兆铭、黄炎培、郭秉文、李建勋、袁希涛和范源濂。杜威、梁启超、严修、孟禄、张謇、张一麐、李石曾为名誉董事。董事长由范源濂担任。1922年7月范出国考察，董事由梁启超接任，蔡孑民任董事长。

公推先生为赔款部部员 *

——致胡适

适之先生鉴：

本社为求全国教育经费之扩充及适当支配起见，特设筹划全国教育费委员会，当于二月八日、十五日开会筹商进行办法，并公推先生为赔款部部员。该部主任为范静生先生，一切请径与范先生接洽，积极进行，并请随时指示，使教育费早日得有着落，不至蹈空。至全体委员进行事宜容当随时奉闻。兹附上黄任之先生提案一份，委员会简章、委员会职员及各部员名单各一份附尘清鉴。此上，即请

教安

中华教育改进社

二月十八日

通信处：南京东南大学内中华教育改进社临时办事处

* 这是1922年2月18日以中华教育改进社名义致胡适函。陶行知时任中华教育改进社主任干事和全国教育费委员会总书记，与黄炎培共同起草了教育费委员会简章。该信附件从略。题为编者拟。摘自1979年5月中华书局出版《胡适来往书信选》上册第130号信。

为创办长途汽车者进一言*

一国文化之盛衰，实业之兴败，民智之通塞，实系于交通之便利与否。西人谓入人之国，先睹其路政。诚以道路之于国家，犹血脉之于人身也。故今日道路之提倡，汽车事业之发展，非无因焉。盖汽车之运费较火车为廉，而其速率则较火车为快。至于筑路之费用，相去亦不啻天壤。况汽车之为用，上自工商实业繁盛之区，下至穷乡僻壤田舍之间，皆得藉以转运。此欧美各国之所以力筑道路，用促工业之进步，而增文化之兴盛也。其视修筑长途汽车道路，尤为当今之要图。吾国人士近因潮流所趋，亦莫不以创办长途汽车，修筑道路为救国之大运动。风声所播，各地响应。惟是规划易而进行难，或已进行而以持久困难者，或已从事而有退让之意者，或正在规划而无进行之志者。如此而欲望汽车事业之发展，道路之推广，诚有所不能。推原其故，以未得要领而已。兹为陈述如下：

（1）道路之修筑。只图目前之小利，不顾日后之大谋者，虽为世人之通病，然以吾华人为最。常见各地修筑道路，仅以测绘路线，铺以泥沙砾石，用路机滚平而已。其于路基路床能否任

* 原载1922年3月11日《申报汽车增刊》第16期。这是随报附送的单页印张。署名：陶。增刊创刊于1921年11月27日，周六出版。以后改为《汽车消息》，成为《申报》日刊的一个栏目。陶行知为增刊写过十多篇文章。他多次明确指出，要想建设一个真正的现代化国家，“最要紧的方法有两种：一是建筑四通八达的道路，二是实行四通八达的教育。”（见本全集一卷509页。）

重，以及全路维持之方法多不注意，故驶行未久路面损坏，以致停车修缮；其或资本不敷推诿修缮费巨而停止营业，此皆筑路不良之故。吾愿创办长途汽车者须先加注意于筑路。宁可不进行，万勿修筑变相的泥路以坏大局也。

（2）车辆之采购。欧美各国科学进步，制造精良，汽车之种类既多，质地之坚实各异。是以在吾国汽车事业发轫之秋，其于采购车辆一端，最宜留意，幸勿草率从事。吾闻各长途汽车公司只选低价，而于车辆之结构、制造之坚固、施用之适合，反不讲求。故驰行未久，非机械不灵，即开驰有碍，乃弃而不用，另购新者，可谓不经济之甚矣。或且因而中止其营业，使精神财力两多亏耗。故欲创办长途汽车者，当以明确的眼光，选购经济的车辆可也。

（3）管理之方法。虽有坚实的道路，完备之车辆，苟管理不得其法，处置不能有方，仍属行百里半九十。在吾国创办之初，汽车事业幼稚之时，宜广搜博采，凡欧美各国已有之成规，不妨多所借镜，更视吾国实地情形加以研究，使管理上种种手续有条不紊。主其事者须富有学识深且具经验，而谓办理无效，吾不信也。

吾国际此修筑道路，创办长途汽车最力之秋，愿从事者能于道路之修筑、车辆之采购、管理方法多所考虑，则吾国交通前途庶有豸[①]乎！

注释

① 豸　通“解”，解决。

公推胡适担任安徽社员介绍事宜*

敬启者：本社系由新教育共进社、新教育杂志社、实际教育调查社合并组织而成，以调查教育实况，研究教育学术，力谋教育进行为宗旨。素仰执事提倡教育，不遗余力，兹经董事部公推执事与陶知行先生担任安徽社员介绍事宜，深望鼎力赞助，俾资发达，曷胜企祷。兹特奉上简章廿份、日记一份、杂志一本，敬希察收为荷。专此，即颂

台绥

中华教育改进社启　　三月廿九日

计奉上简章廿份、日记一份、杂志一本、并介绍书廿份。

* 这是1922年3月29日中华教育改进社致胡适信。摘自1979年5月中华书局出版《胡适来往书信选》上册第134号信。附件略。题为编者拟。

筑路之障碍*

筑路之声浪，至今日已愈传愈高，愈播愈远矣。实际上犹未能贯彻者，障碍未除耳。

（一）不干练之工人　西人谓中国工人众多，工资低廉，宜乎其国内道路之纵横错直，大有可观矣。实则中国工人多非干练之才，又不知利用省工器械，每遇建筑必大队工人日作十三四小时，奔走劳苦，汗流浃背，所成有限。较诸欧美各国工人之日作七八小时，应用省工器械者，则吾国工人虽众，工资虽低，比较的反觉昂贵矣。是以欲筑大段马路工程，亟宜改良旧式工制，庶可减低费用而致事半功倍之效焉。

（二）一般社会之成见　中国社会一种守旧之观念，牢不可破。对于新事业之发生，非竭力鼓吹，尽量宣传，万难收效于一时。近日所发起之中华道路建设协会，即本此旨而抱宣传之主义者也。其于唤起国民之提倡筑路精神，实有厚望焉！

（三）各处泥路之势力　中国所筑道路，均系松软之泥路，毫不适用于重车。加以多雨之秋，泥泞之状，不堪行人；其于行车，更何言哉。况习俗相沿，建筑已久，一旦改换，颇非易事。是以欲提倡筑路不可不打破泥路的影象，而修以石基的道路，则筑路之障碍可除，筑路之基础始植。

---

*　原载1922年4月29日《申报汽车增刊》第22期上的评论。署名：陶。

勿使办学者寒心 *

上海申报鉴：

芜湖安徽省立第二女子师范学校厨夫，勾结流氓，殴伤总务主任谢季翔君，此种风潮，骇人听闻。知行曾用快邮代电，致安徽许省长①，要求整顿查办暨其他善后方法，兹特录上原稿奉闻。即请

公安

陶知行启

（原函如下）

华耜先生鉴：

芜湖第二女子师范校风潮险恶，骇人听闻。知行以桑梓关系，颇踌躇顾虑于善后方法，兹有三种意见，敬贡献台端。一因阮校长服务②皖省，历有年所，现年在七旬外，揆诸古时大夫七十致仕之例及国家敬老之义，应怜其衰老，予以休息，谅其真诚，准其辞职。一面援照皖省往岁优待解决为例，酌予退职后之养老金，以慰其历年服务之辛苦。一因阮君既辞职，处此风潮发生后，当选择学识渊深经验宏富之员，继充斯任。且二女师关于皖南女子教育，至为重要，非对女子教育夙有经验之人，尤难胜

* 原载1922年6月22日《申报》。标题为编者拟。快邮代电即后附原函。

任愉快。一厨夫勾结流氓，殴打总务主任谢君，此事为有学校以来所未有，其中黑幕，必须彻底查究。不然则办学者人人寒心，入校者人人裹足。以上三端，是否有当？务请卓裁。专肃布恳，即请

教安

陶知行启

注 释

① 许省长　即许世英，号华耜，时任安徽省省长。对生活教育运动支持甚大，曾任晓庄学校副董事长、育才学校董事。

② 阮校长　即阮仲勉。

在教育部学制会议上的四次发言*

一、对县教育行政机关组织大纲的意见

凡事之成功，人才、财力、计划固然重要，然组织亦不可不注重。本席以为，对于地方教育，乡镇与都会应分别办理。盖因人口、面积种种之不同，其组织也应分别。本席主张，以县为一单位，而包含乡镇；又以都会为一单位。

部案虽分特别市与普通市，然对于二者之区别，实未明了。本席以为，一等市人口应在十万以上；二等市则人口应在五万以上；至五万以下者，则为乡镇。县专管乡镇，不及二等市以上。

此外尚有数点，应请注意：

（一）县教育局之人员，大县恐不敷用，小县则又嫌太多，应以活动为宜。

（二）县视学应改为指导员，盖其责任不仅视察，尚须及于指导也；惟亦应列入科员之内，亦未尝不可。

（三）至于局长之资格，亦应地方大小相应；至于规定，则可加以分别，即大县须何项资格，而小县又须何项资格也。不然，可以规定最低资格，使其酌量办理。

（四）董事人数，亦应使之活动，惟过少与过多，均不相宜，故须规定一最少数与最多数。例如五人至九人是也。

---

* 原载《申报》1922年9月23日至10月1日有关教育部学制会议的连续报道。

（五）董事资格亦应活动。又，参事会乃选举之地，不可以为参事为资格之一。

（六）教育界与实业界联络，固较妥善；惟办其它事业之有成绩者，亦应一律待遇。

（七）董事会之职权，应加入推荐局长及其它重要之教育职员，如校长等。

本席此等主张，与现在所谓地方自治或不尽合；但自治法至今犹不能谓其已实现，故不如先行规定，使自治法迁就之也。

概括与列举，既各有所长，无妨先拟一列举之规定，用作比较。以本席之意，应列举九项：

（一）拟定全县教育计划；

（二）编制全县教育经费之预算；

（三）任免教育行政人员；

（四）考核全县教育成绩；

（五）拟定各种学校课程标准；

（六）选定各科教授用书；

（七）编制全县教育统计；

（八）划分全县学区；

（九）办理其它教育行政事务。

二、对高等师范修业年限的意见

现在社会上对于高等师范学生之需要，实甚急迫，不宜再加修业年限；惟高等师范中，立有所谓专修科者，故宜明白加入本科及专修科字样。

三、对教育行政人员资格的意见

经验之增加，有一极限。且第一年增加最速，第二年次之，第三年又次之。至三年以上，即有增加，亦甚少。故三年之与五年，所差有限，可以不改。

四、对学校系统改革的意见

限于高级中学之为三年，得分设。

大学院可改为研究院。

本案对于资格已详为规定，可以限制。且作事须使精神一致，如易进行，故宜采此法。

请主持改选省议员 *

——致许世英

安庆许省长鉴：

皖省选诉，经终审判决无效，亟应依法全部改选，维护司法独立，杜绝奸谋。民情难拂，祈主持，安皖局。

陶知行　孙洪芬　梅光迪
洪有丰　姚文采　程湘帆　佳

* 原载1922年10月19日《申报》。“佳”为9日代号，此电1922年10月9日发。

祈令筹备改选省议员以安皖局*

——致黎元洪、王宠惠、孙丹林

北京大总统、国务总理、内务总长鉴：

皖省选诉，既经终审，判决无效，亟应依法全部改选，维持司法独立，杜绝奸谋。民情难拂，祈令皖省长筹备改选，安皖局。

陶知行　孙洪芬　梅光迪
洪有丰　姚文采　程湘帆
佳

* 原载1922年10月19日《申报》。“佳”为9日代号。此电1922年10月9日发。

大学教育的二大要素*

大学教育的要素约有二端：

（一）使学生养成用科学方法解决问题的能力。

世界上的问题很多，有的活的东西在那里出问题，有的死的东西也在那里出问题，他们却全要我们的回答。但是我们个人所据的眼光不同，所以我们对于答复问题所持的态度也就不同了。不同的态度大概可分以下数种：

1. 研究的态度。有的一般人他们解决问题专本着研究古人解决问题的方法。可是，古时的问题有古时解决的方法，现在的问题有现在解决的方法，即使问题相同，而时间不同，环境不同，也不能拿古时的方法解决现在的问题。所以这种的态度不能认为可靠。

2. 迷信他国。有的一般人他们解决问题专仿效外国，外国对于这个问题怎么样解决，他们也就怎么样解决。如同我国办教育以先仿效日本，以后又仿效美国。但是日本有日本的问题，他们有他们的解决方法。美国有美国的问题，他们也有他们的解决方法。我国有我国的问题，我们就应当有我们的解决方法。若是完全采取他们的方法，仿效他们的方法，恐怕有的问题就不能解决

* 原载1922年12月20日《南开周刊》第55期。系作者1922年11月30日在南开大学修身班的演讲，由李丙炎记录。

了。况且各国的科学尚有许多在秘密的时代。如同德国制染料，只有他们自己知道，别人是不得知道的。这样我们要迷信他国，也是不可靠的。

3. 玄想的态度。有的人他们不仿效古人，也不迷信他国，却在那里自己空想。这种态度也不能认为可靠，因为空想是多不能成为事实的。

4. 放任的态度。还有一般人不仿效古人，不迷信他国，也不空想；他们以为世界的问题这样多，真是解决之不胜，于是他们对于解决问题就抱了一种以不了了之的态度。

以上的种种的态度，我们晓得是全不适用的。那么大学的学生对于解决问题，究竟应当采用哪种的方法呢？抱哪种的态度呢？我以为是要用一种科学的方法。什么叫做科学的方法呢？就是用科学的原则设方法来解决问题。

科学的方法大概可分为五步：

1. 觉得问题。例如苹果落地，本来是一椿很平常的事，在平常的人看见，还有什么疑惑呢？牛顿看见了苹果落地，却起了一个怀疑，因为这个怀疑，就引出了一个苹果脱枝为什么不上升而却下落的问题，因为这个问题，就发明了地心吸引力的原则。现在虽然有人反对他这个原则，可是他这种原则施行了数百年之久，已经成了科学上的一段故事。

2. 什么是问题。假如我们看见有个人在那里低着头坐着，我们就要设想到或者他是有了什么困难吧？还是生了什么疾病呢？这种设想就叫问题。

3. 设法解决问题。例如我们以上设想那个人他生了疟疾，就得设法去疗治他的疟疾，这就叫设法解决。

4. 选择方法。解决问题的方法很多，我们必须选择最有效力的一个来施用它。

5. 印证。试验有效力的方法，必须一再试验之，如果屡试屡效，那始可认为可信。这就叫做Reflex Thought。

科学方法的手续，大概如此。可是我们对于科学应当据什么样的观念呢？以下三项，即科学根本的观念：

1. 客观。研究科学必得处在一个客观的地位，因为没有客观是不会有科学的。

2. 数量观。有一种质量，必有一种数量。打算晓得数量的多少，是一个很难的问题。要想考查数量，大概可分二步：

（1）量。我们要想知道一桩事的数量，头一步就得要量一量。

（2）量的正确。我们要想量，必得有一个适当的尺度，始可量的正确。

3. 不可过用科学。科学精神也有一种危险。怎么讲呢？我们知道日常的事体很多，要是事事全拿科学的精神来研究它，恐怕就不胜研究了。

话归本题，大学教育是要使学生用科学方法来解决问题。大学学生人人能用科学方法来解决他们个人的问题，那么久而久之，成绩自然是很大。这样看起来，大学学生应当培养的精神，头一样就是用科学方法解决问题的能力了。

大学教育的第一个要素，讨论完了。那么第二个要素是什么呢？

（二）先生与学生应当养成密切的关系。

现在我们国里的大学，虽然不敢一概而论，大约十之八九有一种同病。这种同病是什么呢？就是教师与学生的关系太疏远了。怎么讲呢？在教师一方面，他们到学校来先抱了一个维持饭碗的主义。他们的薪金是按着他们所担任教授的钟点多少来定的，所以他们拿着在讲室里讲书好像是出卖他们的话。在学生方面，以为交了学费来上班，就是花几个钱来买教师的话。这样看来，学校简直成一个卖话买话的大市场。讲室简直是成了卖话买话的铺店。说什么关系，是提不到的。教师学生既是全抱这样的宗旨，哪里还有什么补助长进可说呢？所以我以为，大学的教师与学生彼此应当发生一种优美高尚联密有生气的关系去作他们的学问。这不也是大学教育一桩最要紧的事吗?

总以上所说，大学教育的要素有二：一个是使学生养成用科学方法解决问题的能力；一个是教师与学生应当养成密切的关系。一个是关于思想，一个是关于情操。这两桩事体要是能做的到，那才不辜负说什么大学的教育呢!

《教育统计学大纲》序*

自科学的精神和方法应用到教育的问题上来，统计法就成为研究教育的重要工具。有了这种工具，教育学者才能从复杂的事实中寻出个条理来；从偶然的景象中找出个原则来；从枝枝节节的现象中理出个因果或连带的关系来。研究教育的人，几乎一刻不能离开这个工具。要想在教育方面发古人所未发，明今人所未明，非直接或间接借重统计法不可。就是办教育行政或当教员的，要想知道自己所用方法的效力如何，也得晓得些统计法。统计法能使眼界小的变大些，眼界近的变远些，眼界偏的变完全些。它的功用，如同显微镜、千里镜，无非是要补足我们肉眼的缺点。它把教育界的种种现象缩起影来，使我们看得清楚。它帮助我们找真理，但只是一种工具。有时人把统计太看重了，做起文章来，满篇的数目字；做起书来，十分之九的篇幅都为数目字占去。他们拿工具当作目的看待，未免喧宾夺主了。这是我们研究统计的人应当注意的。教育统计法输入中国，到现在只有四年。在高等专门大学中曾经担任这门功课的人，有张耀翔，张见安，朱君毅和我四个人。社会上对于这门学问也渐渐地觉得它的需要了。我们为事务很忙，几年来还没有得到机会，做本适用的

* 选自薛鸿志著《教育统计学大纲》，北京高等师范编译部1922年12月版。署名：陶知行。

书来报答社会。今薛君远举用了二年的时候，采集Rugg Yule，Thorndike，Brown，McCall，Whipple诸家的著作的精华，辑成此书。他的毅力，真可令人佩服。薛君在校时最喜欢研究统计；毕业后，应中华教育改进社之聘，掌理统计事宜将近一年，此书是他的学问经验融合的出产品。读者当能得到好多的益处，这是我所深信的。

民国十一年十二月十四日

在中等教育委员会讨论会上的发言*

应推定数人办二事：

(1) 修订章程；

(2) 经费计划。

除已议决推定起草员修订章程外，望速定经费计划。此外各事望分别缓急先后，以定进行步骤。

* 摘自章洪熙的《社务报告》，原载《新教育》1923年1月第6卷第1期。此系1922年12月23日晚，陶行知在中华教育改进社总事务所举行中等教育委员会北京部委员讨论会议时的发言。

题赠芜湖科学图书社 *

赈济了二十年学术的饥荒

* 原载科学图书社精装袖珍手册《廿周纪念册》1922年版。署名陶知行。芜湖科学图书社，1903年由汪孟邹开设于芜湖。1913年汪孟邹偕其侄汪原放等在上海开设亚东图书馆，门前同时挂着科学图书社申庄的招牌。

1923 年

讨论施行新学制之普遍原则*

1）施行新学制时须有实验改造之精神。

2）适应本省进化需要能力。

3）注意教育机会均等之趋向。

4）采取效率主义。

5）规划分别缓急轻重逐渐进行之程序。

* 此系1923年2月2日陶行知参加安徽实施新学制讨论会上的发言提要。原载1923年2月28日《时事新报》。

汽车工业促进他种工业观*

美国汽车工业之发达，冠诸各国，握经济界之牛耳。据最近调查，美国汽车工业之裨助其他工业，尤足可观。盖美国各工业之促进，与汽车工业实具有密切之关系焉。即以煤油一项而论，十年前，美国提炼煤油，仅注意于燃油，即Kerosene，所有副产油如汽车油视同废物，弃诸沟壑。今则一变燃油为副品，反注全力于汽车油之采炼矣。

除油业外，制皮工业亦因汽车工业之勃兴而大见增进。据确实之统计，美国每年所制装饰用之皮约五千万方英尺，其中汽车工业用额竟占三千七百十六万五千方英尺，即全额百分之六十九。更奇者，除此巨额真皮外，汽车工业每年更需九万方英尺之代皮或假皮。更进一层言，因装饰轿车，每年尚需五百三十五万七千码绸布、一千五百三十三万码之顶及边篷布、一千六百万磅之毛衬物云。

其次为橡皮业：一九二二年美国用去橡皮总额为五万万磅。其中制造汽车内外胎竟占三万三千万磅，即占全额三分之二或百分之六十六有奇。

余如玻璃工业：汽车工业所用之平面玻璃约占百分之三十。美国每年所产约五千五百万方英尺，汽车上所用者竟占一千六百

---

* 原载1923年2月10日《申报汽车增刊》第64期。署名：陶。

五十万方英尺。金属中之铅，在汽车工业未发达以前，其用途极微，除制造烹饪用之家具外，几无其他大宗用途。今则汽车工业每年需用铅质几及五千万磅（总产额不出二万万磅）。其他矿质锡一千五百五十一万吨，占全额百分之二十（美国用锡总额为六千万吨）。铜八千三百四十二万五千磅，占全额百分之十六。由是可知，汽车工业之影响于其他各种工业也至巨。苟美国而无今日之汽车工业，则其国内工业之发达，经济之促进，当另成一问题矣。

他*

他是个“哥哥常弄哭”的弟弟，
也是个“常弄弟弟哭”的哥哥。
他最欢喜吃糖，
吃得一身都甜透了。
人人都爱他，
最爱他的是他的祖母。
因为他最像她的儿子——他的父亲。

二月十五日除夕

* 抄自3—15手稿本1、2页（稿本系陶行知亲笔，序号为陶晓光保存时所编）。他指陶晓光。题为编者所加。

梦歌*

一群做梦的弟兄，
最有味是做梦！
梦了复醒；
醒了复梦。
高歌妙舞似醒时；
悲欢离合在梦中。
千万勿惊我的好梦！
好梦，好梦，好梦……

一群做梦的弟兄，
最有味是做梦！
梦了复醒；
醒了复梦。
灿烂庄严观天国，
深入地狱度众生。
千万勿惊我的好梦！
好梦，好梦，好梦……

* 抄自3—15手稿本3—10页。

一群做梦的弟兄，
最有味的是做梦！
梦了复醒；
醒了复梦。
历尽了千山万水；
无间断南北西东。
千万勿惊我的好梦！
好梦，好梦，好梦……

一群做梦的弟兄，
最有味是做梦！
梦了复醒；
醒了复梦。
天下英才朝宗至；
满门桃李乐春风。
千万勿惊我的好梦！
好梦，好梦，好梦……

一群做梦的弟兄，
最有味是做梦！
梦了复醒；
醒了复梦。
无业使有，有业乐；
叫化子变了农工。
千万勿惊我的好梦！
好梦，好梦，好梦……

一群做梦的弟兄，
最有味是做梦！

梦了复醒；
醒了复梦。
民有民治还民享；
一家家满、汉、蒙、藏、回。
千万勿惊我的好梦！
好梦，好梦，好梦……

一群做梦的弟兄，
最有味是做梦！
梦了复醒；
醒了复梦。
吃点心，酸甜苦辣；
家庭幸福乐融融。
千万勿惊我的好梦！
好梦，好梦，好梦……

一群做梦的弟兄，
最有味是做梦！
梦了复醒；
醒了复梦。
与其有不劳之醒；
宁可做不醒之梦。
千万勿惊我的好梦！
好梦，好梦，好梦……

十二年二月二十日为成志社年会作

谢小友韵芬赠笔*

端有锋兮管有光，
为写清思备不忘。
弱龄娴礼家风厚，
姑教循循有义方。

二、二三

* 抄自3—15手稿本11页。

送金鸣岐入徽 *

送别托潮水，
迎君烦重山。
白狱泉清日，
幸赐一杯还。

二、二六

* 抄自3—15手稿本11、12页。
金鸣岐系安徽隆阜第四女子师范教师。本全集八卷27页有致金信。

告知出席万国教育会议事宜*

——致胡适

敬启者：万国教育会议订于本年六月二十八日在旧金山举行，本社京沪两处董事会议决推请先生赴会出席，定于六月四日由上海乘“加拿大皇后”船起程，十八日到 Vancover，二十日到旧金山，回国日期最好能在八月二十日本社大会以前到京，在第二届年会报告，请先函知，以便定回国舱位。万一届期不能回国，亦望示知为荷。护照由社办理，即请寄下相片两张，以便进行。所有往来旅费现已由社进行筹措。特此奉闻，并请

公安

中华教育改进社启　三月七日

附本社出席万国教育会议代表名单

蔡元培　范源濂　黄炎培　郭秉文

张伯苓　胡　适　汪兆铭　陶知行

* 这是1923年3月7日中华教育改进社致胡适函。摘自1979年5月中华书局出版《胡适来往书信选》上册第169号信。题为编者拟。陶因筹备改进社第二届年会没有出席万国教育会议。

一九二二年美国汽车事业统计表*

据美国汽车总商会总干事李扶斯氏Alfred Reeves之统计，美国于1922年汽车事业之状况如后：

（甲）产额

各式汽车及运货汽车	二百五十二万七千辆
各式汽车	二百二十八万七千辆
运货汽车	二十四万辆
一九二零年（即产额最旺年）	二百二十万五千辆
一九二三年所需各式新汽车	一百八十万辆
各式轿车产额（百分例）	占百分之三十五
各式汽车运货汽车批发价值	一亿五千八百五十六万七千元美金
各式汽车批发价值	一亿七千四百四十八万七千元
运货汽车批发价值	一万八千四百零八万元
一九二一年计算每辆汽车零售价	九百元
一九二二年计算每辆汽车零售价	七百七十元
每辆汽车零售价减低（百分例）	百分之十四
一九二一年计算每辆运货汽车零售价	一千三百二十六元

* 原载1923年3月10日《申报汽车增刊》68期。署名：陶。

一九二二年计算每辆运货汽车零售价	一千零五十元
每辆运货汽车零售价减低（百分例）	百分之二十一
各式汽车用橡皮胎产额	三千六百三十四万枚
各项汽车事业所雇工人	二百四十三万一千四百名

（乙）注册

美国各项汽车注册额（约计）	一千一百五十万辆
各式汽车注册额	一千零二十五万辆
运货汽车注册额	一百二十五万辆
注册之较上年增多例	百分之七
全世界汽车注册额	一千二百七十五万辆
农用各项汽车注册额	三百五十万辆
各式汽车	三百三十万辆
运货汽车	二十万辆
城市外应用之汽车额	七十八万辆
每年汽车乘客额	七亿五千万人

（丙）汽车事业与其他事业之关系

铁路装运汽车列车额	四十万列车
汽车事业应用橡皮额	占全业百分之八十三
汽车事业应用平面玻璃额	占全业百分之三十
汽车事业应用铝质额	占全业百分之二十
汽车事业应用钢铁额	占全业百分之四
医生购置汽车额	十一万辆
大公司购置汽车额	六十万辆
美国消费汽油额	五亿三千万加仑
平均每月汽油余额	七万八千四百二十六万一千加仑
汽车用于商业上者	百分之九十
汽车用于商业上所驰哩数	百分之六十

（丁）长途汽车及运货汽车

美国城市之有长途汽车者	一百零八处
长途汽车之驰用额	四万辆
学校应用长途汽车者	一万二千所
电车公司应用长途汽车者	五十六家
铁路公司应用长途汽车者	四十家
特别快式汽车线	一千五百线
汽车运载田产额	一万三千四百四十万吨
运货汽车运载额	一亿四千三百万吨

（戊）出口

各项汽车出口总额	七万六千辆
各式汽车出口额	六万六千辆
运货汽车出口额	一万辆
各式汽车出口价值	美金五千二百十二万五千元
运货汽车出口价值	八百三十八万一千元

（已）美国国内汽车零售状况

专营乘客汽车者	三万八千家
专营运货汽车者	二万五千家
汽车出租公司	四万八千家
汽车配件修缮者	六万三千家
汽车零件出售商	六万三千七百家

述梦*

闻道故人将入山，
钱塘囱上滩复滩。
既烦潮水送君去；
还请重山问君安。
不料安排方始定，
忽然传语大通还。
此地原来风波恶；
去处崎岖难上难。

夜半中流竞渡惊，
江上风雨太无情。
风兮雨兮宜顺时，
何怨何尤偏恼人。
急章奏请慈航渡，
天上飞来观世音。
叹乃一声登彼岸，
管他风雨仁不仁。

平明拂袖山中去，

* 抄自 3—15 手稿本 15—22 页。

一任长江空际流。
侍老携幼问征路，
任重道远心滋忧。
山鸟山花诚解事，
一路香歌遣人愁。
日暮寒山孤村隐，
何事踌躇不敢投？

不敢投，
何处可容留？
店伙含笑殷勤献，
只得放胆把疑收。
打发众人就寝后，
有灯如豆引悲怀。
窗隙风鸣疑是鬼，
门前犬吠惧盗来。

一阵仙风何处至？
安他一夜睡无差。
睡无差兮到天明。
朝朝暮暮山中行。
历尽长亭更短亭。
山中泉水一齐清。
人山人海共来迎：
欢呼鼓舞如雷鸣。

一场奇梦翻身醒，
愁杀山外送行人。

一二、三、廿一

赠程仲沂先生 *

想破黄山峰上云，
灿烂庄严照眼明；
万家争奉山中佛，
山外行人共念经。

一二、三、二二

* 抄自3—15手稿本22、23页。

赠方旭初同学*

一个灵魂几处分，
思君一日绕千巡。
细数当年窗下伴，
几人凋谢几人存？

一二、三、廿二

* 抄自3—15手稿本23页。

哀斑鸠*

幸免风刀霜剑，
乐春三五成群。
砰然一声落地，
此身已作人情。

三、廿六

昨游玄武湖，遇同学张君，蒙以猎得斑鸠一双见赠，不忍食之，此自志哀。

* 抄自3—15手稿本30页。

陆志韦诗稿是否可用*

——致胡适

适之吾兄鉴：

东南大学陆志韦先生曾有诗稿一册寄与吾兄阅，不知阅毕否，如以为可用，即请寄汪孟邹先生。并赐告知行，此上。

敬祝

健康

陶知行启

* 原载耿云志编《胡适遗稿及秘藏书信·陶知行（行知）信三十通》第36卷404页，黄山书社出版。此信用“陶五柳堂启事笺”写于1923年3月 27日。题为编者拟。

美国长途汽车发展初况*

据调查所得，美国运输界，现有铁路车八万五千余辆，长途汽车五万余辆。更据运输界富有经验者称，十年后，铁路车与长途车额，或将互易；即长途汽车额之增至十万至十五万辆，亦意中事也。今固弗论其人预测之能否应验，然以近日汽车事业之猛进，各地道路之修筑，足为运输界大放光明。而其影响于铁路运输也，岂浅鲜哉！最近长途汽车于运输界中所占之势力，仅短距离而已。今则不然。常忆纽约某足球队至毕资堡[①]赛球时，所有观球员四百余人，咸集纽约之雪莱扣司[②]，雇乘长途汽车八辆，行二十四小时之久，而抵毕资堡。纽约堪登城[③]之圣罗伦司大学[④]足球队，雇有长途汽车，无论赴何处比赛，均乘之。而其所费，据实验所知，并不较铁路为昂，故各处运动机关或队伍，莫不采用汽车旅行。更有全国著名之大音乐社，亦购置汽车来往各地，预约既不失时，便利非常云。

外人之入美境者，咸知美国汽车事业发达，几如全国人士，咸乘坐于橡皮轮之上。铁路收入之减少，虽无确实之统计，然其为额至少当有数百万元。故各地铁路公司正在设法采用钢轮长途运行于铁路钢轨之上，以为抵制之策，而备短距离之不足。其于

* 原载1923年4月14日《申报汽车增刊》第73期。署名：陶。系“瀛闻”栏目的消息报道。现题为编者拟。

十五年前试办时，则全国铁路未修，汽车事业未见进步，尚著成效。然其建筑之呆重，收费之浩大，以与今日汽车运输比较，已觉不适时宜。此无怪其无甚进步，而卒至失败也。

近日各铁路公司，复起而竞争采用汽车，惟现时所备汽车，不若前之呆重，惜太粗陋耳。用汽车以补其不足，试办结果，尚称完美。盖以电车之营业，与长途汽车较近，故能另辟路线，以行汽车，或竟驰行于电车干线，均觉便利。总之，长途汽车之发展，实为运输界开一新纪元。初固无人注意，令则渐渐扩张，其势力不知将至若何程度。实吾人不可不一研究者也！

十年前，美国向无长途汽车之形踪，其他如巴黎、伦敦，因电车架空线，有碍城市之美观，故极主采用长途汽车。二十世纪初叶，汽车事业极幼稚之际，伦敦、巴黎已有改长途马车为汽车之举。今则各城有长途汽车三千余辆，而汽车于欧战时之功用，尤为显著，无待赘述矣。

美国之采用长途交通，始于三十年前时雪巴特氏[5]在纽约之华盛顿坊[6]设站。约行五英里，而至第八十八道街 Eighty-Eighth Street，车极粗呆。驾以二或三马车，内容十四人，车顶亦坐五人。由此改进，至于今日。纽约某公司，竟有长途汽车三百辆，每年载客约五千二百人。而纽约行政机关，亦备长途汽车三百辆，往来规定路线。由此可知，纽约实为长途汽车最发达之区域。

一九一零年，纽约附近之华脱镇[7]，因欲避去电车之架空线，亦于其寓所中心点，创办长途汽车，至今非常发达。菲城[8]十年前，亦创设精美之双座长途汽车，因其取费过低（每次仅五分美金），以致亏本。其他如支加哥[9]亦起而创办，其路线系沿林肯公园路而至地望路，计长九英里，风景幽雅，道路平坦，车辆又精美高大，惜取费太廉（每次十分），致与菲城同遭失败。后经改组，渐著成效。今则支加哥之长途汽车组织法，可分五种，各视乘客之便利，以订路线。一为往来支加哥商店中心点及人民居住地之间，使人民之欲往商店购买物件者乘用。一为往来北部客寓及城市间，以便旅客之乘用，计长七英里。一为铁路站尽处至某大医院，为电车所不达者。一则专备特别雇用，譬如团体等赴会或游览而无一定之目的地者。长途汽车之范围，既如是之广，则其发展也，固亦理中事。惜创办者，有败有成。盖尚在试验期间也。

进而言之，铁路一经敷设轨道，即难改动；况乘客必亲至规定车站，方可乘坐，不若汽车之便利也明矣。即或铁路公司采用钢轮汽车，以补短距离之应用。然几经试验，尚未发明钢轨道路两用之汽车。苟长途汽车营业失败，舍之亦颇易如，此长途汽车之优点也。

美国加利福尼亚州，以其广平之道路，温和之气候，致汽车事业之发展，冠诸各州。一九二一年调查结果，加州每四另百分之六十一人中，必有汽车一辆，不独私置汽车为然。即其公共汽车之乘用者，内有百分之八十均自置有汽车者。统计现有长途汽车公司八百家，乘客汽车四千辆。其中完全乘客者占百分之五十五，余则乘客兼载货。

在劳司安琪儿城[10]，则设有合众汽车站，由八大长途汽车公司所合组，每二十四小时，必有汽车三百五十辆往来远近各点。每月则有直开车。南至圣地哥[11]，计长一百三十二英里；东至圣巴耶的脑[12]，计长六十八英里；北至培克司费[13]，计长一百四十二英里；沿岸至旧金山[14]，计长四百五十五英里。以上各线，驰行以来，大著成效；故自每日开行一次，而竟增至三次。第一次上午七时半开，夜半即到，途中停三四次，以便膳食而资休息。今则添开夜班，七时出发，翌日十一时二十分即至。收费约每英里二元二角半至二元七角半不等，较诸铁路三元六角，已觉低廉，而铁路睡车，须另缴费，是则廉又廉矣。加州浪避溪汽车运输，约占运输界全额百分之七十。不独加州为然，华盛顿州长途汽车事业，亦颇见进步。其他各州亦闻风兴起。总之，美国各地长途汽车之发展，实方兴未艾也！

注释

① 毕资堡（Pittsburgh） 通译“匹兹堡”。美国宾夕法尼亚州西南部城市。美国的钢都，钢产量占全国产量的一半。

② 雪莱扣司（Syracuse） 通译“锡拉丘兹”。又简称“雪城”，冬季占全年三分之一左右，常年积雪。有人称之为“人情之温暖与气候之寒冷成反比”。位纽约州中部。

③ 堪登（Comden） 通译“卡姆顿”，在锡拉丘兹以北。

④ 圣劳伦斯大学 英文名：St.Lawrencc University.

⑤ 雪巴特氏（Elieot D.Shepard） 通译“谢泼德”。

⑥ 华盛顿坊（Washinton Square） 通译“华盛顿广场”。

⑦ 华脱镇（Watertown） 通译“沃特敦”。

⑧ 菲城（Philadelphia） 通译“费拉德尔菲亚”，简称“费城”。美国第四大城市，建有世界最大的淡水港，是美国重要的铁路枢纽。

⑨ 支加哥（Chicago） 通译“芝加哥”。位伊利诺伊州的北部、密执安湖的南端。美国第二大城市，世界上最富有的工商业联合体之一。1866年5月1日在此兴起国际劳动节。

⑩ 劳司安琪尔城（Los Angeles） 通译“洛杉矶”。位加利福尼亚州南部，美国第三大城市。石油是当地的主要资源。

⑪ 圣地哥（San Diego） 通译“圣迭戈”。加利福尼亚州南部港口城市。圣迭哥动物园为世界最大的动物园之一，收集的动物之多在世界上首屈一指。

⑫ 圣巴耶的脑（San Bemardino） 通译“圣贝纳迪诺”，属洛杉矶市东南的一个都市联合体的中心城市。

⑬ 培克司费（Bakersfield） 通译“贝克斯菲尔德”，加利福尼亚州中南部城市，洛杉矶以北。

⑭ 旧金山（San Francisco） 又译“三藩市”，通译“圣弗朗西斯科”。加利福尼亚州北部港口城市，美国西部的文化和金融中心。

美国汽车事业之进步*

美国汽车业工会会长葛立富登，近日发表意见，谓美国汽车事业之所以发达如今日者，厥有数故。（一）人民之倾向于个人适宜之运输。（二）乘用汽车因节省时间所得之利益。（三）汽车事业之发达，有助于其他各项事业。（四）美国国道之促进，如一九二二年所落成之道路有一万英里之多。（五）本年运输界至少须添补一百八十万辆新车。（六）世界各国对于汽车运输之发展。（七）近世工程之进步，促进运输界之便利。以上七端，实为发达美国汽车事业之关键也。

一九二三年美国汽车产额，至少须在二百五十万辆。（即一九二二年之产额）或增多百分之十至二十五，亦未可知。盖本年之市况颇佳，农业亦较有希望，查农民购置汽车额，几占全额三分之一；商业亦日见进步，运货长途等汽车事业，渐见推广；各厂所制车辆，质地更见改良；政府对于筑路问题，特加注意。以上种种，亦为促进汽车事业之良好景象也。

更有一事，足以安慰汽车界者，即铁路轨道上采用汽车是也。美国著名铁路如 Seaboard Air Line①以及菲拉特而费②、里丁③、加拿大、华盛顿、旧疆、支加哥、勃林登、昆赛④等铁路，咸改短距离为长途汽车线，装置钢轮，运行于钢轨之上，足征汽车较

* 原载1923年4月21日《申报汽车增刊》第74期“瀛闻”栏。署名：陶。题为编者拟。

火车为便利也。

此外美国汽车公会特派委员会，以讨论减低汽车保险费，防止汽车偷窃，以及出售旧车等法规。而正在筹划中者，则有汽车装运法、汽车销售法，以及征税、行车等法规。均为便利汽车运输，促进汽车事业之要道也。由是可知，美国汽车事业之进步，实方兴未艾也。

注释

① Seaboard　沿海地区。此处似指南太平洋铁路。

② 菲拉特而费　即“费拉德尔费亚”、费城。

③ 里丁（Lead）　通译“利德”。美国南达科他州的西部城市，现有西半球最大的金矿。

④ 昆赛（Quincy）　通译“昆西”。美国马萨诸塞州东部城市，临波士顿港湾。

在徐州的教育讲演提要*

一、中国教育现状。五要项：

(1) 人人应受教育。

(2) 应受充分的教育。

(3) 应受好的充分教育。

(4) 当有联合的研究。

(5) 当制造测验效率的工具。

二、学生的天职。四要项：

(1) 人与人当发生高尚的关系。

(2) 制驭无机环境。

(3) 选择职业。

(4) 利用暇时为正当的娱乐。而学习的方法则应趋重于自动。

---

* 1923年4月21日三时至六时，陶行知在徐州吴氏私立小学大礼堂作教育讲演，这是记者所记要点。原载1923年4月22日《申报》第三张《地方通信·徐州》栏。题为编者拟。

长途汽车之势力愈见扩大*

据统计所得，美国现有四十余铁路采用长途汽车以补短距离之运输。电车公司之采用者，则有五十六处，全国各矿百分之七十五，及亚的兰带①城牛乳运输百分之九十均用长途汽车。星星那帝城②之长途汽车，则代六万六千余辆之装货火车以运输。由是可知，美国长途汽车在交通界所占之势力矣。

去年美国各货约一百四十万吨，田产一万三千四百万吨，亦由一百二十五万辆汽车运载。

泰克塞司③及阿克拉火吗④油矿，已决定投资九万四千八百万元美金，购置长途运油汽车。长途汽车在美国工商界之势力，将愈演愈见扩大云。

注释

① 亚的兰带（Atlanta） 通译亚特兰大。

② 星星那帝城（Cincinnati） 通译辛辛那提。

③ 泰克塞司（Texas） 通译得克萨斯。

④ 阿克拉火吗（Oklahoma） 通译俄克拉何马。

---

* 原载1923年5月12日《申报汽车增刊》第77期，署名：陶。系《瀛闻》栏目中的消息报道。题为编者拟。

平民教育课本的具体目标*

——致胡适

适之先生惠鉴：

日前平民教育促进会筹备会开会，想在十年之内，使十二岁以上二十五岁以下一万万不识字之人民，受一千基础字所代表之共和国民的基础教育。此刻最重要的一件事就是编辑相当之教科书。未编之前应有极明了之目标作指针。这许多人受过这种教育之后，对于国家前途应当有何种贡献，对于个人生活应当有何种影响，国民性中固有的何者应光辉充实，缺少的何者应吸收补足，这都是应当分析出来做我们具体的目标的。同人所拟办法，暂定四个月教九十六课，或每课达一目标，或数课合一目标，或一课合数目标，但以全部论必有数百或数十条明确之目标以为依据，才能发生相当之效力。夙仰先生对于国家大势、世界潮流研究有素，公推先生将新世纪中国民所应有之精神、态度、知识技能条分缕析赐作南针。并请于一星期内开单示知，最为盼切。专此奉达，敬请

撰安

陶知行
熊朱其慧　仝启
晏阳初

复信请寄　南京陶知行为荷。

---

* 原载耿云志编《胡适遗稿及秘藏书信·陶知行（行知）信三十通》第36卷408—410页，黄山书社出版。系1923年6月上旬用“中华教育改进社用笺”书写。题为编者拟。

平民教育课本开始编辑*

——致胡适

适之吾兄：

平民教育课本编辑事宜，拟于日内开始办理，前托开示国语文法之重要变化之举例和平民教育之目标，如已告成，请即赐寄东南大学转交弟收。

东南大学教育科敦请吾兄担任教育哲学与中国教育史讲师，至兄回北大时止，每月致送讲费三百元。我诚恳的代表本科同人欢迎吾兄担任此职。如蒙允许即当致送聘书。

祝兄健康。

陶知行

六月十二

* 原载耿云志编《胡适遗稿及秘藏书信·陶知行（行知）信三十通》第36卷405、406页，黄山书社出版。题为编者拟。

美国所受汽车工业之利益*

世人欲求迅速而经济之运输，致汽车工业日见发达。故汽车工业之发达，实应吾人之需要也。今汽车工业，因能满足此需要，故其发达也如是之速，而其影响于美国尤甚。统计美国之汽车（乘客及载货），共有一千二百万辆以上，几乎每九人占汽车一辆。然美国各州之汽车额多寡不一。凡人烟稠密、路道发达诸州，所有汽车必多。譬如纽约[①]、阿哈阿[②]、加利福尼亚、伊利诺[③]、密西根[④]五州，约占全额百分之四十，共计五百万辆。据实地调查，此五州于一九二二年所有汽车注册额，超过英法二国同年总注册额，由是可见美国每年采用汽车之巨额矣。计每四另十分之一人中，占汽车一辆或每家必占一辆。

美国汽车工业之裨益美国最切者，厥惟汽车税一端，且为常人所不甚注意。实则汽车工业，每年裨助美国政府之财力及偿债，为额颇巨。盖汽车虽为吾人之需要物，然美国政府则目为奢华品，课以值百抽五之殖产税。一九二二年政府收入之汽车税，总计自九千万至一万万元。

美国汽车工业，影响于美国之人生及工业生活尤大。统计美国约有汽车路四十万英里。故无论穷乡僻壤，无所不达者，今能

* 原载1923年6月16日《申报汽车增刊》第82期，系“瀛闻”栏目的消息报道。署名：陶。题目为编者拟。

驰骋如意，往返极易。不独乘客载货顿觉便利，即农人、铁道咸须采用，以利运输。据去年调查，美国各铁道，因汽车路之便利，汽车运输之发达，而铁道营业亦随之而增。既与铁道无损害之竞争，反促其营业之发达，汽车之功大矣伟矣。

美国自有汽车以来，交通运输，不独减苦减费，反增无限愉快，促进人民之旅行思想，以增广其见闻，祛除地方私见，使各处互通声气。汽车且尤能裨补美国家庭之体育、群育、智育。昔之工作于银行、公司、工厂之人民，每遇假日，必独携钓竿，在远离家庭之滩溪，垂钓以自娱乐，而资休息。今则不然，常见人民雇乘汽车，携其爱妻儿女，至郊野或公园等空气新鲜处游览，促进团聚之精神，呼吸新鲜之空气，增加识见，岂非发达智体群三育乎。

注释

① 纽约（New York） 这是指包括美国最大的纽约市及纽约港在内的纽约州。曾被誉为美国的神经中枢和经济心脏。

② 阿哈阿（Ohio） 通译“俄亥俄”，为美国中北部偏东一州。是迄今为止美国七位总统诞生地。19世纪60年代，美国修建的第一条国家公路，就是从马里兰州（Maryland）到俄亥俄州。

③ 伊利诺（Illinois） 通译“伊利诺伊”，美国中北部傍密歇根湖的州。美国最大湖港、美国交通中心、世界最大的铁路枢纽、全美机械制造业中心的芝加哥即在此州。陶行知1914—1915年在伊利诺大学学习。

④ 密西根（Michigan） 又译“密执安”或“密歇根”，美国中北部五大湖区一州，在俄亥俄州以北，伊利诺伊州以东。世界最大的汽车工业中心底特律（Detroit）就在此州。

与经农同编平民课本*

——致胡适

适之吾兄：

编辑平民课本的工具都收集得差不多完备了，所差的只是吾兄答应的国文文法举例和平民教育目标各一套。从明天起经农兄和我就要开始编辑，请兄快快的把这两套工具寄来。我从上海寄给你的快信收到了吗？（请兄下学期在东南大学教育科讲演中国教育史和教育哲学）经农住在我家里，还要一个礼拜再到上海去。你能来宁一谈吗？

知行

六月十八日

* 原载耿云志编《胡适遗稿及秘藏书信·陶知行（行知）信三十通》第36卷407页，黄山书社出版。题为编者拟。

千请慰留江彤侯*

——致申报馆

申报馆鉴：

吾皖教育，困于经济，怯于势力，以陷于萎靡不振之状况者，盖有年矣。去岁，江彤侯先生来长教育，不避劳怨，从事革新，一岁以还，成绩昭著。凡有识者，类能言之。非某等私阿所好也。近闻因公积怨，有被迫辞职消息。窃思皖省教育改进，正在萌芽，扶植灌溉，端赖贤者。在江公道不行则去，固亟磊落光明，而乡村教育受此影响，又不知若干年后始得第二次整顿之机会。且小人道长，则贤者裹足，充类至尽[①]，非使吾皖教育行政，永远操之阿附苟容者[②]之手不止也。同人等庐墓所在，休戚相关，以为教育改进，苟顿挫于中途，则子弟求学，将永谋之邻省，因于本日电致省长，请留江公。原文附呈：

"安徽吕省长[③]：闻教厅辞职，桑梓教育，危殆万状，千请慰留。陶知行、梅光迪、孙洪芬、洪有丰、姚文采。"

伏希公鉴，倘荷主持正谊予以声援，则不独青年学子胥拜嘉惠，即全皖文化事业，实利赖之。

陶知行启

---

* 原载1923年8月8日《申报》。标题为编者拟。

江彤侯，时任安徽省教育厅长。晓庄成立时，江任董事会监察员，陶行知任董事会书记兼校长。

注释

① 充类至尽　把同类事理比照类推到极点。语出《孟子·万章下》。“夫谓非其有而取之者盗也，充类至义之尽也。”

② 阿附苟容者　指屈从附和以取容于世的人。引自宋·苏轼《上韩太尉书》。

③ 安徽吕省长　即吕调元。

宴请交通部员的答谢词*

此时得与诸公欢聚一堂，实觉愉快。然今日之集会，决非寻常酬谢可比，实系代表全国儿童及国家命运，诚恳致谢于诸公。

* 摘自《中华教育改进社宴请交通部员之盛况，陶知行主任赞扬扶助教育之交通政策》一文，载1923年9月7日《晨报》。题为编者拟。

1923年8月下旬，中华教育改进社在北京召开第二届年会，商请交通部同意给各地来京代表办理了免票。这是年会结束后，陶行知在西车站京汉食堂宴请交通部员的即席讲话。

半文钱*

一

灵隐寺边新上任的财神，
听我说他有些俗气，
连忙赶下山来，
送我半文钱。

赏我呢？无功。
罚我呢？无罪。
莫非是他自己要证明不俗？
莫非是他自己要证明会送诗人的礼？

妙哉钱！何人要？
别人不要我愿要。
何处用？
别处不用我受用。
你是世间不可多得物，
得者不遭恨也不遭妒。

* 抄自3—14手稿本67—71页。

二

半文钱可用吗？
只许作买诗用。
诗可卖吗？
只许卖半文钱。

你还有一半到哪去了？
送给杜甫了吗？

五月偕张仲述兄游西湖，在灵隐寺边拾得半文钱，甚喜；相约我写一首诗，他写一出戏，都以半文钱为题。

运长城砖入徽*

长城甓，万里积。
长城砖，一千年。
昔时御胡绩，
今弃古道边。
有人劝君浮海去，
迟迟其行岂偶然。
君本山中物，
应结山中缘。
八达岭下辞岭仙，
不入北京见冕轩。
黄河桥上一溜烟，
霎时已见泰山之尊严。
高山仰止景行行，
扬子江头着祖鞭。
西湖留客饮秋月，
催别伍潮在眼前，
此去关山应千里，
梦魂依旧系君船。

* 抄自3—14手稿本72—76页。

船到严陵宜参拜，
船到东垣始解纤。
倘逢故人道故事，
发奋忘食似当年。
倘问君来缘何事？
新民护国俱尔瞻。

独登长城*

十二年九月

独上八达岭，
独登长城岭［巅］。
岭上长城城上我，
我身之上有青天。
青天问我何所求，
不求福缘祈福年；
但愿一年三百六十日，
日日能作岭上仙。
岭上仙，
面面与空为因缘。
风卷云翻千万变，
峰峦争雄横眼前。
落日迟行应为我；
山间明月迎我先。
才觉离群有真乐，
何事悲怀向天边。

* 抄自3—14手稿本78—80页。

八达岭上闻虫声有感*

万寂俱静惟虫声，
虫饮秋风鸣更急；
世间多少抑郁事，
皆藉汝声传叹息。
安得慈祥惠爱充天地，
教他众生皆安适。

* 抄自3—14手稿本80、81页。

王太夫人六秩大庆*

六秩年华如许，
慈祥惠爱可千秋。
不老之药何处至？

发奋忘食乐忘忧，
水深火热民愁乱，
登衽席教诲是我。

推本追源思母教，
寿身寿世存乎仁，
愿母康乐寿上寿，
同观国泰民安万万春。

中华虽称四万万，
三百念可皆盲人，
石头城里医国手，
王母之子能点睛。

---

* 抄自3—14手稿本91、92、94、95页。王太夫人指王伯秋之母。事见 1923年双十节致程仲沂函，载本全集八卷20页。

旧拜新命悬一发，
新命惟在作新民。

附寿联：

作十万新民　　　　寿六旬王母

在湖北教职员联合会讲演录*

在湖北教界，鄙人有好多同志，素未见面，此次能亲见一面，是很高兴。况武汉在历史上很有价值的地位，再附带上能够领取龟蛇江汉的好山好水，更加愉快。我们在教界有年，晓得中国文化，是几千年的圣哲贤豪绞脑浆洒心血庄严组织所遗传下来的。即要我们以教育的方法，科学的条理，再加组织，一方面继承，一方面续传下去。我们大家已受先人的托，是不可以不负担和交卸的。国家交到后代，使后代子孙说：中国弄坏，是我们一班老迈龙钟抵死守旧不知变通不加组织的祖先给把他们的。我们现在的中国重要教育，要能够把六岁以下的小孩子，采义务方式教育下去；十二岁以下的一般平民，采平民方式教育下去，那是我们的责任。但就中国现在形势看，能否使小孩受相当教育，藉兹卸责，已是困难问题。何况现在世界给我们以机会，使小孩受同等教育；还要使现当国民、将当国民的一般平民都要有知识。现中国没有一定统计，大约中国四万万人中，总有三万万二千万不识字的。我们要晓得四万万人的国家，数千年的文化，能够以八千万人负担传授了解世界大势，能谋自己生活，遂可以立国吗？所以中国只可算八千万人的国家。处到现在这种世界，总要

* 原载1924年2月11日湖南《大公报·湖南平民教育周刊》第8期。系1923年11月13—27日湖北开展平民教育期间的演讲，段麟郊记。

使国民有精神上的结合，在语言文字上交递。况全民的国家，应建设在全民教育上面。所以这个问题，应该使平民如何识字，已成当务之急了。但使平民受识字的教育有三种要件：（一）要以最短时间；（二）要以最少经济；（三）要适合国民能够普通应用到生活上面去的所得一种器具。以此为根据，所以选择这种课程，使他有识字能够读书的能力。但同时不能使个个在学校读书，要一方面谋生活，一方面得到作国民的精神。不是国民的知识，因为国民的知识，要读多书可以得到。得了一种国民精神为根底，便慢慢地可得到国民的知识。但作国民的精神，要有一种相当最粗浅最明了且含有意思和生机的课程来辅助他。所以我们同时采着各科学家、哲学家、历史家、文字家、教育家，发挥他的意思，归纳拢来，编纂这种课程。其要点有三：第一要有自立的精神，使国民以能谋生活为可贵，不能谋生活为可耻。已灌输此种精神到课程里面去了。徒知自立，未免不流于利己心太发达、公益心太薄弱，所以第二要有互助的精神。互助公益，不互助私利；互助公理，不互助强权。又已灌输此种精神到课程里面去了。徒知自立互助，而不作进步上的要求，则物质文明不发达，国民思想陈腐，不免事事落后，步步失机，所以第三要有进步的精神。在能够支配天然势力，创造环境，在进步上求自立，进步上图互助，有一种改造的精神，不堕于迷信和幻想。所以又灌输此种精神到课程里面去了。以上三种精神，系拣编平民千字课之精髓。除此以外，还有许多零碎精神，不在此例。因为为编功课起见，有许多地方，不能不过桥。至内中字眼，系由东南大学教员陈鹤琴先生选出应用字一千八百个。这四本千字课，已包含一千二百余个。有些难写而易认，有些易写而难认。然我们的平民教育，在养成一般平民读书的能力，不在善写字。所以字虽难写一点，总要练习能认识。至书中内容，关于道德、互助、美术各种精神，都采到一些有趣味的诗歌和故事，使学生读之可以振起精神，提高兴趣。此教材编纂之大概情形也。

还有一种问题，是没有注音字母。因为附带注音字母，则学者不易学，教者恐有不能教，恐怕因教注音反惹起别的困难问题，致课本不能教了。在教会同人等之至熟，所以不选进注音字母。至教法不采班级教授。因为要推广平民教育起见，不能如此。何以故咧？施平教好像吃饭。不识字者，好像受了饥饿，受了身体上的饥饿，不得不吃饭以解之。受了精神上之饥饿，不得不识字以医之。然吃饭的，有些在饭馆，但百分之九十多半吃家常便饭。开平民学校，如开饭馆，饭馆不能使人人来吃饭，犹之开平校不能使人人来读书。所以除着开饭馆外，多半开家常便饭。犹之除着开平校外，必多开家常便饭的平民读书处，不以扰乱日常生活为原则，一方面谋生活，又一方面趁暇时可以读书。先生教师母，师母教小姐，小姐教老妈，老妈教丫头。如此连环教学下去，则识字的国民日见增多了。南昌已开三十家平民读书处，进步最速。至平民读书处之组织，小则二人，多则百人。即普通以五人来计算，四人共两石板，五人各一本书，总计花费不上七角。经费由谁出的，即将谁或他的祖宗名字，叫作平民读书处的名字，以志不忘。再可组织处长，四月一考其成，有能识一千二百常字者，即给以识字国民的文凭；教员则给以平民教师的文凭；处长则奖以敬教兴学匾牌。如此切实办下去，不三年后，湖北全省三千万鄂人，可完全变成三千万识字明理之新湖北国民。这种仔肩，都落在鄂中教界诸同志之头上。所以我特地拿这种宗旨和意思，供大家作参考。是否有对？尚待指教。

学生与平民教育*

现在中国是糟到极点了，无论教育、外交、实业、交通、司法、财政，都是不堪过问，但实业、交通、外交、司法、财政……都不是目下最重大的问题，是第二关，第三关，第四关了；最重要的第一关，就是教育问题。直言之，就是平民教育问题。中国四万万人，内中有三万万二千万不识字的。这三万万二千万人没有受过教育，他们底智力才能很低，易受别人利用，没有自治的能力。要中国弄好，非个个有自治的能力不行；要个个有自治的能力，非人人读书识字不行。要使这三万万二千万人都识字，就是我们八千万识字的人的责任。把这个问题解决了，其余实业、交通、财政、司法……都容易了。并且这个问题不十分难，若去做，是很容易达到的。兄弟编有《平民千字课》四册，每册二十四课，四册共九十六课，合计有生字一千一百多个，书价很便宜，每册三分洋钱，四册共一角二分钱。每日读一课，九十六日可以读完；聪明的还不要这多时间，就愚钝的最多也不要四个月，可以读完。每人花一角二分钱，最多不过四个月的时光，就可识千余字，能够看白话报，写白话信，上簿记数，都可

* 原载1924年2月16日湖南《大公报·现代思想》，系1923年11月13—27日湖北开展平民教育期间，陶行知在武昌师范大学的演讲，黄祖度事后追记。1924年1月26日在北京西四北翊教寺平民中学，陶又用同题讲了一次。

以行得。你一定要说，找教师是很困难的问题，这也是很容易的，譬如你教会了一个，他就可以做别人的教师；别个学会了，又可以做别一个的教师；由此照数学法的计算，二二如四，四二如八，八二十六……可以生出无穷的教师。最好首先由自己家里做起，自己家里有不识字的，就组织个读书处，早晚教起来；老爷教男工，太太教女仆，小姊教丫头，丫头也可以教拖车的，结果都能识字，都可以做别人的教师。熊秉三的夫人朱其慧，对于平民教育非常热心，他底仆人，没有个不识字的。有次我到了安徽教育厅，调查厅内的工人，有许多不识字的。后找了几个来，拿《平民千字课》把他们读，有两个读得下去，并能了解意思，我就叫他们两个做教师，教那些不识字的。没有一个月工夫，那厅内工人都能识字了。有一次我到了南昌，参观监狱，内面关有许多犯人，我给他们些《平民千字课》，找几个识字的做教师，没有好久，监里的犯人，都能识字了。一次我在洋船上，找来几个茶房，把《平民千字课》他们读，有两个只能读得一二册，三四册就不行了。后找得个能读的，叫他做教师，没有好久，全船上的茶房，都能识字。诸君是学生，是负有平民教育责任的，我希望各位努力的做去。做的方法，也很有几种：在学校里面，就先把本校的工人教好；在学校周围的境内，可以划分区域，分组去劝他们读书，替他们组织读书处，或自己去教，或找他们里面识字的去教；家里有不识字的，就在家里组织读书处；家里的四邻有不识字的，就替他们找教师，组织读书处；若是外省的同学，不能在家乡服务的，就可于假期时去做。把《平民千字课》读好了的，就给他一张识字的证书，可以享法律上的权利；教好了一班的教师，就给他一张平民教员的证书。照这样做去，要使三万万二千万不识字的，都化为识字的，也是很容易的。前次我到了杭州，游西湖，那里有个大寺，内面有四百多个罗汉，由是我又想起平民教育了，然罗汉是死的，是泥塑木雕的，不能识字，也不能做平民教师；但他们也不能为祸，较之国会里面的几百多尊罗汉，还是好些。今晚几百位同学聚在一处，都是活罗汉，是能为平民造幸福的，望大发慈悲，救苦救难，超度众生，这就是我所希望于各位的。

送平民教育到芜湖*

知行到芜以后，精神非常愉快。今日到者，如此踊跃，实为一种共同精神。我们提倡平民教育，实为不得已之事。

我好比是个送礼的人，把平民教育从南京送到北京，再由北京而安庆而南昌而武汉，现在又到了芜湖。送礼的人总希望此种礼物，到一处收一处效果，此后盼望识字者渐渐增多，文明日益进步。

今日为芜湖平民教育开始之日，盼望各长官一致提倡，俾得良好结果。

---

* 芜湖教育界为提倡平民教育，发起组织平民教育促进会，电请中华平民教育促进会执行董事陶行知到芜协助进行。1923年12月1日下午二时，在马路山陕会馆，请陶行知演讲平民教育问题，听者约三千人。次日，全县中小学校均停课一日，举行平民教育游行大运动，参加游行者万余人，每人手执小旗，旗上书有："教育建国"，"平民之光"，"光明之路"，"读书明理"，"不识字是瞎子"，等等。下午三时许整队游行前，陶行知到场作简单之演说。当晚，主人欢宴陶行知，席间陶起立演说。第二天陶即乘轮离芜赴宁。以上两段，系《申报》记者所记陶行知12月1日大会演讲和2日晚宴演说之大要。摘自《芜湖平民教育之运动》，原载1923年12月6日《申报·教育消息》。

平民教育最关紧要*

以往之工作，都载在会刊上面，此时不必复述。

兹年陈述，为将来进行之希望。而最关紧要，则为平民教育之进行。夫一国家之主体全在人民，人民知识低弱，国家断无强盛之望，此是应须急速推行平民教育之一原因。其二则以现在教育的关系，不只是一个国家的关系，并且有国际关系；教育的良否，在国际地位上很是重要。这次万国教育会在美国开会，我国代表郭秉文君当选为副会长，足见在世界教育家眼光中非常重视，但一言及我国能读书识字之人数，则大为诧异。盖当各国代表报告本国能读书识字人数时，或占百分之九十七，或占百分之九十三，至少亦在九十以上，惟中国则仅占百分之二三十，实为可惊之少数。按大略估计，则中国人虽号为四万万，能读书识字、能够称得起是国民者，不过八千万。是中国不过八千万国民耳，安能称为四万万之国家？但按现在推行平民教育的方法，每日用一小时功夫，四个月可识一千二百字，并略得所以做国民的常识。

我们预料下次万国教育会再开会时，不识字的人数当可以减少，凡略能识字的人，都能作教师，是我国现有八千万教师。三五年后，只要尽力推行，不怕不克奏大功。

---

* 本篇系1923年12月23日在中华教育改进社成立二周年纪念会上的讲话记录。摘自《纪教育改进社二周纪念会》，原载1923年12月26日《申报》。

中华教育改进社十三年进行计划*

（十二年十二月念七日董事会通过）

一、进行方针

本年度进行方针，仍照十一年度所规定，以改进中等教育为主，他种教育，得视人才、经济及需要酌量图谋改进。惟所需改进之事项，必妥为分析，作为分途研究之问题，至少必有一人担负责任。

二、研究

本年度研究，分下列各种：

（一）中学课程改造之研究。由张仲述照上年度所订计划继续进行。

（二）科学教育之研究。由推士及陈裕光照上年度所订计划，继续进行。尚有福州、厦门、广州、长沙、太原五处科学教育，须补行考察。同时依据上年考察事实，拟订改进程序，并使此程序逐渐实现。

（三）教育心理测验之研究。由南北教育心理专家，继续担任。

（四）英语教学之研究。由张士一先生担任。

（五）平民教育之研究。由陶知行襄助中华平民教育促进会

---

* 原载1924年1月1日《申报》。

总会进行。

（六）各委员会之研究事业。由各委员会委员担任。

（七）童子军之研究。

（八）卫生教育之研究。

（九）乡村生活之研究。

（十）手艺教育之研究。

（十一）家庭园艺之研究。

（十二）学校经费之研究。

三、调查

本年度关于调查事项，拟举行下列数种：

（一）开办十三年度之全国教育统计。由陶知行、薛鸿志担任。

（二）结束学校教育调查。由查良钊、德尔满担任。

（三）开办全国体育调查。由麦克乐担任。

（四）结束科学教育之调查。

（五）开办十三年度之北京教育概况。

（六）开办县教育统计。

四、推广

本年度关于推广事项，举行下列数种：

（一）中学课程研究班。与北京师范大学合设，由张仲述主讲。

（二）科学教学演讲。由推士、陈裕光于考察时举行。

（三）科学教育暑期研究会。与清华及洛氏驻华医社合办，聘请国内中外专家担任。

（四）组织女子教育劝导团，分区劝兴女学。

（五）与中华职业教育社协力提倡职业教育。

（六）推行第二届年会议决案。

（七）到华侨所在地演讲中国教育。

（八）与中华平民教育促进总会协力进行平民教育。

（九）承受私人或公共机关关于筹备教育事业之委□（字不清楚，疑为“托”字）

（十）开办教育介绍部。

（十一）参与世界教育联合会亚洲部会议。

（十二）教育图书馆，照上年计划继续进行。

（十三）教育陈列所，照上年计划开办。

（十四）举办国民音乐讲习会。

（十五）举办童子军巡回指导。

（十六）普及羊市大街平民教育。

（十七）设立平民书报借阅所。

五、编译

本年度关于编译事项，拟举下列数种：

（一）《新教育》月刊续办，仍改为十期。

（二）《中等教育》仍与中等教育委员会合办。

（三）《初等教育》仍与注意初等教育之机关合办。

（四）《平民丛书》与中华平民教育促进总会协力编辑。

（五）中华教育改进社丛书。

六、年会

本年度年会，在南京举行。

附：老老实实学习　不能摆空架子*

（1923年，16岁的江兆虎考入南京安徽公学十分得意，穿着父母为他做的新潮时装，大褂右上襟别着一支新民牌自来水笔，右手挟一本大厚书，神气十足地跨进了校门。此时正好碰见校长陶知行，陶叫住江说:）

一个学生进了中学，要老老实实地学习，不能摆空架子。你挟着那本厚书，又不是你现在能够看懂的，你装这个样子给谁看呢？（接着陶指着校门口一个小皮匠说:）

你必须向他学习，他什么架子都没有，只埋头搓麻绳。他天天搓，月月搓，麻绳搓会了，就练习绱鞋子，而且一针一针地缝。他这样认真地学，要不了三年，就是一个好皮匠。你挟着那本厚书摆空架子，做给谁看呢？我们学校的图书馆里，什么书都有，是供给学生找资料、学真本事的，像你这样的空书架子，或者说是书呆子，是不准到图书馆里去的。

* 摘自《陶行知故事集》一书中《书呆子莫来馆》一节，1986年4月政协南京市白下区委员会编印。

1924 年

年神和我抬杠子 *

旧年神！新年神！
年头年尾不许人做车上人。
听我动身到天津，
年神皱起眉毛不高兴。
听我要上津浦路，
年神板起面孔要怒。
火车钟点一误还再误，
都是年神不许年头年尾出门去。

旧年神！新年神！
百般留难，
万般留难，
为的都是人。
若不是他苦心孤诣的指点，
那能母子、夫妻、兄妹、父子
团圆圆的过了旧年，
又过新年。

---

* 抄自3—14手稿本87—89页。

致周静庵先生函*

静庵先生道鉴：

久钦高谊，未挹清辉，企慕之私，辄难自已。去岁接奉手示，发缄雒诵[①]，如亲聆謦欬[②]，快慰之情，非言可喻。平民教育，经公实施于前；朱晏[③]诸君提倡于后；知行步趋其间，不过尽国民义务，乃荷揄扬溢量，愧恧曷胜。沅湘之行，知行怀想数年，迄未如愿。此次赴鄂，满拟一至长沙，敬聆大教，并揽衡岳潇湘之胜，快我夙心，无如束装将发，而京师本社及南京分事务所函电纷来促归，商榷要事，不得已遂变初计，致公抵鄂而知行已返宁垣。高贤在望，领教无缘，怅惘何似。知行此次于役武汉，因中华平民教育促进会总会总干事尚未聘定，而各处盼望总会协助，促其地平民教育之进行者甚急，故会长特托知行赴皖赣鄂省城与各地热心君子浃洽一切，现促进会总会总干事已延聘得人，吾公夏正二十讲演之约，尚请与促进会总会直接函商，倘总会以为于时有知行到湘相助之必要，则知行甚愿勉尽绵力，用副盛意，否则知行为改进社事，开春亦须到湘一次，把晤非遥，不尽缕缕。附上关于平民教育印刷品二分，一赠吾公，一赠贵会，统请察核教正，芜湖安庆平民教育会章程及印刷品已函去请其径

---

* 原载1924年1月22日湖南《大公报·湖南平民教育周刊》第六期。静庵即湖南平民教育促进会总干事周方。

寄台前，一并奉闻，专此祇颂炉安不备。

陶知行　谨启

一月三日

注释

① 雒诵　即络诵，反复诵读。

② 謦欬　引申为言笑。

③ 朱晏　朱其慧、晏阳初。

统一精神必受同等训练*

中国四万万人有四万万心；五族共和有五条心。要希望四万万人一个心、五族一条心，惟有非令四万万人及五族人受同等训练，统一精神不可。

* 原载1924年2月1日《晨报》第六版。1924年1月30日下午6时半，中华平民教育促进会假太平湖饭店举行平民学校试验班毕业式。到会毕业生62人，以女生居多。到会者还有熊希龄、张素英、杨大可、章洪熙、陶文渼以及学生和学生家长等多人。这是陶行知在毕业式上的讲话。

平民教育实施法*

现在我们中国的困难问题，所要解决的，实在很多，如实业之不兴，财政之困难，政治之腐败等，无一不是今日中国待解决的困难问题。但是人民不识字，不明理的太多，我们虽想把种种的困难问题解决，总是不可能的。所以最紧要而最宜先解决的一个问题，还是平民教育。所以我们想起来解决中国各问题，如同三国时的关夫子过五关斩六将一样的。平民教育，就是我们的第一关。要是这第一关打过了，再打第二第三关，就容易了。因为我国现在识字明理的人，大约只有八千万人，还有那三万万二千万的人民，是不识字明理的。若是我们能使那三万万二千万人，都能识字明理，然后再群力群策来解决我国的种种问题，也就容易了。就是打过了第一关，到了第二关的时候，除了以前的八千万人以外，又添上了三万万二千万，那势力自然雄厚多了，然后继续去打第二、三、四等关，比较不更容易多了么？

平民教育的重要，已如上说，但是究竟宜如何方可使这三万万二千万人民，都能识字明理呢？诸位想想，我们国内各学校里，不是附设了平民学校，来教育这些不识字的平民么？唉！这些平民学校，我想这些平民学校的效力，实在是很小的。何以呢？我曾在北京调查过平民教育的。北京的平民学校，比各处是

* 原载1924年2月14日湖南《大公报·现代思想》第15号。记录人：陈培基。

要多些，但是那平民没有入这学校读书的，还是很多。我们亲自到那平民的家里去，问他们何以不到平民学校里读书？他们有的说："我要在店子看守店子。"有的说："当我正要办理厨室里的事情的时候，那平民学校正要上课。"又有些小孩们说："我们要在家里背负弟弟……"这样看来，他们不能入平民学校读书，都是很有理由的。这是就一些小小商店里说；还有那衙门里差役，军营里的丘八，洋船上的水手，土窝里的土匪等等的机关和团体中间，不识字明理的人，还不知多少，那末更谈不到入平民学校受教育了。所以我说：这平民学校，还是不济于事。我们现在想出一种推行平民教育的方法，既不妨他们的生活，又不耗费多量的金钱，就是提倡平民读书处。这平民读书处，是无论在城中，在乡下，在学校，在公署，甚至在军营中，在土窝里，都可以举行的；教师无论是乡绅，是学生，是厨夫，是老妈子，都可以充当的。因为学生可以教厨夫，厨夫即可以教工人，工人又可以教他工人；乡绅可以教太太，太太可以教老妈子，老妈子又可以教他老妈子。学了一课，就可以教；教了之后，又可以学。教的有了暇时就可教人，学的有了暇时就可去学，既无奔走之劳，又不妨害他们的工作，又不耗费他们的金钱，他们还有不愿意学的么？至于提倡平民读书处的方法，各地的情形不同，如军营里有军营里的情形；衙门里有衙门的情形；推而至于商店农村工厂等，莫不皆然。要在提倡平民读书处者，临时斟酌而已，在某种情形之下，须用某种方法，万难一致。不过亦有普通共同之点，如平民读书处，设处长一人，——处长即以该地能有热心教育者充当更妙；如果没有，即稍能识字明理者亦可。——若干日后，举行考试一次，如果该处之成绩很好，对于处长，须有相当之奖励。此则无论在何种情形之下，都可以行的。

平民教育的教材，我们现在已经编了一部千字课本，一共四册，每日读一小时，有了四个月，就可以把他读完，读完了，就可以看白话报，写白话信。现在我要说一个比喻：这些不识字的平民，好比是瞎子；平民读书处，好比是医院；我们——凡能识字明理的人——好比是医生；千字教科书是药水。每日叫那些瞎子，在医院里把药水将他们的眼睛洗一次，四个月后，就将这些瞎子医好了，使他们能和我们一样的能看物能做事，那末我们医生的功德，也就不浅了。再可说一个比喻：就是我前面说的关夫子打第一关，我们是打第一关的先锋队，平民读书处是我们的大本营，千字课本是我们的机关炮，那千个字就是机关炮里的子弹，把我国的平民都教到能识字明理了，就是打胜了第一关咧！

现在学校里的学生，可说是识字明理的人，所以今日的学生，对于平民教育，有很大的责任。但是我国人向来有几种不好的观念。就是：（一）俗话说："不受苦中苦，难为人上人。"所以现在的学生在校读书，以为就是预备将来做人上人的。因而把平民教育看得不屑为，这是一个很大的错误。我说，若是人人都要做人上人，有谁人为人下人呢？所以我希望大家不要想做人上人，也不要做人下人；是要做人中人，平民人也。我亦人也，我要做一个怎样的人，就把平民也要做怎样的人才好。（二）俗语说："十年寒窗无人问，一举成名天下知。"似乎一个人读书，全是为着一己的名字要天下知道，才算达到了目的，这也是一个很大的谬误。我们现在读书，不是要学那广告式的天下知我，是要我知天下，知天下平民的生活如何，痛苦如何，须如何去改良他们的生活，如何去免除他们的痛苦。（三）我国人多不肯稍有牺牲自己，以利他人，事事专为利己，所以凡百事物，一为己有，即丝毛不肯公之于人。例如富家翁见人虽贫苦可怜，而终不肯给一文以济之。盖以为给人一文，即失去一文矣。但授人以知识，实丝毛无所损失。譬如我教人一千字，我仍能识此千字，而未尝有所失，而在他方面则增一识此千字之人，如此转相传授识字愈多而已，识者未尝丝毛有所损也。

关于学生实施平民教育的方法，可分两层来说：（一）在学校里读书的时候，把周围附近这学校的居民，划定一个范围，调查他的户口，不识字的人有若干，然后分成若干个平民读书处，再分配校内的学生到各处去教他们。规定多少日子，就把这千字课程教完，并规定多少日子，举行试验一次。等到我们所规定的范围内的平民，无一个不识字明理的人，才算尽了我们一部分的责任。（二）在寒假或暑假期间回到乡里的时候，就要在家里村子里或附近的其他的机关或团体里，倡办平民读书处。虽然时间很短，要是有了方法，一个假期提倡之力，就可以把一村一地的平民教育普及。因为我教二人，那二人中，每一人又教二人，如此倍增，教的人渐多，而不学的人渐少，所以我说一个假期之内，就可将一村一地的平民教育普及。还有一事，请诸君注意，就是诸位不要以学生是求学的时代，当这时代去干那平民教育，是有妨于求学的。孔子有两句话说得很好，就是："学而不厌，诲人不倦。"这两句话，就是教我们一面要学，一面要教；教的时候，不要忘了学，学的时候也不要废了教，学是思想方面的事情，教是实验方面的事情。不有思想，就没有进步，不有实验就没有成功。所以我们一面要虚心去想，一面要热心去做。要是专门去学，而不去做，就是"读书破万卷"也不过是一"残书蠹"而已，也不过一书簍子而已，还有什么价值呢？

我说到此处，不觉忆起前日在北京某大寺里，看见殿上那几百个罗汉，那时我心里正是想着这平民教育实施法。看见那些罗汉都对着我笑，好似对于我的这个平民教育实施法，很表同情的样子。但我心上，也就想到这些罗汉对于我这平民教育的方法，虽很赞同，但他们总不能去实行。今天承蒙诸位在此听讲，却也不下数百人，并且脸上带着满意的笑容，时常鼓起掌来，似乎对于我所说的很表同意。但我希望大家不要像那罗汉一般的，只能笑而不能行。希望大家要学那佛家的大发"慈悲""救苦救难""普度众生"，要本之良心，去实际推行平民教育才好哩。现在我要引一句英语来作结，就是："Do It Now"。这句英语的读法，

（一）重在一个Do字，就是叫我们一定要去做；（二）重在一个It字，就是叫我们做平民教育这件事；（三）重在一个Now字，就是叫我们现在就要去做。

有怀*

车中何所思？
所思不在兹。
所思不在兹，
将思化作诗。

一三、二、二四

* 抄自3—14手稿本第3页。

教人读书　做国民*

吾国号称四万万人，但是四万万人，简直有四万万条心。我国自命为五族共和，但是五族的人，简直有五条心。南北不统一，岂止南北不统一。现在要把破破碎碎、散散漫漫的中华民国，造成一个万众一心、五族一心的中华民国，且有两种根本办法，一是四通八达的交通，二是四通八达的教育。现在平民教育的最高无上的目的，就是教人读书，做国民，就是用教育的精神和方法，创造一个万众一心、五族一心的中华民国。懂得这条大道理才能放手向前去做。否则，芦柴丛中，钻来钻去，曾费尽心血，终于国家大局无补。办平民教育，要不要学问？要。学问少的人能不能办平民教育？能、能、能。我家五岁的孩儿，能教五十七岁的祖母读第一本“千字课”。办平民教育要不要经费？要。钱少的人能不能办平民教育？能、能、能。山东乞丐武训，开三个学堂。学问和钱是要，要的是有一分学问，就可做一分事，有一文钱，就可做一文钱的事。平民教育，是平常人的教育，平常人办、平常人学的教育。平常人啊，只要你们各尽各的本分，平民教育不怕不普及。万众一心、五族一心的中华民国，不怕造不出来。

陶知行

---

* 原载1924年2月27日湘《大公报》第六版，题为《陶知行缄示方针》，有按语云：“该会总务主任周方，对于实施平教，曾函请中华平民教育促进会陶君知行函示方针，以便取法，昨陶君特作文，函寄该会。”现题为编者拟。

平民教材内容大意与教学顺序之意见*

不认得字，和害眼病一样。回头看不见四千年的文化，四面看不见世界的大势，所有一切古今中外的事，都茫然不知，实在是可怜得很。这种病——不识字，能传染的。和不识字的人在一起，大家都安于不识字，不但是传染，而且是传代的。书香之家，子弟大都是读书的。目不识丁之家，子弟大都是不认得字的。由这几点看起来，不识字的病，是何等厉害！我今天所要说的，就是医治此病的灵药和这种灵药服食的方法。这种灵药是什么？就是《平民千字课》。我现在将编辑教材内容的大意说一说：

A. 负编辑《平民千字课》的人，就是朱经农先生和我，其余还请了许多人帮忙。现在先讲编辑《平民千字课》的宗旨是什么？

（一）培养人生与共和国民必不可少之精神和态度。

（二）训练处理家常信札账目和别的应用文件的能力。

（三）培养继续读书看报及领受优良教育之志愿和基本能力。

B. 第二要讲的就是这部书是怎样编法？

（一）先拟定目标　我们为求比较的正确起见，特为请了几位哲学家、教育家、科学家、政治家、历史学家，把人生共和国民应有的态度，分析出来，再由我们选了数十条，列为全书的具

* 本篇原载1924年2月27日湖南《大公报》和《湖南平民教育周刊》第10至12期。周刊编者有前言：“在新千字课编成之前，采用《平民千字课》者甚多。此篇为编纂及教学平民教材时必备之参考，故特专载本刊。”

体目标。这种目标大概不外两类：（1）是发扬国民性的优点。（2）是补救国民性的劣点。因为本书篇幅有限只能顾到精神一方面；至于那无数的常识常能，势不能充分包括在内，只好等到编辑平民丛书时，再行分别注意。

（二）次选定常用字　既定了目标，第二步就应当照着目标去编辑，把日常应用最多的字，来编成语体文，使平民易读易懂，而又有效率。东南大学教育科和中华教育改进社，近年请了陈鹤琴先生主持编辑字汇，陈先生用了一年半的工夫，做了一本字汇；在一百万字当中，发现一百零一次以上的字，有一千一百六十五个。我们就应用这科学方法研究所得的字来编辑。我们虽然没有把这一千一百六十五个字完全编入，但是这部书里面常用的字，就是由这里发源。此外家常应用和共和国民必须要的字，虽不在这一千一百六十五个字当中，而为我们认为必要的，我们依据目标，将发现一百次以下的字酌量加入；因这种字只约占全数八分之一。此外还有国语里必不可少的图画、代表字，没有在这一千一百六十五个字里面的，我们也把他收集进来，以便应用。未知之音，可以拿已知的字音来填注。如此可以免去继续自修的一种障碍，又可以免去同时注音字母的麻烦。

（三）每课之组织

1. 生字　每课生字以十个至十三个为度，间有十四个的，系由于检查之后发觉时已经难改了。因平民学校的学生大都是青年或成人居多，他们的经验总比在国民学校的学生丰富，故每课的生字不妨多一点。这部书注重在课内运用生字。凡在课内没有机会充分运用的字，就提出来，依据复习原则特别复习，详细方法，在教师指南里说明。我们既是要继续读书看报，和领受优良教育的基本能力，就不得不重视读的一方面，使学生对于领会力能够充分发达。至于写的一方面，固然要教，但不是我们主要的目的。我们更可承认写也是帮助读的一个法子，如果时间充分，固然可以读写并重；无奈时间很短，写字稍有门径，即可自习。

读书非充分训练不能达到自学的目的，这就是我们偏重读的理由。这条原则应用在实际上的时候，有两点：（1）是教学法，宜多注重读音与领会——这点暂且不论。（2）是支配生字的次第。生字有难写易认的，有易写难认的，有难写难认的，有易写易认的。我们既定了重视领会的方向，我们就可不照写字的难易而分次第了。易写易认的字，当然要尽先学习。就是难写易认的字，也不妨早些教学生。不过认之难易与写之难易，还是凭着主观和自己的经验去判断。以后我改课本时对于认字写字的难易定要有一番缜密的试验。

2. 分量　依据经验，本书为适应学生的经验起见，做了一个大胆的试验！这试验就是打破国民学校教科书的限制。本书每课的生字和课文，比我们平常所想的丰富得多，我们深信青年虽不识字，但是他们的经验是很丰富的。只要书上所写的是他们已经会说的，只管多多的发挥，并无妨碍。我们最要的问题，就是依据大家讲得出听得懂的，把他写出来，使他们会看会写就是了。我们已经有了两星期的时间，和三班人数一百五十多人的试验，尚未发见什么困难。所以我们就把已经试验过的课本付印了。原想再多设班次，作长期的试验，无如南京平民学校开课在即，不得不急急付印。至于更加正确的试验只好等到后来了。

3. 性质　依据切身及共同需要，这部书所选的教材，一方面极力顾到一般人民切身的需要，使教育成效可以速睹，并使一般人民对于教育之信仰可以坚固。一方面又要顾到共同的需要，不能偏重一方。纵有时在一方面情形之下，交换讲通了解之处，也要兼顾到的。

4. 文法　这部书注重运用文法的变化。书中虽不教文法，但是中国国语文法的种种重要变化，都包含在里面，使学生后来遇着这种文法可以了解。

5. 文学　这部书的内容，也很注重平民文学。除通常应用的书信、账目、契据、字条、单帖外，还加入平民诗歌故事，培养平民对于文学的欣赏力，并陶冶他们的性情。

6. 图画　本书利用图画指示各课情节。图画是辅助了解课文和引起学生兴味的工具，我们要充分利用图画，使符合课文的精神，并充分包含课文的情节。我们还盼望借图画逐渐的培养他们美术的观念。

C. 教科书已经有了，我们再来讨论辅助教科书的教具是什么？

辅助教科书的教具有二：（一）是幻灯影片。（二）是挂图。人数多的班，宜用幻灯；人数在五十人以下和没有电力的地方，宜用挂图。如果不能购备幻灯影片和挂图，就单用教科书，也可以的。不过班上人数，最多不过五十人，而且最好先把生字一个一个的提出来，放大的写在黑板或大纸上，以便学生易于认识。

D. 我们还有一个问题要讨论的，就是这部书为谁编的？究竟根据什么原则？

这部书是根据十二岁儿童所能了解领会的，为编辑的原则。换一句话说，这部书是特为十二岁以上不识字的人民编的。我们根据这十二岁的年龄为标准，别人一定觉得有点不妥当。但是我们试验下来的结果还好。而且麦柯博士曾对我说过："麦克马利教授所编的书大都是以十二岁年龄为标准。"东西方竟不谋而合，我的心也可以放下一点了。符合这个年龄的标准的人，拿这部书教他最为合适。然而年纪小些的人，也可以学，不过稍为困难一点罢了。还有一层，如果符合这年龄的标准，就是在私塾里读过书的学生，再读这种课本也是很有益处的，不过头一本学得快些。

E. 我们最后还有一个要讨论的问题，就是这部书要多少时候才教得完呢？这部书一共四本，每本二十四课，共计九十六课。每课用一点钟就教得完。每天上一课只要十六个星期，九十六个钟点就可把全书学完了。我现在再讲的就是对于教学顺序的意见。

我们已经制好医治聋、哑、盲的药方了。究竟这种药应当怎样吃法？郑重的讲一句，就是教学法应该怎样？我们为了这个问题特为组织了一个教材试验讨论会，办了一个试验的学校。一校附设在东南大学，一校附设在江苏省立第一中学里面。参与试验讨论的人，都是热心教育的人，如陆志韦、朱君毅、陈鹤琴、郑晓沧、王伯秋、徐则陵、朱经农、陶知行、杨中明、夏承枫、陈启天、沈国宝、顾克彬、李浩然，陶文渼、王仲和、金宗华、冯巽、侯曜。他们足足花了二三个星期的工夫，去实地试验和讨论才得到下列的结果：

（一）上课　上课的时候，令学生依次入教室，养成他们守秩序的习惯，教员到讲堂的时候，学生起立致敬，坐下。

（二）点名　上课后的第一件事便是点名。可依照坐位图点名。坐位图就是一张纸，上面有许多方格，格内应有数目。照学生坐位之形式次序而定。

人数少的班次，由教员在坐位图上，将未到迟到之学生做记号，俟下课时，再将未到迟到之学生姓名登入出席簿，以节省时间。

人数较多的班次，点名的事，可交管理员做。管理员要用坐位图表，按照上法行之。

（三）复习　点名之后，就是温习。温习之范围有三种：

1. 复习昨晚所读的功课。——在开课后第二天，便可实行。第一天无复习，最好就利用这个时间，简单的对学生说明读书的好处。

2. 复习前一个星期内所教的功课。——在开课后第二个星期第一日，便须温习上星期所教的功课，后再温习前一个星期内第一天所教的功课，例如读到第七课的时候，便温习第六课。并温习前一个星期内第一天所教的功课，便是第一课。读到第八课的时候，便应该温习第七课与第二课。读到第九课的时候，便应该温习第八课与第三课。余可类推。

3. 复习前一个月内所教的功课。——在开课后第二个月的第一天，除温习上次的功课与前星期的功课外，还要温习前一个月内所教的功课。例如读到二十五课的时候，要温习第二十四课（上次的）第十九课（前星期的）和第一课（前一个月的）。

复习的方法——分四个步骤：

1. 先复习生字，特别提出课文不常发见的生字来温习。（要温习的生字见生字表）

2. 令学生展开所温习之课——先温习昨日的，次则前星期的，最后则前一个月的。

3. 指定优秀的学生辅助愚笨的学生。

4. 教员或优秀的学生，领着全体学生齐读所要温习的功课。读的时候，优秀的学生要将课文中的字一个一个的用手指着给不会读的学生看。每温习一课，最多读两遍。

（四）温习完了，就是放画片。——教师用问答式，将画中情节，从学生口中问出。

（五）放全课课文。——画片已经问过学生了，跟着就将全课课文放出来，引证画中所画的情节，就是课文中所写的东西。教师个人将课文先读一遍，再引学生读两遍。教师一句一句的念，学生一句一句的跟着念下去。

（六）读生字。——课文读过了，就要读生字。教读生字的方法如下：

1. 单字放出来之后，用简单成语表明字义。成语说过之后，即说字。例如放出来的生字是个“一”字，教师就指着一字对学生说这个是“一条扁担”的一字，“一来一往”的一字，“一回生，两回熟”的一字，“一点不错”的一字，“一肚子气”的一字。又如放出的是个“生”字，教师就对学生说这个是“先生”的生字，“不要生气”的生字，“半生半熟”的生字，“生活艰难”的生字，“生意茂盛”的生字。

2. 读书之次数多少，视字之难易而定。——例如有甲、乙、丙、丁、戊。五个生字，要教学生，先将甲字照第（1）条所举的方法教两三遍，次则照法教乙、丙、丁、戊。五个生字教完了，再转头来从甲字起教一遍，如果这五个字是容易的，遍数可以少一点，难的可以多一点，但最多不过四五遍。（轮放的时候，生字之次序不妨颠倒。）

3. 宜利用经济的记忆法。——经济的记忆法，就是附加多一点意义于生字上。如教学生“饿”字，用经济的记忆法就对学生说“没有食东西的时候，肚子里究竟怎样？”学生答“肚饿得很”。先生又问“饿”的时候应该怎样？学生答“食饭”。先生就可以指着“饿”字说：这一边是一个食字，这一边是一个我字，“我不食东西便饿了”，“我饿了，便要去食东西”。其余如象形、谐声等字，皆可用经济的记忆法，帮助学生的记忆。

（七）读全课。——生字读完，再放全课课文出来。

1. 先生按句领读课文两遍，学生按句随读。

2. 请会读者举手，就举手学生之中，挑两三人试读（全体随读或静听静看）。

3. 指定一个学生读课文时，不必一定要他将全课读完，可忽然中止另叫一人上来接着念下去，如此可令学生注意。

（八）写生字。——课文读过，再放生字出来。

1. 先生领学生对字朗读。

2. 先生轻声口唱，指笔划顺两遍，学生也轻声口唱指笔划顺两遍，写顺之后，先生宜即将该字读两遍，学生随读。

3. 生字笔划，可暂教一个月。两星期后，易写之字，可不必再教。例如学生已经会写“田”字的笔划了，就可不必再费时间，去教他写“甲”，或“申”字。

（九）熟读课本。——一切都教过了，就叫学生打开课本来读。

1. 请会读及不会的学生举手。

2. 指定会读的，助教不会读的学生。

3. 全体自由读。宜注意养成他们的默读习惯。

（十）习字。——使学生照着字帖在石板上写。

(收发物品时，宜节省时间，可用每行传递法。)

挽刘伯明 *

有书未著
流泽方长

* 原载1924年2月《金陵光》第十三卷第二号。署名：陶知行。
刘伯明，与陶行知在南京高等师范学校共事，任行政委员会主任。

咏牙签*

我本南山栋梁木，
忍受千刀任分裂。
一心只愿成人美，
更教自身蒙不洁。

三、九

* 抄自3—15手稿本42、43页。

挽留安徽教育厅长卢绍刘*

——致胡适

适之老哥：

请看今次承安徽教育厅邀来演讲，得与本省各教育家相见，真正是一件最快乐的事。我又看见绍刘厅长一切计划都能合乎教育原理，他的一股百折不回的精神又能够将本省教育事业起死回生，所以我非常为安徽欢喜。但是好事多磨，中途教育部有将绍刘先生调任甘肃教育厅长的命令。本省教育界听见这个消息非常灰心，大家要想法挽留。现在已经分电教育部、督军、省长，极力挽留。我看绍刘先生的去留于安徽教育有切肤的关系。今次会议已经议决四十三条好议案，若绍刘先生能够留任，必定能够极力推行，若调了别人，我恐怕这一番的惨淡经营是要白费了。况且各县代表对于绍刘先生的信仰心非常坚固，这种的中心点是非常难得的，倘若失去，那将来怎能联络研究、联络进行。再吗，在安徽做事，最要紧的是要与督军相安。绍刘先生现在与督军已经渐渐的能相安了，使能久任厅长的职务，必定可以有些要紧的建设。所以照我看来，老哥不能不出些力气为桑梓挽回这重要的人物。万望邀集北京的安徽同志，请教育部收回成命。这是一件大事，这是一件要紧的事。这件事关系全省教育，关系五百万儿

* 原载耿云志编《胡适遗稿及秘藏书信·陶知行（行知）信三十通》第36卷395—399页，黄山书社出版。写信时间不详，分析当在1924年3月上旬，待考。题为编者拟。

童的命运。能成就这件事的后盾就是老哥，请尽你九牛二虎的力。我回南京的时候，也要联合南京同志出些力量，快办快办。

陶知行写

诗山里的诗人*

庐山一山都是诗：
树是诗树，
草是诗草，
花是诗花，
鸟是诗鸟，
兽是诗兽，
风是诗风，
云是诗云，
晴是诗晴，
雨是诗雨。

山上有诗，
山下有诗，
山前有诗，
山后有诗；
满山都是诗。
还有那看诗，听诗，读诗，嗅诗，写诗，

* 抄自3—14手稿本92、93、96、97页。参阅上海亚东图书馆1929年版《知行书信》第106—108页，已收入本书第8卷76、77页。

一身都是诗的诗人。

诗人！
你可晓得诗神要留你在诗山做甚？
他一回两回的抬你上去做甚？
他要你斫诗树，
采诗草，
葬诗花，
捕诗风，
逐诗云。
听诗鸟唱歌，
看诗兽跳舞。
天晴出门游诗山，
下雨回家写山诗。

他要我送你诗斧、诗篮、诗笔，
他还要你在诗的世界里修道，
跳出去创造诗的世界……
将叫你待山如诗，
写诗如山，
□的写
千万不要忘了诗山外的诗人，
望眼欲穿的要看看
诗山里的诗人的诗山诗。

十三年三月十一日

真理*

你都是对的；
你没有不对的。
你是船的舵！
你是指南针！
你是光！
我跟着你走！
你对我也对；
你不对我也不对。
你都是对的；
我也都是对的。
你没有不对的；
我也没有不对的。

一三、三、十五

* 抄自3—15手稿本45、46页。

平民教育的具体方法和目的*

今天兄弟在这里，与诸君相聚一堂，讨论平教问题，非常荣幸。诸君想我是教员，但我前此一面教，一面学，此刻不作教员，专为社会服务，在各处宣传平民教育。今晚又在这里领教，特把平教的具体方法和目的详细地供大家商榷，是否可采用，希望大家不客气有以教我。鄙人前此在南昌、安庆各处，领了许多教训，在武昌亦然。现在中国问题，是什么问题咧？（一）内政不修；（二）财政破产；（三）工商教育不发达；（四）陆军不良，军阀跋扈。这种问题，须要想法子来积极解决。但国民不识字的问题，尤其是第一个根本问题，所以现在中国问题，好像关夫子过五关斩六将。何以把这来作比咧？有什么意思咧？因为刚才我说中国第一个问题，是人民不识字，现中国虽没有调查的确的统计，大约四万万人中，有三万万二千万不识字的人民，其余仅有八千万人识字。可说中国人虽有四百兆，究竟仅算有八千万识字的健全分子，来支持这个国家。其余三万万二千万不识字的人民，对于五千年先圣遗传下来的文化，既不能负继承责任，又不能了解世界大势是什么，中国现状是什么；且对于个人生活上有关系的要具，连白话报和白话信都看写不到，岂不是心盲盲而

* 本篇原载1924年3月18日湖南《大公报》和《湖南平民教育周刊》第13至15期。系在武昌师大、华中大学、中华大学的讲演。记录者：段麟郊。现题为编者拟。

目炯炯的瞎子吗？且不识字有传染病，父母不识字，连子女不识字，一代传一代，不觉得要紧，一家、一团体、一社会不识字，连他家、他团体、他社会不识字，也不要紧，因为都是瞎子与瞎子通来往，不见青天白日，糊糊涂涂，相安定数，自然成了一种习惯化了。所以中国第一□□还是三万万二千万人民不识字的事体的第一杨子关。顶好以八千万识字的人民，来作生力军，动着大炮，带着机关枪，含着许多开花弹，拼命地去打破第一不识字的杨子关。此关一打破，则什么内政第二关，财政第三关，工商教育第四关，陆军和军阀第五关，也不难以全四百兆识字的国民来作连环炮。

此种精神，经过了许多教育家、科学家、哲学家、历史家，讨论归纳拢来的结果，所构成的第一种，是自立精神。一国当中，无论官民男女老幼，总要有自立的精神，有此精神，则（一）无依赖性，能够过独立生活；（二）能够保全身体强壮；（三）无苟且侥幸虚荣心；（四）无迷信幻想；（五）保全人格高尚；（六）能使一社会一国家，支持到屹然岿然的态度。现已把这种精神灌输到课程上面去了。然一国当中人民仅知独立，则个性发达，只顾自己利益，苟利益之可谋，遂不妨坚持己见，牺牲公意，于是党派蜂起，互相倾轧。譬如一栋房子，房子中有柱子，苟各柱子你也独立，我也独立，勾心斗角，而无互相辅助互相作用之可能性，还能够结构巩固而无破点吗？所以独立尤贵有互助的精神，因为社会国家是有机体，讲到物质的生活，则耳目、手足、呼吸、循环、消化，都是一气贯穿，首尾相应的；讲到精神的生活，则思想、记忆、判断、感情，都是彼此联合，统一而不间断的。所以国民，也要晓得一个国家是有机体，单是独立，还不算事，要有互助精神。互助公理，不互助强权。互助社会国家世界发达至若何程度，都是这种精神所表示的。所以又将这种精神灌输到课程里面去，使之出入相友，守望相助，疾病相扶持，则百姓亲睦。然一国当中，苟人民仅知独立和互助，不能与时进步，也不能生存。所以国民要如何能够支配天然劳力，能够创造环境，不为环境所征服，须知思想是变迁的，有变迁，然后能进步，有进步，然后能实用。物不动则腐，水不流则污，思想不变迁，则过一代，不绍于应用，遂变成幻想。把二十世纪中国历史所遗下来的文化圣书，所构成的学识，以及现在人民应付外界环境之思想行为生活，凡关于物质的、精神的、道德的，那一点有进步，那一点不变成一种幻想。其将何以应用，其将何以立国。俗语有云，不进则退，此犹是客气话。现在的情势，好像坐脚踏车，不进则跌。所以又把第三种进步的精神，灌输许多到课程里面去，使之晓得在进步上头求自立和互助。除这三种精神以外，关于第一卷所采取的材料，要如何善用字句，使他活动。关于第二第三第四各卷，采取许多平民诗、平民歌，以及古典故事，故事中包含许多名言伟论，英雄事业，带有自立互助进步多种精神，使读者读其书，想见其人，崇拜其人，还能影响其行使，好的吸取，坏的删除，这是《平民千字课》编纂之大概情形。

至讲到平教应如何采哪一种方法和格式来设施，则要晓得平民教育，须当作吃饭的事件看待，开平民学校，好像似开饭馆。一般人不能个个到饭馆吃饭，总有多数在家里吃饭。所以办平民教育，不能使人人向平民学校去吃平民教育饭，务必使最多数人，领取平民教育，当作家常便饭吃才好。因为平民教育，要想□□合宜，必在校外设施。如果专办平民学校，无论经济、时间、地段、牺牲太大，不能应付，即家庭生活状况，更多许多烦扰。何以见得咧？譬如妇女和儿童早起，起来煮点饭吃，作点生意，打点招呼，看看弟弟，但读书时间到了，不能不抛弃一切，于是说平民教育要不得。吃饭时间到了，不能返回，未到须要先去，于是说平民教育要不得。晚间睡觉时间到了，家庭要关门，而妇女或儿童没有回来，必须等候一下，恐稍失检点，而强盗乘间窃物，于是说平民教育要不得。至遇着天气风雨，路途或远，车子拥挤，儿童妇女有许多不便，于是说平民教育要不得。或者妇女儿童，因家事旷课太多，学校或因赶不上班，把他开除了，不能不失学，于是说平民教育要不得。有此许多要不得，无怪平校不能发达，因为有扰害他们的家庭日常生活故也。惟有把他当作家庭饭来吃，则一家之中，姊妹兄弟如有五人，倘一人能识字，则一人左可以教弟，右可以教妹。弟懂了，可以教第二人。妹懂了，又可教第二个。先生教师母，师母教小姐，小姐教老妈，老妈教丫头。如此连环教育下去，则一家全体和仆役，都可受教育，能够识字明理了。

倘欲使一般不识字的人，在最短时间内，变成识字明理，则教科书适用不适用，又是一问题。所以教科书须当作弄饭的厨子，不识字当作饥饿的人看。一家中的厨工，须要知道调和五味，弄出这种食品来，（一）要讲卫生，（二）要有滋味，（三）要使吃者吃之易于消化，不多不少，吃了一餐，还想吃二餐，吃了今天，还想吃明天，此是教科书应具有的各种性质。但既有人问，第一，这种平民千字课，把第一课来看，为什么将难字放在头前？我现在可以将字来解释：第一种，是难写难认，第二种是易写易认，第三种是难写易认，第四种是易写难认。但我们要想平民达到读书的能力，不注重在写字，因为注重读书能力，养成国民一种精神，不注重在养成国民的知识。有了普遍一律的精神，则知识易于取得，有了读书的能力，则可以看白话报，写白话信，不难应付生活了。既不在注重写字，所以不妨将难字放在前。第二，千字课为什么不加上注音字母？但我们已费几许思想，要使八千万人，个个是教员，不能难他以注音字母，反致课本不能教，所以不注重注音字母。第三，各省有各省的民，生活不同，职业不同，交通不同，要有一种特别教材，应付平民生活的需要才好。各位要晓得如果办理平教，预备十年二十年，那末可以选择相当特别的材料。处中国这种情形之下，时间既短，收效要速，所以不采特别的材料。且我们预备普遍一律的材料者，既不在造成合于湖南生活之湖南人，湖北生活之湖北人，江西安徽生活之江西安徽人，要造成普遍一律的一种作中国国民的中国人。中国国民，要全体一致，和衷共济，才可以担负中国国家。那末，平民教育务求普及，所以无论甚么机关，甚么工厂，甚么商店，甚么会馆，甚么车子帮，小菜帮，码头夫帮，茶楼酒肆馆，甚么娼妓馆，土匪窝，都可设平民读书处。因为教书者，不必一定师范毕业生，只要识字，虽半通半不通都可以教。何以见得咧？譬如不通的人，眼看这些字，未必能了解这些字所构成之句语。但凭口一读出声音来，则耳朵遂听懂了，耳朵一听懂，眼睛遂看懂，是眼教口，口教耳，耳教目。一面读，一面通，读了一课通一课，读了十课通十课。通一课遂可教一课，通十课遂可教十课。我教你，你教他，他又可教他，一个教两个，两个教四个，四个教八个，八个教十六个，十六个教三十二个，三十二个教六十四个，六十四教百二十八，如此连环教学下去。由单十百千万，乃至三万万二千万，不难在三年都教成识字国民了。既然如此，则平民教育似乎容易办。究竟经费从何而来？譬如一家一社会，有五人的地方，遂可设平民读书处。总计书每人一本，共五本，二人共一石板，共二块石板，而其花费不过七角。有十人的地方，不过一元四角。这一元四角的洋钱，能够由人凑集甚好。否则，劝家长或亲戚或有钱的人捐出来。遂将捐户的名字安上，叫作某某平民读书处，以志不忘。究竟不识字的平民，是否真心在这块读书，你尚不晓得，顶好用考试以观其成。如某平民生在四月内，考试及格，能了解千二百常用字者，给以识字国民的文凭；教师则奖以识字教师的文凭。考不上者，四月不能，继以八月，八月不能，继以十六月，推而上之。古人七十岁得状元，今人不妨七十岁得识字国民的文凭。有此种种办法，平民教育不难实施了。现举几个例来证明一下。

我曾有一次在西湖，与胡适之先生谈及平民教育，有甚么简便的法子可采取？适之先生说，平教之起源，在北京曾有一个名词，叫作辅导生考试自学法。我说这名词太笨。及到南昌，有位省视学桂汝丹先生，他的名片上，刻了一路官衔，叫作冬桂村信贷社经理。我追问其头衔之原因，他说，冬桂村有些富家，到了腊月放平民债，利金收得非常重，他抱不平，始合组织一借贷社，他当经理，利息收得较轻。及与他谈及校外设施平教，取甚么名义，他谓叫作平民读书处。我说顶好请先生遂试办起来嘛。他遂就剃头店中设了一个平民读书处。后他的片子，又刻一路某地平民读书处处长等进去了。又讲到与适之先生谈辅导考试自学法的方法时，我曾问胡先生：你家里可办平民教育吗？他说能。再问谁教咧？他说，我的车夫可以教。所以现在适之先生家内，车夫也在那里教书。又有一次，偕江苏前教育厅长、学务处长，与中华平民教育促进会总干事王伯秋先生，在南京小乐意饭馆吃饭，我说，我们到这里，平民教育也应到这里。于是找一厨房给一本书与他读，他很读得好，并说，请你先生解释一下，然后有兴趣。我解释之后又问：你们一起有几人识字？有三人。不识字的有几人？有十余人。请你去问你的同事，看他们愿意不愿意和你学，我好给你们的书本。他过了二十分钟回答还有三人。我给四本书与你，你遂去教这三人。这位教书者谁？是厨子长。三位读书者谁？是厨房。所以现在南京小乐意饭馆厨子教厨子。再有一次坐江裕轮船到安庆，船走得很慢，非常讨厌，于是找一个茶房，他是四川人，名字叫作戴荣。我问他识字吗？他答应识字。同事有几人？有三人能识字。不识字的，请你叫他们来，看他们愿不愿和你学。他们一起都愿，我遂叫戴荣教他们读书，每一个给一本。所以现在江裕轮船，茶房教茶房。安徽教育厅有二十一个妇女听差，厅长彤侯先生，请我就妇女中选定教员。看谁可以教《平民千字课》者。于是考试，问前一二三四五六，都可以教，及考问七八九十至二十一，都不识字。于是请那六个妇女，教她十五个。内中有一妇女，号吴干事，有五人喜欢同她学，其余五人教四个，合起六人教九个。还有六个不愿学者。到那晚，我遂告诉该厅长怎样处置。他说：我有办法。至次早，他发一个命令下来，凡你们不愿意读书者，一起不要到厅内作事。于是彼六人遂跑到我处说愿学。所以现在安徽教育厅，妇女教妇女。南昌监牢，有四百余犯人。该检查厅长请我演说。我当时考问一下，识字者将近二百人，其余不识字。我遂请监狱长王焯斋先生，就狱中设立平民读书处。他说，他们都被禁在一块，如在一起读书，难免不角闹。我于是想出办法，每一房安插六人，请二人识字者同一块居住教彼们。所以现在王焯斋使监狱中的犯人教犯人。又有一次游安庆栖霞寺，慧空和尚在那里看《封神榜》。我问：你的徒弟能识字吗？他说：有六个不识字。我说：你们不识字，不会念经；既不会念经，遂不能作佛；既不能作佛，遂不能到西天。你们既想到西天，便要作佛；要想作佛，便要念经；要想念经，便要识字；要想识字，便要读《平民千字课》。我现把六本给你，请你去教你的徒弟子。所以安庆栖霞寺和尚教和尚。

以上所举几个例，足证明平教之不难就地就时去切实办理。听者诸君，多半是学生，学生对于促进平教，有许多应负之责。学生在学校读书，要有改造社会的能力。要改造社会，首先从不识字的社会改造起。社会是四围形形色色之人物，顶好把学校作中心单位，将属于学校范围的地方，划出东南西北的区域，预定辅助他们，设好多平民读书处。除出校友百分之几十，有病者，不及格者，不能担任外，其余的都可担任处长，向实际社会去帮忙。限一定期内，将我所属之范围内的人民，都要变成识字国民，否则是我们当学生的义务有未尽。第二，照上头所讲之种种设施方法，首先推于家庭，使全家父母兄弟妻子姊妹，都能识字，便明理。能明理，便可造成好家庭，免掉许多无谓的角闹和不幸的事体发现。第三，如在远道读书的，顶好值寒暑假回家去试办。首先设几多平民读书处，我相信十室之邑必有识字的。如满一百家的社会，便可找十个识字的人，晓以大义，鼓以热肠去担任助教。一天教四课，合计四本书，不上二十四天可教完。则在二十四天内，已造成十个平民教师，满了一月，我虽要返校，究竟付托有人，以后就可通信回家，鼓励鼓励。上头所讲诸通，不过言学生应尽之天职。

现在对于办理平教，有应除去之三大毛病观念：第一，是不吃苦中苦，难为人上人。许多学生，自到学校里来，衣粗食淡，穷年矻矻，风潇雨晦，鸡鸣不已。吃了这种苦，所谓何来，到底人生之意义在哪里，读书之希望在哪里，岂不是读书好后，想作人上人吗？于是多读书，多领略知识；多领略知识，便觉趾高气扬，好像坐空气球，天天从脚底鼓动又鼓动，于是一飞冲天，到九霄云外，真正作人上人，视社会毫无关系。愿诸君首先打破这种劣根性的观念，将此身插到社会中去，考查又考查，以实行你们的促进平民教育的计划。因为无论什么社会，什么土匪窝，都要切实去施行。所以既不能作人下人，又不能作人上人，还要作一个平民中的人中人。第二，是十年窗下无人问，一举成名天下知。这两句帝王时代的鼓励话，办平民教育的人，也要不存这种观念。因有人不问你，你要去问他。你不要使人知，还要你知道人民的疾苦利害、生活程度，然后好着手进行你的平教事项。第三，不要当留声机的学生。现普通一般学生，先生讲，学生听。先生发出什么声音，直接由音波鼓动各个学生的耳鼓，于是各个学生，遂以留声机的方法，将先生的声音，一点不变的收入。先生日上课，夜编讲义，编好了，到了明天，先生发讲义，学生收讲义。但诸位同学去办平民教育，则一方面收声音和讲义，还要以所收的资料，一方面给与平民。所以孔子一生的学问和道德，有八个字可以表示，即“学而不厌，诲人不倦”。为什么孔子须学而不厌，因为目的在诲人不倦。此足为孔子一面学一面给之证明。就此一层，请学孔子可也。且以学问给人，与以钱给人不同。以钱给人者，给一千便我少一千，给一万便我少一万。若以学问给人，给人千个字，我千个字还留到在，给人一万个字，我万个字还留到在。我以几多给人，人亦以几多给人。则学问并可以生儿子，传后裔，我不失为开山祖，究竟我的还存不死，既有益于人，毫无损乎己。愿诸同学打破前三种观念，从反面方面去作可也。

讲到讨论平教之收局，我有一个很有趣味的比喻讲与大家听，还有一三个字的英文一句话，请大家注意。我曾有一次，在西湖灵隐寺看见一座罗汉堂，坐了五百个罗汉。当我去的时候，只见罗汉菩萨对着我笑嘻嘻。我心中回头一想，以为这些笑嘻嘻的五百罗汉，如果来辅助我办平民教育，则我得许多帮手，不难成功。但他们都是泥塑木雕之罗汉，既不能动，又不能言，只知道笑而已。我想诸位同学，今天也笑嘻嘻对着我。但诸位既不是灵隐寺泥塑木雕之五百笑罗汉，又不是北京国会丧心病狂之八百死罗汉，乃是一千有余之活罗汉。诸位同学，既然是活罗汉，务必大发慈悲，救苦救难，普度众生，施无量功德。见武昌有不识字之瞎子，你必伸手将灵药拿出来，摸他一下，以愈其瞎，这是一种功德。见乡社有不识字的瞎子，你又必将灵药摸他一下，以愈其瞎，这是第二种功德。愈了千个，作千种功德。愈了无量数的瞎子，即种无量数之功德。鄙人在南京女子师范讲演这种问题时，有一位教务主任对学生道，陶先生即说诸位是活罗汉，则诸位遂可组织罗汉委员会，积极的去办活罗汉的平民教育事业。所以南京女师，现正积极进行了。英国字有三个字作成一句，便有三个意思。Do It Now意思为何？第一我们办平民教育不是讲到好听的，要什么咧？要实行去作，所以英文字注重Do It Now。实行去作什么咧？即是办平民教育。所以英文Do It Now。到底今天去办，明天去办咧？所以英文字注重Do It Now。

欲望*

欲望不可大，
太大苦局促；
欲望不可小，
太小易知足；
欲望怕固定，
固定无伸缩。
宫殿住过来，
还安茅草屋。
吃过鱼翅席，
也喜喝米粥。
街市固好玩，
逍遥乐乡曲。
既上千仞岗，
也愿下深谷。
能力胜欲望，
精神废储蓄。
欲望胜能力，
烦恼劳苦哭。

* 抄自3—14手稿本13—16页。

两样差不多，
人生真幸福。

欲望胜能力，
烦恼劳苦哭。
两样差不多，
人生真幸福。
如此教学生，
才算好教育。

十三、三、二七

天生我材必有用*

人生天地
糊里糊涂。
糊涂之乐乐无比，
天翻地覆都不理。
糊里糊涂生，
糊里糊涂死。
如果真能糊涂，
情愿糊涂到底。

人生天地
明明白白。
明白之乐乐无比，
世间万事都有理。
晓得可活就活，
晓得要死就死。
如果真能明白，
情愿明白到底。

十三年三月廿五日

* 抄自3—14手稿本82、83、84页。

梦采诗*

窗前花儿笑；
枝头鸟儿语。
一篮提在手，
打算采诗去。

十三年三月三十日

* 抄自3—14手稿本16、17页。

坐火车*

眼前地若飞；
天边景渐移；
肘下雷声动；
一股黑云低。

三月三十日

* 抄自3—14手稿本18、19页。

得一知己可以无憾*

滚破了铁轮；
研破了铁轨；
穿遍了人丛；
寻不见知己。

吾愿诚不奢，
只求一知己。
长聚不可期，
一见已可喜。

一见不可得，
将影代知己。
日月不常明，
吾忧何所底？

一三、三、三〇

* 抄自3—14手稿本19—21页。

半块糖*

最好吃的糖，
是半块糖——
他没有吃了的糖。

四月十八日代范五[①]戏作

注释

①“范五”　即洪范五。

*　抄自3—14手稿本21、22页。

美国无名氏赠伯秋玫瑰花*

万里同为客，
一花共此心。
君若有情者，
应知送花人。

戏代伯秋作

* 抄自3—14手稿本22、23页。伯秋即王伯秋。

读诗*

兴到而吟得佳句，
惊喜叹为我独有。
忽然一日读古诗，
古人早已有一首。
只怕今人不能察，
转向诗林诬我偷。
与其弄得不清楚，
只好投入字纸篓。
何如不读古人诗，
不知不觉倒自由。

十三年四月二十一日

* 抄自3—14手稿本23—25页。

车中生活*

开眼数电杆；
闭眼数车声。
数倦问茶房，
几时可到京？

十三年四月廿一日

* 抄自3—14手稿本25、26页。

落花 *

凄凉春暮多风雨，
眼看落花倍伤神。
可怜留春春不住，
种花又作葬花人。

十三年四月廿一日

* 抄自3—14手稿本26、27页。

谢中苏令仪送南屏晚钟花盆*

桃李联眷属，
完成喜有功。
赠盆物外意，
护春望师宗。
为欲青常在，
应植两株松。
发人深省处，
南屏看晚钟。

十三年四月廿一日

* 抄自3—14手稿本27—29页。

白玫瑰 *

君允女士新得白玫瑰数盆，适吾与友人造访，便秉烛共观。友人因事忙，匆匆辞去，不及从容欣赏，吾归而赋此。

一慰之

闻说蓬莱有花仙，
化作仙花降九天。
休怨世间无知己，
何人秉烛照君前。

再慰之

我本蓬莱神仙质，
偶然流落在人家。
私幸俗人一笑去，
春暮犹开自在花。

* 抄自3—14手稿本29—31页。

人生第一要事是康健*

——致胡适

适之吾兄：

日前听说吾兄旧病复发，不胜悬念。人生第一要事是康健，第二要事是康健，第三要事是康健。学术不是一时研究得了的；学生也不是一时教得了的。先顾到身体；身体好了，再慢慢的去研究，慢慢的去教学，尽有机会。老兄倘使照着现在这样牺牲下去，真是拿自己的性命和学术的前途做儿戏。我觉得现在的休养并不是费时；如果用适当的方法赶紧休养几年可以多发生几十年的事业和学问。与其把一切事业学问挤在几年内匆匆忙忙劳劳苦苦的去做，何如把他们匀在几十年内从从容容、舒舒服服的去干？照第二种办法，不但身体有无上的快乐，至于造就之大，贡献之宏，更是不可思议了。我替老兄开的一个百年康健的药方是：（一）暂辞大学教授，（二）暂停《努力》，（三）带着图书、家眷到庐山去住家。我不劝你停止看书，也不劝你停止著书。看书是老兄精神生活所必需的。有书也得随时著作；比如肚里有块东西，想吐不吐，倒要伤身。不过这两件事只是要有节制，并且要在理想的环境里干的。你想，在庐山的万松岭上著书

* 原载耿云志编《胡适遗稿及秘藏书信·陶知行（行知）信三十通》第36卷411—415页，黄山书社出版。此信根据手稿排定，与本全集八卷66、67页信（原载陶自编《知行书信》，上海亚东图书馆1929年版）有同有异。题为编者拟。信中提到“一个月前梦中做了一首半新半旧的诗”，题为《梦采诗》，作于1924年3月30日，本卷已收入。

看书是何等的快乐啊！庐山是一座诗山，充满了诗境，也要你这位诗人去把他的精华采将出来。我一个月前梦中做了一首半新半旧的诗："窗前花儿笑；枝头鸟儿语。一篮提在手，打算采诗去。"吾兄的诗篮子已经预备好了吗？若老兄觉得山中生活太寂寞，也不妨允许几位得意门生跟随入山谈学，吟诗，看风景；只是不可喧宾夺主。我们爱兄，请兄听我们极诚恳的建议，并希望兄本着《尝试集》的精神给这个建议一个尝试的机会。现在已经是五月了，租房子要赶快。庐山上现在有一位最可爱的少年诗人，刘廷蔚，是我们的朋友。如兄赞同，可以托他代为安排一切。他在山上已经有好几年了，一切的情形都很熟悉。敬祝康乐。

知行

五月五日

刘君廷蔚住普仁医院，我可以介绍。

观其眸子 *

朋友啊！
你眼睛开给我看看。
看什么？
我要看你的灵魂。
是的，
我要看你的灵魂。

* 抄自3—14手稿本31、32页。

刘君廷蔚送诗数十首都没有收到*

诗人的信里有诗气，
拣个邮差儿寄。
倘使遇着个会嗅诗的人，
他岂能客气？
他舍不得递。

寄诗寄不出；
望诗望不到。
两个诗人急得跳，
还有个人躲在那儿笑。

信可使寄之；
不可使知之。
寄语诗山的诗人，
千万不要教邮差做诗。

你防你的邮差；
我防我的邮差。
再寄几十首来，
再寄几十首来，
再寄几十个几十首来。

* 抄自3—14手稿本32—36页。

藤花落*

我的灵魂用眼光和你说过话，
你记得吗？
倘使你化了灰尘，
在空中飞舞的时候，
还要认准了我的眼光，
向我的脸上飞来。

你的灵魂用你的香味和我说过话，
我是千真万真记得的。
你再飞到我脸上的时候，
我一闻你的香味，
就认得是你的化身。

五月

* 抄自3—14手稿本36—38页。

请去武昌中华大学演讲*

——致胡适

适之吾兄鉴：

别后弟在济南住一天，廿二下午即到宁。兹敬启者武昌中华大学八月间拟开学术讲习会，甚希望吾兄莅会讲演。弟意湖北教育急待改革，兄如俯就讲演，则文化鼓动力胜于江汉之洪涛，若无暇久在南方，则短期亦可餍武昌人之望。兹附上陈生函尘鉴。即请

教安

陶知行启

五月廿三日

三个儿子见了玩具，如得奇宝，大的叫桃红，还要写信来多谢胡太太。先向你先表我的谢忱。

知行

* 原载耿云志编《胡适遗稿及秘藏书信·陶知行（行知）信三十通》第36卷420、421页，黄山书社出版。题为编者拟。

自立*

滴自己的汗，
吃自己的饭，
自己的事自己干。
靠人的人，
不算是好汉。

* 原载1924年6月28日《申报常识·平民周刊》创刊号。署名：知行。平民周刊是作者与朱经农共同创办的只用白话文面向平民的申报副刊，周六出版，1925年5月31日终刊。

《自立》是《自立歌》最早的稿本。1925年11月27日作者在天津南开学校对全体学生演讲《学做一个人》时，也讲了这首诗。已收入本全集二卷。演讲时将最后两行改为：

"靠人，靠天，靠祖上，
都不算好汉。"

1927年6月作者收入自编诗集《知行诗歌集·幼苗集》时，改题为《自立歌》。

在1933年4月1日《生活教育》第2卷第3期上，作者又增写了三段，改题为《自立立人歌》。

尽力所为 问心所安*

鄙人承董事之指导及同社诸君之赞助，办理社务。三年以来，自问毫无成绩可言；不过以“尽力所为，问心所安”八字为办理社务之志愿而已。前两年，本社所注意之两大问题：第一年为农会协会之组织；第二年为平民教育事业之发轫。

今年所希望者有四：一、须创造合乎国情之中国式教育；二、须建立有根的教育；三、须全国教育界具有合作之精神；四、须各种教育之同志，具有分组研究之结合。（现在已分三十余组，今年协和大学、清华大学及本社之团体，结合三十余专家，研究改进中国科学。）

本社今年所拟继续进行者有四：一、调查全国教育统计；二、进行学生各种之测验；三、编印各种参考书（已有专家十八人从事编辑）；四、筹办全国教育陈列所及图书馆。

本社今年所欲研究者：一为经费及行政问题；二为华侨、蒙古教育问题；三为中国教育与世界教育联络问题；四为如何养成活的教育问题。

---

* 1924年7月4日，中华教育改进社在南京公共讲演厅举行第三届年会开幕式。与会者有熊希龄、朱其慧、黄炎培、范源濂、袁观澜等千余人。首先由董事长熊希龄致开会词，次由主任干事陶行知作社务报告。原载1924年7月5日《申报》。

一壁学习 一壁做事*

知行在社服务，三年于兹。一壁学习、一壁做事，至其结果所学得者，比所做之事为多，而同事中又皆同心合力，一致进行，颇有报告之价值。本社事务有不到之处，屡蒙诸位社员，与以同情的批评，建设的提议；至社会人士，又在在多方赞助，故二三年来，社务蒸蒸日上。此次所编《中华教育改进社年会一览》中，即尽载历年社务，想诸位皆已看过，知行昨日又详细报告过，此时不再多说。如有疑问，极表欢迎。

* 原载1924年7月6日《申报》第三张第十版。系作者于中华教育改进社第三届年会的第二天（7月5日），在以社员为限的社务会议上的报告。主席熊希龄，《申报》记者记录。题目为编者拟。

施行世界教育会议议决及派代表出席议案*

关于本社施行世界教育会议议决案事，应由国际教育委员会推请专家分任研究，由本社执行。关于本社派代表出席下届世界教育会议，应由国际教育委员会拟具办法，建议于本社董事会。

* 此系1924年7月6日，陶行知在国际教育组第三次会议上的提议，经讨论获得通过。原载1924年7月7日《申报》。

蒙古教育方针*

中华民国成立已十三年，其招牌为五族共和，试问已真正五族共和没有？如何促进五族合成合作之国家，其法有二：

（一）四通八达之交通道路。

（二）普遍之教育。

教育之要点：

（一）培养公共之观念。中华民国四字，在蒙古语为中华汉人国。欲免除此种误解，非有共同之观念不可。欲达此目的，非有共同机会之教育不可。欲使五族互相谅解、互表同情、互相尊敬，非有共同教育不可。办教育盲动者、无方针者，无好结果。故吾人于未办蒙古教育以前，须预定方针。预定方针时宜注意：

（1）非为汉人办蒙古教育，乃为蒙古人而办教育。非至蒙古占地盘而为帮助之者。

（2）为五族共和。对于国家有共同观念，而办蒙古教育。此种教育最好合为一家，至少亦不失其为友邦之善意。

（二）使蒙古人之生活，能适应世界之大势。有此一种要点，生出四条方针：

（1）养成五族共和的公民资格（普及教育）。

---

* 原载1924年7月8日《申报》第三张第十版。系作者在中华教育改进社第三次年会7月7日学术会议上讨论《蒙古教育方针》议案时的演讲。主持会议者张伯苓。此稿系记者书田的采访记录。

(2) 培植蒙贤治蒙之人才（人才教育）。

(3) 保持蒙古民族之独立性（语言文字等等），并发展其优点。

(4) 依据现存生活之状况，图谋适应社会进化之需要。

蒙古教育之细目，可由蒙人自订。而其方针则须全国人士加以计划，甚望诸君详加讨论。

（陶先生讲毕，某君提议除注意蒙古教育外，亦宜注意回藏教育，以谋均等之进步。陶先生解释谓：）

此言诚是。惟同人惟恐精力有限，同时举行，不如一一举行。且边疆教育最好须有该地人民参加。此时蒙古已有代表参加。俟蒙古教育已有端倪，回藏民族已有正式代表后，再行作回藏教育之运动。（众无异议，通过。）

主持蒙古教育之演讲大会*

一、宣布议程

（一）黄成垿先生讲十三年在蒙古之经验及感触；

（二）福龄先生讲呼伦贝尔之现在与将来；

（三）外蒙女士陈雪静讲蒙古教育的主体观念与客体观念；

（四）陈问策先生讲外蒙西部及科布多唐努乌梁海；

（五）关铮民先生讲国人对于蒙古应注意之要点；

（六）郭道甫先生讲蒙古问题与世界问题；

（七）陶知行先生用幻灯影片说明蒙古生活。

二、结束语

演讲诸君关于蒙古各方面之情形，说得面面俱到。吾人对于蒙古之了解，可因此而增加其深切详尽之程度者不少。

---

* 1924年7月8日下午7时半至11时，召开关于蒙古教育之演讲大会，原定大会主席范静生因事未到，由陶行知代理。原载1924年7月10日《申报》。

中华教育改进社第三届年会同乐歌*

国语韵

天气热，
人心热，
热热热热热
热热热热热
热热热热热
中华教育改进社。

脸上黑，
心里白，
黑黑黑黑黑
白白白白白
黑白黑白黑
中华教育改进社。

肚皮饿，

* 抄自3—14手稿本43—50页。倒数第二段，有“造民国，保……中华教育改进”字样，中间缺，故略。

精神乐，
乐乐乐乐乐
饿饿饿饿饿
乐饿乐饿乐
中华教育改进社。

做了客，
畅吃喝，
客客客客客
喝喝喝喝喝
客喝客喝客
中华教育改进社。

改进可，
改退何？
何何何何何
可可可可可
何可何可何？
中华教育改进社。

我是你，
你是我，
我我我我我
你你你你你
我你我你我
中华教育改进社。

即学即用
学以致用*

我们家里办了一个平民读书处，全家大大小小都要读千字课，家母年纪虽老，也领着大家学习。她读了十六课，我正在张家口。我就用这十六课里头的生字写了一封信给她老人家。她接到这封信完全会读，心里觉得非常快乐。我每次的家信都是家人读给她听。这次她自己居然一看就懂，所以她喜出望外。下面所写的就是这封信：

母亲：我前天晚上三点半钟到这里。这几天来天气都很好，没有风，也没有雨。吃的东西也很好：饭、菜、点心都吃得来。关外的人很客气，他们也很爱国。这里平民读书处已开了五处，我心里很快乐。米先生在这事上很用心。家里大大小小都好吗？

知行

十三、一、九

* 原载1924年7月26日《申报常识·平民周刊》，署名：知行。题为编者拟。作者曾将给母亲的这封信收入1929年出版的自编集《知行书信》，题为《十六天的功效》。信中的“米先生”推测为当时任热河都统的米振标。他是陪同陶行知于1月8日晨三时半抵达张家口的。张家口当时属察哈尔省管辖。

陈鹤琴是一位儿童教育家*

我自问学识根底差，需要多学习。我写诗不是给有闲阶级观赏，而是替劳苦大众呐喊的。我出国留学，是为求得革命知识而学习，是为寻找拯救祖国的贫穷落后的道路而学习的。那些奴化教育、人民不需要的东西就少学了。有人说过，到美国去学农科，要把五百种苹果的名称一一记熟，这是学而无用的。

陈教授是一位儿童教育家，他对儿童心理学和儿童教导法有极深湛的研究。举个例子：有个儿童习惯于用左手写字，老师要他改用右手写，一直没有做到。陈教授对这个儿童说："你会用左手写字，大家都不及你，真了不起。但是大家能够用右手写字，而你不会，那你就不如人家了。倘使你也会用右手写，两手都会写，那你就是第一个大好佬了。"不久，这个儿童果然也用右手写字了。陈教授抓住儿童的心理，循循善诱，真正令人敬佩。……再举一个例子：有一个青年，请求陈教授介绍做小学教师。陈教授给他一支铅笔一张纸，叫他把姓名履历写下来。这个青年拿起铅笔要写时，习惯地把铅笔尖放在舌头上蘸蘸湿。陈教

* 本篇摘自张国良文《再记我所知道的陶行知先生》，载1984年5月《行知研究》第11期。

1924年，张国良在上海一家三日刊的小报上见到一篇文章，暗喻陶行知与陈鹤琴二人有相轻之意。张国良见到陶行知后，便问有无其事。陶对张说了这番话。

授看到这个动作，认为是个坏习惯，不讲卫生，要带坏儿童的。陈教授对这些细微处极端重视，这是他对儿童的极端负责。陈教授为儿童幸福作出了许多贡献。

1925 年

1924年中国教育之回顾*

今日中国教育情形，可以用四个字来描写，一方面是“困难”，一方面是“努力”。

（一）去年一年，天灾人祸频临，教育经费万分困难，没有钱和欠薪的声浪充满耳鼓。但从事教育的人很肯牺牲，并且渐渐的要想用最少的经费，出最相当的教育。

（二）学潮还是澎湃而起，有些学校因此支持不住。但这些学潮，实足以触动教育界同人之考虑。我们渐渐地觉悟到学校的训育，是教人做人。教人做人，是以身作则，以人化人的。

（三）前年的贿选[①]，是国家内政的大耻，引起了去年的公民教育。

（四）五族各干各的，引起了去年的蒙古教育及西藏教育之发端。

（五）历来不平等条约的压迫，引起了教育上国家主义[②]之实现，和收回教育权之运动。有些人更进一步力谋建设合于国情之教育。

（六）农民的苦况，引起了乡村教育之进行，和七团体对于试验乡村师范学校之合作。

---

* 原载1925年1月13日、14日上海《申报》。系作者1月11日晚在上海环球学生会上的演讲。题目为编者拟。

（七）三百兆[③]不识字的人民和不健全的舆论，给前年秋季发起的平民教育运动一个试验的机会。去年平民教育运动遍全国，识字课印到七十余版。

（八）新工业及百余劳动团体之勃兴，教育界太不注意。我们教育界同人应当多多的考虑：我们对于劳动问题应有的贡献，如何在工业里灌输人道精神；对于劳动资本应如何培养相当之态度；应如何用教育方法使人民多得工业发达的幸福。减少它的危险，是教育界与工界共同应当关心的问题。

（九）中国国际贸易，平均每人五元。照澳洲比例，可有现数六十倍大。如何运用商业教育，扶助本国商业之发展，教育界应当与商界谋更密切之联络。

（十）中国现在只有七千英里铁路，六分之一的人口（原文如此——编者），挤在三分之一土地上，交通不发达，教育不能普及，我们教育界与交通界应当如何携手。

（十一）好几个国家的教育制度、许多主义，都在中国的教育领土求实现，真是五花八门。从前凡是新的一律欢迎，凡是旧的都要除掉。近一两年来，教育界的态度已有变动的趋势，对于任何主义、制度，都要批评批评，都要问个明白，看出究竟。假使认为有试验的价值，情愿小试试，不像从前那样铺张了。这是个很好的现象。

（十二）新学制的课程，费了二年多的工夫，到去年师范和职业课程拟就时，可算全部完成了。

（十三）幼稚教育，去年开始试验中国教材、玩具。

（十四）小学的强迫教育，除山西外，云南、贵州都有进步，实行惩罚家长、保护人。江苏以选师资入手，六十县中有五十县成立师范讲习所。

（十五）中学教育方面，国文教学与科学教育都有前进的努力。暑期科学教员研究会中，竟有高等专门大学教员四十余人参与，实一件可喜之事。这是在中学科学教员的来源上做工夫，影响当不小。

（十六）职业教育方面，依新学制改革职业教育的有五省之多。云南用纸烟捐充职业教育费，湖北通令各县指拨教育经费百分之几为职业教育之用，以及女子职业教育之发展，都可以算得向前进的。

（十七）师范教育的进步，是师范课程纲要之编制。这个纲要，注重小学教材、教法、教育科目及实习，为中国师范教育开一新纪元。

（十八）教育测验，今年加选十种左右，以为改良考试制度之预备。

（十九）体育。今年关于体育上十几种的研究结果，于将来中小学体育之改革很有关系。

（二十）大学教育，国立的增加了广州和西北大学两处，私立的如春笋怒放。北京一处有大学四十个左右。甚至有人说，中国伟人必须有一个机关报、一个银行、一个造党的大学，才能算个真正的伟人。但是整理国故方面，不无进步。

上面不过述其大要，遗漏必定很多。中国困难最多，以后怕比现在还难。困难不是别的，困难就是努力的机会。还望大家继续努力。

注释

①“前年的贿选” 指1923年10月5日曹锟（1862—1938）以重金收买国会议员，贿选为总统。

②“国家主义” 系20世纪20年代在欧洲流行的狭隘民族主义思潮。此处指奉行国家主义的中国青年党，由于其领导成员余家菊（1898—1976）等创办《醒狮》周报，作为政治和哲学派别，又名“醒狮派”。

③“兆” 古代数词，今以一百万为兆，三百兆即三亿。

大学为创造文化之学府*

——致马夷初

北京教育部马夷初次长钧鉴：

东南大学校长[1]免职，社会惊疑万状。传闻此事出于精卫先生[2]主张，为实行党化教育之先声。精卫贤者，弟不敢信其出此下策。万一属实，弟请为公进二义：（一）国家教育经费，出于各党人民共同担负之赋税，断不能视为一党之武器。（二）大学为研究学术之机关，对于各党党纲、政策，均应抱持虚心研究、审查批评之态度，与党化运动绝对不能两立。既是大学，即不能党化；既受党化，即不成其为大学。我公明达，务望顾念教育系国家万年之大计，大学为创造文化之学府，毅然将其划出于党化范围之外，以保存教育精神之独立。事关国家前途，义当直陈，尚希指教为盼。

陶知行

注释

① 东南大学校长，指郭秉文，当时他还担任中华教育改进社董事。1925年1月郭被免除校长职务，因而引起风波，直到10月由曾在江南高等学堂担任过教

* 本篇原载1925年1月16日上海《申报》。题目系编者加。

马夷初即马叙伦，先被北京临时执政府指定为教育部次长，后又任代教育总长。同时，又是与临时执政府对峙的国民党地下组织宣传部门的负责人。

务长的秦汾，担任校长后始告平息。

② 精卫即汪精卫，时任国民党中央执行委员，广东国民政府主席兼军事委员会主席，中华教育改进社董事兼司库。

附：舆论非难东大更易校长

（一）季通致胡适函

东大更易校长，引起一般舆论的非难；我们南方人和东大的教职员学生，除郭君同党外，对于他人格的信仰，本来有限；但夷初先生不按校董会推荐的定章办理，也令人颇为不满。并见陶知行先生有文章发表，说此事的动机，是精卫“党化教育”的主张；如果并无此事，陶先生总不能如此言之凿凿；假使果然如此，似乎很不正当。先生等负教育界的重望，对于这种很重大的问题，似乎应当发表主张，使一般社会有一个指南针，不识先生有闲功夫否？

（二）穆藕初致蒋梦麟、胡适函

东大易长事，黑幕重重，令人齿冷。学界尚如此，中国前途何堪设想。昨函马次长及稚晖先生，请其向各方疏解，就此罢手，免得再起纠纷。国中能有几个好人，何必自相残杀，同归于尽耶？兄等片言九鼎，敢乞不吝齿芬，设法斡全，是为至幸。

介绍程湘帆*

——致胡适

适之吾兄：

好久不见，康健如何？至为怀念。同学程湘帆兄不日赴京，很想得个机会和吾兄谈谈。湘帆兄现任中华基督教教育会副主任干事，近来基督教教育渐趋于中国化，多由湘帆兄苦心开导所致。吾兄必有好的意思给他做参考，所以介绍他来和吾兄交换意见。如蒙将五分钟谈话的限度略予延长，尤为感激。知行近来进步不多，身上加了十磅肉。连日与党化教育宣战，决以超然的精神奋斗到底。吾兄以为值得一战吗？

知行

十四年一月十八日

* 原载耿云志编《胡适遗稿及秘藏书信·陶知行（行知）信三十通》第36卷 416、417页。题为编者拟。

注意民族合作前途*

——致胡适

适之吾兄：

国民代表会议条例草案，关于蒙藏部分，宜参考贡桑诺尔布之修正案。内蒙以盟为单位，外蒙以部为单位，实是正当办法。唐努乌梁海、科布多、呼伦贝尔三处，知行确知其不可以内外蒙来范围他们。他们的风土人情和地理关系，都应当受特别看待。前后藏及青海宜分别规定，昨已谈过。其他地方情形不甚熟悉，不敢有所主张。但蒙藏部分情形复杂，与其失之概括，不如失之琐碎。吾兄提案为全国观瞻所系，此层有关民族合作前途，务望特别注意为祷。

知行

* 原载耿云志编《胡适遗稿及秘藏书信·陶知行（行知）信三十通》第36卷419页，黄山书社出版。1925年善后会议开会，胡适在会上提出“国民会议组织法”的修正案。时陶2月1日致信胡适，要他在会上特别关注有关民族合作前途事宜。题为编者拟。

见叩秘窦颇动诗思*

——致胡适

适之吾兄：

好久不见了，康健如何？甚念，甚念。吾兄前闻我有诗兴，曾两次向我索阅。奈我们初学诗的人有如处女，终因害羞之故，不敢献拙。但心中念念不忘，决非拒绝。新年偕伯秋兄看《尘世天堂》影戏，见叩秘窦Cubit作祟，颇动诗思。清夜无事，偶成一词，聊供吾兄一笑，并藉此报答殷殷垂问之盛意。

知行

十四年二月二日

* 原载耿云志编《胡适遗稿及秘藏书信·陶知行（行知）信三十通》第36卷418页，黄山书社出版。“叩秘窦Cubit”，通译丘比特Cupid。题为编者拟。

贤能被摈 公道不彰*

——致北京当轴

北京段执政[①]、各部总长、马次长[②]钧鉴：

江苏蒋厅长[③]，德高望重，有功教育，遽尔撤换，公论不直。今教部方以改进教育行政相号召，知行深知苏省教育情形，敢断言蒋厅长之去职为改退，而非改进。一人之去留尚小，教部示人以不能容贤事大。今政府方谋国是之善后，但贤能被摈，公道不彰，众怨将归，何以为国？昔人种恶因，今人谋善后。请公爱教育、爱国家，必不种后人善后之因也。迫切陈词，尚希鉴察。（下略）

陶知行

1925年2月14日

注释

① 段执政　即段祺瑞。1924年被推为北京当局的临时执政。

② 马次长　即临时执政教育部次长马叙伦。

③ 蒋厅长　即蒋维乔。

* 本篇原载1925年2月15日《申报》。题目为编者拟。

分机无阻碍电灯始光明*

办平民教育，京兆尹[1]公署为总发电机，各县分署如分机，各乡如电灯。总发电机至分机处，要无阻碍，各电灯始能光明。

注释

① 京兆尹　既为政区名，又为官名。辛亥革命后，改顺天府（治所在大兴、宛平，今北京市）为京兆地方，改府尹为京兆尹。

* 1925年2月28日晚，京兆尹公署附设之平民补习学校开学，请“平教会”的熊希龄、朱其慧、陶行知、晏阳初等人到会演讲。此系陶行知在会上的讲话纪要。摘自《京兆尹附设之平民补习学校已开学》一文，原载1925年3月2日《晨报》。题为编者拟。

桃红十岁 *

为一件大事出世，
到了今日。
到了今日？
已了三千六百五十日。

带来三个小弟弟，
笑嘻嘻的。
笑嘻嘻的，
今日都向你道喜。

人生立志为第一。
向前努力！
向前努力！
要立人先求立己。

百年只有十个十。
去了一十，
便少一十。
少年光阴要爱惜。

---

* 抄自3—15手稿本73—75页。

关于道尔顿制*

道尔顿制的优点，是按照各人的程度制订进程大纲，使学生有所依据，自行修习，学生绝对研究自由。只是太重书本，缺少生活实践，所学与所用不免脱节，未脱杜威“教育即生活”、“学校即社会”、“先知而后行”的实验主义教育理论的窠臼。而且办学的条件不具备，实行也就不易。这个制度盛行于美国，我们可以作为参考。

* 1925年7月25日在上海徽社聚餐会上，欢迎陶行知担任徽社顾问，大家笑言“道尔顿制变成‘逃而遁之’”时，陶行知的答话。摘自张国良文《再记我所知道的陶行知先生》，载1984年5月《行知研究》第11期。

敬请撰制论文*

——致中华教育改进社同人

敬启者：

本社第四届年会定于八月十七日至二十三日在山西太原举行。各处同志联翩聚集，实为全国教育同人交换思想之良好机会。先生硕学鸿名，同人夙所钦佩。敬请选择题目，撰制论文，于分组会议时宣读，一新同人耳目，至祈惠允，并祈届日早临是幸。

专此奉恳，伫候示复。敬请

台安！

中华教育改进社主任干事　陶知行

* 原载1925年8月12日《申报》。

请对教会教育提出意见*

——致胡适

适之先生大鉴：

敬启者昨接基督教教育会高等教育会议来函并开会秩序一纸，以该会议定于十月九日在上海开会，嘱知行前往与会。知行以此事为教会所办高等学校，改进动机关系教育前途至为重要，届日拟出席会议发表意见。未往出席之前拟敬约京津同志先行讨论，期于集思广益。

先生于改进教会教育素极关心，敬请于十月一日（即下星期四）下午四时惠临本社赐教是幸。附上该会日程草案一份，请加以考虑并守秘密。万一因事不能驾临，务请通信指示方针为祷。专此祇请。

台安

陶知行　谨启

九月二十七日

* 原载耿云志编《胡适遗稿及秘藏书信·陶知行（行知）信三十通》，第36卷422、423页，黄山书社出版。用“中华教育改进社信笺”写。题为编者拟。

对于解决东南大学问题之意见*

东南大学问题发生之始，余适草《党化运动与国家教育》[①]一文，以明国家公器不容政党垄断之义。但此文之所以作，其故在有感于广东大学等校之措施。至东南大学之改革，不过其近因之一而已，世谓为专对东南大学问题而发，非确论也。在京友人以余曾为服务东南大学之一人，屡以东南大学问题征求意见，余因消息隔阂，皆未置可否。今兹到宁，闻见较确，并当兹险象环生之顷，安忍默无一言。余于本月八日过宁[②]，见东南大学业已上课，大学、中学、小学三部均照常进行，教员、学生预备功课，不动声色。倘使一初到中国之外人来校，参观是校，无人提示，决看不出有何异象。倘使有人告以政府拟将此校停办，余诚不知其作何感想。但此外人或者免不了要问：为何停办？从何下手？

尝观新嫁娘切肉使劲斫下，只见肌肉与刀锋相抗，即使勉强割下，而肉之横怒气概，不堪入口。何以故？肉有腠理，不得其腠理而割斫之，多见其费力也。此事虽小可以喻大。今人往往喜言理势之分，殊不知理与势非对峙者也。理有得势之理与不得势之理，势有合理之势与不合理之势。理得势可以伸其理，势合理

* 本篇原载1925年10月11日上海《申报》。

东南大学是1921年在南京高等师范学校的基础上创建的。陶写此文后东南大学教育会通过秦汾为校长，而风波平息。

可以伸其势；理不得势，不能成事；势不得理，纷而乱之。吾愿解决东南大学问题者，务寻其腠理，则事一功十矣。务寻腠理之道奈何？曰：百闻不如一见。吾愿当局必亲见东南大学之真相，而后定其解决之方针与办法。东南大学为最高学府之一，京师离宁只有二日之程，事大路近，教育厅长似不宜以耳代目。让一步说，现在首当其冲之省长及在参加主张之人物，是断断乎值得亲临一观究竟也。

余对于解决东南大学问题，抱两种主张：（一）法的问题，主张贯彻；（二）人的问题，主张互让。教育部准予董事会推荐校长等条备案，而自行任免校长，此教育部之错也。临时政府可以毁法，固为有理，但必先取消董事会章程，而后可以自行任免校长。今既自行任免校长，而以毁法回护于后，并未能勇于改过，何以服人？至对人问题，余始终主张互让。学校系国家之公器，既不应为党派之机关，又岂应为个人之地盘？现在参与争执之人，或为东南父老，或为东南导师，苟以爱护东南大学为前提，则个人去就，应当不成问题，应当自动的互让。董事、校长以及现在校内校外教职员，可以自动引退辞职，使东南大学得以再度安全。我虽赞成大家自动的引退辞职，以示让德，却绝对不赞成任何方面要求继任校长，辞退某某，或拒绝某某，或召回某某，以留怨争之痕迹。一年来相持不下之局，能以让德结之，全国学子拜赐多矣！

此次解决东南大学问题，有最关全国教育前途者三事，幸当局注意及之。（一）毋以世界上只有势利而无是非对学生示范。（二）务为推让之媒介，毋为构怨之武器。（三）毋使爱惜羽毛之士，视服务国立学府与宦途同感。筹备员奉命南下，负有重大责任。诸公最应能筹备者在此数事。其不能筹备者，即应直告不能筹备之故。其不应筹备中之最不应筹备者，即是为自己位置筹备一事。此何时乎！不忘我，岂能免于偾事哉！更有一言为未来校长告：持超然之态度，为公正之设施，单刀匹马，迎刃而解也；若比附愈众，愈滋纷乱，勉之慎之。否则，十年造校，毁于一旦，责有攸归矣。

注释

①《党化运动与国家教育》一文，即《大学为创造文化之学府》电文。

②“本月八日过宁”，指1925年10月8日到南京。

义务教育的根本在平民教育*

今天湖南平教促进会召集省埠各平校学生，欢迎本届全国教育联合会各省区代表先生，知行适逢其会，非常欣幸。外人常说："中华有民国而无国民"，这话实在不错。因为中国的国民，大多数不识字，知识不充足，没有管理国家的能力；一切政权，操在少数军阀、官僚，……或竟可说是一般强盗和变形的专制魔王手里。故虽然挂了十多年"中华民国"的假冒招牌，实在找不出若干的真正的主人翁！这就叫做有"中华民国"而无"中华国民"。我们要怎样才能够使中华民国有真正的国民呢？不外两个办法：一个是普及义务教育，一个是普及平民教育。普及义务教育，使一般小孩都有国民应具有的知识和技能；普及平民教育，使一般失学的成人都得到国民应有的知识和技能。二者缺一不可的。但是有好些人疑惑提倡平民教育，足以妨害义务教育，这实

---

* 本篇原载1925年10月18日长沙《大公报》的《教育临时增刊》第七号。题为编者拟。系1925年10月17日在湖南平教促进会欢迎大会中之讲演，由记者逸记录。记者有前言和"附识"如下：

"昨日下午平民教育促进会召集各平民学校学生及办理平教人员开会欢迎教联会各代表，同时在教联会审查室展览各项成绩；在教育会前坪扎台表演游艺，到会者近二千人，极一时之盛。首由该会董事长方克刚先生致欢迎辞，次由总干事周方先生简单报告办理平教之大略，并希望各代表主张以庚款作平教经费。次湖北代表姚兆桢、四川代表孙倬章两先生相继演说，闻对于平民教育发挥尽致，而于湖南平教，尤深指导与期许。记者因事后至，未及而聆名论，记录成篇，深为怅然。惟将陶知行先生所讲者，记其概略于后。""知行先生这番演说，最为切要，全场掌声雷动；惟记者未携簿记录，退后回忆，谬误良多，请陶先生及读者原谅。"

在是大大的误解。殊不知要想普及义务教育，必先普及平民教育；换句话说，就是要办好义务教育，先要教好受义务教育的父母。现在大多数做父母的都不识字，不知道受教育的好处，不知道他们的孩子是应该要受义务教育的，就使施行强迫，规定不教育子女的要抽税示罚，还恐难以达到目的，何况纸上空谈呢？如果推广平民教育，使一般平民都认识字，都晓得读书种种的好处，他们自然会勉力送子女到学校里去求学，那末义务教育不愁不普及了。所以义务教育的根本，是在平民教育。

这样看来，平民教育实在是造成中华民国国民的根本教育。长沙为平民教育发祥之地。普通一般都只知道“武昌起义”，殊不知道有个“长沙起义”。“武昌起义”，造成“中华民国”；“长沙起义”，造成“中华国民”。我们应该把长沙提倡平民教育的那一天，和双十国庆同一纪念！

各位代表诸君，对于湖南应该注意的地方，就是他那一种特别的教育精神。怎见得特别呢？他们一般办理教育的人，不因种种灾祸及经济困难而稍行束手，如平教经费虽然无着，依然进行不懈，成绩斐然。这种特别的精神，我们都应该带回去！

本来，“金钱为事业之母”，办理教育非钱不行；然而办教育者若不努力进行，则通神的金钱也属死物。死钱死用，教育亦成为死教育。所以必须“活钱活用”，才能办成“活教育”，才能使教育普及。

现在一般人感觉平民教育经费的困难，都希望分配庚款。庚款固然是要力争的，但是非根本的经费。根本的经费，应该由政府有正式的支付：县、省、甚至于国家，都该把平教经费规定，列入正式预算。我们大家再运用湖南这种特别教育精神，把“活钱活用”，“百折不渝”，平民教育庶几可望普及。平教普及了，全国人民都识字了，那末“中华民国”，就有“中华国民”了，那块中华民国的招牌，就非假冒，乃是一块“金子招牌”！

时间不早，不多说了，敬祝大家努力！

在长沙全国教育会联合会年会期间的谈话 *

一

（1925年10月17日下午1时，湖南省平民教育促进会举行成绩展览，并欢迎全国教联会参加年会的代表，陶行知在会上的演说大要。）

我们要怎样才能够使中华民国有真正的国民呢？不外两个办法：一个是普及义务教育；一个是普及平民教育。但义务教育的根本，是在平民教育。长沙为平民教育发祥一地，各位代表诸君，对于湖南应该注意的地方，就是他那一种特别的教育精神。他们一般办理教育的人，不因种种灾祸及经济困难而稍行束手。如平教经费虽然无着，依然进行不懈，成绩斐然。这种特别的精神，我们应该带回去。

平教根本经费，应该由政府有正式的支付。县、省甚至于国家，都该把平教经费规定列入正式预算。

* 本篇系讲话记录，均摘自《申报·教育消息》。原载1925年10月22、24日《申报》。

二

（1925年10月17日午后5时，湖南省教育司设宴招待莅会代表时，陶的即席演说。）

贵省系自治省，已制订有省宪。惟制宪易，行宪难；尤其是政府行宪易，全民行宪难。故要全民知道宪法意义，方是自治真精神。

贵省为平民教育之发源地，何不将省宪列于平民教育课本，以求真正自治之根本？此希望于湖南之一重要事也。

三

（1925年10月18日上午，省立工业专门学校在礼堂欢迎时，陶的讲话大意。）

湘省工业，向称发达。希望更进一层，务与天然界之雨旱竞争，力谋进步。

四

（1925年10月20日下午2时，陶专晤省长赵恒惕。要求将平民教育事业纳入省宪条文之中，并请实行下列三点：）

一、将平教经费正式列入省预算与县预算，俾便推行。

二、责成各县知事督促实行平教，以其成绩为考成知事标准，分别奖惩。

三、通令全省各部军队、各机关、各团体，一律附设平教，务期普及。

平民教育之重要和办法*

知行在讲演平民教育之前，有两层意思要向大家声明的：

第一，平民教育像饭菜一般；人的口要吃饭菜，人的脑筋也要吃东西的，所吃的东西就是“知识”。总会所编《平民千字课》，是输入平民的知识的，可以说它就是平民脑筋所要吃的饭菜。但究竟合不合全国平民的口味，还不知道的。

第二，知行好游，足迹颇广，到处喜欢考察平民教育施行的状况，随时所得到的经验，由此处带到彼处，好像送礼物一般，没有其他贡献。湖南的平民教育，当然办得很好，因为是平民教育发祥之地。凡事必经过试验时期而达于运动成功时期。平教的试验时期，第一就是长沙。后来朱其慧先生等大发宏愿，要把平教推行到全国，将来定可运动成功的。我也是极力作平教运动的一个，今幸有机会得到平教发祥试验卓有成效之地，定可以有许多经验给我带回去，辗转送到别处作参考。

今天所要说明的，就是平民教育之重要和办法。

平民教育重要之点有三：

（一）关于个人方面之重要　人和禽兽最大的分别，就在：

* 本篇原载1925年10月21日长沙版《大公报》的《教育临时增刊》第10至13号，题为《陶知行先生讲演平民教育》，记录人：逸。发表时有前言：“昨日午后五时，湖南平民教育促进会敦请陶知行先生在第一中校讲演平民教育，到会听讲者五百余人。首由蒋育寰君报告陶先生之历史，并请陶先生出席讲演。兹将陶先生演说辞笔记于后。”

人能读书写字，禽兽不能读书写字。人类因为能够读书写字，所以虽离开几千几万里的地方，可以彼此通消息，虽远隔几千年前或几万年后的时间，可以使思想经验不断的流传影响，而演进世界的文明。这种特别的处所，便是“人之所以为人”。若不能读书写字，便非完全的人，简直和禽兽无甚区别！然则我们要用什么法子使不能读写的非完全的人而成为能读能写、智力完全的人呢？惟一的方法，就是平民教育。

（二）关于国家方面之重要　我曾经说过：“中华有民国而无国民。”所以招牌挂了十多年，只闹得一塌糊涂，快要倒闭！那末我们要如何才能够使四万万同胞都成为“民国的国民”？要如何才能够使中华九万里河山，确成为“国民的民国”？——简单一句，要仗平民教育。四万万同胞中，除却太老的太少的和已经读过书的成人外，其余都该赶紧施以平民教育。因为他们本是壮健中坚的国民分子，却不知道中华民国是什么；或存或亡，与自己有何关系；换句话说，简直不知道自己是“民国的国民”，中华是“国民的民国”！如果读过千字课，了解这一些，那末四万万同胞完全具有主人翁的知识能力，民国的基础就稳固了。

（三）关于世界和平之重要　欧战以后，世界各国都感莫大的痛苦而渴望永久的和平。世界教育会，要想用教育方法来减少世界的战争以促进和平。因为社会上不曾读书明理的人容易打架，一国有多数这类的人，便容易酿成一国的纷乱；国际间便也容易因之而惹起无谓的交涉；如是有好多免得了的战争也免不了！各国名流既欲用教育方法来促进世界和平，而尤趋重于平教方面。这种趋重平教的态度，我可以举两个事实作证：

（1）爱尔兰世界教育会议——今年世界教育会在英国爱尔兰开议。中国派了五个代表，——日本十个，其余各国的代表都较中国多，却替中国很得了荣誉。为什么呢？他们五人把中国一年有二百万不识字的平民得受了平民教育的经过情形报告大会，各国代表都觉得“难能可贵”，很表示钦佩和愉快。这是各国代表认为我们中国快有平教普及的希望，于中国于世界的和平都有莫大关系的原故。

(2) 檀香山会议——这次会议，中国派去代表二人；平教总会晏阳初君系派去代表之一。各国代表，初以为中国内乱频仍，危及外人的处所很多，没有代表列席的资格。后经晏先生等对各国代表演说，略谓“中国内乱日多固应负一责任，但是各国往往有无聊政客，用种种手腕去挑拨中国的内乱，甚至有暗助枪械以助长内乱者，也应该负一部分责任”。他更把施行平教的详情报告，又演放长沙、南京等处平教运动以及对于商店、工厂、军队、监狱、尼庵、僧寺……等处实施平教的影片。大家听了看了，都很惊异，次日会议便一致欢迎中国代表列席。而对于中国所提“废除一切不平等条约”“关税自主”……等案，都表示赞成。各国对于中国平教的信仰何以如此？因为中国国民若无管理国家的知识能力，则“庖代”“瓜分”之祸难免，而世界大战将又发生矣。反是，则中国独立不倚，于维持本国和中外，并可与各国互相维持世界和平。这可见平教与世界关系的重要了。

平民教育，据我个人的观察，大约有以上三个重要之点。现在再把这三个重要之点简括来说说：（一）关于“个人”，使“完成其人之所以为人”；（二）关于“国家”，使中华四万万同胞，都成为“民国的国民”，九万里河山，确成为“国民的民国”；（三）关于“世界”，可以使国际战争减少，促进永久和平。

平教既如此其重要，我们便要研究他的办法，使他容易普及才好。但究其实，并不繁难，通常的办法，不外两种：

（一）平民学校——这个办法，想在坐诸君大概都是个中人，经验富足，无须我来多讲。

（二）平民读书处——这个办法，和平校不同：平校是集合几十个学生随班上课，有一定的地方、教员和钟点，等等的；读书处便不然，并无一定，随便拿一个家庭作单位，拿一个工厂、军队、商店，以及露天的场所等等都无不可以作单位。范围可大可小，时间可早可迟，人数或少至两三人，或多至两三千人，都可。例如：一家有一人读了书，便可作施行平教的根本人物，认得字而不大通的，也可以当教员。……只要他眼睛认得字，看懂了，便一个一个读起了，使大家听得懂，就行了。例如千字课第一句"一个先生"——通的人一看，就明了他的意思；那不通的人，起初一个一个的分开读，"一""个""先""生"，这声音入到耳里，自会恍然有悟，也明白是"一个先生"的意思了。——这叫做"以眼教口"，"以口教耳"；"耳"作"先生"。是读书处办法中一个根本的原则。第二个原则，便是："社会有此需要"。——平校有一定的例规，有好些人不能如愿去读书，如作工的，喂乳的，看门的，作夜工的，……都不能按时上课，那就全仗平民读书处来补救他，随随便便可以施教。一人教两人，两人教四人，如此施教，马上可以教育许多人。比方七口之家，有一个半通半不通的人，偶然闲着，便拿一本千字课叫姊姊站那边，妹妹站这边，也各拿一本千字课。自己读一句"一个先生"，姊姊妹妹也齐声跟读一句，以下"十个学生，……"一路读去。读的时候，两边都可看见，指点。一字，一句，一本的陆续熟念，他俩也全懂了。并可以"如法炮制"的各教两人。且他俩不必读完之后才可教人，跟着熟读一点钟之后，下一点钟就可以当教员。这样办法，七口之家，可于四个月或八个月至多十二个月内读完四本《平民千字课》。这是平民读书处补救平民学校的最大功用。大凡能进平校的固好，否则可走这一条路。

（一）平教经费列入省预算；

（二）就是"平教特作县长考成之一法"；

（三）实施军队平教。

这三个希求，当承赵省长[①]答认实行，想赵省长为提倡民治最力之人，当然不至于诳我们！（众鼓掌）。

我所以特向赵省长提出这三个希望，求的理由，（一）

（二）不必说；——但政府规定平教经费列入预算外，社会方面也应自动的筹款——（三）项现加以说明。常人有言：“秀才遇了兵，有理讲不清。”这因为中国的兵，多不识字，不曾读书明理的原故。这实在有赶紧施教之必要！人民固然要知道爱，兵为卫国保民者，尤其要知道爱国爱民而不相扰害才好。古有“儒将”，如今实在于“儒将”之外，更要“儒兵”！但是我们要向军队中施行平教，非得长官之谅解并提倡赞助不可。赵省长既惠然允许了我的要求，诸君尽可体其至意而力行之！尤盼望全中国的军民长官，闻风兴起！注意实行。

总而言之，我对于平教的办法，希望政府和社会各方面通力合作。长沙为平教发祥地，应该为全省各县之模范！更当为全中国各省之模范!!

我说到这里，偶然回忆一件事：前年游到西湖灵隐寺。寺里五百罗汉都望着我笑，好像表示欢迎我的样子。好，他们笑，我也笑。同时默想这五百罗汉如果堆着笑容去施行平教，愚民一定容易被他们感悟，真所谓“生公说法，顽石点头”。唉！只可惜他们笑只是笑，只是一样地呆笑，再也不言不动，闲着什么都不管，于是我不觉大失所望！

今天又看见许多向我笑的。却不比那寺里五百罗汉的呆笑，乃是此地的“活罗汉”。既然是活罗汉，那自然是有求必应的。我于是合掌致敬，希望五百活罗汉，大发慈悲！救苦救难!! 超度众生。（众鼓掌）

“众生”是什么？就是湖南全省民中那不识字的二千多万平民；全中国有三万万年长失学的平民。我希望在坐的五百活罗汉，超度他们！

我现在要问一问活罗汉：要超度他们，何时开始？终不应听听，笑笑，就罢了！要作平教运动，现在就要赶紧作！那末从何入手？就请从自己家里入手，或从自己学校里入手罢。其他若商店，若旅馆，……由城市而及于乡村，或由乡村而及于城市，积

渐由全县而全省，处处促进平教，平教自然普及了。这是我所馨香虔祝之至的！也许是大家应尽的责任！（众鼓掌）

注释

① 赵省长　即赵恒惕。

1926 年

关于英国处理中国赔款之法案*

——致胡适、在君

适之、在君吾兄：

英国国会处理中国赔款之法案现经检出，兹特抄录一份奉上，以资参考。知行细审此案内容，觉其与日本对支文化事业办法不谋而合，虽条文不无小异，而根本精神实属一致。人家只是变更用途，我国人误为退还，已纷向其申述用途，抑何可笑！二兄明达，深望先谋组织之完善以保国权，若款项之分配，用途之指定，以知行观之俱属次要问题，而非先决问题。京中国人对于此事不日当有会议，结果如何当续奉闻。沪上咨询委员会办法日程定后，务希电示为祷。专请

旅安

知行
凌冰 拜启

* 原载耿云志编《胡适遗稿及秘藏书信·陶知行（行知）信三十通》第36卷 424、425页，黄山书社出版。写于1926年3月上旬。题为编者拟。

哀辞*

——悼三月十八日为抗议八国通牒死难学生

家有子女　出就师傅
师傅惰教　委诸党与
党与误之　群趋政府
府有执政　杀人如虎
民蠡国贼　相期共锄
魂兮有灵　鉴兹肺腑

* 转引自朱泽甫著《陶行知年谱》92页，原载1926年3月26日《新教育评论》周刊第1卷17期3页。署名：本社同人。同人包括陶行知等七位发起人。

事业之境界*

吾人须注意所谓事业之境界。第一种境界，须登高而远望一切。今所谓大职业教育主义，亦有此种境界。若囿于职业，不能办好职业教育；囿于教育，亦办不好职业教育。第二种境界，须有依永心【久】纪念事业之精神。第三，须极力寻觅所欲达之目的，不得不止。例如现有美国之职业教育，德国之职业教育，须寻得中国所需始可。

* 本篇原载1926年5月7日《申报》，题为《陶知行讲对于大职业教育主义之批评》。题中的“批评”即评论、评判的意思。现题由编者拟定。文中【】内系编者改误用。

论幼稚园切合农村之需要*

——致陈陶遗

日昨为创设乡村幼稚园事，曾上一书，说明方针办法，及请求补助之意，谅已达览。今尚有未尽之言，请为我公陈之。村中生活，随农事为转移。农忙之时，村中妇女或下田工作，或须准备茶饭，无暇照料幼儿。此时年龄稍长之兄姊，为小农生计所逼，亦须襄助农事，不能充分陪伴弟妹。故农忙时，乡村幼儿实为大累，父母徒唤奈何。村中有小学者，父母有时竟以之付托乡校管理。其校长教员或因学校原无相当设备，或存教师非保姆、学校岂育婴之见，辄严词拒之。苟校中明了六岁以前，为人格陶冶最紧要之时期，物色相当人才，设备相当工具，以应此天然之需要，则其造福村儿，便利农民，岂有限哉？乡村小学，夺农民之助力，其逆势；幼稚园，予农民以便利，其顺势。势逆者难办；势顺者易成。倘所办幼稚园能成为平民的、经济的、适合国情的组织，则一方提倡，全国响应，幼稚教育且先小学而普及矣。夫普及之计，端赖人才之培养。乡村幼稚园试办有成，即进而谋师资之训练，期在吸收村中资质聪明、同情富厚之妇女，教以试验成功之结果，则薪俸之给，可以适合乡村财力，一切设施，自不难持久，且可为乡村妇女开一职业新途径矣，岂非一举

* 原载1926年10月8日《新教育评论》第二卷19期，以中华教育改进社主任干事陶知行署名，于9月16日、17日两次致函江苏省省长陈陶遗。16日信及陈23日回复，见本全集八卷214、215页。

数得哉！今各种准备已有把握，所缺者惟开办费之七百元而已。务请在预备费中拨给，以便即日兴工，克期开学。如蒙俯予照准，则全国儿童幸福，及乡村生活不难开一新纪元。甚愿我公有以成之。方今政局混乱，杀机正盛，人民救死不暇，知行乃进此迂缓之策，颇似不知时务，故惟有德者，能闻之，不足为他人道也。（下略）

九月十七日

致改进社在沪社员 *

敬启者：

本社以乡村教育关系立国大本及三万万六千万农民之幸福，数年以来，积极进行，不敢懈怠。现全部计划正待商决，而年会之期又相距甚远；从〔衡〕权办法，只得在社员集中地方分别开会，合力进行。

本埠社员会议，定于下星期日即十二月十二日午后二时，假中华路小西门迎薰路中华职业学校职工教育馆举行。务希准时惠临，会商一切。

专此，敬请

公安！

中华教育改进社

* 原载1926年12月9日《申报》。本函发表时无署名。

乡村教育标语*

一、增进农民生产力
二、发展农民自治力
三、打破奢侈的教育
四、打破闭门的教育
五、打破外化的教育
六、打破死的教育，创造活的教育
七、打破假的教育，创造真的教育

* 抄自1927年1月16日《乡教丛讯》第1卷第2期2、3页。此系中华教育改进社特约乡村学校教师于云南起义纪念日，在江宁县尧化门小学举行接受《我们的信条》宣誓礼后，由江苏教育厅厅长江问渔和陶知行共同提出并经全体会员举手通过。

天地君亲师*

（1926年12月25日在尧化门小学操场召开“特约乡村实验学校”大会，到会的有地方名流，特约乡村实验学校尧化门、燕子矶、笆斗山等小学的校长、教师和部分学生家长。宣布开会后，校长陶知行讲话，谈了乡村教育的重要意义和举办特约乡村实验学校的目的。）

“锄禾日当午，汗滴禾下土，谁知盘中餐，粒粒皆辛苦。”这首诗中充分说明农民的疾苦。我们办特约乡村实验学校，就是要以学校为基地，用社会改造家的精神，改造旧农村，创造新农村。

（散会后，陶站起来笑呵呵地说。）

慢来，慢来，我还要说几句：农民家里中堂上，都供着“天地君亲师”的牌位，表明他们对文化知识的尊重和乞求。因为他们大多数是文盲，所以把先生抬得那么高，供得那么高。今后我们办好乡村教育，让农民人人识字，有了知识，不受苦受罪，做一个能文能武的新农民。从此，中堂上供的“天地君亲师”就要改成“天地君亲我”了。（全场哄然大笑！）以后你们可以直呼我“陶知行”，不要再叫我“陶先生”了，我是不愿供上牌位的。（又是热烈掌声和大笑声。）

* 摘自《陶行知故事集》中《天地君亲我》一节。1986年4月政协南京白下区委员会编印。该书所谈的时间有误，可参阅本全集二卷262页所载附录《特约乡校教师研究会第二次开会纪事》。

1927 年

报告办理乡村师范事宜*

——致中华教育改进社各董事

敬启者：

本社创办乡村师范学校，由社组织董事会主持一切，即推请袁观澜、王岫庐、江彤侯、陶知行、赵叔愚五君为董事，于本月十日在沪举行第一次董事会，当将《董事会简章暨本校组织大纲》、《组织系统》、《会计规程》及《十六年一月至六月之预算案》，分别议决。并推定袁君为董事长，王君为司库，陶君为书记，江君为监察部部长。又举定陶君为校长，赵君为研究部部长及第一院院长。第二院拟俟下学期开办，专收女生。至第一、第二、第三中心小学主任及指导员，皆由校长与院长会商延聘。合函将组织乡村师范学校董事会经过情形，连同议决各项规章，函送台察。其《组织大纲及董事会章程》一件，敬请核准见复，无任企幸。

专此，并颂

台安！

* 此件为中华教育改进社1927年2月16日致各位董事的函件，原载1927年2月17日《申报》。

一个特别考试*

你们要下乡了，以后要和农民做朋友，为中国三万万四千万农民服务，要改造中国乡村，替中华民国创造一个新生命。今天就要举行一个特别考试，看看是否能吃得起苦。

附一：试验乡村师范招考情形及开学典礼

〇招考情形　三月十一日中华教育改进社试验乡村师范举行招生试验。先一日，考生自远道如北京、湖北、江西、安徽、浙江、上海、镇江各地陆续报到。在此车马倥偬之秋，宁城居民，纷纷避难它徙，而各学校所有之学生，亦皆逃避一空。独此乡村师范，在此时招生，竟有数千百里外，不避艰难，不顾生死，远道而来，殊可令人注意。十一日开始考试，地点在南京附近燕子矶小学。是日上午考试国文，其题一为：《孟子说劳心者治人，劳力者治于人对不对?》一为：《有人说我们办试验乡村师范是行许行之道对吗?》，二题任作一题。继试常识及智慧测验。下午口试，应试者在五分钟前抽一题，然后登台演说三分钟，四周有

* 转引自辛元、谢放编《陶行知与晓庄师范》一书第12页。1927年3月10日，晓庄举行招生考试。11日考国文、常识测验、智慧测验及口试。12日垦荒、施肥与修路，因当天下雨，改在13日举行。早晨陶行知即在那里等候考生。他穿着草鞋，欢迎大家一同参加这个特别考试。这是考试前的讲话。

燕子矶村民及小学生，均为二百余人，而诸生全能侃侃而谈。十二日天雨，延至十三日续试。农事应试生全着草履往晓庄开垦，久雨之后，地土异常泞污，开垦殊不易。评判员注意姿势、态度及工作兴味，有手心起疱者，有疱破流血者，然皆兴高采烈，而无愠色。十三日揭晓录取正式生15人，补习生1人。

〇开学典礼　三月十五日试验乡村师范学校举行开学典礼。八时半，寄宿于燕子矶小学校之师范生，咸足着草履，肩扛帐幕，同至晓庄校址，沿途遍竖教师信条，殊堪警目。该校校舍尚在建筑，故暂于基地起搭帐四座，中置一桌，作为讲台，旁列板凳数条，以供来宾憩息。是日宿雨初收，天阴雾雨，惟寒冷异常，且因时局关系，故来宾到者不多。十时半开会首由校长陶知行演说，略谓本校特异于寻常学校者有二：一无校舍，二无教师。本校之校舍，上以天为盖，下以地为址，所造者不过避风躲雨之所。本校所聘者均为指导员，并无教师之名。而农夫樵子，猪狗牛羊，均能给予知识云，语甚恳切。继由院长赵叔愚演说，大意谓读书人不愿做事，治事人不肯读书。蹈至读者死读，耕者死耕，永不接近。吾等须一方读，一方做，一方教，不可泥于书本，更须以大自然为范本云。后由来宾徐作人君演说，谓办学三十年，觉死气沉沉，行将破产，诸君研究乡教，必能开一新纪元，以拯三万万四千万农民云。再由指导员邵德馨、吕德清、马绍季相继演说，均为期勉之辞。继以学生答辞，大意如感谢来宾及诸师长，并述来学之旨趣及以后之希望。末唱歌而散。现闻该校因时局关系，要求补考者多，故申明凡以前报名者，尚得补考。而在校学生，已开始工读矣。

原载1927年4月3日《申报·教育消息》。

当天陶行知发表的演说见本全集二卷282页。

附二：　晓庄学校新生试验中记闻

吴近楼

南京晓庄学校于九月一日举行新生试验，其中颇有珍闻趣事，爰为述之，以告读者。

○晓庄茆屋充旅舍　晓庄学校本届共须招收学生三十名，而报名投考者则有二百余人。以距城十余里之荒僻乡村，何能骤容此数。幸学校当局事先曾顾虑及此，已商借农民十数家，为考生寄宿之地。于是屋宇逼仄光线黑暗之农家，顿变为安寓客商地矣。据校长陶先生云，住考生于农民家，具有三种用意：一、农民有朴实耐劳诸美德，可以学法；二、与农民厮处，能真确认识农民种种问题，作为解决研究之资；三、凡投机分子，不能过农民生活者，尽可束装他去。学校为两全之计，特开此一面之网耳。是亦考试中别开生面者。

○胼手胝足事农焉　上午笔试已毕，下午即举行农事操作。男生三小时，女生二小时。男生分数队考试，有搬土基者，有刈草者，有翻土者。女生则拾玉蜀黍之穗。咸工作于烈日之下。试罢归来，莫不汗流浃背，力竭气喘云。

○一对夫妻同受试　以夫妻办理乡村小学，为陶先生夙所主张。此次挈其未婚妻来考者，有武进于某，一对小夫妻感情异常浓洽，鹣鹣鲽鲽，寸步不离。旁观者咸啧啧羡彼等幸福不置也。

○两长辞去做学生　投考者除新近自学校毕业者外，多在职人员。任小学校长、教员者占三分之一。而任教育行政职务及中学教员者亦复不少。而最肯牺牲，最热心乡村教育者，厥为祝君宏猷与陆君景豫。祝曾毕业于北京高等师范，前任浙省十一中校长，而现任绍兴教育局长者也。陆为南京高师毕业，而亦现任江阴县立师范校长者也。二君均弃其养尊处优甘食逸居之优美生活，而愿于担水挑粪赤足芒履之野人生活，是真难能可贵也。(近楼按：祝、陆及于某均已录取)。

原载1928年9月22日《申报》

晓庄开学典礼上的开会词*

今天是我们试验乡村师范开学的日子，我们没有教室，没有礼堂。但我们的学校是世界上最伟大的，我们要以宇宙为学校，奉万物作宗师。蓝色的天是我们的屋顶，灿烂的大地是我们的屋基。我们在这伟大的学校里，可以得着丰富的教育……

今天到会的农友很多，他们是我们的朋友。以后我们要他们帮助的地方很多，我们需要和大家做亲密的朋友，向他们好好的学习。你们不要以为乡下人无知识，一般大学生念过不少自然科学的书，到了乡下便不认识麦子，说韭菜何其多也！嘻嘻，你们看，乡下人不比我们认得的东西多么？

* 摘自伯韬著《回忆陶行知先生》一书第三节《奇怪的开学典礼》。该书写于1947年10月前，系光华书局出的《光华丛书》，1948年2月哈尔滨初版，日本东京龙溪书舍1971年5月10日再版。人民教育出版社1982年11月新版改名为《陶行知的生平及其学说》。

穿着西装革履哪像个农民*

（晓庄师范有些教师问陶行知：陶先生，你为什么要穿草鞋、戴“十八转”①呢？陶回答说：）

你们都是文绉绉的老夫子，该记得孟子说过：“子服尧之服，诵尧之言，行尧之行，是尧而已矣。”我们口口声声谈办乡村教育，改革乡村，为农民服务，穿着西装革履，哪像个农民？能和农民一道干活吗？又怎能和农民坐到一起去呢？一个头戴礼帽，身穿西装，脚穿皮鞋的人，肩上扛把锄头，像个农民吗？农民能和你接近吗？

注释

①“十八转”　即草帽。

* 摘自《陶行知故事集》的《草鞋与十八转》一节，1986年4月政协南京市白下区委员会编印。题为编者拟。

怎样练写字*

写字一要下决心；二要坚持不懈；三要讲究方法。要经常把最好的字帖拿在手边，边看边摹。哪怕在旅行中，在火车上，都可用新买来的毛笔，不沾墨，在字帖上干描；睡觉时，也用手指在身上写划。练习久了，就能得心应手，写出好字来。

* 这是1927年操震球问陶“您的字怎么写得这样好、这样快？”时的回答。摘自《陶行知青少年时代的故事》一书中《为民写字》一节，1989年6月安徽少年儿童出版社出版。题为编者拟。

想一想　死不得*

想一想：人生为一大事来，做一大事去，你年富力强，有国当救，有民当爱，岂可轻生？

死不得：死有重于泰山，死有轻于鸿毛。与其投江而死，何如从事乡村教育，为中国三万万四千万农民努力而死！

* 这是1927年初夏，陶行知竖立在燕子矶头的两块大木牌上的题字。晓庄师范附近的燕子矶当时时有失业、失恋的青年在此投长江自尽，陶特书此警句劝诫轻生者。摘自夏孟文《回忆晓庄》和李相维《晓庄师范生活片断》，载湖南教育出版社1984年版《陶行知一生》。

晓庄儿童生活大纲*

把儿童活动分为经纬两大纲：

1. 关于纬的包括：

（1）写日记，

（2）谈话，

（3）用书报，

（4）用数。

2. 关于经的分五目，每目包括事项如下：

（1）健康的身体：技击；团体游戏；卫生；休息。

（2）劳动的技能：干农事；修造工具；裁缝。

（3）科学的头脑：认识生物；了解自然现象。

（4）艺术的兴趣：烹调食物；画画；整洁；奏乐、唱歌；演戏。

（5）改造社会的精神：交朋友；团体自治；努力于家庭改造，努力于本村改造，努力于中华民族革命；为人类幸福努力。

---

* 这是作者为晓庄小学制定“生活历”所写的大纲，系1927年7月16日主持制定晓庄小学课程设计办法时提出。选自《张宗麟乡村教育论集·乡村教育经验谈》第31页。

晓庄师范新加标语*

一、心到手到

二、双手万能

三、以教人者教己

四、在劳力上劳心

五、在立脚点谋平等

六、于出头处求自由

七、小的村庄，应与大的世界沟通

八、活的教育，要底下可以安根，顶上可以出头

九、中国要在农业上安根，在工业上出头

十、发明工具，制造工具，运用工具，是真文明

十一、认清问题，研究问题，解决问题，办好教育

十二、改良农村组织，增进农人生活

十三、乡村教育的使命，是要在农业文明上建筑工业文明

十四、三民主义教学做

十五、教三万万四千万农民做皇帝（见中山先生《农民大联合》演辞）

* 原载1927年9月1日《乡教丛讯》第1卷第17期。原题为《本校新加标语》。

附：孙中山“在广州农民联欢会的演说”节选

诸君：

今日是开农民联欢会。大家知道为什么要开这个会呢？开这个会之后，要做什么事呢？……

大家如果不知道清朝与民国的分别，可以就广东从前和现在想一想，便可明白。广东十三年之前，是什么情形呢？大家知道广州是两广最大的城市，在广州最大的官有两广总督，他的权力可以管理广东和广西两省。总督之下有将军，将军之下又有旗防。旗防是满清派到广州来驻防和监视汉人的。汉人官吏做事，都要听满洲人将军的话。所以满洲人是主人，汉人是奴隶。这些情形，你们做小孩子的当然不知道，做大人的应该记得很清楚。在当时，汉人并且不敢到旗下街去行走，如果自己不谨慎，要是被旗下人打死了，去打官司，旗下人不抵命。这就是因为满洲人是主人，我们的官吏都是被他们监督，所以不敢理这些事。至于汉人生了子孙，有没有教养，官吏总是不管。满人的小孩子，一出世之后便有长粮吃。那些汉满不平等的事，是非常之多。到后来一般革命先烈，知道我们是做奴隶，看见那些不平的事是很无道理的，所以提倡民族主义，推翻满清政府，创成民国来行民权。这种民权主义，是以人民为主人的，以官吏为奴仆的。所以十三年前的革命，是一件很奇怪的事，是中国几千年来破天荒的第一件事。在那次革命以前，人民都是做皇帝的奴隶，无论什么事都要听皇帝的话；到了民国成立，便是以民为主的世界，人民便变成了主人，皇帝变成了奴仆。在这个民国时代，本来没有皇帝，最大的官是大总统和国务总理，以下就是各部总长、各省省长以及各县县长。这些官吏从前都是在人民之上，今日便在人民之下。大家知道现在民国没有皇帝，究竟是什么人做皇帝呢？从前是一人做皇帝，现在是四万万人作主，就是四万万人做皇帝。换一句话说，就是在帝国时代只有一个人做皇帝，到民国时代这四万万人都是皇帝。这就叫做以民为主，这就是实行民权。这些事实，中国几千年来虽然没有见过，但是老早便有了这种理想。譬如孔子说："天下为公。"又有人说："天下者，是天下人之天下也。"就是这种理想。我们革命党要实行三民主义，也就是这个意思。

三民主义是什么呢？就是民族主义、民权主义和民生主义。民族主义是对外国人用的，不许外国人来治中国，做中国的皇帝；要我们中国人来治中国，自己管理自己。革命党从前推翻满清，就是实行民族主义。但是满清推翻之后，还是要受外国人的欺负。我们实行民族主义，推翻满清，虽然脱离了满清的奴隶，但是还要做外国人的奴隶，所以民族主义还没有完全成功。推翻满清，只可算作一半的成功；其余一半，就是受列强的压迫。列强到现在还要压迫中国的原因，就是由于从前满清和他们立了条约，那些条约放在外国，就是把我们的身契押去外国，把我们的权利都送过外国人去了一样。那些条约就是通商条约，所以满清与外国的通商条约就可以说是我们的卖身契，所以我们到了今日还要受外国的压迫。我们实行民族主义，已经推翻满清，虽然是一半成功，以后还要废除我们的卖身契，不做各国人的奴隶，那才算民族主义是完全成功。

讲到民权主义，我们推翻满清之后，创成民国，虽然是以民为主，但是不久又生出许多督军、省长。那些督军、省长都是满清留下来的旧官僚，他们的思想，只知道有皇帝，所以他们做事的专制，还是要实行皇帝的职权。因为这个原因，所以民国到今日虽然有了十三年，民权还是不能够实行。我们要把民权主义完全达到目的，所以还要希望大家同心协力来奋斗。民族主义是用来对国外列强来奋斗的，民权主义是用来对国内强权来奋斗的。

至于第三个，民生主义，是对谁来奋斗的呢？是要各人自己发奋，自己谋生活，自己来造成自己的世界。革命党为民族、民权两个主义奋斗了十三年，民生主义十三年总没有理过。说到结果，民族主义只有一半成功，民权主义到今日还觉得是失败；因为民权、民族两个主义还没有成功，民生主义还更是没有工夫去做。

今日开这个农民联欢大会，这是革命党和农民的第一次见面。我们大家见面之后，要做些什么事呢？就是从今日起，要实行民生主义。民生主义如果能够实行，人民才能够享幸福，才是真正以民为主；民生主义若是不能实行，民权主义不过是一句空话。民生主义能否实行，责任就是在大家农民的身上。所以今日开这个农民联欢会，革命党与农民第一次见面来讲话，就要大家来实行民生主义。什么是民生主义呢？民生主义就是要人人有平等的地位去谋生活；人人有了平等的地位去谋生活，然后中国四万万人才可以享幸福。所以今日的这个大会，要大家合力来实行民生主义，就是要大家合力来谋幸福。

摘自《孙中山全集》第10卷460—463页。

在晓庄第二院第一中心幼稚园开学典礼上的讲话*

农家在农忙之时，对于不能帮助田作之幼稚儿童，视同赘物。此于儿童及其父母，皆有极大损失。乡村幼稚园即所以谋幼稚儿童之幸福，并补助家庭教育之不足。惟吾国幼稚园多犯外国化、贵族化及不经济三病。本园为全国乡村幼稚园之首创者，所以力向中国化、平民化及省钱路上走。

* 1927年11月11日讲。原载1927年11月15日《申报》。

欢迎贵州同志来晓庄*

(一)

晓庄学校开办已快一年，贵州的同志一个还没有。两位有志加入乡村教育的队伍，有志到晓庄来学习，我们极表欢迎！如果将来乡村教育有到贵州的一天，两位便是第一个使者。

(二)

你们两位有志气，肯下乡，我们欢迎！现在我们已经有了十四五个省的同志了，但是，还没有贵州的同志，你们能来，我们欢迎。我们要到明年二月才招生。我们这里有一个办法，叫做“长期参观”。就是说，可以先到这儿住一段时间，一个月，两个月，半年，都可以。住一段以后，你觉得可以，再考；不愿意进我们学校，你可以走，可以不考。

---

* 摘自戴自俺《亿当年，哭铭勋》一文，载重庆出版社1984年11月版《孙铭勋教育文选》。

1927年，孙铭勋、戴自俺正处于彷徨、苦闷，走投无路之时，听一位朋友介绍了晓庄师范学校，并认真看了《试验乡村师范学校答客问》和《试验乡村师范学校第一院招生简章草案》，感到很新奇，立即向往这所学校。为慎重起见，他们先写信给陶行知探询有关招生之事，大约五天后收到陶的回信，表示欢迎。1927年年底，孙、戴二人即到晓庄师范。（一）系陶给二人的回信摘要。（二）为陶与孙、戴见面时的谈话。

见得与见不得*

对，两人合骑一匹驴，的确与校誉有碍。但他们骑在驴子背上，上见得天，下见得地，中间还可以见人。比那些大人先生坐在汽车里，偷偷摸摸，上见不得天，下见不得地，中间见不得人，不好多了么？

* 这是对国民党政府某部长大人责问，说晓庄男学生和女学生合骑一匹驴儿有碍校誉时的答话。摘自伯韬著《回忆陶行知先生》一书第17节，哈尔滨光华书局1948年2月初版。

1928 年

恋爱问题*

人生两件最平常而最重要的事，一是事业，一是恋爱。人常说人生有四件事，两件能自己控制，两件不能自己控制的。两件不由自己控制的是生与死；两件能由自己控制的即事业与恋爱。恋爱的事，人多忌讳而不言，其实是一件极光明正大的事。古人说过："食色性也"，"男女居室，人之大伦"。可见古人已重视这件事。我今天讲这个题目，假设是自己坐在飞行机上，在空中观察人类，将人类恋爱的现象报告一下。恋爱发生后有几种显著的现象：（一）恋爱的人忘记了一切，忘记了自己，只知爱他所爱的人。（二）恋爱的人，愿将整个的自己，整个的灵魂，献与他所爱的人。（三）恋爱不是一帆风顺，水到渠成的事，必须经过许多波折。它的进行是以波浪式前进的。照心理学讲来，恋爱进程的变化，女性低而男性高，这是说恋爱未受阻力时的情形。恋爱受过了阻力又要发生什么情形呢？恋爱倘若受了舆论的压迫，父母的监视，旁人的捣乱，爱情就要戴上假面具，在暗里进行。如果爱情不能受阻，那就要走第二条路，就是革命。所以压迫恋爱的人是天下最愚笨的人，他不是受骗，就要给人家革他的命。恋爱还有一种阻力，是三角恋爱。在三角恋爱中，免不了妒

* 本篇系陶行知1928年2月16日的一次演讲，由操震球记录。载《方与严教育文集》（下）《真假恋爱》一文，四川教育出版社1995年8月版。

忌。不过人类有一特点，是能将爱的情感引申出去。譬如一个男子爱着一个女子，爱到极点就能引申自己爱情，爱那女子的所爱。恋爱不是人人都能成功的。古语说："成败乃兵家之常事。"我亦可说："成败乃恋爱之常事。"恋爱既有成败，善处成败，是一件紧要的事。怎样处置恋爱的成败，我有一个好例子可以说一说。三年前我到浙江观潮，同行者有汪精卫先生、徐志摩先生、任鸿隽先生及其夫人。当时有人同徐志摩先生开玩笑，向志摩先生贺喜。精卫先生以为志摩先生得了公子。志摩先生自己解释说："生子不如成婚，成婚不如定婚，定婚不如求婚，求婚不如求不成。"这是诗人的态度，将失恋的情感，在诗中（或艺术中）表示出来，使他的诗更能动人。

在中古时代，西洋人还有一极好气概，就是chuatnig sdilif (原文如此——编者)。他们尊重女性，在三角恋爱的情形中，男子（假如是两男恋一女）必让女子自己选择，女子爱谁就是谁，失败的人决不应多言。倘如女子自己也决不定要爱谁，他们也有痛快的办法，以决斗解决之。决斗的事，我虽不希望发现于现代，但他们这种态度是很高尚的。

在历史方面看来，对于恋爱的观念，有两个不同的时期：(一) 以恋爱求为社会之继续生存，即恋爱是为传种而有的。(二) 恋爱是为个人的，传种不传种，没有多大关系。第二种观念盛于今日，第一种观念盛于古昔。

恋爱又有一显明的趋势，就是有专一或独占。此种趋势，可用事实来说明：我们看到一夫多妻的家庭，总没有和睦的。纵或一夫多妻不组织家庭，这种办法中外也都有人试验过，起初的时候尚可，久之仍趋于专一或独占的路途。在科学方面也告诉我们，家庭式一夫多妻是不能存在的。以上所说，即我假设自己坐在飞行机中观察人类恋爱行动的结果。

恋爱本是一件极平庸而极重要的事，我们应该公开的诚实的讨论，才不致走入歧途。中国习俗，家庭间、学校都不敢谈到这个问题。全国学校中，师生坐在一堂来谈论它，晓庄恐怕是数一不能数二的。上面所说都是恋爱的现象。我想要在这些现象中抽出一个定义来，但觉得那是一件很不容易的事。有人说恋爱是男女专一的相爱，其实也不尽然。有的人单恋比恋爱更要专一。世界的事物，很难寻出一样恰当的东西比喻恋爱，只有电力略略相近。电力不限在有线电，无线电更有力。平常的无线电，两面距离愈远，其力愈弱，但恋爱的力，两方相距愈远，则其力反愈大。恋爱既然像电一样，倘若有站在这两电中间的人，就应特别注意，谨防碰了电力。我个人对于恋爱的主张，也可对大家说一说。我的主张：（一）愿天下有情人都成眷属；（二）恋爱是属于个人成分的大，对于社会的关系小；（三）认清自己的目的。事业与恋爱，各人的选择不同，重事业的人以恋爱为轻，置恋爱于事业之后；重恋爱的人以事业为轻，置恋爱于事业之前。天下最幸福的人，当然是事业与恋爱兼成者。两者失一，都能令人流泪。但我们从事乡村教育的人，如果二者不可得兼，孰舍孰取？要请大家细细考虑一下，自己决定。

还有一个问题与恋爱相关的，便是离婚问题。我放眼看看社会中人，对于这个问题有两种态度：一种是夫妇相得的，听得离婚两个字，掩耳而走，认为大逆不道；一种是夫妇不和的，自己天天想离婚，听得人家说离婚，总是举双手赞成。我的朋友间这两种人都有的。冯焕章先生骂他的高等法院院长在革命未成功前谈离婚，也是这两种态度中的一种。同时，我们也看到相反的态度。究竟人家的态度如此，我们的态度应当怎样呢？在我看来，夫妻而至于离婚的地步，是世界上最伤心的事。夫妇不能相爱，也应平心静气研究不能相爱的原因的所在，尽力设法以挽救之。倘真正无法可设，我也赞成离婚。这是我对于离婚问题的态度。

一、人说名誉为人生第二生命。这句话我觉得很重要。有恋爱的人，爱护情人，一定要爱护她（或他）的名誉，否则没有恋爱的资格。旁观人也应如此。人们做事一举一动，都不能过分。

恋爱者固应当爱被爱者的名誉如生命，旁观者亦应爱他们的名誉如生命。中国人不尊重人家的名誉，已成了通病，我们应当切切实实锻炼这种态度。

二、谈恋爱的有两种人：一种人是主张无条件恋爱的，以恋爱为盲目的。这大约是偏于感情的人，如艺术家、诗人所主张的。一种是主张有条件恋爱的，他们主张先有理想恋爱者的条件在胸中，遇到合乎条件才发生恋爱。这大约是偏重理智的人，如科学家所主张的。这两种态度，都是对的。因为人是免不了感情，也灭不了理智的。人的性质总有所偏重。本着自己的性质去自然恋爱，人家不能批评他的。如果这两种人，都想宣传自己的主张，要人服从，那就不对了。重感情的人固然随感情转移，有时难免时此时彼，爱情不能持久。但重理智的要想抱定自己条件，逢着可爱者要用分析的工夫，去分析他是否合于自己的条件，事实上恐怕难做得到。

十七年二月十六日

欢迎全国教育会议代表的提案*

（一）地址在晓庄大会堂。

（二）各中心小学附近农友，须推一位列席。

（三）客人吃饭在晓庄。

（四）太平门小学、迈皋桥小学是否要通知加入？

---

* 此提案经各小学校复议通过。摘自《第十一次小学活动设计会记录》，原载1928年7月1日《乡教丛讯》第2卷第12期。题为编者拟。

全国教育会议于1928年5月15日至28日在南京召开。会议期间，代表们参观了晓庄学校和燕子矶小学。

道德问题*

"世风不古，人心浇薄。"我们耳闻目见已经不少，直到今日，还有恢复旧道德的声浪，也可见得五千年的旧道德势力确是不小。

旧道德三字，当然是新道德的反响。但是道德两字，只有是与不是的问题，不能有新与旧的问题。道德是人在社会上最适当的行为，所以适当的是道德，不适当的不是道德。人的本质，原有为人为己两种趋向。但是为己的行为，未必全是不道德行为；反之，为人的行为，也未必全是道德行为。因为社会、个人，是相辅相成，不是各自生存的。所以为己之极，反是为人；为人之极，亦可为己。至于如何可称道德，即在权衡这为人为己两方面，定夺最适宜之一点的所在。大概道德的原则，是在个人有充分的发展，但不致损坏在社会全体之安全；社会有支配的势力，而又不致侵害个人生存的目的。因此一来，道德两字就极难讲，因为社会状态何等复杂，个人差别何等显著，社会有流动性，个人亦有流动性，这最适宜的一点便时时发生疑问和争执。从古到今，社会不断的变化，道德也不断的迁移，没有一时，没有一地，道德性质不在那里更变。今日称为最适宜的行为，明日也未必适宜；昨日称为最适宜的，今日又未必适宜。换句话说，可以

* 原载1928年6月8日《申报本埠增刊》。署名：知。

维持此一时代之社会，未必能维持彼一时代之社会。道德固是造成社会的要素，但时刻显露其裂痕，补救方法，就在时时有适宜的道德，来代替不适宜的地位。如此，社会可以常有进化，个人方面不受压迫。

欧美有欧美的道德，代表欧美社会最适宜的行为。宋、元、明、清有宋、元、明、清的道德，代表宋、元、明、清社会最适宜的行为。在欧美或宋、元、明、清的社会内，我们不能指出他道德的不是。但是社会不是只有欧美式同宋元明清式两种，以为除了欧美式只有宋元明清式的道德的心理，恐怕对于道德两字的观念有些弄错吧。总之，道德本来是习惯的制度，自然发生，不是有人可以勉强的，与法律不同。法律是行动上的，道德是见解上的。这是道德教育家应该研究的。

农村学生缺席原因及解决意见*

缺席原因，提出三点：一、功课不能引起儿童兴味，不能适合儿童需要。二、农忙时要在家中领带小弟妹。三、阴雨天不准儿童赤脚到学校。

解决意见：一、学校与社会应打成一片，如家庭要儿童在家帮助生产时，学校应当许可。二、学生在家庭工作时，事前应有相当指导，事后亦应加以整理。三、以暑假代农忙，是最好的办法。四、在中国现在之情形，以教师指导农人者尚少，故最后还是倾向在变更为三学期之办法。

* 1928年7月16日至8月15日，中央大学区举办县督学教育委员会讲习会，聘请陶行知担任乡村教育实施法的指导讲师。8月2日上午，讲习会在中大一字房讨论各县乡村教育视察指导困难问题，有专家及各县督委130余人参加。陶任主席，首先将18个议题归纳成学生缺席、训练、老师进修、小学课程四类。在讨论农村小学生缺席问题时，陶发表了以上意见，由李西侯、孟毓洪记录。原载1928年8月5日《申报》，题目为《中大区县督委讨论乡村视察难题》。现题系编者拟。

重视儿童自治*

今日讨论训练问题。原案第一第八两题包括在内。关于训育方面，有消极、积极两层。积极的训练，不易有具体的办法，所以每易入于消极的制止。诸位如有意见，请各发表。

（一）积极办法，重在儿童自治。如巡察团、图书馆、园艺、音乐等，皆可指导儿童逐一组织。即以园艺一项而论，儿童自身经历之后，于以知爱护物力、重视劳动。

（二）原案中有"指导无效"等语，究竟指导至何种程度，请原提案人说明其原有办法。

（原提案人：甲、盐城人民只知令儿童在校读书，无他种种活动，而教员于训练方面，消极的多，积极的少。教育局顾虑及此，故有好学生标准实施步骤之规定，半年以来，无甚效果。其根本原因，教师本身对于训练原则，不彻底明了，故未能按照行政方面所规定的一一实施救济方法。从根本上应改造师资。治标上重在视察指导者，依据实施方法，切实指导。乙、敝县训育方法，有社会的组织，大概偏向在都市方面，至乡村小学儿童年龄不大，在指导者虽竭其全

* 1928年8月3日，中央大学区县督学教育委员讲习会，讨论各县乡村教育视察指导的问题。陶行知主席，记录李西侯、季倜凡。原载1928年8月7日《申报》，原题为：《中央县督委续论乡村视察难题（一）》。现题为编者拟。

力，但限于经济及儿童自动能力，皆告失败。)

在未讨论之前，关于训育之共同问题，应先谈谈教师是什么？训育是什么？教育与训育是否为两件事？前中等学校联合会有训育组织，我曾提出训育与教育应合为一体，不可分列。考其所以分开的原因，即误认课堂内的功课是教育，教室外的作业为训育，为此分开，实不合理。盖何谓教育训育，要皆以兴趣为依归，学生在教室内要有兴趣，在教室外也要有兴趣，即思想的判断，学习的勤劳，亦皆要有兴趣。故教师对于教育应负整个的责任。还有课内课外的分别，如园艺在课室内讨论方法，课室外即须实行。所以课内课外之观念应须打破，不要把学生生活，切为两段。我在义务教育期成会袁观澜先生起草乡村教育标准时，即有取消训育另列一项之主张。故此时讨论训育问题，是整个的知识与道德不能分开。

（三）训育之讨论，已有办法，惟实行时，有困难耳。其原因有二：一、教师精力不足；二、教师之观念，重在知识，致怕有精力，竟要偷懒而不做，还有不知分配的方法，如清洁团、储蓄会、纠察队等，只要定一办法，由年长之学生指导，实行教师随时考察即可。

（四）原提议人已有办法，不必再费精神多加讨论，只须在救济办法上着想。其方法：一、可在视察后开全区教师谈话会时，将训育原则及实施步骤，一一指导资其实行；二、暑期讲习会着重在训育方面。

（五）训育问题很大，不过现在讨论的，都就事实方面，请根据原则加以讨论。鄙意以为训育第一须有目的，其目的可由大学行政院令知各县征集各校训育标准，然后由行政院统一标准，令行各县教育局转之各校。至其实施之步骤，第一由学生组织自治会，第二学生自治会总不能离开标准，要达到此目的，教师即须加入儿童团体共同生活。

（六）乡村小学的训育，难在人材。如有人材，各问题都易解决，如图书馆、学艺会、清洁会等，皆易做到之事。顾现在的乡村教师程度，相差甚远。可由教育局拟定大纲，分期执行，一学期不能做到，乃至两学期，总以做到为止。

（七）教师本身如能明了儿童心理生理之状况，训育问题实不难解决。

（八）训育问题，各校有普遍的弊病，即不明训育之意义和目的是也。教师在课外，必忙于改卷子而忽于儿童的训育。补救方法：一要教师明了训育的意义和目的。二不重形式，须根据儿童心理生理方面切实规定一个目标。

讨论已久，现在可以归纳一下。

"山芋总统" *

——题赠邵仲香

仲香兄在晓庄种山芋，有一个硕大无比，农民称之为"山芋大王"。我因"大王"有复辟之嫌，改称"总统"，较为摩登。不知大山芋先生以为然否？

* 邵仲香在晓庄师范担任农事指导员时，种出一个重达五六斤的大山芋。陶行知为此给邵写了一张"山芋总统"的条幅，以上是附言，后面有落款和时间。原件遗失，这可能是1928年的事。摘自邵仲香写《我和陶行知在晓庄》一文，载南京大学出版社1988年5月出版的《金陵大学建校100周年纪念册》。题为编者拟。

1929年

以特殊训练满足急需*

——致韩国钧

紫石[①]先生惠鉴：

久违教范，旦夕为怀。两奉手谕，敬悉。我公以治国之望治乡，不出数年，必著奇效，瞻望前途，不胜庆幸。承嘱推荐小学教员，自当代为物色，奈春季无学生毕业；校外同志，切实有把握者，亦寥若晨星，一时难以报命。为今之计，不如由公选当地合格人才一二人，于二月中旬来晓庄学习数月，然后回乡[②]服务，较为有效。倘急须开校，则来校一月，加以特殊训练亦可。如何之处，尚希卓裁。专此奉复。敬请大安。

知行　拜启

十八、一、十二

近来匪警屡至，忙于防卫，敬稽奉复，最为抱歉。

注释

① 紫石　系韩国钧之字。

② 回乡　指回韩国钧的老家江苏省泰县海安镇，即今泰州市海安县。

* 此信原载《韩国钧朋僚函札选编》。

美化孙中山陵园的重要一环*

总理陵园已成为中外人士观瞻所在。当前首要任务是创设几所中心小学，从普及教育入手，借以促进经济发展，这是真正美化环境。我们纪念孙中山先生，这是最重要、最有现实意义的一环。

* 摘自丁葆冈《陶老师指派我去办乡村小学》一文，载晓庄师范1987年3月15日自刊本《回首当年话晓庄》第一辑。题为编者拟。

1929年初，孙中山灵柩由北京迁往南京安葬，紫金山周围划为总理陵园，陶行知被邀参与设计事宜。陶的上述建议得到国民政府主席林森的支持。不久，中山门、太平门、马群、岔路口等六所中心小学相继建立。丁葆冈被陶指派筹备中山中心小学。

做好侨胞的生活和动态的调查工作*

要做好侨胞的生活、动态等调查工作，要深入了解：

(1) 华侨教育情况：有多少华侨学校？华侨学生入学情况？学生家长对学校的态度？

(2) 当地有多少华文报社？华侨报纸的舆论怎样？哪些报社是进步的？哪些是保守的甚至是反动的？

(3) 华侨劳动群众的生活怎样？华侨办的工厂以哪些为主？工人的生活怎样？劳资关系怎样？工人的文化程度和觉悟程度怎样？

(4) 华侨有帮派，他们的团结情况怎样？广东籍与外省籍的侨胞关系怎样？

这些问题，到曼谷后要认真调查好。还要办好夜校，推广普通话。

---

* 1929年春，泰国曼谷的华侨学校到晓庄聘请教师，陶行知指派晓庄高中部师范科毕业生夏孟文和郭美璋前往，同他俩谈了这番话。摘自夏孟文《回忆晓庄》一文，载湖南教育出版社1984年10月版《陶行知一生》。

认清目标　努力不懈*

发扬晓庄精神固佳，但不宜过于强调，以免发生办学的阻力。因晓庄还在试验阶段，毁誉不一，社会上对待新生事物，往往如此。只希你们能认清目标，把握旨趣，认真苦干，努力不懈，将来自有成就。

*　“浙江省立乡村师范学校”（即湘湖师范）1928年10月在湘湖定山创办，1929年1月起出版《湘湖生活》。陶阅后致信该校勉励，以上是该信摘要。摘自湘师陶行知研究小组写的《陶行知与湘湖师范》一文，载1985年12月浙江省陶研会（筹）编印的《陶行知研究文集》第一辑。题为编者拟。

“做”是教和学的中心*

做学教合一，是怎样做，就怎样学；怎样学才怎样教的。所以，教的法子，要根据学的法子；学的法子，要根据做的法子。“做”字是教和学的中心，也便是教育的中心。我们处处均应以“做”为立足点，以“做”来解决人生。任何人不可忘去了有意义的“做”字。否则，便是忘三——做学教。忘三，是忘去做学教的“做”字而来的。

谁都知道一个人忘去了孝悌忠信礼义廉耻的“耻”字，他便是无“耻”之徒，无耻之徒，便是“忘八蛋”。现在我们可仿过来说：忘去了“做学教合一”的“做”字，就是盲目蛮干；盲目蛮干，就是“蛮人”；“蛮人”便是“忘三蛋”。“忘三蛋”便是“忘八蛋”的哥哥，忘三哥哥比忘八弟弟更坏，更不行！

---

* 原载1929年6月1日《湘湖生活》第6期。题为编者拟。

第二年的晓庄*

成人和孩子个个有丰富的生活力、思想力，使个个乡村能富足起来。换言之，便要使人能尽其材，物能尽其用，地能尽其利罢了。现在这件工作，做到了几分之几了？在晓庄的同志们和从事乡村教育的同志们曾经想过么？现在应当向什么地方去努力呢？

晓庄不过二年的历史，我们回想到第一次的开学，是在荒山的坟墓中举行的；第二次的纪念礼，便有许多农友来送礼，男男女女到会的竟有两三千人。这种突飞猛进，与农民亲近的程度，实在值得人异样的感觉的。现在是举行两周年的庆祝礼了，我们便可卜得我们的成绩，在农友对我们的感情上。

如果我们联想到十年、二十年、百年、千年的庆祝礼，全国的农友应当对我们怎样的热望和恭贺呀！那末，我们的努力应当跟着庆祝同时提起来呢。

* 原载1929年3月15日《乡教丛讯》第3卷3期1号晓庄学校《二周纪念特刊》。1929年6月《地方教育》第5期发表时又在文末加了如上的段落。前面的部分见本全集二卷360—363页《这一年》。

恋爱与事业*

——人生可以做主的两大问题

人生有四个大的问题，有两个是可以自己做主的，有两个自己不能做主。两个自己不能做主的问题，一是“生”，二是“死”。两个可以自己做主的问题，一是恋爱——婚姻，二是事业。人们遇到两个自己不能做主的问题的时候，会很痛苦的。比方，我们今天在这儿开会，忽然有一位同志得了暴病，你说：“我不想死，我要生，我要活下去。”但是经医生多方抢救也无效，你也没有办法。对这，你做不了主。人们突然遇到这个问题时，会很痛苦的，会痛哭流涕的，也是值得痛哭流涕的。两个可以自己做主的问题，一是恋爱，一是事业。人到了青年时期，不可避免地要遇到恋爱问题。有了心上的人，彼此情投意合，最终要通过正式婚姻手续，建立自己的小家庭，这是应该的。这是完全可由自己做主的。可是，如果遇到了困难，或是家长阻碍，或是彼此感情发生波折，或者其他原因，不能达到自己的理想，这也会很痛苦的，也会令人痛哭流涕的。我们晓庄燕子矶幼稚园旁

* 题为编者拟。摘自戴自俺著《时雨春风思金陵——师陶琐忆之二》，载1993年4月25日中国陶行知研究会会讯第66期。戴文引语：“1929年初夏，晓庄同学向陶行知校长提了一个问题：‘在求学期间可不可以谈恋爱？’陶先生没有简单作回答。他告诉生活股的同志，可以让大家讨论讨论。于是，在晓庄开了一次‘恋爱问题讨论会’。每星期五下午二时至五时开会，在犁宫举行。自由报名参加，参加者十分踊跃，男女同学都有。……第三次讨论会，陶先生在百忙中出席了。主席把前两次讨论的情况向他作了汇报以后，又让大家继续讨论。最后，陶先生作了总结性的发言。”

边，常有人在失恋后去跳长江，就是一种悲剧。所以，我们在矶头竖了一块木牌，上面写着："死不得！想一想！"果然起了一些作用，跳江的人少了一些。恋爱问题，这是完全可以由自己做主的。另外一个问题是事业。"人生为一大事来，做一大事去！"在晓庄，投身乡村教育，为百分之八十五以上的农民服务，教三万万三千万以上的农民起来做主人，到乡村教育第一线去作战，就是大事。这就是我们的事业。这也是完全可由自己做主的。而且应该由自己做主的。……

晓庄同学可不可以谈恋爱？可以。不但可以，而且无法避免。因为我们有恋爱的生活，也就应该有恋爱的教育。问题在如何对待恋爱与事业的关系。晓庄平时所唱的《村魂歌》〔见本全集七卷50页，此略。——编者〕，即代表我们的主张。

晓庄并不反对恋爱，但是反对"恋爱至上主义"。

“做学教合一”的总解释*

一、“做”字的新定义

“做学教合一”应集中在一个“做”字上面，这是当然的。因为“做学教合一”的理论，也是集中在“做”之一字。所以必先要把“做”字彻底的说明一番，然后其余的问题，便可迎刃而解了。

“做”字有个新而特别的定义，这定义，就是“在劳力上劳心”。单纯的劳力，只是蛮干，不能算“做”；单纯的劳心，只是空想，也不能算“做”。真正的“做”，只是“在劳力上劳心”。

我们“做”一件事，便要想如何可以把这件事做得好？如何运用书本？如何运用别人的经验？如何改造用得着的一切工具？……那末，才使这件事做得好。

同时，还要想到这事和别事的关系，这事和别事的互相影响。我们要从具体想到抽象；从我相想到共相；从片段想到系统。这都是“在劳力上劳心”的功夫，不如此，则既不是“在劳力上劳心”，也便不是真正的“做”了！

二、“做”与各器官的关系

* 原载徐德春著《做学教ABC》第39—62页附录（一），1929年7月初版，上海世界书局印刷发行。

做事必须用器官。做什么事，用什么器官。耳、目、口、鼻、四肢、百体……都是要活用的。所以有的事，要用耳做；有的事，要用眼做；有的事，要用嘴做；有的事，要用脚做；有的事，要用手做；有的事，要用它们——耳、目、口……一起来分工合做。

中国教育普通的误解，以为是：用嘴讲，便是"教"；用耳听，便是"学"；用手干，便是"做"。这般一来，不但是误解了"做"；也便是误解了"学"和"教"了。

我们主张"做学教"是一件事的三方面：对事说是"做"；对自己的进步或退步说是"学"；对别人的影响说是"教"。做要用手，即学要用手，教要用手；做要用耳，即学要用耳，教要用耳；做要用眼，即学要用眼，教要用眼。做要用什么器官，即学要用什么器官，教要用什么器官。

三、"做"与一般工具的功用

"做"不但要用身上的器官，并且要用身外的工具。"做学教合一"的主张是：做什么事，便要用什么工具。望远镜、显微镜、锄头、斧头、笔杆、枪杆、书本子……都是工具，物虽死而要用活的工具。

中国目今教育界，还有一个更凶的误解是：一提到教育，就联想到笔杆和书本，以为教育便是读书和写字。除了读书写字以外便不是教育。我们既以"做"为中心，那么，"做"要用锄头，即学要用锄头，教要用锄头；"做"要用斧头，即学要用斧头，教要用斧头；"做"要用书本，即学要用书本，教要用书本。吃面要用筷子，喝汤要用匙子，这是谁也知道的。倘使有人用筷子喝汤，用匙子吃面，大家定是不约而同的笑他是个大呆子。但是我们教育界现在何尝不是很普遍的犯了这个流行症?!

中国的教员、学生和一般人的见解，实在太迷信于书本了！他们以为书本可以耕田、织布、治国平天下；他们以为要想耕田、织布、治国平天下……等事体，只要读读书，就可以会了！

书本固然是个重要的工具，但书本以外的工具还多着呢！你们试看一般的学校，专重于书本之传授，所以讲书便成为教；读书便成为学；而那用锄头、斧头的……便算是做了。

这是"做学教"分家。他们忘记了书本也是"做"事所用的工具，看不出是和锄头、斧头一样的东西，于是就成了这差之毫厘、谬以千里的误解了！

做一件事，要想干得好，须用锄头的便用锄头；须用斧头的便用斧头；须用书本的便用书本；须合用数样、数十样工具的便合用数样、数十样的工具。我们当然不是排斥书本，但决不许书本做狄克推多①；更不许书本与"做"脱离关系，而成为所谓"教学"的神秘物。

四、公共的中心

"做学教合一"，有个公共的中心，这"中心"就是"事"，就是实际生活。怎样是实际生活？说得明白点，就是日常生活。积日为年，积年为终身，实际生活，便是人生的一切。分析开来，战胜实际的困难，解决实际的问题，生实际的利，格实际的物，爱实际的人，求实际的衣食住行，回溯实际的既往，改造实际的现在，探测实际的未来。这些事总结起来，虽不敢说概括全部人生，但人生除了这些事还有什么？在做这些事上去学、去教，虽不敢说有十分收成，但是教成的与学得的，必是真本领。实行这种教育——做学教合一——的学校或社会，虽不敢必其进步一日千里，但是脚踏实地的帮助人类天演历程，向上向前运行，决不至于落空，那是可以断言的。换言之，决不致教育人类和社会没有进化或致退步，这是"做学教合一"可以自慰而慰人的。

五、教育是社会经验之改造者

"教育是传递社会的经验"。这句话不能概括一切教育。假使教育是仅仅把社会的经验传递下去，那就缺少进步的动力。所以与其说“教育是社会经验之传递者”，不如说“教育是社会经验之改造者”。

教育上之所谓经验，原有两种意思：一种是个人的；一种是人类全体的。但是经验无论属于个人或人类全体，决无超越时间和空间的可能。我们至多只可说：有些社会经验，是不限于一时代，一地域的。经验又有直接和间接的分别，这当然是不可否认的。

六、接知如接枝

直接的经验，就是真知识；真知识是要安根在经验里的。但是样样的知识，都要从自己的直接经验上得来，这是大圣大贤也势所不能的。因为我们若抹煞别人经验里所发生的知识而不去运用，那真可算是大呆子了！

例：比方某甲因触电而几至毙命，这是某甲从经验里得来的真知识；假使某乙在旁见了，他不知运用某甲的经验，而自去触电毙命，事前不会用某甲的经验来求避免以致枉死。我相信这样的大呆子，连枉死城中也不易找得出的“凤毛麟角”吧！

我们应该知道，在“做学教合一”的原则下，最重大的问题是要如何运用别人经验里所发生的知识，使它成为我们的真知识，而不要成为我们的伪知识。

例：比如接树：这一种树枝，可以接到别一种树枝上去，使它格外发荣滋长，开更美丽的花，结更好吃之果。

如果把别人从经验里发生出来的真知识，接到我们从自己经验里发生出来的真知识上面去，那么，我们的知识必定格外扩充，生活必可格外丰富。

不过，我们要有自己的经验做根，以这经验所发生的知识做枝，然后别人的知识方才可以接得上去，别人的知识，方才成为我们知识的一个有机部分。

这样一来，别人的知识在我们的经验里活着，我们的经验，也就要生长到别人的知识里去开花结果。至此，别人的知识便成了我们的真知识；其实，它已经不是别人的知识而是自己的知识了。倘若对于某种知识，自己的经验上无根可找，那么，无论如何勉强，也是接不活的。

以上便是“做学教合一”原则之下的所谓“接知如接枝”的道理。简言之，就是说：我们必须有从自己经验里发生出来的知识做根，然后才能把别人的经验接得上去。假使自己对于某事毫无经验，我们相信他决不能运用或了解别人关于此事的经验。

七、举一知万

人类全体的经验，虽和个人有些分别，但是我们必须有个人的经验做基础，然后才能了解或运用人类全体的经验。我们必须以个人的经验做基础，来吸收人类全体的经验。孔子说：“举一隅，不以三隅反，则不复也。”荀子曰：“以一知万。”无论他是“一隅反三”，或是“以一知万”，我们可以知道那个“一”字，必定是安根在自己经验里的。我们更应该知道：自己经验里的“一”，是一切知识的起点，有了这个“一”，才能收“三反”、“知万”之效。

墨辩分知识为：闻、说、亲三种。“说曰：‘知，知传受之，闻也；方不瘴，说也；身观焉，亲也。’”“闻知”，是别人传授进来的；“说知”，是自己推想出来的；“亲知”，是自己经验出来的。依“做学教合一”的理论说来：“亲知”是一切知识的基础；没有“亲知”做基础，“闻知”和“说知”，均系不可能的事体。——因为没有“亲知”作安根。

八、以哥仑布发现新大陆为证

现在可以引哥仑布发现新大陆一事为证：如果我们很正确的知道哥仑布发现新大陆的经过，恐怕要请国民政府效法西班牙王，拨下一只大帆船，横渡大西洋才行。即使这样办，我们也不能得到完全与哥仑布相同的经验，因为现在的情形和我们的同伴，决不能和哥仑布那时候一样。

可是，我们为什么这样正确的知道他发现新大陆的经过？即使是探险家，也不须复演这套老把戏；现在已有更好的海船和工具，决不致发呆气去模仿哥仑布。“做学教合一”的理论，既不曾主张普通人去模仿特殊人物的特殊事业。“做学教合一”的实际，也不曾主张现代人去复演前代人物之过去事业。那末，所要知道的，是哥仑布发现新大陆的大概情形和影响。但是，要使人知道这件事上，便有两种不同的办法：一种是迷信书本的记载，别人的演讲以及所有代表经验的储藏库，以为只要读哥仑布的书本，听哥仑布的故事，便能十分明白，再也用不着任何直接经验了。

一种是确信直接经验为了解一切事实的基础，所以要想大略了解一切事实的基础，要想了解哥仑布之发现新大陆，也必要各个人的直接经验做基础，才能了解别人所写所讲的哥仑布故事，才能推想到哥仑布当年的航海情形，想象出哥仑布发现新大陆以后的影响。

假使只知运用书籍演讲，那是和第一种迷信书本的记载，迷信别人的演讲的人，简直是“半斤八两”。所以他若能进一步审查那用以了解书本演讲中之哥仑布个人直接经验是否充分；如不充分，他便认为他的第一责任是使学生在“做”上补充这种经验，然后再叫学生去看书、听讲、推论。否则，那便是“耳边风”，或是“走马看花”，决定接不上丝毫真知识来。无论你说者说得“天花乱坠”，写的写得“满纸琳琅”，终生不出半点影响来的。

用以了解哥仑布发现新大陆所需的直接经验是什么？这可不能一一数出，只好提要例举数种：坐过帆海船，渡过海，在海里遇过大风暴雨，受过同事阴谋加害，看过野人生活，住过荒凉大陆……诸如此类，都是了解哥仑布故事的直接经验。如果没有渡过海，不得已而求其次，也要渡过湖；再其次，也要渡过江；更其次，也要渡过河；万不得已，也要看过池塘。倘使没有坐过海帆船，不得已而求其次，也要坐过鄱阳湖里的民船；再其次，也要坐过秦淮河里的花船；更其次，也要坐过西湖或湘湖里的小划船；顶顶起码，也要看过下雨时，堂前积水上之竹头木屑，在水面上如何如何的飘泊。倘使这些直接经验，一点也没有，那我不知道他们打从哪里来会懂得哥仑布之探险?!

九、以火星为证

火星里的生活，必须到火星里面去过，才能知道清楚。假使我没有去，但至少也要有人到过火星回来，把火星里的生活告诉我，同时，我又有足以了解这生活之基本经验，才能间接知道清楚。

但是，如今还没有人到过火星，那末，火星里的生活，是决没有知道清楚的。关于火星的事，现在知道最正确的，也不过是用望远镜所能看到，用算术所能推算得出的知识而已。最大的天文学家，也只能承认他对于火星只知道一点皮毛。虽然只知道这点皮毛，但“做学教合一”的天文学家，必定要在天文台上，用望远镜及高等数学，在“做”上去求得关于火星的知识。万一得不到望远镜，也至少要用肉眼对着火星去考究。关于火星的书，他是要看的；关于火星的演讲，他是要听的；但他必定要得到最好的望远镜看一看，才算甘心！不然，他假使一有办法，必定要到火星里去与火星人共同过一次生活，才能满足他的求知欲。

十、以空气为例

分子运动、原子运动、电子运动……都是科学家从研究物质上推想出来的理论以解释种种物质的现象。我们要想真正了解这些理论，必须从研究物质的现象入手。在研究物质的现象上“做学教”，是了解这些现象上的理想中最有效的办法。倘使真要拿分子运动里的生活来说明“做学教合一”，我们便可举空气为例：分子运动速率增加便觉热；速率减少便觉冷。我们要想明白分子运动的速率，这气候的冷热，却是眼面前一个最显明的例子。

十一、以飞机无线电为例证

飞机和无线电的知识，可分为二级：第一级是制造的知识。制造飞机和无线电的知识，都要从制造上得来，方为有效。他要在造上学，在造上教，才能一举而成。若单在书上学，在书上教，等到造的时候，势必重新学过，则以前所学的等于耗费了！

第二级是要了解知识。这级知识，可从别人那里或书本上的经验得来，但学的人，必须有些基本的直接知识才能接得上去。这些基本的直接知识，都是从“做”上得来的。倘使没有从“做”上得来的基本的直接知识，那么，书上所写的飞机，嘴里所讲的无线电话，都与学的人漠不相关。

十二、“做”是学教的基础

有了上面的总解释，我们可以相信“做”是“学”的一切、“教”的一切之基础。那就无往而不应在“做”上学，“做”上教。但是人生几何，至多亦不过百年已耳。事实上那里做得完、学得完、教得完？我们只要遇一事则估量价值，拣那对人生最有贡献的、最合乎自己的才能需要的去做、去学、去教。那不能参加的只好不参加，不必需要的就不要，不能做的也只好不做。除此以外，还有什么办法呢？

不过，人生既为一大事而来，就该做一大事而去！只要在“做学教”的立场上，打定“做”的基础就是了。

十三、以牛顿为证

牛顿看见一个苹果落下地上，便发一问：“为什么这苹果不向天上飞呢?”从苹果下坠推到一切，于是想出万有引力的理论，以解释这些现象。牛顿看见苹果下坠，便是用眼做；他从苹果下坠，就推想到一切，以至想出万有引力的理论，乃是用脑做了。

十四、阳明学说之背谬

王阳明先生虽倡“知行合一”，但是不知不觉中，仍旧脱不了传统的知识论之影响，又误于良知之说，所以一再发表“知是行之始，行是知之成”的言论。“做学教合一”的人，都知道这种见解，愈研究愈不对。余认为：“行是知之始，知是行之成。”此种议论，恰与阳明先生相反。

谁也都知道：古今中外所发现第一流的真知灼见，实无一不是从“做”中得来。哲学家之发明学说，宗教家之创立教义，何尝有一例外？上面所说的牛顿已是一个铁证。兹更引二三中外哲人，以资说明：

1. 孔子少贱，故多能鄙事。他入太庙，每事问。晨门称他是知其不可而为之者。多能鄙“事”，每“事”问，知其不可而为之，便是孔子发明他的哲学之根源。

2. 达尔文、瓦雷士②的天择学说，不是从天上凭空掉下来的，也不是从脑筋里空想出来的；乃是在动植物中，经年累月的一面干，一面想；干透了，想通了。然后才有这样惊人的发见。

3. 耶稣基督、释迦牟尼之创立教义，也不是凭空冥想出来的。试把佛教经典及基督教的《新约全书》，打开一看，便知道他们所阐明的教义，并不是整套同时公布出来；他们是在众生中，随行随明，随明随传的。

由此，我们可以下一结论曰：“‘哲学起于怀疑，‘宗教起于信仰’；怀疑与信仰，都是应生活需要而来的，都是在做学教合一上面发见的。”

十五、不承认精神与身体分家

我们既以“在劳力上劳心”算为“做”的定义，当然不能承认身体与精神分家。自动的涵义，便是同时具有力与心之作用，即同时要求身体与精神之合作。“做学教合一”，既是人生之说明，所以人人都在做，都在学，都在教。但是“做”错了，学与教都跟着错。

怎样会“做”错呢？错用目的，错用器官，错用工具，错用方法，错用力量，错走路线。……这些，都会叫人做错，即会叫人学错、教错。

“做学教合一”的要求是：事怎样做，便怎样学；怎样学，就怎样教。教的法子，根据学的法子；学的法子，根据做的法子。做一件事，就免不了这三方面。所以，“做学教”是有连环性的。

十六、以革命为证

革命这件事，要怎样“做”才能成功？这是我们要首先考察明白的。我们试分析起来，觉得要想革命成功，须有种种条件如下：

1. 适应现代中国需要之主义；
2. 忠勇廉洁爱民的领袖；
3. 纪律严明、器械精良的武力；
4. 特具独立发明之学术；
5. 开源节流的财政；
6. 训练自立爱国民众之教育；
7. 联合世界上以平等待我之民族；
8. 贴标语；
9. 游行等等。

假使革命要满足这些条件才能成功，那末，革命“做学教”就该在这些事上整个的“做”着；在这些事上整个的“学”着；在这些事上整个的“教”着。

倘若把头几样撇开，只以“贴标语”、“游行”为能事，做虽是做，却是做错了！因为把以前几样抛开，这是忘本的。所以你在“贴标语”或“游行”时，在这“做”上，至少须把以前的条件“学着”、“教着”，那么，方才发生效力，否则，是徒劳而无功的！

十七、做学教原则下的看书

“做学教合一”的学校，看书的时间，是有规定的；所看的书，也有一部分是指定的。但比别的学校，要自由得多。所以对于书籍，有一条方针：做什么事，用什么书。它——做学教——极力反对为读书而读书；它——做学教——极力主张为做事而用书。

但是它——做学教——现在尚是摸黑路，天天向着光明大道上跑。它——做学教——想依据生活历程，编辑一个最低限度的《用书目录》，将来编成以后，看书和用书，就可以上轨道了。

在“做学教合一”的学校过生活的学生，只要谨守“在劳力上劳心”的原则，自然能从具体归向理论，能从片面走向系统了。

十八、技能与知识

谁也都知道，技能与知识是分不开的。铁匠或木匠司务，只会把徒弟教成一成不变的铁匠或木匠，一式一样的永久不知变化。这是实未足以尽教育之能事。

1. 因为中国的一般铁匠、木匠，实在是有一部分教错了。从粗枝大叶，荦荦大者来说：“他们只知‘劳力’而不会‘劳心’。”以致技能与知识都不能充分发展，形成不进则退的病症，长此以往将焉能与这二十世纪物质文明的时代相角胜？

2. 因为他们除了呆板的职业训练以外，其余关于人生需要的教育都被漠视了；应具的ABC知识，也都被在遗弃之列了！这又是一桩多么危险的事体呀！

假使中国的铁匠、木匠，都“做”的不错，“学”的不错，“教”的不错；能在“劳力上劳心”，各方面生活需要都能顾到；那末，铁匠、木匠所应受的教育，便是人人应受的教育了。

王木匠要有技能和知识，也如同达尔文要有技能和知识一样。达尔文假使没有辨别物种变异的技能，便不能发现天择的学说；王木匠若没有由克雷地的几何知识，便要做出七歪八斜的桌子来。

可是，王木匠和达尔文有个不同之点：王木匠把知识化成技能；达尔文却用技能产生知识。不过，王木匠倘使能用知识所变成的技能，进一步去产生新知识；那么，王木匠亦可成为达尔文一流的人物了！假使达尔文停止在观察生物的技能上，而不能用它去发现天择学说；那末，终达尔文之身，也不过是王木匠的兄弟罢了！

十九、几个总纲领

“做学教合一”的理论和实际：要说到它——做学教——的精微处，就搜罗普天地的万象，集合中外古今的宏哲，实难以究其堂奥；要说到它——做学教——平易呢，即妇人、孺子、村夫、牧童，也能知能行。换言之，只要你用抽象的眼光，旁观的态度，留心去观察，则一举措间，一瞬目中，均无往而非“做学教合一”！现在且将几个总纲领写在下面，俾供参阅：

1.“做学教合一”，是全人类生活进程中的ABC。

2.要想获得人类全体的经验，必须从“做学教合一”始；从“做学教合一”终；与“做学教合一”共终始，那才最有效力。

3.生活教育，就是“做学教合一”。

4.除了“饱食终日，无所用心”的猪仔式的人生观者外，谁也时时刻刻都须有“做学教合一”的心念。

5.“做学教合一”的生活法，是有意义的，是要“在劳力上劳心”的。

6.“做学教合一”，是有连锁性的：怎样做，就怎样学；怎样学，就怎样教。教的法子，根据学的法子；学的法子，根据做的法子。

7.“做学教合一”，不但不忽视精神上的自动，而且又有身体上的自动。——因为有“在劳力上劳心”，脚踏实地的“做”为它的中心，所以精神便随这“做”而愈加奋发有为。

注释

① 狄克推多　（拉 dictator）意译“独裁官”，后泛指独裁者。

② 瓦雷士　（Alfred Rusel Wallace）通译华莱士，英国生物学家。

1930 年

订计划要顾到整个事业*

(1930年1月14日，陶行知要戴自俺与孙铭勋离开燕子矶去创办迈皋桥幼稚园。戴提出了很多理由说不能去，他们辩论得最激烈的时候，陶说了下面的话。)

你自己订计划，不要只顾到你自己，还要顾到别人，还要顾到晓庄的整个事业。要订出来的不与别人的冲突，更不能与学校的整个计划相冲突。你说你的计划已定了，不可更动了。那么，你的计划与我的计划有了冲突，与学校有了冲突，这怎么办呢?

(陶行知要孙铭勋和戴自俺去创办迈皋桥，为幼稚园开辟新路径。他的理由是:)

第一，当地儿童很多，幼稚园十分需要；

第二，现在的幼稚园，全是女子创办的。晓庄要创新记录，而且要打破这种专以女子创办幼稚园的观念，所以要你们两个男子去开办；

第三，你们应该得到一个足以充分发展你们的力量的环境，为幼稚园开辟新的路径，创造新材料。所以非要你们去不行。

我的计划是已经决定了，你们好好考虑一下吧。

---

* 摘自孙铭勋、戴自俺著《晓庄幼稚教育》第五节《迈皋桥幼稚园》，上海儿童书局1934年3月版。题为编者拟。

我们要自由*

我们要自由，
我们不自由。
自由不自由，
打破人们的头。
总归要自由！

* 1930年2月，在晓庄师范成立南京中国自由运动大同盟分部。会上大家高呼“反对独裁统治！”“反对封禁进步书刊！”“争取集会、结社、出版、言论自由！”等口号。会后，陶行知写了此诗。摘自王琳《为中国教育寻觅曙光》一文，载湖南教育出版社1984年10月版《陶行知一生》。题为编者拟。

被通缉时与学生告别*

我是来向你们告别的！

他们下令通缉我了，这是蒋的密令，大约明天早晨就要执行。我得趁今晚十一点半的快车，赶到上海去！

你们，留在这儿，得当心呀！他们已经下决心来干我们了，我建议你们下乡。

必要时，你们得向上海跑，不要硬拼！

我们还要干！

* 1930年4月11日夜讲，摘自伯韬著《回忆陶行知先生》第21节《陶氏被通缉逃亡》，哈尔滨光华书店1948年2月初版。题为编者拟。

1931 年

科学下嫁*

我们现在要做相反的工作，我们要使做工种田的人，拾垃圾的孩子，烧饭的老太婆，也要能享受近代科学知识。要把科学变得和日月空气一样普遍，人人都能享受，这就需要一个科学下嫁运动。

* 摘自郭以实《"科学下嫁"——陶行知关于科学普及的理论与实践》一文，载湖南教育出版社1984年版《陶行知一生》。

六月六*

一

六月六，
有笑也有哭。
江南失保姆[①]，
江北闻呱呱。

二

六月六，
有书莫呆读。
呆读成呆子，
不辨稻和粟！

三

六月六
用书如用斧。
开辟新天地，

* 这是1931年6月6日以“乡村教育同志会”的名义送给新安小学的祝词。原载孙铭勋著《古庙活菩萨》34页。

众生好安居。

注释

① 新安小学1929年成立时，陶行知的妹妹、晓庄指导陶文渼病逝，诗中“江南失保姆”即指此。新安小学当即送了一副挽联给晓庄：“溯其生平，曾为乡村妇女运动出全力！请以战喻，这是晓庄阵亡将士第三人！”

磁石的朋友*

老师：这是一块磁石，我们给它取个名字叫做磁石先生。磁石先生要想结交一位好朋友。你们知道好朋友是什么？怎样就算好朋友？

江风：好朋友是要好的人。

吴雨：我和江风要好，我们时常手拉着手散步。

老师：对啦！磁石先生想要找个朋友和他手拉着手散步。你们愿意给他介绍一个朋友吗？你们可以给他介绍的人很多，有铁先生、锡先生、泥先生、纸先生、铜先生、钢先生、白铁先生、木头先生。这些人当中，你们想磁石先生愿意和谁做朋友？

刘雪：我晓得，他和白铁先生要好。

夏云：不是，它一定欢喜铜先生。

老师：我们不要瞎猜，最好是把他们一起请来，看看磁石先生究竟欢喜谁？每人去请一位来好不好？

夏云：好，我家隔壁是个铜匠店，我去请铜先生。

刘雪：我的舅舅开白铁铺，我去请白铁先生。

---

* 原载1931年6月15日《儿童教育》第3卷10期。署名：吴健人。

1931年春，陶行知自日本潜返上海，秘密担任《申报》总管理处顾问。接受《申报》总经理史量才的十万元资助，作为提倡科学基金。创办自然学园开展科学下嫁运动；成立儿童科学通讯学校，编写函授教材。本文系为该校编写的初高级儿童科学活页指导之一。这些教材，由儿童书局陆续出版。另以陈鹤琴、丁柱中名义组织编写了百余种《儿童科学丛书》。

江风：我和吴雨两个人一起去请铁先生，好吗？

老师：你们两个人一起去也可以，可是要多请几位来。大铁先生、小铁先生都要。

张月：我家对角是一个机器匠，我可以找钢先生来。

老师：好，你们去请吧。其余的愿意请谁就请谁，先请来的先介绍给磁石先生，看他和他要好不要好。

李冰：我找到了纸先生，看他要不要？

老师：（把磁石放在纸上试了一试，吸不上去。）你看，磁石先生不要纸先生做朋友。

余桃：老师，石头先生来了。

老师：（把磁石交给余桃）你自己试试看。

余桃：磁石先生不和石头先生拉手。

刘雪：白铁先生请到了。

老师：（把磁石先生靠近白铁先生）他们是好朋友，彼此尚能亲近。

张月：钢先生来了！

老师：（依旧用磁石来试。磁石还没有放在钢条上，只见钢条往上跳，便给磁石吸住了。）你们看磁石先生可欢喜钢先生？

大家：欢喜！这好玩。（各人都要试一试看。）

江风：铁先生、铁少爷都请来了。

老师：（把磁石先试铁条，后试铁屑，只见铁屑集在磁石上，如同胡子一般。）磁石先生不但欢喜铁先生，并且欢喜铁少爷。

（大家欢喜极了，争着试，比什么还高兴。）

老师：针是什么做的？

张月：针是钢做的。

老师：磁石要针做朋友么？

张月：我想这是一定的。

李冰：我到师娘那儿去拿一枚针来。（一忽儿拿到，果然紧紧的吸在磁石上。)

老师：日晷上的针也能和磁石先生要好吗?

江风:一定!我去拿来试。(果然,日晷上的针也和磁石要好。)

张月：奇怪！针的这头和磁石先生要好，那头却不与他要好。

老师：你试试磁石的那一头。

张月：更奇怪了。针的那头和磁石要好，这头却发脾气了。

老师：日晷上的针叫做指南针，一头指着地球的北极，一头指着地球的南极。这磁石先生也有两头：一头是南极；一头是北极。你看针的南极与磁石的北极要好，却不与磁石的南极要好；而针的北极与磁石的南极要好却不与磁石的北极要好。因此，我们可以说：同极相拒；异极相吸。

你们懂了吗?

大家：懂了，这真有趣。

老师：假使你用一杯水上面放一块薄木片，木片上放一点小铁，再把磁石接近它，你们想这木片要有什么动作?

假使磁石一头之下放一片纸，纸下放一枚针，磁石还能吸针吗?

假使磁石一头之下放一铁片，铁片之下放一枚针，磁石也能吸针吗?

你们不要瞎猜，做出来，自然明白。

大家：我们就做吧。

老师：你们做好了，把方法和结果写一个报告给我。我还想问一句：钢铁是很重的，现在世界上用的很多，假使用船装运出去，还是用人搬上船呢？还是有什么别的办法可以把大块的钢铁搬上船呢？今天的功课如何帮助你们解决这个问题。有什么别的法子可以帮助搬铁上船下船，也请你们写在报告上。谁能想出别的方法来实验磁石，或是拿磁石玩出更好玩的把戏来，那就算谁的本领好。

有一支劲旅可以打败敌人*

这话对呀！我们是实际的革命者，我们已经打了一回仗，但还没有来得及回敬人家一拳，就溃败下来了。我们今后不能再静坐在书房里计划或理想什么，也不能再一点一滴的从一个村、一个乡来做试验工作了。我们要联合更多的人来做这件工作。我们的基本队伍就是农民，中国革命要得到成功，非三万万四千万农民起来不可！现在工人已经有了红色的政党——共产党，我想农民也应该有一个绿色政党（意思是农村到处是青枝绿叶的世界）。

我的意思，真是这样。教育不过是达到农民解放的一个工具。这个工具是主要的，但最重要的还是武器。

你们知道么，列宁革命之所以成功，就靠他有一支劲旅，可以打败敌人！

---

* 摘自伯韬著《回忆陶行知先生》第25节《实验主义者的幻灭》，哈尔滨光华书店1948年2月初版。

1931年夏天，陶行知邀请在沪的晓庄师友在孟渊旅馆开座谈会，检讨过去晓庄的工作和中国革命的问题。有位青年说："晓庄学校是信奉生活教育的，它不但标榜反传统反洋化教育，而且在脚踏实地的从中国社会人民的实际生活出发，来反对传统的洋化的一套，在这个斗争中以求建立新的一套，创造出人民的极乐世界。没有问题，这是一个革命，而且这个革命实际上是反封建、反帝国主义的伟大革命，不过用教育的形式罢了。既然要实行这种革命的新教育，又要和中国革命的实际革命分开，不是很可笑么？"第一段是这个青年发言后陶的发言。接着有一个人发问："你的意思是我们不再办学校，用教育救国了？"又一个人问："也不再做实验新教育的美梦了！我们得组织农民党来领导革命！"第二段就是对这两人提问的回答。

儿童生活杂志之中心主张*

（从第五期起一切稿件均依此中心主张判定取舍）

儿童是新时代之创造者，不是旧时代之继承者。

儿童是创造产业的人，不是继承遗产的人。

儿童生活是创造、建设、生长，不是继承、享福、做少爷。

新时代的儿童是小工人。

这工人，是广义的工人，不是狭义的工人。

在劳力上劳心便是做工。这样做工的人都叫做工人。新时代的儿童必须在劳力上劳心，又因他年纪小一些，所以称他为小工人。

小工人必是生产的小工人，建设的小工人，实验的小工人，创造的小工人，革命的小工人。

儿童的生活便是小工人生活，小生产生活，小建设生活，小实验生活，小创造生活，小革命生活。

我们的杂志既称为《儿童生活》，便是小工人生活之写实与指导。这里面所要发表的是一些小生产，小建设，小实验，小创造，小革命，小工人的人生观。

无论他是生产也好，建设也好，实验也好，创造也好，革命也好，他必须做工，他必须在劳力上劳心，他必须在用手时用脑。

---

* 抄自陶晓光存资料14—16页。

这里所画的画是小工人做工之画。这里所唱的歌是小工人做工之歌。这里所问的问是小工人做工之问。这里所答的答是小工人做工之答。这里所用的数是小工人做工之数。这里所写之文字是小工人做工之文字。这里所介绍的工具是小工人做工之工具。这里所说的故事是小工人做工之故事。这里所讲的笑话是小工人做工之笑话。这里所主张的人生观是小工人认真做工之人生观。

《儿童生活》是小工人之做工小影，亦即是小工人之生活小影。

今后教育上基本问题之讨论*

（一）

时已初秋，假期将满，国内各级学校当局乃特显忙碌。一方面忙于招考，一方面复忙于筹备开学；聘任教授也，编制课程也，通告学生也，种种准备执行其神圣之教育任务之忙碌情状，皆在吾人意想之中。记者偶检昨日本报刊登各校之招生广告，得数六十有五校；复一检阅八月十四日北平晨报，得校三十有九。此登载广告之学校，十之九都在上海及北平，或且尚有未登者焉！以此推至各省各埠，则在下学年中青年之就学者其将增添若干人，盖无可疑。吾人据十七年教育统计：全国大学及专门学校学生为一九四五三人，中学学生为二三四八一一人，即就中学生而论，平均尚需一千七百人中方能有一人，小学生为七百余万人，但学龄儿童失学者，尚有三千五百万人以上，全国文盲据约计为百分之八十。就此点而言，则姑无论教育之方针如何，功效如何，结果如何，就学青年数量之增多，即国内文盲数量之减少，此应为可喜现象之一。

虽然，教育之功能，就其大者而言，为立国之大本；就其小

* 原载1931年8月19、20、22、23日《申报·时评》。

者而言，亦为如何导引国民精神生活与实际生活臻于健全与畅遂之关键。教育对青年所负之责巨，对社会对国家所负之责更巨！然而此艰巨之责，就事实言，过去已否尽了？大抵一般人士皆能作答。惟教育之责巨，惟过去教育之效率低，惩前毖后，鉴往追来，故记者不得不于新学年开始，学校招生，大批青年就学之际，谨以数事商陈学校当局：

（一）招生之动机，是为照例，抑有事先计划？招生之目的，是为学生？为社会？抑为学校？或其为个人？

（二）投考青年是来自各个社会层，抑有所偏倚？如其偏，则教育为畸形，教育之效能亦为畸形。此畸形之现象，将听其自然，抑亟谋有以补救？

（三）今日招学生入学，是否已计及将来学生出路？即学生将来毕业而后，在社会应做何事，可做何事，能做何事诸问题，是否曾有事先之筹思？

于此记者有须郑重声明者，上陈三点，绝非对个人而发，其目的纯在于求改进教育，增进教育之效能，切盼读者勿以辞害意，至其理由，容当续言。

（二）

惟勇者乃能承认事实之真相，惟智者乃能从事实中求出路。今请就昨评所提出之三问题，加以事实与理由之申述，非敢故意求瑕索疵，其真实用意，乃在于从过去事实之真相中辟开今后广坦之出路。

第一问题之提出，其中心意义，在于希望负教育之责者，重视教育，有责任之自觉。就事实言，过去学校招生，大部分或为“照例”，或为“为学校”。所谓“照例”者何？学校之所赖以延续生命者，厥为班班相承之学生，故有一班旧学生毕业离校，即应招一班新学生补充，新陈代谢，以绵延学校生命至于无穷。然而问其于招生之先，曾否计及社会需要何种人材？学生能有何种出路？如何教？如何使学生蒙受教育之实益？如对者能掬诚作负责之答复，吾人敢断言能于招生之先，曾计及上述诸问题者，百中或仅有一二焉！此为“照例”：即照例招生，照例教学，旧学生照例毕业去，新学生照例招进来。循环的照例，照例的循环。除照例外，教者学者都无所谓“招”与“就”之责任也！所谓“为学校”者何？本月十八日朱经农先生在北平世界学会学术讲演团讲演《教育的歧路》中有云：“有多数私立大学招生时，抱来者不拒主义，完全靠学生学费”；又曰：“有某大学学生读书一年，即可毕业者”。朱君为前任教育部次长，言当可信。此种招生之动机，为学生乎？为社会乎？为国家乎？抑为学校乎？明眼人自可作答。照例招生者为不负责任，为学校招生者，则更为使学校市场化，使学生原料化。“照例”招生与“为学校招生”，在学校当局，固毫无所损，或且有益，然而其将何以善社会之后？其将何以善学生之后？此记者之所以提出第一问题也。

第二问题之所以提出，其中心意义，则为希望教育能普及，不至继续畸形发展之现象。何以言之？近世以来，我国农村经济日趋破产，中农以上，日渐破落，中农以下，更趋于无法生存；然而另一方面，则教育费用，小学每年需费数十金，中学二三百金，大学则更达五六百金。多筑校门，惟城市上层社会之子弟，乃能跨过，其日渐破落之户，即或以剜肉之方法，忍痛送其子弟入学，然而其能不中途辍学者无几也！其幸而能受尽中等教育者更无几也！至于无法生存之贫苦群众，则更终其身，以至终其子子孙孙之身，惟有高山仰止，对龙门长叹而已耳！故不久以前，上海曾有因无法为儿子筹措学费而一死以谢之父亲。故我国内拥有百分之八十以上之文盲，事之不平，孰逾于此！影响之大，又孰逾此！今年灾遍全国，民更苦无死所，而学校之招生如故也！学生之来自何种社会层，顾亦曾予以注意乎？或曰：此为政府之责，非学校所能顾及者也，是诚然矣！然而否否。改进社会制度，改进教育行政，使国人都有受教育之机会，政府之责也！吾人暂且置不论列：就力之所能及，为可以深造之贫苦子弟谋可能之就学机会，则学校当局之责也！岸然道貌，举目但见富裕阔绰之学生入学，贫苦父兄之苦脸不见也，贫苦子弟之饮泣不闻也，则教育非为公物，而为一部分人所私有矣！教育乃呈其缺陷矣！此记者之所以提出第二问题也。

（三）

第三问题之所以提出，其中心意义，在于希望确立教育之方针与目的，使其合于实际，合于现代，尤其合于现代我国家社会与人民共同之需要。今日我国家之病，在于贫；人民之病，在于无知，无生产之学识与技能的知识；贫与无知托出呈现于社会表面者，乃为混乱，为骚扰，为种种之天灾与人祸。故今日教育之任务，不在于徒搬东洋西洋不合我国情之教育原理、主义、学制，重演于我国，亦不在于造出少数出类拔萃，装饰体面之人物，而在于授予人民以实际适合生存之学识与技术，使个人能持以为生，国家与社会能赖以进入建设与进化之途。然而今日教育之所表现者，大学教育徒为少数富裕子弟之装饰品，徒为富裕子弟转入仕途猎取功名利禄之阶梯。惟其目的仅为装饰也，故教者放任，学者荒荡，选举皇后，竟成时尚，悠游歌舞，亦成风气。惟其目的为从事政治也，故学校遂成为角逐之场，成为政治斗争之实习地，排此迎彼，风潮迭生。至于中学，则绝无其独立性，似乎纯为升入大学之准备。惟其纯为准备升学，故所学与实际生活隔离，而纯为书本上之装饰知识。惟其无独立性，故除少数富裕子弟能得升入大学，以完成其装饰门面与猎取功名之美梦外，多数无力升学学生，遂流为一无所能一无所用之高等游民，强者乃铤而走险，弱者遂厌世自杀。曾有人批评二十年以来之教育，为改“土八股”为“洋八股”，改“土科举”为“洋科举”，为小姐少爷之装饰品，缙绅先生之娱乐品，与一般人不发生关系，即与受教育者本身生活，亦毫无关系。此种大胆之暴露，固指前五六年之情形而言，然而吾人试一检阅今日教育界之实际情形，如不强自掩饰，则五年前后，有无进步，吾人殆将惭怍无以自答。质言之，今日之教育，为拉青年出社会，与实际生活分离，而非引青年入社会，以解决其本身及社会一切问题；为提高青年生活之欲望，走入奢靡无能无用之绝境，而非导青年走入生产与建设之 坦途。故愈教而国愈贫，社会秩序愈乱，人民乃愈苦痛！职业教育会议宣言中有云："今日匪之八九，皆为兵；共产党十之八九，皆为学校毕业生。"青年同感无出路，同感生之艰难，环境所激，思想随之而转变。近两年来"思想国难"为不可掩饰之事实，而当局不求诸教育（自亦非教育单方面所能解决），徒诉诸政治！政治之裁制愈严，无出路之群众乃愈激而恶化，教育已失其效能，而教育者则依然继续从事于"为教育而教育"之教育。此种现象，至为可痛，今后如不求所以改进之道，则青年将永无出路，青年思想亦将永无可解决。"民不畏死，奈何以死惧之"！严刑峻法，将安所施？固然，此种现象之造成，不仅由于教育。要之教育之使命，为对现实求进步，为追求比现实较高较远之理想。现实如此，教育家安所辞其责，此记者之所以有第三问题之提出也。

（四）

教育家时时在教育青年，而同时其本身又时时在受现实环境之教育。故现实环境，即现实事实，实为教育家正确而有力之批评，亦即为教育家正确而充实之教材。教育家应基于本身之责任，而接受客观的批评，更应依于时代的要求，而接受事实的教训。

上提三问题，吾人已加以事实与理由之申述矣。往者不必咎，如何打破现实？如何加以改进？乃为今日教育家当前之重责，记者仅更述管见，藉贡刍荛。

关于第一问题所述现象之改正，其重心端在于教育家之本身。教育家应时时体念其本身对于民族社会前途所负之重责，重视教育，重视责任。此种责任之自觉，要为教育家之基本道德、基本条件。如能重视教育，则不至以教育事业为解决生活之工具，以学校为互相攘夺之政治舞台，以学生为利用与嗾使之争斗武器。如能重视责任，则不至以敷衍保全地位，以优容接纳学生，保守现实，或更辩护现实。夫使教育家重其所事，重其所负之责，处处为学生着想，为民族与社会着想，时时作自我之批评，时时接受环境与事实之教训，则教育上之一切设施，自皆能有确定之目的，事先之计划，教育之效能，自亦克应时代之要求而增高。

第二问题所述现象之改正，在于教育家应时时环顾其四周之贫苦大众，时时顾及其四周之贫苦子弟，时时注意及中华民国约法第五章第四十八条“男女教育之机会一律平等”之规定。固然，教育机会平等之实现，要非教育家一方面所能为力，但最低限度，教育家应尽其心，尽其力，为贫苦子弟多造求学机会。清光绪三十二年以前之书院与学堂，不特不收学宿等费，而且有膏火等之津贴。虽清代之科学堂，同为愚民政策，而其普予贫苦子弟以求学之机会，则亦实有足多者在。往事未远，现在何以遂不能仿行，示世界各国以中国特立独立之精神？退一步言，在约法第五十七条中曾规定有“全国公私立学校，应设置免费及奖金学额，以奖掖品学俱优无力升学之学生”之明文，切实遵行，即所以为贫苦子弟造机会，亦即所以尽其心与力。目前国内南开、东北两大学，已设有奖金学额，负有教育之责者，其曷急起而声应！

至于第三问题所述现象之改正，应切实使教育中国化，应求其合于我国之国民经济力，合于我国之社会状况，合于我民族与社会之切实要求。此问题在国民会议所议决之《确定教育设施之趋向》一案中曾有痛切之指陈，同时曾有：“中小学教育应体察当地社会情况，一律以养成独立生活之技能，与增加生产之能力为中心，务使大多数不能升学学生，皆有自立之能力。”及“社会教育应以增加生产为中心目标，就人民现有之程度与实际生活，辅助其生产知识与技能之增进。”等教育方案之确立。方案既定，力求实行，则教育家之责也，亦即所以改正第三问题所述之现象也。

凡上所述，固都为今日我国政治问题中之一部分，但整个政治问题未得适当之解决以前，此种关系民族前途至大之部分，固亦不能不竭吾人之心力，以求其改进。在上吾人已有言：“教育之使命为对现实求进步，为追求比现实较高较远之理想。”最后记者仍谨郑重以此意献致今日我国之教育界。

认清环境　认清责任*

——敬告全国大学生

韶光转瞬，两月暑假已飘忽过去。全国学校，目前都已陆续宣告开学。而各学校学生，亦即将照例担笠负笈，缴费入校，开始其新学年之读书生活。不过本学年之开始，实异于往岁，实另有其严重意义。学生诸君，尤其是大学生诸君，且勿轻易举步踏入校门。在入校之先，应一举目认清四周之严重环境；尤应切实认清本身在严重之环境中所应担负之责任。

目前环境之严重果如何，降水肆虐，百年罕见，十六省区，一万万灾黎，直至现在，犹辗转挣扎于浩渺之洪流中。田庐损失，无可数计。人畜淹没，无可数计。号称我国家富庶之区之长江流域，都为无情洪流冲激为汪洋一片。国家元气，断丧殆尽。此一浩劫，诚为关系我国家民族生存前途之大难关。次之，东临日本，对我东北大陆之侵略，近更积极，强在我万宝山开凿水田，复挑拨韩民造成排华血案。两案悬搁，至今未决。而其侵略之情势则有加无已，未来岁月，更不容乐观。在此短短之暑期中，内忧外患，相并而来。国家情势，已呈突变，民族生机，有若丝缕。恤死拯生，抗强御暴，竭我全民之力，或且难望其有济。环境之严重，有甚于此时者乎？情势之危殆，有急于此时者乎？

* 原载1931年9月7日《申报·时评》。

大学生诸君受高级之教育，为我国家此日之精华，他日之柱石。目前我国情势环境既如此其严重，则大学生诸君所负之责任弥益艰巨。如何振兴我国家，如何复兴我民族，为祸为福，为存为亡，其枢纽皆系于大学生诸君之身。是则大学生诸君在目前严重环境之下，肩头上所应负荷之责任，其艰巨又果为何如乎！

然则诸君将应如何以切实负荷此艰巨之责任，则曰尽其今日之责任，亦即所以负荷来日之责任。诸君当前之责任为求学，为求学以致用，则应深体现状之艰难，时时以振兴国家复兴民族为己任。沉湎于浪漫放荡者，应扫荡其恶习；征逐于电影跳舞者，应屏除其嗜好；以战场上拼命杀贼之精神，努力学问，训练身心，坚强意志。学问务求其实用，行动务求其实践，确定目标，迈步前进。此日求得真实之学问，他日即可以实在致用于社会与国家，他日即可以负荷振兴国家复兴民族之巨责。心理改革，行动随之，民族前进，尚或有望。如再溃泄，沓沓积习不改，实学不求，大难当前而不动心，死机临头而不措意，则漆黑前途，无复曙光，国家将来，尚堪问乎！此大学生诸君在今日严重环境之中所应痛自体念，痛自沉思，痛自觉醒者也。

尤有进者，目前我国大学及专门学校数目，据今年教育部发表统计，仅有大学三十四所，专门学校十六所。大学生仅一二二八五人，专门学生二一六八人。以中国全人口四万万五千万人为比例，则三一一三五人中，才有大学生一人；九百万人中，才有大学一所。每年大学与专门学校经费，为一一，七五六，一七五元，国家每年对每个大学生之担负为八百十四元强，而家庭之供给，少者三四百元，多者千元，尚在其外。在三一一三五巨大之人数中，得有受大学教育之机会，是诚无异于天之骄子。是则应如何重视此机会，利用此机会，务求其所以不辜负此机会。国家年费巨款于一人，家庭年费巨款于一人，此累累之金钱，即为三一一三五多数同胞之血汗。取众人之血汗，以供一人求学，是则更应如何求其所以对国家，对众人，并对家庭。再进一步言，今年水灾，一万万灾民，概沦惨劫，死者暴露，生者流离，饥不得食，寒不得衣。而大学生诸君，尚能持巨大之费用，安心入学，社会尚勉力撑持，俾学校照常维持。体念大众之惨境，体念社会对己身之负担，如尚不惊心动魄，瞿昙兴起，力求所以不辜负大众，不辜负社会者，是真为全无心肝，是真为社会之罪人。

吾人敢敬告大学生诸君，大难当前，危如累卵，国家与民族前途一线之希望，即系于诸君之身。诸君其认清当前之环境，其认清未来之艰难巨责。

国难中教育界应有之自觉*

——敬告大学校当局

昨日一评，吾人已以诚挚言辞，勉励国内大学生切实荷负其求学致用之责矣。今请更向大学校当局，献其刍荛。

洪水骤临，举国束手，外侮突至，朝野失色。既无以御自然之祸变，复无以抗强邻之侵袭，如肉陈俎，坐待宰割。我民族衰耄无能、积弱不振之弱点，至此已暴露无余矣。曩者国人尚以地大物博人众之文明古国，强自解嘲。而今则何如者？地虽大而半没洪流，物虽博而民皆冻馁，人虽众而死亡累积。此日之巨难，更隐伏他日之危机。然而国内歌舞之声，犹不绝于耳，娱乐之群，达旦不休，对此惨劫，漠不动心。“商女不知亡国恨，隔江犹唱后庭花。”吾人诚不解我民族何以堕落衰颓一至此极！

彼暮气已深行将过渡之国人，吾人已不能对其有若何希望矣。将来之一线希望，即系于今日之大学生。如何教育大学生，如何训练大学生，使其成为我国家将来之健全柱石，以复兴我民族，振兴我国家，此巨大之重责，即全在大学校当局之身。何以言之？大学教育，为一国之最高级教育，作育人材，树立风气，皆在于是。现在之大学生，即他日支撑我国家之柱石，未来中国之命运，即决断于今日之大学教育。故大学教育，即为立国之基础。而今日在学学生，都为健全纯洁之青年，尚未沾染积重恶

* 原载1931年9月8日《申报·时评》。

习；眼前悲惨事实之刺激，更易激起其发扬蹈厉之雄心，但使一念转捩，决意奋起，则我国前途光明，正自可期。尤其是“十年树木，百年树人”，“种瓜得瓜，种豆得豆”，如何为国家树植人材，如何为未来社会播植良种，欲收良果，必种善苗。大学校当局即今日播植种子之农夫，他日果实之为佳为劣，我国家前途之为盛为衰，即全系于今日之播植。是则大学校当局肩上所负荷之责任，其艰巨果为何如乎?!

今日学校当局一谈及教育，辄曰政治未上轨道，学生好乱成性，教育自难收良好之效果。是诚然矣，然而否否。吾人与其诿过于人，毋宁先求其在己。先尽己责，乃能责人。先正己身，乃能正人。试一检阅近数年来教育界之现象，一校之内，派系分歧，争持倾轧，各不相下，利用学生为爪牙，联络显达为奥援，视学校如官署，视校长如官缺，教育至此，尚堪问乎！次之，今之大学校长，或则异地遥领，或则兼长数校，校长不理校中之事，学生不识校长之面，校长成为官僚化，等教育如儿戏，视责任如鸿毛，一校之长尚且如此，其他尚堪问乎！复次，学校教授，大都一渡重洋，读书数载，即若有无限学问，取之不竭，用之不尽，不更求进益，徒视教书为衣食工具，或目为做官之阶梯，弱者则浮沉取容，强者则播弄风潮。己不能正，焉能正人；己不能立，焉能立人。为之师者如此，而欲望其学者遵循正轨，勤其所业，是何能得！上有好者，下必有甚焉者。以故学生中之意志薄弱者，即沉湎放浪，征逐于电影跳舞之场；其优秀而怨愤内积无可宣泄者，乃铤而走险，趋于歧途。频年以来，国内学潮彼伏此兴，瘴气一团，学风荡然，教育破产。谁为为之？孰令致之？不以自责，辄曰政治未上轨道，学生好乱成性，是真明于责人而暗于责己者矣。教育所以改良社会，今教育本身，尚日夕呼吁枪弹之弹压与维护，其欲以之树人材，正风气，为国家建立新基础，是何能得！吾人言此，固非抹杀一切，教育界尽有自好尽责，视教育为终身事业者。但如上所述，要亦为陈现于吾人之眼帘不可掩饰之事实也。

过去已成过去，与其顾后，毋宁瞻前，当此国家大难，民族惨劫，从前种种，切应痛自悔艾。身任何职，即应尽其本分，正己以正人，立己以立人，勤勤恳恳，务求践实。时时以国难为念，时时以国家与民族之前途为念，时时以自身艰巨之责任为念，毋以一己之私利，贻误青年，且误国家。则教育前途，庶有转机，民族前途，或尚有望。逆境当前，祸福自择，吾人其各沉痛觉醒，毋甘作国家与民族之罪人。

敬告中小学教师*

此次国内惨重的水灾，与外交上严重的情势，实为我民族生存能力的一场大考试，也就是我国数十年来教育成效的一次大检阅。假如过去教育确有成效，国民知识程度高，民族自具有充分的生存能力。天灾之作，外侮之来，即不能防制于事先，当可应付裕如于事后。然而目前事实如何呢？洪水一来，国人惟有待死；外患一至，朝野惟有惶急，莫知所措。民族之无能，至此已完全暴露，我们不能不沉痛地自承：我们的知识程度实在太低落了，我们过去的教育已整个失败了。

"往事之不忘，即后事之师法"。过去的教育是已经失败了，今后怎样办呢？关于大学教育，我们在本月七日时评中，曾贡献一些意见。今请更以无限热望之忱，和中小学教师作挚诚的讨论。

近十余年来，我国教育上的最大缺点，即为侈谈主义，竞尚欧化美化，而不注重实际的"应用"与实际的"做"。教者留声机似的叫，学者木偶似的学，机械似的混过几年，学者便算毕业，教者便算了事。教育与社会不求配合，学校所教，社会不得其用。因之学生一离开死的学校踏入活的社会，便茫然无所措手足，一无所能。大学如是，中学如是，即小学亦如是。教育者尽

* 原载1931年9月10日《申报·时评》。

管办教育，而知识依旧低落，人民依旧无知无能。教育的成绩，只是养成一些博士学士，政客官僚的候补者，充其量亦不过养成一般记定理背死书的书痴。如此教育，哪能望其提高文明，哪能望其养成健全的国民，哪能望其推进我国家与民族臻于强盛繁荣之境域呢。

大学教育我们已经说过了。中小学教育为一般普通国民教育，为教育初基，比大学教育更为重要。二十年后中国状况如何，我们只须看现在的中小学生，以及教中小学生的教师，便可预断。老实说，中小学教师的手里，实掌握着中华民族的命运。

我们认为教育应该是新的，活的，应用的。中小学生正是纯洁的青年，天真的孩提，应教育成为新时代新宇宙的创造者，不要教育为旧时代的承继者。应时时引导其走上建设、生产、改革之新轨。应趁其幼小，养成其创造的思想与精神，使其成为未来时代开辟新宇宙的一个崭新工人。

我们认为新时代的教师，应具有三种条件：一是科学的头脑，二是劳动的身手，三是改造社会的精神。脑手并用，践实奋斗，教育与社会才能打成一片，健全国民才能养成。即如此次万案与韩案，我们与其徒向学生高唱雪耻，不如教学生知道日本，知道东北，知道日本为什么要侵略东北，知道人口繁殖是祸乱的根源。又如此次水灾，我们教学生写一篇“大水纪”，或是“乞赈文”，不如教学生知道水灾的根因，预防和救济的方法，以及造林、治水、筑堤的重要意义。同时并训练其同情心，教其实际干捐募助赈的工作。总之社会即是学校，社会一切活动，即是活泼泼的教材。只有留声机才唱念刻板的歌曲，只有机械才操做刻板的工作，那是旧的死的教育的典型。新的活的教育应该从“做”上教，从“做”上学，但求践实不尚空谈，但求应用，不尚虚名。

这次大检阅，已充分地暴露了旧教育之无能，我们应该觉悟了过去的错误罢。目前已到了国家民族存亡绝续的关键，教育应该重新做起，应该重新安立国家的新根基。如果教师们还是因循守旧，苟且偷安，把纯洁的青年、活泼的小孩，教成无用的游民与记定理的书痴，民族前途将成绝望。是即辜负国家付托之重，亦即为新时代无可逃遁的罪人。“漫天撒下萌芽种，伫看他日结果时。”你两手把握着种子的农夫，小心地殷勤地栽播栽种罢，中华民族的生命是在你们的手里啊！

“和平” “奋斗” “救中国”*

“和平奋斗救中国”七个大字，是孙中山先生弥留时昭示国人的遗训。孙先生认为欲救中国，必以“和平奋斗”为依归。在今日内忧外患相逼而来，国步极为艰难的时候，愈令国人感到孙先生遗训之切要。弥留时艰苦呻吟发出的七字训言，我们认为在目前最是服膺于孙先生的人们所应切实体认切实遵行的时候。

目前天灾人祸，内忧外患，一时纷至的严重情势，正所以试验平时以救国救民为己任者能否肩此重任，并试验中国民族是否有自决心。我们在这大试验之下所应取的态度，不是怕，不是消极，而在以积极的态度，革新的精神，打破目前的难关，挽救中国，挽救中华民族。

救中国，救中华民族无他。第一是“和平”，第二是“奋斗”，以和衷共济的精神，共同作艰苦的奋斗。孙先生最后的遗言，真为我们目前救国家救民族的不二法门。

为什么要和平呢？孙先生曾说：“中国现在时势，尚在危险时代，如各自为谋，不以国家为前提，无论外人虎视眈眈，瓜分之祸，危在眉睫。即使人不我谋，而离心离德，亦难有成。”革命以来，变乱迭作，几无宁日。几年来离心离德所种的恶果，已足够我们深虑长思，何况目前是洪水泛滥，哀鸿遍野，强邻紧

* 原载1931年9月13日《申报·时评》。

逼，待隙而动。国脉民命，不断如丝，再不和平，不团结，不一心一德，共策国是，其将何以自存呢？

为什么要奋斗呢？和平是消极的团结，奋斗才是积极的行动。中国人民日处于天灾人祸交相熬煎的惨境，中华民族日处于国际帝国主义者共同宰割之下的次殖民地位。如何拯人民于水火？如何拯国家民族于危亡？有了消极的和平团结，尤须有积极的努力奋斗。奋斗是打破难关的惟一武器，是民族生存的重要条件。如能以和平团结为基础，以共同奋斗为武器，就令目前环境万分险恶，我们认为奋斗的铁掌，断然可以打破一切的艰难。

华盛顿曾经说过："各部分联合起来，不怕没有方法和能力去增强力量，增多方略，增大安全以抵抗外来的危险。"杜威也说："大凡人类之文野强弱，皆可以乐群与不乐群为其标准。苟富有群性，聚千百万人如一人，则文明程度必高，国必强，断不至受天然淘汰。苟割裂好争，文明程度必低，国必弱。"这两句话在当今外患逼来的时期中，实在是一帖最好的对症良药。

所以"和平"、"奋斗"，是救中国的惟一大道。而"澄清政治"、"树立纲常"，又是致和平致团结万众共同奋斗的不二法门。尤其是在目前，我们应当切实体认"和平奋斗救中国"七字的意义，并加以切实的遵行。

抗日救国运动中教育界之责任*

自日本暴行发生以来，我举国学生青年，椎心泣血，悲愤万状，有投笔从军者，有啮指血书者，更有愤恨自杀以促国人之觉醒者，奔走呼号，血泪交流，一种爱国家爱民族之热忱，可歌可泣。中华民族之一线生机，应其在是。中国尚有此民气，有此青年，吾人敢断言中国必不至灭亡，中国前途尚充满有无限之希望。

虽然，流泪流血嘶声呼吁，终属可暂而不可常。青年血气未定，情感起落无常，骤然之刺激，可使其血脉腾沸，事过境迁，其情绪亦极易降落。五四运动时代之朝气，而今安在？济南惨案时代之朝气，今天又安在？今日内忧外患，交相煎迫，不断国脉，仅存一线。如国民再不作最后之觉醒，终始之努力，如不能常持其朝气，日即于新之路程，则古老破落之民族，决无幸存之理。故处此一发千钧之时机，如何诱掖青年步入奋斗之正轨；如何指导青年之奋斗应急而有效；如何保持青年之朝气，助长其创造新时代之能力；如何坚定其意志，使其情感不至涨落无常，斯为我全国教育家在今日抗日救国运动中所应负荷之重责。

吾人认为目前之中国，已入于非常时代，教育界本身应有非常之认识，教育本身亦应有非常之教育。

* 原载1931年10月3日《申报·时评》。

非常之认识与非常教育为何？吾人以为：

第一，教育家本身应认清本国，认清日本，并认清世界。当前欲灭我民族者为日本。但日本何以侵我？我何以被日侵？世界列国何以不出面干涉？进一步言，日本侵我之意义何在？日本暴行于远东与世界将发生若何影响？设使我东北遂长此落入日人之手，世界局势又将起若何变化？我国将陷入若何地位？都应有相当之认识与把握，惟知彼知己者乃能决胜负，惟内审国情外晓世界者乃能谋对策。故欲抗日救国，必先自知，必先知日，亦必先知世界。此全国教育界在今日应有之认识一。

第二，应认识学生。学生未受旧社会之熏陶，其思想与行动，都为纯洁的，活泼的，前进的。教育界应认识此点。应时时与学生亲密接触，与学生打成一片；应时时以自身生活之经验，供学生之体认；更时时以学生之朝气，防自身之衰颓。万不应岸然道貌，故自矜持，上课为师生，出门成路人，学生与教员有若不处于同一时代，无形中划成新旧分野之鸿沟。惟认识学生，乃能把握民族之将来；惟亲近学生，乃能使学生之行动趋于积极而有效；亦惟有与学生打成一片，乃能使教育之效率增多。此全国教育界在今日所应有之认识二。

第三，应认识教育之使命。教育之使命，在于推进社会，推进时代，使社会日即于合理之轨道，使人群日步近幸福乐园。青年学生即为推进社会之动力，即为创造时代之先锋。如何使用此动力，如何领导此先锋，即为教育界之责任。故教育界绝不应有传统观念，不应因循守旧，不应固守成轨，应领导学生日趋于维新之途。此全国教育界在今日所应认识者三。

国处今日，势如累卵。举国上下，从今日起，如再不以毫无疑虑之态度，领导朝气勃勃之青年，作维新有效之奋斗，而犹畏首畏尾，固守旧轨，因循徘徊，则民族前途决无可救。上述三者，我举国上下，盖都应有此认识。

次之，在此非常时期，自应有非常时期之课程。非常时期之课程为何？吾人认为，应删除一切不切实际不切需要之课程，即最经济之时日与办法，教授应急之救国科目。所谓应急之救国科目，初不仅限于男学军事，女习看护。于此之外，吾人认为更应注意于：（一）增进冲锋陷阵之体力；（二）增进和内御外之团结力；（三）增进判断事态之思想力；（四）增进经济战争之生产力；（五）增进抗御强暴之抵抗力。一言以蔽之，即应于此非常时机之下，教育学生青年，使其身体健全，思想健全，行动健全，坚定意志，持久奋斗。若敌骑薄城，山河破碎，而犹如平时之教其所教，学其所学，如仅以为男学军事，女习看护，即可以抗强，即可以救国。前者为迂阔，后者为识浅，其实皆非。吾人兹谨贡其管见如此。时危势急，教育界其急起肩荷应负之重任。

一致对外究待何时*

自日军暴行发生，瞬经半月。敌骑咆哮，旭旗翻飞，东北三千万同胞沦于敌人蹂躏，四百余万里版图，为强暴所破碎。遥望东北，狼烟匝地，恶氛障天。我人未尽死，国魂尚在，于此都应抱必死之决心，共同奋斗，以发扬我国魂，夺还我河山。

目前举国人民，农工商学，擦掌磨拳，旦夕引领京粤，企盼早颁一致抗御之对策。敌忾同仇，民气正炽。今日之事，一言而决，惟抗日乃能救国。惟一致攘外，乃能救国，对内绝不容再有争执。时至今日，危急存亡，间不容发。国人除捐除一切猜疑，一切嫌怨，以挚诚之热血，改过悔祸，共同奋起，一致对外而外，别无可说。如其有之，即无以对国，无以对民。

党附于国，故须先救国。党基为民，尤应先救民。今国危民困，而犹断断于党见之争执，放弃其当前重大救国之工作，是为以党见误国，以国殉党见。国为我全体民众所共有，民众决不坐视其沉沦，如有危害国脉者，我全国民众当起而共弃之。

今日之事，有本三民主义决然而起，指示民众，共趋于抗日救国之途者，即为民众之导师，即为民众所爱戴。万目睽睽，毫厘勿失。如际此国家危急，犹断断于党见之争执而忘当前之国难者，则民心失矣，已将安依？国将亡矣，已又安附？国人于此，

* 原载1931年10月5日《申报·时评》。

最应切实认清。

过去种种，譬如过去死。今后种种，譬如今后生。铁骑咆哮，正为唤醒我酣梦之警钟；当前外患，正为我国家维新自强之动力。传有言："无敌国外患者国恒亡。"①于此之时，我全体国民，应牢握此时机，急起奋斗。党政领袖为民众之代表，尤应站于民众之前线，为民先导。如有违背斯旨者，即为放弃其职责，即为我全国民众所不容。

注释

①"无敌国外患者国恒亡" 语出《孟子·告子下》："入则无法家拂士，出则无敌国外患者，国恒亡。"

留日学生返国*

最近我国留日学生，愤于日军暴力侵犯我东北，都停止学业，纷纷回国以表示敌忾同仇之意。此种爱护祖国之热忱，至足钦敬。

不过，抗日不止于离日，救国尤不止于回国。在离日回国之先，个人应决定回国以后所应负担之工作，目的一日不达，工作决不中止。停止学业，跋涉道途，牺牲不可谓不大。此种巨大之牺牲，惟有从实际之救国工作中，方能取得其代价。

吾人以为，留日学生诸君返国以后，第一应作之工作，即为宣传。国人于暴日之国情，尚多隔膜。彼国之政治如何，军备如何，经济如何，实力如何，军阀之专横如何，一般民情如何，凡彼虚实，留日学生诸君亲履彼国，耳闻目见，应较清切。亟应就所闻见，或以演讲，或以文字，告诸国人，俾人人都晓然于暴日之不足畏，壮我民气，共起抵抗。

其次，东北之半壁河山，已为日人铁蹄所踏破，现在独立之声，甚嚣尘上。日人欲以灭亡韩国之手段，重演于我东北，昭然若揭。其欲并吞我东北，以遂其雄霸东亚之野心，亦昭然若揭。吾人今日应认定，必以热心与赤血，才能救我东北陷于异族蹂躏之三千万同胞，才能还我东北陷于敌骑践踏之四百余万里山河。

* 原载1931年10月6日《申报·时评》。

至于背弃祖国，为虎作伥之鼓吹东北独立运动者，实为卖国汉奸，实为我民族之公敌。我牺牲学业，茹悲忍痛，万里归来之留日学生诸君，应本其爱国初衷、牺牲决心，以铁血政策，实际从事于揭破暴日阴谋，铲除卖国汉奸之工作，以洗我国耻，夺还我山河。

上述两端，固不仅限于留日学生，凡我爱国青年，都应共同努力。独是留日学生诸君之所以弃学归来，原为救国，吾人深恐其悲愤之忱，或以长途跋涉心神交瘁，返国而后，家庭欢聚，遂令壮气中馁，故敢以逆耳之言，激励其奋斗之热血。吾人敢正告返国之留日学生诸君，诸君宝贵之学业与宝贵之时光，牺牲至为巨大。此巨大之牺牲，应从抗日与救国之积极工作中，求得其代价。慎勿令牺牲无从取偿，慎勿令应支之代价落空。

从今年双十节到明年双十节*

——一年的计划

今日为二十年度国庆纪念。内忧外患，交相煎逼，山河破碎，民苦倒悬。吾人虽欲于今日勉舒愁眉，强颜苦笑，亦不可能。与其谓今日为“国庆”，毋宁谓为“国难”。

民国肇造，匆匆二十年。每值“国庆”，国人无不致其热望与希冀之忱于赓续展开之未来岁月，以“昨死今生”自解，并以郑重自励。然而二十年来，每况愈下，迄至今年，更临空前之危难。悠悠岁月，漫漫长夜。国人再不觉醒，更待何日，更待何年！

吾人在今日哭笑不得。彼东邻强者，正扬掌欢欣，高唱胜利之曲。处于暴力蹂躏下之我东北同胞，在今日或且欲一悬国旗亦不可得。时危势急，未来岁月，将更不堪设想。国人再不觉醒，更待何日，更待何年！

今请胪列数事，为今后一年努力之目标，自今年双十节起，至明年双十节，务以我全体国民之力量，促其实现。目前之国难重重，谓其为我民族二十年来因循晏安之总结算也可；谓其为我民族生存能力之大试验也可；谓其为助我国家转弱为强之动力，亦无不可。吾人今请最后自矢，“昨日已于昨日死，今日誓从今日生。”光明在前，鞭儿在后，国人其认定目标，竭全力以共趋。

* 原载1931年10月10日《申报·时评》。

（一）提高民权

“民权”高于一切。在民主国中，人民为国家之主人，民权为天经地义，不受任何限制。无权之民，即为变形之奴隶，即失“民主国”之真意义。真正之革命政党，必立基于广大之民众。为民众利益而奋斗之党，必扶植民权。以民权为党权，惟民权大，党权乃亦大。近年来党权超越民权，镇压民权，浸且形成为党权与民权之争，结果民权小，党权亦小。一国之中，竟无可以统制全国之中心权力。故民众企望和平，而和平迄难实现。民众要求抗强御暴，而政府仍无抵抗。今后一年，全国人民及执政之党，须一致认定民权高于一切，非提高民权，无以保民族，厚民生。为人民者，固应以自己之伟力，提高本身应享之“民权”。而为民服务之党，尤应扶植民权之伸张，以符天下为公之正义。

（二）建设廉洁政府

“建设廉洁政府”，“打倒贪官污吏”，革命而后，呼声极高。然而征诸事实，则仍多令人失望。捐税繁重，民穷而官不穷。举其实例：如有巨大之水利经费，而河治不修；有巨大之建设经费，而建设甚微；民浸洪流，而无以救；外侮日亟，而无以御，夫岂偶然？岳武穆云：“文官不爱钱，武官不怕死，而天下太平矣。”不爱钱即廉洁，惟廉洁才不腐，惟不腐政治措施才能以民众利益为前提，才能有宏伟之效能，才能使我国家日趋于维新之道途。自今日起，我全体人民必以无上之权力，监察政治，建立廉洁之政府。

（三）武装民众

惟真正民众之武力，乃能抗暴，乃能救国。招募之军队，皆为职业军雇佣军。以饥寒之驱使而来，以生命换衣食，毫无职责之认识，最易成为个人之工具。故兵虽多，不仅不足以卫国，适足以乱国。今后一年，必实行武装民众，使民众能有力自卫。外侮之来，能依有效之途径为国家效力。平时锻炼体魄，操习国术，以为抗强御暴之基本准备。至于现役军人，尤须认清其天职为保国，为卫民，合乎保国卫民本旨之命令，绝对服从，否则决不遵守。新时代之军人，应服从主义，认清职责，决不作个人之工具；应抗御外侮，决不参加内战。

（四）励行实业计划

孙中山先生之全部实业计划，为破坏后之建设计划，亦即革命之主要目的。党国统一而后，孙先生遗留之计划，实行者有几？远者大者姑勿论，即开浚运河，整治扬子江，导淮等，亦毫无成绩。以一零，七三五，四五四公方里之疆域，而全国铁路仅一二，三三五公里，公路仅五一，二一零公里，航线仅一二，九八八公里，有线电仅九一，一三零公里，电局仅一，一零五所。货弃于野，不自取用。宝藏于地，不自开发。生活必需，仰人而给。尤有甚者，以农业立国之国家，而土地荒芜，农业凋敝，民皆离田，农产低落，衣食两项，亦仰给输入。建设如此，何能立国！ 目前世界经济凋敝，论者谓世界经济将复兴自中国。换言之，即我不自起开发，列强将越俎代庖，使我国陷于经济共管，甚至分割之惨境。故今后我政府我国民，必本孙先生之计划，切实励行，努力以求渐次实现，以增加国家之生产，并改善我国之经济地位。而自今日起，一年之内，最低限度，尤应就今日所抵制之日货，一一自起制造，以国货作实际之替代，永远之抵制。

（五）改进教育

过去教育之破产，效率之低落，盖为无可掩饰之事实。教育之使命为引导青年作新时代之创造者，绝非在于养成旧时代之继承者。故学校之生活，应与社会生活相呼应，应打破读死书，务须引导青年学得实验生产、建设、改革之能力，教导其手脑并用，以手做，以脑追求“做”之所以然。同时更诱掖其精神思想，使其趋于创造之新途。青年为我国家将来之柱石，亦即我民族未来生命之所系。对于青年，绝不应怀疑畏惧，视为不可亲近。应多与青年接触，与青年打成一片，处处与以扶掖，与以诱引，养成优美健全勇敢之国民，以担负未来时代之重任。自今日起，国人亟应致力于斯两端。

（六）复兴灾区

今年水灾，为近六十年所罕见。五千万人民尽溺洪流，十六省区全成沧海，损失之巨，难以数计。现虽水潦渐退，而国家元气受伤极巨。拯救灾黎，招抚流亡，恢复元气，亟有待于吾人之努力。目前我国家虽外患当前，亟应竭力抗御，而于救灾工作，仍丝毫不应放松。自今日起，我政府我国民，应分御暴之力，力谋复兴灾区，及时下种，俾野无荒土，道无流亡，民皆复业，以恢复我国家元气。

上述六项，皆为今后立国之切实要图，期于一年之中，务促其先后实现。今日为陈死新生之界石，其甘于因循懈惰者，请遂从今日死去；否则请以新的思想新的体魄，新的勇敢前进之精神，接受并发扬今日之新生命。

滚滚长江，浩浩沧海，四千年文明古国之未来历史，前途正未可限量。暂时之阴霾，适为增助我民族创造新历史新时代之勇气的鞭策，国人努力吾望无穷。

学生军应有之认识*

由于九月十八日日祸爆发以来，严重情势之压迫，我全国中等以上学校，都临时增加军事训练之教程，武装学生以为自卫自救之准备。此种准备，实至必要，实为维护我民族生存自由之切实良图。

国家年费百分之八十以上之国帑以养军，而于此外侮之来，仍无以抗御，不得不准备牺牲我青年学生一部分之学业与时间，以从事军事教程，作捍御强暴之举。此种现象，实至痛心。故学生青年于接受军事训练准备武装之先，应切实认清军事训练之意义及本身应努力之点。

军事训练之意义何在？一言以蔽之，即为总动员的争取我国家民族之生存权，争取我国家民族之自由平等。日帝国主义者为我当前之大敌，其实施暴力压迫，已置我国家于生死线上，存亡之机，间不容发。我全体国民，自应全体动员，急起作自卫之准备。我学生青年，尤应一致奋起作动员国民全体之先声。此种军事训练，其意义有异于以侵略他国为目的之军国主义教育。其相异之点，即我为自卫，我为维护我民族之生存权。除此而外，绝无侵犯他国之野心。能自卫而后能和平，能自卫而后能立国，而后能维护民族之生存权。在今日强暴横行，公理淹没之世界，我

* 原载1931年10月22日《申报·时评》。

全体国民，应有此认识；我学生青年，尤应有此认识。认识此点，即所以认识今日学校施行军事训练武装学生之重大意义。

诚然，我国当前之大敌为日本，武装学生之当前目标，亦即抗御日本。但吾人须认定：在日本，固亦尽有同情我国反对彼政府暴行之国民；其主张侵略我国者，则为少数之野心军阀与政客。侵我者为我敌，而同情我者则为我友。故吾人今日之所认为必须打倒者，为日本帝国主义。换言之，即日本之野心军阀与政客，而非整个之日本人。

次之，全国学生青年，今既已实际武装矣。但吾人认为形式上之武装次之，而精神上之武装，则尤为重要。盖武装身体，必先武装精神。不能振作精神，坚决意志，澈底铲除从前因循懈惰之积习，则虽有形式上之武器，将安所用，且又奚益。故今日之武装学生青年，应注意武装精神，应切实认取过去事实上之教训。

学生军在今日，已为我国家民族生存之所托，其责任至为重大。而且此种武装，乃为真正之民众武装，乃为真足以维护民族之武力。故今日之学生军，应切实认清其责任，应持之以恒，应重视所事，应整齐步骤，应求其实际。勿使此次之军事训练流为军事八股，使此种重要工作流产，坐失争取民族生存自由之最后时机。

太平洋国际学会之展望*

太平洋国际学会自上月二十一日在上海开幕，今瞬将闭会。当太平洋上之局面陷于非常悲观沉闷非常不太平之际，太平洋国际学会诸代表竟能欢聚一堂，“太平”集会，“太平”讨论，“太平”研究，兹且又将“太平”闭会，此种和平之精神与雍容谦恕之学者态度，诚足钦式。向使太平洋上各国家都能如太平洋学会诸代表之和平谦恕，则太平洋之能确保永久太平，当无可疑。

当太平洋学会开幕之初，吾人即风闻会议中将不讨论“东北问题”，继经该会理事长葛林声明，谓非不讨论，特不作专案讨论。此旬余来大会所讨论者，为沿太平洋各国之商业问题，中国之经济发展，外交机关，食粮与人口问题，人种与移民问题等学术上之问题。直至最近两日，始曾讨论及当前东北“不太平”之事实。意者该会为顾虑会议之因讨论“不太平”之事实而致精神上之“不太平”，以伤及其学者之态度与礼貌，故苦心筹划，极力避免正面的讨论事实，以维持会议的始终。此种维持“会议和平”之苦心孤诣，不让于国际联盟会议中各国政治家外交家为维持“国际和平”之焦思与苦虑。此种苦心，尤有足多者。

闻昨前数日，该会数组提出“东北问题”之际，中日两国代

* 原载1931年11月1日《申报·时评》。

表争论颇烈。日本代表仍本其一贯之态度与主张，谓日人尝竭其血与财产以从事生产，并发展其满蒙利益，并谓此问题不仅限于其冗长而繁复之事实，且尚有热烈的感情关系。此种抹杀事实之“权益论”，吾人固已习闻，然而于此则实足证日本代表之纯为日本帝国主义之代言人，或辩护者，其无诚意于中日关系之改善，以及国际局势之安全，盖昭然共见。据闻英美各国代表对于日本之暴行，固一致腹非，对于中国颇能予以精神上之同情，但亦不过腹非与同情而已。至于敢依据事实，仗义执言，作公允之论列者，盖亦鲜见。

夫东北当前之事实，不仅迫害中国之领土行政神圣之主权，且予世界和平以极严重之威胁，盖极显而易见。谁为事变之祸首？谁为迫害世界和平之责任者？应亦世人皆知。太平洋国际学会原本以联络国际感情谋各国之互相了解，致太平洋上之永久太平为目的。此次列席会议之代表，又皆为各国之俊彦，顾乃于此当前之严重事实，不能打破国家与种族之成见，基于公理，开诚布公，评判当前事实之是非，并求所以改善其将来。学者之态度尚如此，则政治家外交家之纵横捭阖，各为其本身之利益而奋斗而掠夺，抑何足怪！就该会之性质而言，固仅能讨论，绝无权决议，但依据事实之公允讨论，至少亦可以表示公理尚未完全毁灭，人类尚未至重返于洪荒，并此公允之讨论而不可得。利害相关者则断断而争，其无关者则默默而息，斯则该会亦不过滑稽喜剧之又一幕耳。

该会此次准备集会之初，几经波折，盖非偶然。兹后如不能改变其敷衍周旋之态度，以积极的精神，从事于正确事实的体认与分析，则“曲高和寡”，恐终无以博得世界之同情。此次提出“东北问题”之数代表，着目于世界之和平，趋重于事实之讨论，其勇气颇有足多，其讨论而无结果者，则为事实之必然，并非偶然，然亦正以此在愈显该会前途之黯淡无光耳。

绝食呼吁和平*

自东北事件爆发以来，国人怵外患之日亟，痛内乱之无已，义愤所激，不可遏抑。于是蹈海自杀者有之，断指血书者有之。近复有天津北洋工学院代理院长王季绪，及镇江中学学生鲍恩献、薛白因之悲愤绝食，冀以艰苦之行动，迫切之呼吁，促起当局之最后觉悟，俾和平统一能得早日实现。此种爱护国家之热忱，与艰难卓绝之苦行，诚足以动天地而泣鬼神。其举可敬，其事则尤足哀。呜呼民之所恶，竟有甚于死者。吾人聆此，更复能作何言！

虽然，吾人究有未能已于言者，绝食呼吁，苦则苦矣，诚则诚矣。然而此种消极怯弱之表示，在事实上既未必遂能促起当局之悔悟；而在认识上，适足以证明其未能认清本身所处之地位与神圣之权力。故其在意识上所表现者，有类乎“愚忠”，冀以至诚上动天听，而在行为上所表现者，则又近乎“尸谏”，竭其愚忠，陈尸以谏，稽之往古，亦未必遂能挽回“天意”。时至今日，封建君主爱国爱民之道德意识，既已完全铲去，而个人主义的利己观念，支配欲望，则颠扑不破。连年内战，伏尸千里；今年水灾，万里陆沉；日祸突发，山河破碎；民生憔悴，国势飘摇。凡此事实，呈现目前，其惨伤危难，足以令人动心骇目而予以深刻

* 原载1931年11月5日《申报·时评》。

之刺激者，奚止万千倍于三数人之绝食。而当局于此事实，竟若漠不动心，则又岂三数人之绝食与微弱之呼吁，所能促其觉悟，唤起其自动悔祸之心！夫民主之国，以民为基，主权在民，政府措施乖方，则人民应起而大声发言，以大众之公意，监督政府之行动，使其无悖于大众之利益。此乃为负责之民众，此乃为足以立国之民众。移绝食之苦行，移痛哭流涕之精诚，致力于其他正当而有效之工作，何事不成？已有权而不行使，已有力而不发挥，徒以怯弱之行为，效尸谏之故智，吾见其愚矣，未见其可也。日人有名彼末者，于上月二十三日在大阪满蒙时局恳谈会中，曾谓“中国人个性最强，好似一粒之沙。而日人形成一国家时则最强，恰如士敏土。”此言最足以促我国人之反省。王君等之绝食呼吁，正所谓沙之坚强也，但散漫之沙基，终不能建筑崇楼大厦。胶凝散沙，团结牢固，发挥沙之坚强，使成为士敏土之坚强。换言之，即应以积极之精神，唤起国人作坚强之团结，以共弭内乱，共御外侮。王君等之绝食，正无异于蹈海自杀，除博取社会数声低微之慨叹，益消失青年进取奋斗之精神而外，他复何有！此事实之足以使吾人感喟无已者也。

于此吾人更敢正告当局，内困洪水，外迫强敌，民生疮痍未起，失土未复，国如累卵，民苦流离。人复何心，尚不能竭诚共信，同赴国难？张伯苓先生曾以蹴球喻政治。谓蹴球之目的，在于蹴入对方之球门；但绝非一球员单刀匹马所可长驱直入，一脚蹴进，必全队球员互相传递，协力共进，使能破除阻力，攻入敌门。为政之道，正复如斯。力不必出诸一己，功不必自我独成，此喻最切。民苦深矣，民望切矣。即使目前之和平统一，未相安于一时之局面，民众固亦足以慰情胜无，彼三数人之绝食，固不足畏，而此三数人怨生乐死心理上之普遍，则最足畏，人民今都具此心理矣。当局再不觉悟，更待何时。

请大家一致向外看*

十一月十六瞬已将届，而日本政府不特无丝毫遵照国联决议开始撤退军队之意，甚且调军西进，袭击通辽，嫩江且已发生直接冲突，一切公理与和平之呼吁事实已证实其毫无补益。东北三千万人民处于异族蹂躏之下，旦夕企望援救，而暴军西进，关内各地且将受严重之威胁。此时盖已达到外交上最严重之时期。

在今日吾人试一问蒙昧之学童，以目前何事为最切要，其答语必为“对外”。问村野之农夫，答语当亦相同。“一致对外”，盖已为举国人民之公意，举国人民一致之迫切要求，虽三尺孩提、无知愚氓亦知目前非“一致对外”，不足以抗暴，不足以图存。昨日上海金融界之迫切呼吁，今日工学界代表之请愿，全沪学生闻将每人投函和会涕泣劝告，东北请愿团千人日内亦将到京，沉痛要求。至于蹈海自杀、绝食呼吁者，尤时有所闻。人民之意志，已坚固凝结翘企统一和平，共赴国难殷如望岁。奈之何衮衮当局，竟不能觉悟及此也。

自东北祸变爆发以来，日本朝野上下都以全力对付此一问题，各界纷纷举行“满洲时局恳谈会”。各种刊物亦侧重于此一问题之讨论。彼为来侵，而朝野尚一致注目，不稍放松。我为受害，祸患迫在眉睫，而我当局尚于对内之争持，不肯一举目向

* 原载1931年11月7日《申报·时评》。

外。此真事之最令人感喟悲痛不能自已者也。

夫今日京粤双方之争持，其目的究何在？如在于“国是”，则“统一和平”，“一致对外”，即所以纡国难，即为国是之最重要者。但使双方皆具此初衷，则一切争执皆有商量让步之余地，何至各执己见，使和议日趋于暗淡若是乎。

吾人以为，双方领袖宜勿忘其“在党为同志，在国为同胞”。民犹是也，国犹是也，三民主义亦犹是也。所不能统一和平者，则诸领袖之本身耳。豆箕自煎，坐来外侮史册所载，遗恨千秋。吾人诚不解双方领袖，言时似未尝不觉悟及此，而何以争执时，仍不能丝毫放松也。

今日之事，无国即无党，更将无诸领袖之自身。民族沦胥，无分京粤，国将不国，宁论私见。故今日惟一致对外，乃能解决内争，惟一致对外乃能挽救危亡。若于对内问题，争意气上一日之短长，以及权势上一时之胜负，则国家民族之前途，殆将不能说不忍说。

吾人切盼双方领袖，一致移其对内之视线，转而向外。移其内争之精神，转而抗外。吾人更切盼双方领袖，为中华民族留一线之生机，毋使国脉民命自我而断绝。设如孙中山先生九泉而有知者，吾人敢断言其希冀企求于双方者，当亦不外乎是。

忠勇哉　马占山将军*

九月十八日日军暴行突发，我东北擐甲执兵负有保卫国家重责之数十万健儿，皆于不准抵抗之命令下狼狈退却，坐视自沈阳以次之数十名城，以及数千万人民，不数日间尽沦于暴军铁蹄践踏之下。此种怯弱情形之暴露，深令吾人痛心疾首，于我立国精神与民族生命，皆为若辈丧失殆尽，贻我民族以无穷之耻辱。

于此则有一黑龙江马占山将军，本军人之天职，以男儿之血性，以爱国之忠忱，以不顾成败不惜生死的精神，以孤军与犯我黑省之日暴军作殊死之战。嫩江桥之役，马将军亲临前线，指挥作战；全军激于忠义，奋死鏖斗，前仆后继，卒能击退暴军，使其知我国家尚有克尽厥职之军人在。此种为民族争光荣之英勇战争，诚可泣可歌，诚足以愧杀一般不抵抗而遁逃之军人。惟据目前形势，日军尚续续增援不已，马将军以绝无援应之孤军，终恐不能久守，但即此已足以显马将军之忠勇。将军非不知江省联络断绝，呼援无应，一隅之孤军，不足以敌凶暴之虎狼也，然而忠义所激，不惜生死。将军之通电云："占山守土有责，一息尚存，决不敢使几寸之地，沦于异族。"又曰："我有守土之责，当效命疆场，誓与寇敌拼命，决不生还。"呜呼！此种精诚，足以动天地而泣鬼神矣！齐齐哈尔即不幸而终归失陷，亦不过为兵

* 原载1931年11月14日《申报·时评》。

家胜败之常事耳。忠勇哉马将军！悲壮哉马将军！

我国家年费百分之八十以上之国帑，养二百万以上之军队，然而际此大敌当前，国家危难，而竟不克尽其卫国保民之天职。今有此耿耿孤忠之马将军树之模范，应亦将知所奋勉，知所效法矣！往者不咎，来者可追。国人今且拭目以观兹后。

民众慰劳马将军之心理*

黑龙江省代主席马占山将军以绝塞之孤军，抗狼虎之暴日，落日孤城，而壮气冲天，艰苦作战，卒使暴军望而却步。其通告全国之电文，慷慨激昂，可歌可泣，守土尽责，大义凛然。“疾风知劲草，板荡识诚臣。”此诚无忝于我国家之好军人，无愧于我民族之好男儿。此诚足为唤起我古国民族精神之木铎。①

日来全国各地民众团体，以及私人，为鼓励马部之忠勇将士，并予以实力上之救援，多自动捐集巨款，汇黑慰劳。甚至贩夫苦力，亦出其血汗，踊跃捐输。至于慰劳激励之文电，则更如雪片纷飞。舆论之所集，皆推马将军为民族之武力，为军人之模楷。虽三尺童子，亦都知孤军抗御暴日之马占山其人。

从此种事实舆论中，吾人应即可以窥见真实之民意，即人民对于军人之要求与希望，在于卫国，在于保民，在于捍卫侵害我民族之寇患。能尽此责任者，即为人民之武力，即为人民所竭诚拥护。

迩年以来，国内变乱不绝，每次筹措军饷，人民无不疾首蹙额，于无可奈何之中，勉力应承，此盖为不可否认之事实。但对于此次抗御暴日之马军，则自动踊跃捐输，如恐不及，节衣缩食，出诸至诚。于此更可见民视最明，民听最聪，万目睽睽之

* 原载1931年11月17日《申报·时评》。

下，明辨是非，最为公正，毫无偏袒。盖人民之所取以判别是非者，为实质之事实而非口头上之宣传也。

我全国军人在此种事实教训之下，兹后当有以认清本身之职责，并认清其当前所应负之使命。凡真能捍国守土克尽厥职之军人，人民虽肝脑涂地，竭其生命，以为其后盾，亦所不惜。今日我国家已处于最后之存亡线上，人民且已具最后牺牲之决心，奋起冲向前阵，为公理正义以及民族之生存而搏斗，此为最后之时机。若先周详考虑，踌躇于万一战败之足以亡国，先自馁气，而无宁为玉碎不为瓦全之精神与决心者，国乃必亡。故今日我全国将士，应急踵马将军之忠勇而奋起。全体人民，已准备毁家毁身，作最后之奋斗。

注释

①木铎　以木做舌的大铃，古时施行政教、传布法令时用。后用以比喻宣扬教化的人。

吾人能坐视马占山孤军抗暴乎 *

马占山将军以孤军守土抗暴，誓拚生死。其对人言，谓“我与部下皆抱抗战到底决心，将来兵纵完了，亦必率民团与日人拼到底”。此种精忠贯日悲壮激越之言，如闻其声，如见其人。此倔立寒塞荒漠与强敌角逐之男儿，诚为我国家民族精神之所寄托。

最近有英美记者往访将军，并周察马部阵地，谓“马占山、吴松山英勇无敌，军士气旺，团结如铁，已为世界最能战之军队。”并谓“日军源源增多，黑军无援，日即将利用中国各省中立态度，举全力攻黑，最堪忧处。”末更深致其慨叹，谓“中国政府及北平百万军人，坐视一省抗一国而不救，在吾侪欧美人眼光观之，殊为骇异。”吁此何言欤！我政府我国人听斯言，而尚能不为之羞惭感动投袂而起耶！

马以孤军，隔处荒漠，在无抵抗命令之下，本可不拼死命，与虎狼之众抗衡也。而且当其与强敌出死入生肉搏鏖战之际，万福麟之子万国宾，复席卷黑省库款一千一百万潜遁，库空如洗，粮秣艰难，三军粮绝，两日不食。处此环境之下，马固亦可知难而退，弃土脱逃也。日本大军源源续调而来，飞机利炮，将大增加。以绝处无援之孤军，终难抗御。马亦非不知其情势之必无幸

* 原载1931年11月19日《申报·时评》。

也。然而环境愈益艰难，士气越益激越，振臂一呼，疮痍尽起，卫国守土，百折不回。国家有此良将，人民有此好军人，诚足以振我衰颓而寒敌胆。据十七日消息，日军已将新增调之日军第八混成旅团全部运洮昂线，将大举攻黑。然而我国内百余万军队，仍坐视孤军奋斗，迄至此紧急危难之秋，犹未闻有积极之援助。其视黑省为非中国土地耶？如其非然。则我政府积极予马部以实力之救援与粮秣接济，此时实万不容刻缓。

吾人犹记甲午清日战争之役，外人评论谓日本非与中国战，特与直隶一省战；非与直隶一省战，特与北京政府战；非与北京政府战，特与李鸿章一人战。冷诮之评，活画出我民族精神之涣散。甲午迄今已二十余年，岁月迈逝，而情景则一如昨日；国人之无团结力，不长进，亦一如昨日。在二十余年后之今日，吾人复听欧美记者“中国政府及北平百万军人坐视一省抗一国而不救”之评论，此实我民族无上之耻辱。谁应负此责任？我民众敢抗声质问。

日来人民自动输财捐充马军饷糈者，日益踊跃。粤东有弱女子以电力股票押款二万五千元，全部汇黑，毁家救国。本埠东南医药院学生，亦有多人自动组织救护队，赴黑援助马军之说。凡此种种，皆可证人民固未尝坐视马将军之孤军奋斗，而不为其后盾也。民气兹已可用矣，政府尚不积极奋起，更待何时。

更据十七日消息，国联秘密会议似仍令中日直接交涉。国联之态度，今已愈趋显明，我将仍不作最后之准备，必俯首帖耳以坐待宰割耶？吾人今敢向我政府建议三点：

一、以武力收回失地。

二、充分予黑军以实力之援助。

三、勒令万国宾缴回卷逃之省库。

斯时已为最后之时机，全体人民深盼我政府能当机而立断。

两支孤军*

据今日所得电讯，齐齐哈尔已于十八日晚正式陷落。山河破碎，黑流呜咽。国人听此噩耗，应无不悲愤填膺，仰天泣血。呜呼！东北三省，今日全沦于暴军铁蹄蹂躏之下矣！

马占山将军以绝塞孤军，扼守边要，大寇当前，后无援救，粮秣绝断，士卒饥疲，而犹激励将士，拼死应战，率数千苦战多日疲敝不堪之残军，敌数万生力之虎狼，连战皆捷，使暴军望风胆寒。尤以十八日一战，英勇悲壮，气吞河岳，永留我民族以不磨之光荣。此守土尽责，英勇奋斗之绝域孤军，今虽以弹尽粮绝而败退矣，而我民众固已自动毁家助饷，认为武穆再生。彼敌人之报章，亦一致推崇马将军之人格也。忠勇哉马将军！

然而战败非马之罪也，以一省抗一国，欲不败讵岂能得。独是吾人今所大惑不解者，国家养兵二百万究为何用？黑省为中国之土地，马占山为中国之军人，坐看黑省之陷落，坐看孤军之覆败，而犹不急起救援，职责之为何？寇深矣，事急矣，我全国擐甲执兵之将士，今日果真无一人敢步马将军之后尘而奋起者耶？其将坐视我民族之沦亡耶？

今扼守齐齐哈尔之马占山将军，一支孤军已失败矣。吾人试更翘首巴黎，我出席国联之施肇基代表之一支孤军，今亦已陷于

* 原载1931年11月20日《申报·时评》。

极端艰苦之境域。国联此次集会，态度显有转变，秘密协议，纵横捭阖，我欲据理公开抗争，亦不可得。观彼日人自十月二十四日至十一月十六日之短时间，驻在欧美各国使节之活动，新闻政策之宣传，无不周密。我国则如何？国内之外交机能，未见充实；国外之宣传机关，亦未见成立。且并美德法意之使节，迄今虚悬，今日折冲于国际舞台上者，仅施肇基代表一人耳。以视乎日本驻美大使出渊，驻英大使松平，驻意大使吉田，驻法大使芳泽诸氏之活跃。一则纵横捭阖，如生龙活虎；一则孤掌难鸣。在国联会中空发强硬之论，如此而欲求外交之制胜，其可得耶？

今日我国在国联中之情势，极难乐观。我施代表耿耿孤忠，瘁其心力，将欲为国家与民族争外交上之最后胜利。而国内则尚蜗角争持，无以为其后盾。此一支远涉重洋艰苦奋斗之孤军，其行可敬，其境则可悲。无政府实力以为其后盾，将来外交是否不再蹈黑军惨败之覆辙，吾人当不难预为推断。

事亟矣！势危矣！吾人今日所应努力者，为如何继马将军之精神以抗强暴，如何援助海外处境极艰之施代表。此时已为最后之时机。

学生爱国运动平议*

九月十八以来日军加诸我国之暴行，以及国际联盟对我极端不公平之判断，凡有热血之国民，决难忍受，决不能坐视。以此种事实之刺激，更益以我外交上之步步陷于失败地位，正义潜销，魔鬼昼行，亡国之祸，迫在眉睫。于是而感觉敏锐，意志纯洁，而又血气方刚之学生青年，乃哗然奋起。八旬以来，全国青年在同一目标之下，罢课游行，请愿示威，断指投军，甚至自杀，使国内空气顿形紧张。此种激越之民气，充分显示我古国之民族精神尚未死尽。在“不许抵抗”之环境下，而尚有此激越悲壮之举动，吾人盖不能不承认我民族之一线生命，应其在斯。

今日国内舆论，对于学生此种悲壮行为之观察与批评，极不一致。或为同情，或为惋惜，或为厌恶，甚且视为洪水猛兽，为国家法纪所不容。惟自吾人观之，究以为目前学生青年之奔走追呼，疾声呼吁，虽以事实之刺激与反应，而偶有逸出正轨外之错误。而其情则可原，其行则可敬，其艰苦卓绝之泣血呼吁，则可歌可泣。吾人应予以绝对之同情，绝对之谅解。厌恶固不可；视为洪水猛兽，则更非所宜。

寇深矣！国危矣！环观国内，尚有如学生之慷慨激昂，不避艰辛为国难而奔走追呼者乎？老成者持镇静，消极者作旁观，怯

* 原载1931年12月8日《申报·时评》。

葸者则更甘屈服。外患日益迫近，外交日现失利。此时我国家既未可以武力与强暴相争持，则以激昂之民气，作政府与外交有力之后盾，并昭示世界以我民族不屈于强暴之奋斗精神，此种行动，实为有五千年历史之民族所应有。设并此消极之抗争而亦无之，举国镇静，死寂无声，吾人但一闭目设想，此复成何国家！在国难方亟之秋，正恐国民之不肯负责，而今乃对于学生之悲壮行为，加以非笑与厌恶，甚且加以疑虑与猜忌，吾人不能不承认此为最足惋惜之现象。设使厌恶学生者，今日而亦为纯洁勇敢之学生，处于今日时危势急情势之下，其遂能若秦人视越人之肥瘠，漠然毫无喜戚乎？国至今日，外迫强敌，内困洪灾，使学生不能安心于所事，而不得不疾声呼号，唤起国人自救。此种可悲可痛之现象，除愈益坚定吾人反抗强暴、奋斗自救之决心而外，更有何话可说。

据文官处与中央宣传部之宣示，皆谓目前学生种种逸出轨外之行为，皆由于误信谣传，对政府误会。果如是，固为吾人所深欣幸。然而以如此严重之外交问题，而我国内一切消息，都仰赖于外电之传递，任其以讹传讹。我外交情势，又不公开，使举国人民都陷于迷离恍惚之浓雾中，惊惶错愕，不可终朝。是则学生目前之有此错误行为，当局者似亦不能辞咎。青年为社会之中坚，为我国家他日之柱石，如吾人视今日之青年如洪水猛兽，不可亲近，则我国家之最近将来，尚堪问乎？故吾人认为处于今日情势之下，予学生以极端之同情，接纳学生之诚意，导之入于有效奋斗之正轨则可；厌恶则不可；视为洪水猛兽则更不可。

抑吾人有不能不向学生诸君挚诚陈辞者，国处今日，艰难已达极巅，吾人具有爱国之热忱，尤应认清奋斗之目标，今日我民族之最大敌人为日本帝国主义者。吾人应认清当前之大敌，以一致之步调，冲向敌人之营垒，绝不容混乱步伍趋入歧途，以破坏整个战线。此其一。救国之道在于有效之奋斗，在于人尽其职。大好之精神，与宝贵之学业，实不容轻易牺牲。在准备牺牲之前，应须估量其所得之代价。故此后行动应加以充分之考虑，务求其不徒然牺牲，而毫无补于实际。此其二。国至今日，百孔千疮，祸机潜伏，匪伊一朝。欲救此疮痍满目之古国，固非一蹴所能成功，必持久奋斗，终始勿懈，持其志而不暴其气，有其初而亦持其终。人人以艰苦卓绝之精神，准备作长时间之奋斗。欲长时间奋斗，不能不有赖于学问。国家前途庶其得救。此其三。盖求学为学生之本分。救国固重，求学亦重。即国破家亡，而“最后一课”亦应终读。目前东北学生，多团结数人，各饮苦水一杯，自励自矢，不与日人合作，坚决反抗强暴；同时亦刻苦自修，不放弃救国之基本学问。此种行为最足效法。若多作无代价之牺牲，则用心虽苦，而收效实微。此则我举国青年所应理解认清者也。

国立大学校长辞职*

以外交情势之日趋严重，日来国内空气极为紧张，全国学生正请愿示威，而继之乃复有各地大学校长之一片辞职声。际此最严重之时期，而负有领导青年之重责之大学校长，乃皆相率辞职，用意何在，诚为吾人所不解。

辞职之原因与用意，究何在乎？其谓教导无方，材轻不足以膺此重责乎？则前此即不应接受委任。即知难而退，辞职亦不容迟至今日。如谓学生今日之请愿示威，皆为逸出轨外之行为，皆为嚣张不可教不足教乎？则言情言理，学生牺牲其学业于无可奈何之中，为救国而作仰天之长号，吾人但觉其行可敬，其心甚苦，而其事则至可哀，毫不觉其可恶可畏。此种可爱之青年，正为我国家将来之柱石，负有指导之责之师长，正应善为诱掖，导其入于有效奋斗之途，更何容抽身引退！退一步言，吾人即承认学生今日之行为为嚣张，为不安分，然溯其根源，学校平日之教育究为何事？大学校长讵又能辞其责？不善其始，而责其终。则今日与其责备学生，何如力自忏悔。与其消极辞职，何如以积极之精神，更切实负责以自赎。其谓时局艰难办事棘手乎？则当此国势阽危之秋，正国民人人奋起以共赴国难之时，目前吾人但有奋斗，但有人尽其责，人尽其能，抱牺牲之决心，求十死中之一

* 原载1931年12月9日《申报·时评》。

生。当国步艰难之日，殊非吾人洁身远引之时，矧负有领导社会指导青年之大学校长，而容于此时相率以辞退！然则今日国立大学校长之纷纷辞职，不仅为舆论所不容，抑亦为时势所不许！

吾人认为，以内忧外患之严重刺激，积久萎靡不振之学生青年，乃略有转机，略呈活气。吾人即认为此一时期为五四运动之复演，为历史与文化之推进，盖不为过当。教育家正应趁此时机，急起而领导。如学生稍有行动，即觉其可憎可畏，是则惟愿学生在机械教育之下，静心屏气，目不旁观，耳不旁听，埋头而读其死书。此种教育，是否为今日所需要？是否为今日所应有？吾人稍一沉思，当可立辨。是则国立大学校长今日之相率辞职，因究何在？意究何属？

国难当前，国民在今日之第一要著，即为尽责。马占山将军以绝塞孤军，粮尽援绝，而守土卫民，终始不放弃其责任，力抗暴军，再接再厉。此种精神，诚为国人今日所应师法。吾人谨以挚诚为全国教育家敬致忠告：国处危难，人应尽责。尽责即所以救国，亦即所以尽其国民一分子之义务。若人人卸责，则责究将交与何人？洁身鸣高，此非其时。如全国大学中学以至小学校长，人人都辞职引退，则我国内教育将惟有全部宣告停顿之一法耳！是乌乎可？是乌乎能？

谨贡献于一中全会*

——改革教育

在整个军人政治与官僚政治之氛围中，一切皆为混乱为落伍为腐蚀为奄奄无生气，教育之不能单独超出此混乱之漩涡，自为必然之事实。准此可知我国近二十年教育之破产，文化之日益衰落，亦即为在军人政治与官僚政治之恶环境下所收之恶果。

今日之言及教育者，辄叹息痛恨于青年学生，或谓学生为好乱性成，或谓学生为暴戾不可教训。尤其自近数月青年学生以外交问题之刺激，相率而辍学请愿示威以来，更有人视若洪水猛兽，视此种现象为二十年来教育之恶果，而颇欲着手于整顿教育。戴季陶氏且以此对全国教育界作救国先救国家命根的青年，救国先救教导青年的学校之疾声呼吁。中央亦以此而有组设特种教育委员会之计划。吾人诚不能否认今日之教育为破产，同时更不能否认今日青年之激越悲愤，不安心求学为一种病态。吾人固承认今日教育亟应整顿，青年亟应挽救。然而吾人不能同意于举一切罪戾一切过失都归咎于青年，更不能同意于不求掊掘致使教育破产之根因，而徒加重青年思想上之禁锢。吾人认为致使教育破产之责，不应归诸学生青年，而应归诸整个社会。整顿教育，不应愈益加重青年之禁锢。反之，却正应予青年思想上与活动上以绝对之自由，发扬其生命之力，开浚其思想之泉源，使其活泼

* 原载1931年12月24日《申报·时评》。

前进，以改革并推进整个之社会与国家。

社会即一大学校也，社会之诸色相，即实际教材也。然而今日之社会为何若？社会之一切现实又何若？政治家日从事于权利之角逐，日陷于私欲之沉湎，种种卑鄙耻辱不可思议之行为，由个人而扩大至整个社会，使整个社会陷于混乱之状态。青年处此情势之下，耳濡目染，接受此种实际教育，意志不健全者，即为其所同化，投入恶浊之漩涡；其意志坚强者，则烛见社会之矛盾不合理，自起而反抗，力谋改造。政治家一方面从行为上供给青年以恶的教材，直接致使教育日趋于破灭，而欲从口头上挽回教育之劫运，使青年能一致步入光明广坦之前途，斯不仅为不可能，而且加重青年之禁锢，根本斩断国家社会前途之一线生机，正为一种极其重大之罪过。

再就学校本身而言，平素所谓神圣之教育界，今亦为军人政治、官僚政治所侵入。大学校长常持武力为奥援，争夺角逐，极尽纵横捭阖之手段，兼职遥领，已成惯例；而教师之敷衍塞责，不视所事为终身事业，取容当局，结纳学生，以固一己之衣食地位，尤为不可掩饰之事实。在政府方面，则于教育经费，每不发给，移作别用。国家年费百分之八十以上之国帑于军费，而关系国本之教育经费，竟毫无着落，使教师典衣以维持其生活，斯亦为今日之世界仅有之现象。在此情势之下，而责青年不安心读书，而咎教育之徒种恶因，是诚明于责人而昧于责己，知其果而昧其因。政治如不能澄清，整个社会如不能改革，则整顿教育推进文化，皆为空谈。

吾人认为今日而欲言整顿教育，自其消极一方面言之，必须确定并使教育经费独立，无论如何不能移教育经费以作别用，使从事教育者不至炊成无米，常感心余力绌。次之，必荡洗教育界依附实力、倾轧争夺、兼职遥领、结纳取容之恶习，使从事教育者必为专家，保障其生活，使其得安心致力于所事。至其在积极方面者，则政治舞台上之人物与一般社会领袖，亟应正其本身之行为，树立青年之规范。而尤应掊掘军人政治、官僚政治之根基，俾政治得以清明，社会得以安定，一切都纳于合理之正轨。再次，必须使青年在思想上在学术上获得绝对之自由，使其能接受世界之新潮流新学说，使其生命之活力能得自由发展，以推进文化，改造社会。

吾人认为教育非笨滞之机械，教育之运用，亦非如运用机械之有一定之动作。吾人认为，教育为社会之上层建筑，整顿教育必先安定整个之社会。吾人认为教育之目的为推进社会，增进人类之福祉，而非为保守现状，使人类长沦于疾苦之深渊。吾人认为教育为活的动的前进的，而非死的因循的停滞的。明乎此，始足以言教育。亦惟明乎此，始足以言整顿教育。

这一年来的我国教育*

天寒岁暮，萧萧落叶，告诉我们又到了一年的尽头。

虽说在茫无尽期的时光之波流中，一年只是如像驹过决隙的一瞬。然而在继往开来的人类历史之篇幅中，一年来这人世的沧桑变幻也尽有作一次总的结束之必要。尤其是我们的国家，在这一年中，洪水的泛滥，强邻的胁迫，饥寒交迫的哀号，以及时代英雄之角逐，为悲壮，为凄厉，为滑稽，在历史长期的序幕上，也尽有作一总的报告之价值。

在此，我们将于今后数日，将我国内一年来的内政外交分别作一总的报告。现在请从教育说起。

我国以政治未上轨道，教育亦迄不能进步。与欧美文明先进国相较，隔殊天渊。据今年教育部发表统计，在数目字上的记录：全国大学共三十四，私立占其九。专门学校共十八，法学占其五，而工业仅占其三，农业仅占其二。中等学校共一，三三九，平均约三〇〇，〇〇〇人始得有中等学校一所；中等学校学生人数共二三四，八一一，平均约每一，七〇〇人始得有一中学生；中等学校女学生共三七，六零四，仅占中学生全数百分之一六。就这些数目字而观，我国教育的衰落已是无可掩饰。一国的教育，代表一国的文化。我国的教育如此其衰落，人民都缺乏精

* 原载1931年12月28日《申报·时评》。

神上的食粮，文盲占全国人数百分之八十以上，国家哪能不贫而且弱，哪能不致今日之情势，岌岌不可终朝呢。

至于政府的教育政策，与全国学生思想潮流的趋向，在此也有概予评述的必要。因为由此我们可以窥见历史的转捩，更可以窥见社会推进的路向。

民十六，党军北伐，全国人民尽为唤起，特别是青年学生实际从事于革命运动，奋斗牺牲，确实曾留下不可磨灭的伟绩。党国底定，马上得来的天下，断不容马上治之。所以政府在此时要求于教育的是静，是安宁，是忠孝礼义的圣教之复活，所要求于学生青年的是顺从，是读书救国，是各安其分。十九年十二月蒋主席于总揽万机之暇，复亲长教育，其重视教育已可概见。是月行政院严令教部整饬学风，饬令中有云："此后政府施政方针，自当致全力于教育之改善。本院长兼长教育，尤当竭其精神能力，以谋学风之整饬。嗣后各校学生，务当修养人格，努力学问。反对校长，即无异反对政府。当一意力学，涵养心身，准古人思不出位之训戒，奉总理三民主义为依归。"蒋主席更以行政院长兼教部长资格，发表诰诫全国学生书。诰诫书中有云："中正见闻所及，深觉于国家前途具有莫大危机而引为隐患者，莫过于各地学校学风之败坏与学潮之蜂起，若非立即严加纠正，将如洪水横流，为害无所底止。"又说："往者既以武力扫革命之魔障，今后当以文治宏训政之规模，誓以改进教育，整饬学风，为当务之急。所愿全国青年学生，重节操，尚实学，为三民主义之忠实信徒，毋惑邪说，毋蹈歧途，敬师保，重学术，已立立人，自救救国。"从行政院的饬令与蒋主席的告诫书里，政府对于教育之要求静止，对于学生要求埋头读书，不是已经明白昭示全国吗？

七月间行政院更令饬教部，通令直辖各机关及各学校，提倡道德，制匾悬挂，确定忠孝仁爱信义和平八字为训民要则，并提倡中国固有道德。其在各省，更有湖南省政府咨请教部改良课本。咨文中有说："民八以前，各学校国文课本犹有文理。近日课本每每狗说猪说鸭子说以及猫小姐狗大哥牛公公之词，充溢行间，禽兽能作人言，尊称加诸兽类，鄙俚怪诞，莫可言状。"有吉林当局禁用语体文，认为肤浅空疏，毫无是处，添讲经书，并严厉禁止歌舞，认为乃妓女行为，狂态毕露，体面何存，当众嬉戏，观瞻不雅。这是吉林教育当局禁止歌舞的理由。有山东省政府建议重兴孔庙。有中央委员戴季陶、刘纪文主张兴修颜庙子思庙及孔陵孟陵诸贤陵，并制定奉祀官条例。有导淮委员会副委员长庄崧甫向国民大会提出施行礼教，以养民德；倡导舆论，以达民情两案。此一时期，教育上的极端复古，和文化上的极端开倒车，更是极其明显的事实。这便是党政府教育上复古运动的最高峰。

同时在此一时期，政府在教育政策一面厉行复古，一面更表示决心确立教育基金并保障其独立。二月间，行政院明令财政部，切实执行教育部所呈请的保障教费独立办法。国民会议中三读通过的约法，也明白规定"中央及地方应宽余教育上必需之经费，其依法独立之经费，并予以保障。"而胡汉民氏对于整饬学风发表意见，更明白反对官僚政治侵入教育界。这都是政府积极从事于整饬教育的具体表现。

可是这一企图终于失败了，连绵不绝的学潮，和教职员罢课索薪的风潮，终于将政府整饬教育之企图击为粉碎。综计自去年以至今年，曾爆发学潮之学校，有广州中大、上海光华、中公、劳侨、南洋医学院、安徽大学、东北大学、北平师大、民大、清华、河南大学、河南省立一中、南京中央军校、济南女师、山西一师、厦门双十中学，以及吉林，蓬蓬勃勃，彼起此应。另一方面因教费独立在事实上不能兑现之故，全国各地罢课索薪的风潮，也蓬勃兴起。有安徽教育界呼吁偿清积欠，江苏省校教职员八届代表大会，山西全省中小学，北平全市中小学等各地各校之罢课索薪。至于因教费无着，教职员无法维持生活，不安心于所事，更是极其普遍的现象。更加以军队对于青年，每加残杀，如四川之横杀学生，即其一例。在此种情势之下，政府想整顿教育，又岂可能。

所以政府整顿教育的一企图，终于在主观的条件与客观的环境两种矛盾之下，沉痛的失败了。

这里政府又转变一个方向，这方向便是以提倡职业教育、劳动教育，并提倡奖学基金，派送党员留学等，为安定青年心理的另一种政策。教育部曾明令提倡职业教育和劳动教育，国民会议中曾有此同样的决议。所谓奖学基金，各地学校设置很有几处，这显然是无办法中的办法。然而不幸偏是在此人心思乱的时候。更加以内灾外患相逼而来，青年学子内感于灾民号呼的凄厉，外感于强邻侵略的无厌；同时更是目击政府镇静敷衍，举棋莫定，于是自动奋起，自救救国，成立义勇军，组织抗日会，奔走号呼，由请愿以至示威。各省都发生风潮，都发生冲突，如南京、如上海、如山西、如广东、如湖南、如杭州，行动一致，如火如荼，不可遏止。这里已确切表示学生青年由不安心读书进而直接行动了。同时更已确切表示政府要求教育复古，而学生则已自起而推之前进了。政府要求者为静，而事实上则恰成为动，为骚扰，为不安。此盖有其必然性，绝非偶然。把握此一必然性，并把握教育的根本意义，以确定如何领导青年，教育青年，这是教育家当前的责任。

一九三一年的我国教育的成绩和动向，便是这样。我们希望一九三二年能有较好的成绩，能有更正确的动向。

1932 年

精诚团结与国难*

以新年循例休刊，本报与社会人士睽违，今已五日。在此短短之五日中，锦州竟又告陷落。东北半壁河山，至此实全部变易颜色。此为一九三二年播送吾人耳鼓之第一声噩耗，亦即我民族在一九三二年所遭受之第一下屠刀。

国难日亟，举国人民都忧愤彷徨，不可终朝。新政府虽告成立，而于安内攘外之根本大计，迄无事实上明白昭示。中央显呈散漫状态，人都存五日京兆[①]之心理。锦州之噩耗传来，而举国沉寂，长此因循，我民族究将安适？吾人于万分悲痛之余，敢举两点质疑，并以促起我全国同胞之注意。

据五日行政院孙院长报告，一则曰："目前的关键，就在政治会议的汪蒋胡三位主脑，要使他们能一齐入京，才可以减少困难。"再则曰："目前政治上的问题，是要三位先生一同解决。"孙院长之报告所昭示我人者，一为新政府尚未臻于健全，另一即为必汪蒋胡三领袖能精诚团结，而后可以打破国难，奠定国基。然而今日胡汉民氏则养疴于广州，汪精卫氏则调养于沪上，蒋介石氏更悠游于故乡泉林，怡然自得。吾人徒聆精诚团结共赴国难之高调，而分裂之酝酿与暗潮，或且较前益烈。不然，国难至此，负有党国之重责者，何容远离京都，安居养病，更何容高蹈

* 原载1932年1月7日《申报·时评》，署名：彬。

远引，悠游鸣高。国脉民命，今已仅存一线。今日究应以诚挚之热泪，洗尽旧日之蒂介，以坚固之团结，共赴当前之国难；抑仍北辙南辕，争持不辍，坐以致国亡家破，种族沦夷？何去何从，应知所以自择，知所以自处。故领袖诸公在今日，不容互存疑忌之心理，尤不应作静候时机再作雄图之打算。假如国难至此，犹不能促进我国内之团结，而反增多分裂之危机，则国家前途，殆真永无旦时！吾人于党政领袖今日而仍不能精诚团结，共赴国难，深致忧疑，而不得不疾声呼吁者一。

次之，辽吉两省，失之崇朝，吾人固尚可诿谓祸机骤发，先无准备。此次日军攻锦，早有宣传，强寇当前，尤应严密戒备。马占山以绝塞孤军，扼守危城，苦斗逾旬，龙江始陷。东北拥有二十余万士兵，而锦州重镇，竟轻意令暴军长驱而入。如非由于早先无充分之准备，即由于终始无坚守之决心。若谓军队不敷分配，则锦州驻军仅有三旅，而关内则大军屯集，按甲不动。若谓弹尽无以接济，则锦州并无若何之鏖战；而关内大军，则更终始无出动援救之准备。吾人但闻东北政治分会准备成立之消息，暴军之应如何抗拒，则终始未闻有一具体方案之昭示。而同时文电宣传，尤显然对国内有另一种形势酝酿之准备。此一现象，最足痛心。吾人认为国难至此，二十年来军权扩张，分崩离析之恶因，今日实获其恶果。今后军人亟应沉痛悔祸，彻底自新，须裁抑割据称雄之野心，促成统一和平之局面。枪口须一律向外，武力须真为卫国，若强寇当前，而分裂日显，各联朋比，俨然对峙，则一旦巢覆巢倾，谁能独存？国家沦亡，割据之局，宁能独保？此为吾人对于今日之军人之尚未能决心对外，深致忧疑，而不得不疾声呼吁者二。

注释

①五日京兆　语出《汉书·张敞传》，后用以比喻任职时间不会长，或凡事不作长久打算。

严重时期国人应有之觉醒*

人有恒言曰："无敌国外患者，国恒亡。"东北祸变爆发，至今已三阅月，崇朝间陷落半壁山河，敌人铁骑，且咆哮而西来。此一击，不能谓非我民族之致命巨创。以常理言，此一击，亦应足以醒我二十年来混杀一团之民族，相与洗心革面，共谋自存之道。而事实上竟攘夺者如故，纷争者如故。三月来外患愈紧急，国是愈混乱，若无国家，无政府。日畏亡国，而日疾步迈进于亡国之路。

当祸变初发，政治家昭示人民曰：外患由于内乱，是必改组政府，是必澄清政治。于是而言者动者都以此为鹄的，终于政局应时势之推移而急转直下。旧者忿忿而去，新者欣然而来。来则如何？曰为国，国之艰难犹是；曰为民，民之苦痛犹是。然则究为何？或其为作掷升官图之儿戏。内政无办法，外交无办法。养疴者养疴，悠游者悠游。口言团结，而北辙南辕，纠纷日多。口言和平，而相互之猜忌日显。曰新政府已成立矣，而政治无重心，政府无责任，一切散漫混乱，较前更甚。然则新政府究为何而新，是即某先生所谓"你不好，打倒你，我来做"之意。汤换矣，药则犹是。人欲横流，国难非所顾惜，而犹昭示人民曰："此为刷新，此为革命"。夫谁欺？欺天乎？此亡国之一道也。

---

* 原载1932年1月11日《申报·时评》，署名：彬。

以言军人，中国养兵，一若专为助长内乱。对内则齿还齿，目还目，厮杀之勇，即曾参加欧战之欧人，亦为之咋舌。但外患一来，则望风而退，任敌人长驱直入。沈阳之失，尚可谓为变起仓猝，事先无准备，而今锦州则又何如？全师而退，任无统帅无粮秣无子弹之义勇军，及所谓“土匪”如小白龙之流，与敌血战。今且滦河之师尽撤，敌又回骑以向热河。东北既已通电宣称不作政治之牺牲品，关内各省之军队，亦都任敌骑咆哮纵横，任疆土日被蚕食鲸吞，而有如越人视秦人之肥瘠，漠然不加喜戚。而且新的对立，酝酿日益成熟。所谓西南政委会，所谓北平政治分会，以及一切其他钩心斗角之事实，都明白昭告人民以新的割据之局面已成。巨炮之轰击，竟不能击破野心军人政客之权利迷梦。拥兵皆为攘夺，皆为祸国，皆为殃民。二十年如一日，国脉民命皆操持于若辈之手。此则亡国之道又一也。

以言外交，五年以来，日唱革命外交，名词固极新颖而动听，然而亦不过新颖动听已耳。按其实际，则不可说，不忍说。新政府成立，新外交当局曰：打破国难，当用外交手段。手段则如何？人民引领以望。锦州又陷落，热河又告急，手段仍不可闻，不可见。如曰有之，应亦不过为以夷制夷，拒前门虎迎后门狼之一贯的外交政策。是则又一亡国之道也。

内政如斯，外交如斯。洪水惨灾，无法救济，外患日急，无法应付。国欲不危安能得，欲不亡又安能得！

吾民众忍坐视国家之沦亡，种族之覆灭乎？如其不忍，则奋起自救，此即其时。自救之道为何？曰督责政府本人民之公意，积极着手于御侮救灾收复失地。如其不能，则是政府自暴露其无能，不足以负荷处理国难之重责，人民即应找寻新的奋斗之途径，断不容坐以待毙，引领以待宰割。政府既不欲负荷抗暴救国之重责，我人民决不作亡国之人民。国人其急起，其速寻觅新的奋斗之途径。若徒作无谓之呼吁与期待，中国将永无旦时。

正告政府与国民*

今日之谈救国者，莫不引领企踵期望祷祝于汪胡蒋三领袖之合作，俾能巩固政治上之重心。然而民望愈切，三领袖则终始称病养疴高蹈远引，一若国可亡，种可灭，而吾人间之误会与意气，则万不可化除者。以三领袖之不肯合作，而政治上愈以增多其障碍与牵制。新政府不仅深感群龙无首之苦，抑且敌垒隐然四树，深感应付周旋之穷。人心惴惴，局呈散乱，新政府成立而后，危机日以增多。谁为为之？孰令致之？长此因循，国事究将伊于胡底。

蒋在未辞去主席职之时，常昭示全国以负责到底，鞠躬尽瘁，死而后已之决心。手揽万机，不避劳怨，其肯负责，不畏难，颇为时论所重。今虽以政局变动，离主席职，然而国势危急，民命涂炭，主政三年，结果如斯，讵能以离主席职而遂卸脱其责任。藉言倦政，则此时绝非鸣高之时。藉言避贤，则此时亦无隐退之理。离主席职而责任遂亦完全卸脱，是则岂必任主席而始可能为国尽力耶！辽西烽火，日益紧急，疆土日蹙，国如累卵。谁种恶因，致此恶果？奉化山水虽好，然而万方多难，我独逍遥，登临之顷，讵能无疚神明耶？

至于汪胡，原为主张改组政府之要角。今政府既已改组矣，

---

* 原载1932年1月13日《申报·时评》，署名：彬。

第一步之目的，既已达到矣。此时亟应莅京，毅然负起御侮救亡之重责。长此称病，究将何为？就令病说果真，何莫不可力疾入京，择地静养，藉以慰民望而定人心。而且胡前在京时，血压亦高，前可留京，今何太难，而必长滞粤沪，视入京为畏途。主改组旧政府，而无以巩固新政府，责人以误国负民，今日果又何若？人民于失望之余，固亦不能为徒作大言欺人者轻恕也。

又若其他诸领袖，今都藉口汪胡蒋之不出，亦各诿其责。一若曰此非我事也，此非我所能为力也。忧时者徒有叹息，苟安者敷衍偷闲，而不肖者更趁混乱以图快其私欲，日孜孜于权利禄位之分派与攫取。有此叹息苟安争夺权利之政府，故锦州继辽吉而陷落，热河继锦州而告危。而举国沉寂，瞠目相对，坐待强敌操刀宰割，而无法应付。或者其意甚且以为陷落者锦州也，离此为程尚遥，固不必惶急自扰也。极目滔滔，人心尽死。呜呼！我国固尚可谓为一有组织之国家耶？

国民党主政，迄今五年，人民予以为政之机，不可谓为太暂。五年以来，国事日非，民生愈困，迄至今日，更岌岌不可终朝。则负此误国之责者，应为整个之国民党。在今日危殆情势之下，国民党诸领袖，除洗心革面一致团结接受人民之公意，共同努力于御侮救亡，定国是苏民生而外，更有何话可说！如其不能，则即应举国政还诸国民，予人民以自救救国之机。五年来误国至此，今后决不容再误也。

至于国民在今日，尤应澈底觉悟，国非国民党所私有，尤非汪胡蒋等数领袖所私有。国危至此，而日徒期望祷祝政府与少数领袖，救国救民，此与政府之日徒期望祷祝国际联盟予我以援救，其愚笨可耻，正如出一辙。吾人于前此已一再言之，有负责之国民，而后有负责之政府。举国人民都置国是于不闻不问，任少数人据为私物，浸以致今日之危急，皆由自致，何能尤人。自今以后，国人亟应翻然觉悟，与其依赖政府，毋宁依赖自身。惟人民自身之力量乃最真实，乃最伟大，救国自救，最为有效。吾人临此存亡危急最后之时机，应决然奋起。国为我全体国民之国，救国之责，即应我全体国民自起负荷。政府而不能御侮救亡，则希望与等待之最后，有效与有力之行动，应有必要，应为不可避免。孙武子有云："置之死地而后生。"吾人今已真临到死地矣。生乎？抑遂径坐以待死乎？其应知所以自择！

教育破产与政府之责任*

今日我国家之政治，如一团乱丝，又如一团死水，无一当人意，而最足以令人痛心最足以危害我国家之根基者，则教育破产是。

二十年来政治之窳败，内乱之迭作，文化之低落，生产之落后，教育之衰落腐化，要为其大因。迄至目前，则政府尤视教育为儿戏，为装饰门面之点缀品，可有可无，羌无足重。故教费长年欠发，教职滥以畀人，全国学校，都陷于停顿状态，教育显呈整个破产现象。

据最近报纸所载，国立大学积欠教费，都至半年之久。平津各国立大学积欠教费，共达二百四十万元。北平大学校长沈尹默及七院院长同时辞职，平津各大学代表团，迭向府院教部呼吁，终于不得要领。其他各省市县教育界为教费而请愿哀求，更为极普遍之常事。夫教费积欠至半年之久，学校究何由而敷衍其场面？从事教育事业者，又究何由而维持其生活？今日我国家财政，一再核减，军费仍占一千八百万，而政费则仅四百万。年来发行公债，共达九万万，亦皆用之于军费。国家悉索敝赋，搜刮人民之血肉以养军。而其结果，则土不能守，寇不能御。恰如新财次林康侯氏日前所言："军队所报酬我国民者，内战、土匪、共党、鸦片而已。"吾人诚不解政府罄国帑以养军之目的，尤不

* 原载1932年1月21日《申报·时评》，署名：彬。

解政府欠发教费坐视学校停顿教育破产之用意。

尤有甚者，据北平消息，前曾绝食呼吁和平之北洋工学院院长王季绪电李石曾，责问拨发庚款十万元供某伶人赴欧考察事。又据消息，去岁年底某某数部，各有特种进款，公务人员竟得特发双薪。夫庚款固专为补助文化事业者，但各大学经费艰窘，将至关门。教界人士枵腹从公，生计浸至断绝。就令某伶人赴欧考察为有必要，而权其轻重，量其缓急，十万元之数，究应先作何用？抑又何能一手操纵、以个人之好恶自由支配？至于从政从教皆为国家服务，待遇即应一律平等。今从教者枵腹从公，无以自存，而一部分从政者反发双薪，特示优渥，则又何说？此种万不应有之怪现象，皆足为我政府今日忽视教育，坐以致教育破产之明证。

此犹就教育经费一方面而言也，至于教育行政则更不可说。整个教育界，完全官僚化，从事教育者不必专才，亦不问其学识，教职为敷衍情面之礼物，为安置私人之闲职。于是而教育重职虚悬，于是而中央大学校长被殴。穷极丑态，怪象百出，而犹以学风败坏，责在学生，择师择长，皆为好乱。此种现象，诚为世界所未有。吾人除痛心疾首而外，更有何话可说。

夫教育为立国之根本，关乎国家百年大计。视今日教育之成绩，即可以断他日国家之治乱。政府今日之忽视教育，坐致其破产，不仅足以致目前全国青年失学，亦即断丧国家之元气，掊掘国家之命根。其祸国不仅在目前，且远至数十百年以后。关系之重大，有若此者。今日世界各国莫不以竭力发展教育培植青年为急务。夫果一国而不能维持最低限度之教育经费，则其政府尚能谓为政府耶！

吾人认为，今日军费万不可不减；教费万不可不增，更不可不按期拨付。官僚主义之侵入教育界，为教育之致命隐疾，尤不可不坚决反对，力予杜绝。

吾人敢作沉痛之大声疾呼，吁请我国人我教育界自起共挽救此足以亡国灭种之危机！

教育经费急应独立*

目前我国教育破产之情状，吾人既已于日前《教育破产与政府责任》一评中，予以详尽之陈述矣。政府视教育为装饰门面之点缀品，故一任经费之积欠，学校之关门，教职员之饥饿，青年之失学，全国教育界之号泣呼吁，皆置若不闻不见。军费不可不按月开支一千八百万元之巨，而教育经费，则尽可拖延停发达半载之久，坐致全国弦歌绝响，危及立国之根基。此种误国甚且祸国之举措，就言国家财政支绌，亦难曲予原谅。立国于二十世纪之国家，而有若斯之现象，此诚为咄咄怪事。

依据中国国民党之政纲，其对外政策第五项有云："庚子赔款，当完全划作教育经费。"对内政策第十三项有云："励行教育普及，以全力发展儿童本位之教育，整个学制系统，增高教育经费，并保障其独立。"今国民党已主政五年矣，此政纲实行之程度究如何？十七年七月举行之全国财政会议，对于教育经费独立并保障一案，曾经大会决议通过。十七年至今，已四年矣，此议案实行程度如何？十九年四月第二次全国教育会议宣言有云："我们希望政府能不辞任何艰难，就本方案所定的预算内筹足必需的经费，并且实行保障经费的独立，使得现有的整理和逐期的改进，都不受丝毫的影响……"关于经费的来源，亦有具体决

* 原载1932年1月26日《申报·时评》，署名：彬。

议。而于教费独立一案，更郑重决议云：“教育经费，应保障其独立，乃总理之遗教，无庸赘述。根据教育经费独立之原则，应采用特别会议制度。其地方税收指定用作教育经费者，一经确定，不能移作他用。中央税收指定用作教育经费者，一经确定，亦不能移作他用。”十九年至今，近两年矣，此决议实行之程度如何？去年五月间举行之国民会议通过之约法中第五章第五十二条亦有云：“中央及地方，应宽筹教育上必需之经费。其依法独立之经费，并予以保障。”约法至少限度，当为中央政府先自应恪守者。今约法确立已近一年，其遵守并实行之程度又如何？凡此政纲与约法以及各种会议之宣言与决议，昭示煌煌，固十分神圣庄严，不容政府首先违犯者。今党纲不能实现，约法不能恪守，决议不能实行。徒日以不兑现之宣言文告昭示国人，是欺民也！吾人在今日目击全国教育破产，青年失学，教育界泣血呼吁之惨状，更一念及我国家民族根基摇动与来日危机之深重，诚不能不痛心疾首于政府之勿视教育与贻害青年也！

教育为立国之命脉，吾人既已三复言之矣。以今日情势而观，政府殆无觉醒之动机。政府而长不觉悟，则为拯我民族固我国本计，全国教育界亟应奋起，坚决奋斗，挽救教育。争取教育经费，并保障其独立，即以保存我国家之一线生命。

从当前事实之教训，吾人当可以灼见泣血呼吁，于实际毫无补益，绝不足以醒政府诸公之迷梦，而动其恻隐。就令泣血乞怜之结果，得特蒙优渥，拨给少数之经费，而下月又将如何？明年又将如何？长此以往又将如何？故教育界人士为维护国本计，为培植青年教育计，职责所在，应一反请愿乞怜之方式，奋起抗争，作广大之救教运动。

抗争之道则如何？曰集合全国教育界之力量，以抗争之方式，要求政府实现教育经费独立，并予以确切之保障。其具体之办法为：

（一）教育经费之标准，应照现代国家占税收全数之普通百分比。

（二）划定某一种或数种税收专充教育经费。

（三）划定充作教育经费之税收，由教育界组织委员会直接征收。

（四）划定之税收，绝对不准提作他用。

（五）全部庚款仍须维持用之于发展教育之原议，不准移作他用。

从政者之人格*

于“千呼万唤”之催驾声中，蒋汪于杭州集议之后，联袂入京，中央始稍稍呈现活气，政局始稍稍有转机。乃蒋汪刚至，行政院长孙科则又忽以辞职闻，政局之离奇变幻，诚令人无从思议，无从捉摸。

溯自去岁宁粤分裂，扰攘纷争。九一八事件发生，以外患之刺激，和平之使，乃仆仆道途，辗转磋商，粤方仍终始坚持以蒋下野为先决条件，一若“斯人不去，祸患不已”者。终于蒋氏引退，政局急转直下，新政府艰难产生。而党国要人，则又一时都病。胡病于粤，汪病于沪。蒋则悠游于妙高台上，独乐其乐。中枢空虚，主政无人，一切散漫如沙，无从进行。于是而敦促三领袖入京之呼声，又应时而起。劝驾之使，不绝于途。即孙氏亦以促蒋入京，曾亲去杭州。斯时之情势，则又有若“斯人不出，如苍生何”者。今汪蒋已入京矣，且已问政矣。而孙氏以同于责任内阁之行政院长，则忽又匆匆来沪，匆匆辞职。随之而起者，则又为挽留劝驾。匝月以来，外交日趋紧迫，而政府当局则日忙于谦避与劝驾。时而反对，时而欢迎，时而积极，时而灰心，悲欢离合，变化万态。吾人诚不知政府当局其为作捉迷藏之戏耶？抑为同犯悲喜无常之小儿病耶？或政府当局皆为醉人，故扶得东来

* 原载1932年1月27日《申报·时评》，署名：彬。

西又倒耶？处此情势之下，吾人诚是非莫辨，笑啼皆非。

自九一八祸变发生迄今，党国领袖，无日不以和平统一精诚团结共赴国难昭告国人。然而证之事实，则彼来此去，各怀鬼胎，一若冰之于炭，绝不相容。今外交情势，日趋险恶，环顾国际，皆互相观望，寂然无声。处此情势之下，当局而犹不能集举国之力量，拼死以求生，反藉外交问题为政争之工具，置国家危难于不顾，是何心理？吾人诚百思而不得一答。

吾人认为今日国家情势，已达十分严重，千钧一发，存亡所系。国为全国人民之国，绝不容少数人因循坐误，尤不容少数人日醉心于权利之争逐，以速其亡。国人忍死待命，今已至最后之时机。政府如不欲必使国自我种亡，自我灭，则今后亦宜暂泯私欲，勉相团结，移一分争权利之精神，用之于救亡御侮。如其不能，则即应举政权还诸我人民，予人民以救国之机。吾人敢郑重声言，今后国人再不容以国事为少数人之专利品矣。从政者应有政治家之人格。长此以国事为儿戏，不仅无以立国，实且无以自立。凡兹所为，清夜自思，应亦不安，奈何犹懵然罔觉耶！

召集国难会议平议*

——何谓“国难”，其职与权如何

自“九一八”事件发生，宁粤协议和平而后，“集合全国力量共赴国难”之论调，即一时庞然而兴。汪精卫氏曾有组织国难救国会议之主张。孙科氏亦曾有召集人民代表会议之主张。四届一中全会宣言，则更明白昭示全国以决“立即召集国难会议，与国民救国会议，以定救国之根本方针”。今国难会议已正式由行政院会议决定委派专员筹备，并聘定会员，确定会期矣。处此千钧一发之危殆情势下，集合全国英彦于一堂，以共商“救国之根本方针”，实为必要，意则尤善。吾人于此，更复何说。

独是兹事体大，非等儿戏。会议而为“定救国之根本方针”，则此会即为我国家生命之所托。吾人详加思虑，则有若干问题，尚觉有举以向政府当局质疑之必要。

会议而曰“国难”。则顾名思义，当可知此会之召集，特为救我国家之危难。然而“国难”今已成为一极普遍而又极含混之名词。谓为专指“外患”也可，谓为专指“水灾”或“匪祸”亦无不可。吾人认为此一名词之意义，必有详明之确定，而后会议始不至成为无的放矢。换言之，即吾人必先认清何者为“国难”，而后始足以言会议“如何共赴国难”，“如何打破国难”。固矣，东北沦亡，外患日益紧急，诚为我国当前之大难。然而除外患

* 原载1932年1月28日《申报·时评》，署名：彬。

外，灾黎之饥寒，灾区之荒凉，独非国难乎？教育之停顿，财政之破产，实业之凋敝，以及整个政治之混乱，陷于无政府状态，独非国难乎？今日召集国难会议之目的，将专为对付外交问题乎？抑将并内政而同时讨论乎？吾人认为国无内乱，必不致外侮。同时，政治如清明，政治组织如健全，从政者如都能以国家与人民之利益为前提，克尽其职责，则内亦必不致乱。故今日之所谓国难，与其谓为专指外患，毋宁谓为着重于内政。御侮守土，政府负有专责，即应竭全力以赴之，无讨论之余地，亦即无召集国难会议之必要。在和平会议与一中全会中，多着重于政体问题之讨论，与职位之分配，而于外交问题，则极少讨论。从可知政府之所谓国难，不为专指外交，实尤着重于对内诸艰难问题。然乎否乎？吾人莫能决。此其一端也。

会员既已聘定矣，会期亦已确定矣，但此会之性质究如何，其职责又如何，政府既未明白宣示，吾人实怀疑迷惘而莫从窥测。依据一中全会宣言中有曰："国难会议与国民救国会议之目的有二。其一为集中全国专门人才之计划，使成一整个的准备。其二为集中人民之意见，使成一整个的表现。……以复我疆土，完我主权。"又据国府一月十九日召开国难会议明令有云："迄于今日，内忧甫息，外患方长，凡我国人，亟应淬厉精神，共同御侮。……各本救国之诚，共谋自卫之道，一心一德，济此艰危。"复据国府发出聘请国难会议会员聘书有云："近因外侮凭陵，侵略日亟。……政府凛危厦之难支，矢巨川之共济，期纾国难，浼聘邦贤。"是则召集国难会议之目的，应专为"复我疆土，固我主权"，"本救国之诚，谋自卫之道"矣。换言之，即国难会议之"职责"，专为"共谋自卫"，自卫御外，其他种种，即非所能过问。是则国难会议之"职责"，固已微乎其微矣。国政可由少数人垄断，国民不得而过问。国有外侮，则推之于国民，揆诸情理，讵能谓是？以今日之情势观，国内种种，糟成一团。教育固不当维持耶？财政固不当整理耶？军人专政与政客播弄，固不当裁制耶？一切内政，固不急待整饬耶？人民困陷水火固不当急为拯拔耶？而独限于对外。政权我应坚持，而外侮则应人民抗御，国难会议之召集，固仅为是耶？

次之，任何组织，必须有其法律之依据，必须确定其权限。今日之国难会议，究为民众团体乎？抑为整个政治组织中一部分乎？为暂时之组织乎？抑为长久之组织乎？为仅备咨询之会议乎？抑为立法或执行之会议乎？其决议案有无拘束政府之能力，则又一谜也。日前某中委谈："国难会并非立法机关，亦非执行机关，不过讨论出办法来，供中央之参考。从前一党专政，不许其他势力参加政治工作，今国难日亟，不得不广开言路，使党外人才亦得一参政之机会。"诚如此谈，则国难会议，直无权限可言，集数百人讨论，成为决议，贡之政府，政府认为可采，则采之，认为不可采，则弃之。在另一方面，则又恰为以糖果骗小孩，一若曰政府今已予人民以参政之机矣，已广开言路矣。徒有其名，而无其实，徒有形式，而毫无权力，是敷衍人民并欺骗人民也。国危至此，政府而尚忍敷衍人民欺骗人民，吾人诚不敢信，亦不忍信。然乎否乎？此又一端也。

异哉公共租界之中立*

公共租界当局是维持严格的中立吗？日本陆战队从公共租界出发向华界进攻，打了败仗，又返回公共租界来，这样的公共租界是一个中立区吗？武装的日本兵在虹口横行，甚至于毒打或威吓徒手的市民，公共租界当局亦不采取有效方法制止，可以算是严守中立吗？

公共租界如要维持严格的中立，必须履行下列三种义务：

（一）解除公共租界内现有日本军之武装；

（二）武装日本军以后不得进入公共租界；

（三）便衣日本人私带手枪炸弹被发觉时，须以私藏军火论罪。

公共租界当局如不能严格履行以上三条，便应负破坏中立之一切责任。日本军队既可以自由出入，中国军队何不可以自由出入？万一公共租界秩序因此紊乱，则公共租界当局实不能辞其咎。

* 抄自《不除庭草斋夫笔记》卷十三手稿本第八篇。本篇既未见于《申报》，又未见之于单行本。时间当在一·二八之后，可能是1月31日。

救济上海教育问题*

一二八祸变爆发，上海顿沦为炮火连天之战场。在惨酷之破坏与迫害之下，商离其肆，工失其业，百业皆陷于停顿。而其最巨大至于无可补偿之损失，则尤推教育。

上海迩年学校林立，教育颇为发达，浸且以商业中心而兼文化中心。此次祸变突发，而学校区域之吴淞江湾真茹又适为战地。在日军炮火轰炸之下，经多年惨淡经营之同济大学、中国公学、复旦大学、劳动大学、暨南大学、持志学院、中央大学医学院、商学院、上海法学院、水产学校、商船学校等或全部被毁，或菁华尽丧。即幸获完整者，亦无法开学。其他中学小学，更复不少。直至目前，除暨南大学、劳动大学、中国公学、持志学院、上海法学院等三数校，已迁地设法开学而外，大多数学校，仍陷于停顿状态。各地青年因而失学者，为数正不知若干。此种教育上之损失，实至足令吾人痛心。

吾人认为此种现象，绝不容延长；此种损失，绝不容增巨。负有教育之重责者，应亟以创造之精神，从事恢复。如其不能，则亦亟应另觅校舍，另迁善地。如各国立大学，此时正宜迁往南京，就各部院宽敞之房屋，借用筹备开学，俾青年不至长时陷于失学之悲境。

---

* 原载1932年3月13日《申报·时评》，署名：彬。

至于各私立大学，吾人则尤望其能趁此时机，以合作之精神，集中力量，合办一大规模之大学。盖过去大学，虽林林总总，蔚为大观，但大都设备不周，规模狭隘，人力财力两感不敷。彼校既附设一商科，而此处则又专设一商学院；彼校既附设一法科，而此处则又专设一法学院。性质既同，而以力量分散，收效极微，何如破除门户之见，通力合作，各尽其力，创办一大规模之大学。此不仅为嘉惠青年而已，其于教育与文化前途，裨益尤大。

吾人认为上海为商业之中心，习既奢糜，尤尚虚华，此种环境，久不宜于心性未定之青年。换言之，即上海根本不宜建设为文化之中心。吾人切盼各学校趁此时机，迁往内地，不必麇集于此繁华奢糜之商埠，以养成多数骄纵虚浮之青年。

至我政府，在此时期，吾人亦深盼其毋忘却此一严重问题，或托言非常时期，以财政困难，此问题无法谈到。教育为立国之大本，教育破产，国家之前途乃真不堪设想。今日我国家整个教育，以教育方针之不确立，教育行政之紊乱，教育经费之扣发，实际已濒于破产，固不止上海一隅而已。再不力谋挽救，我国今后，果尚有教育之可言耶?!

政治黑暗与教育破产*

昨评发表后，记者复回环沉思，深感以学风替下，教育破产，独责教育界，未免失之太偏，且或亦非教育界人士所愿闻。盖教育之破产，其最大根因，则仍由于政治之黑暗也。

十六年国民党誓师北伐[①]，全国学生，多奋起响应，其于革命尽力至多。而党所致力之青年运动，则更以唤起青年努力从事革命为口号，故经历民十六十七革命高潮而后，一般学生对于“读书问题”，已深感政治而不上轨道，社会而长此停滞，“读书”实毫无所为，有重新估量其价值之必要。而浸以倾向政治，减低其读书之兴趣。迨国民党既底定全国，对于青年之自由思想，即开始施以裁制，教育党化，训练亦以党之意志为转移。党之所是者，必皆是之，党之所非者，亦必皆非之。彼生机甫萌之青年，乃忽遭受无情之桎梏，一线之光明，忽又重返于黑暗。于是而强者不恤走险，弱者则悲观消沉流入奢靡骄纵之途，以自戕其生命之力。此所以致今日之恶果者一也。

不仅此也，自国民党藉民众之力以取得政权，复藉政治之力量以压抑民众势力之伸张。于是而军阀政治与官僚政治乃重新抬头，割据势成，内战时作，官僚当政，贪污专横，但知利己，不恤人民，于是而政成黑暗。而军阀则又但知养兵，以增强其争雄

* 原载1932年3月31日《申报·时评》，署名：彬。

长之实力。政客但知中饱，以富裕其快欲念之私囊。国家财政，既已费去百分之八十以养兵，而政费则又再经官僚之中饱，教育既不为彼辈所措意，而教费更可恣意拖欠。迩年以来，各国立学校以经费之无着，已濒于一致关门之状态，从事教育者生计之艰苦，更匪言所能宣。呼吁请求,全国一致,而教育经费之长年欠发也如故。从事教育者,亦以生活艰难,不能安心于其所事。而军阀政客又常藉口“反动”,横肆摧残。此所以致今日之恶果者二也。

迩年以来，教育界已为官僚政治所侵入。教育行政，既无固定计划，教职则更视安插私人之位置。教育界中，派别分歧，壁垒森严，门户各别，竞夺位置，怪象百出。多数学校之风潮，大都有不肖党人与政客为其主动。所谓党化教育，恰为党人操纵教育。于是而贤者灰心，不肖之辈乃更得以恣意。此致今日之恶果者三也。

吾人从可知政治而不清明，凡百皆无整饬之望。而今日学风之败坏，与教育之破坏，固不能独以此重责教育界。凡此恶果，皆以黑暗政治种其恶因。

虽然，教育界仍不能遂谓为无责也。教育之目的，在于改变现实，推进社会；在于教导青年与现实奋斗，创造未来之新天地。是则处于今日黑暗政治之下，教育界人士为自救计，为救青年计，为救教育计，急应起而与政治上之恶势力奋斗，与社会恶环境奋斗，以教育改造政治与社会，培养民族未来健全之萌芽，此乃真为教育界人士当前应负之重责。记者谨以无限之热忱，祝望真能爱护教育，真肯致力教育事业诸君切实负起。

注释

① 北伐　1926年2月中共提出北伐以推翻北洋军阀统治的主张，7月1日广东国民政府发出《北伐宣言》，7月9日举行北伐誓师典礼。这里的“十六年”系民国十五年之误，后面的“民十六十七”也当是“民十五十六”。

国难会议之难产*

国难会议，前以粤方中委之倡议，继以四届一中全会之决议，及国府之陆续多次聘请会员，久已甚嚣尘上，今会议且已决定于本月七日正式举行矣。吾人于此一会议，向即不加重视。一月二十八日曾已为评提出种种疑问，就使会而能集，集而能议，而谓其遂足以打破当前之国难，盖亦等于痴人说梦。今请于会期迫近即将正式举行之前，再予以严正之批判。

国难会议，旨在救国。在接纳人民之公意，以定救国之根本方针。然而御侮救灾，早已为全国人民一致之呼声矣。澄清政治，建设民主政治，以及种种应兴应革之大政，全国人民亦早已一致明白要求矣。政府而真诚意悔祸，诚意接纳人民之公意，则即应本此"民意"，与人民努力以共趋，更何必费多时之踌躇，举行一不必有之会议。退一步言，即斯会而真有举行之必要，然而会员而以选聘，聘请之人，则又皆为宽衣博袖西装革履之所谓"名流""闻人"或"领袖""学者"。一次聘请之不足，继之以再，继之以三四，毕罗尽举，举凡曩日之所视为军阀官僚政客反动派为无可容恕者，今皆巨细不遗，独于占全国人口最大多数，而又实际处于身受最大痛苦悲境之农工群众，竟未见征聘一人。是则斯会而即真能召集，亦不过为"闻人""名流"之会议耳，

* 原载1932年4月1日《申报·时评》，署名：彬。

不过为“闻人”“名流”之“公意”耳。

再退一步言，即会议之结果而诚足以代表人民之公意，诚足以打破当前之艰难，拯救我民族于危亡。然而斯会之性质，既非立法机关，复无拘束政府之权力。如一月间报载某中委谈“国难会不过为讨论出办法来，供中央之参考”，则已明示决议之不必实行矣。设办法议出，而“中央参考”之下，认为不必采行，而长搁置于案头，则斯会之集，不仍将徒为儿戏，毫无意义耶！

最近汪院长明白规定国难会议所讨论之范围为救灾、御侮、绥靖，逾此即非所许。则斯会之集，徒以敷衍人民，更为明显。以言救灾，自去年洪水骤发，政府虽亦曾有救济水灾委员会之组织，但除借美麦而外，所藉以杯水救车薪者，仍为我人民一再捐输之累积。所谓赈灾公债三千万，用于何处，吾人迄今未见政府之明告。以言御侮，自九一八祸变突发，我人民即无日不敦促政府长期抵抗，收复失地。马占山所部之苦战龙江，与此次十九路军之英勇抗暴，我人民之踊跃捐输，热烈爱护，助财助力，亦为共见之事实。而政府则亘半年之久，对内高呼镇静，对外乞怜告哀，战和不决，土不能守，国不能卫，则所谓“御侮”一问题之讨论，不又为近于欺骗耶！再如绥靖，吾人认为匪盗之作，都由于政治之黑暗、人民生计穷蹙，自不得不铤而走险。晌使政治而长此黑暗，人民长困水火，则苛政之下，谁为善良，谁为匪盗，将从何而辨白？民不畏死，法将安施。年来政府筹巨款，调大兵，剿匪之结果如何？则所谓绥靖问题之讨论，彼手无寸铁之“名流”“闻人”，又不过贡献政府若干纸上谈兵之办法而已。

如上所陈，则国难会议之价值与其意义，吾人应已了然。一言以蔽之，不过为敷衍人民之一种手段耳。吾人是否应重视斯会！被征聘之诸君子是否甘为傀儡？曷其三思。

第一届儿童节献词*

今天是中华民国第一届儿童节，是中国成千成万活泼天真的儿童们最值得纪念的一天；亦即中国的政府，教育当局，成千成万的父兄和幼稚教育家，最应注意的一天。

有人说十九世纪是妇女的世纪，二十世纪是儿童的世纪。这即是说十九世纪是妇女解放的时代，二十世纪是儿童解放的时代。自从一九二五年八月国际儿童幸福促进会，曾在比京布鲁塞尔举行第一次国际大会，定下了关于保护儿童权利的五条原则以后，世界各国都已开始注意到儿童问题了。这是儿童前途的曙光，亦即人类前途的曙光。

从摆在我们眼前的事实上看，儿童所受的压迫，是最为深重，而又最为我们所忽视。甚且公认为合理。父兄们都把儿童当作自己私有的财产，同时更认为儿童们是不识不知，俨然把自己看做伟大的智慧者。于是束缚儿童们底纯洁意志，摧残他们底蓬勃生机，桎梏他们底伟大生命。强制儿童的意志，使适合于自己的意志。蔑视儿童的力量，一切代之以自己的力量。使儿童们没有自由，没有活力，如像牛马一样在主人的鞭策之下，机械地顺从使唤，安受豢养。在这样的父兄与幼稚教育家的手里，真不知断送了多少伟大的生命，真不知断送了多少生机蓬勃的儿童。这

* 原载1932年4月4日《申报·时评》，署名：彬。

是一种罪恶，是一笔大至无可估计的损失。所以我们应该为成千成万被压迫的儿童爆发一次伟大的革命。

至于我国的儿童所受的压迫与苦痛，更较任何一国，尤为深重。由于政治的黑暗与大多数人民生计的穷蹙，成千成万的儿童，都随着他们的父兄在饥饿之下，挣扎生命。陕甘前年旱荒，灾民们易子而食，几成为寻常事。婴儿的死亡率，为千分之五百四十，仅次于印度。至于儿童教育，更是谈不到，全国四千三百万学龄儿童，得享受读书权利的，仅六百五十万，被剥夺读书权利的，竟达百分之八十以上。父母不仅是把小孩看做私有的财产，且认为养育小孩，完全是为了养老与传宗，“养儿防老”与“积谷防饥”，是大多数人所坚持的传统哲学。所以中国的儿童，在今日尤其应该立即爆发一次伟大的革命。

我们认为儿童自有其伟大的生命。儿童们活泼的自然的纯洁的生命，绝非成人所能体解，更绝不容成人加以桎梏，而且儿童是未来社会的主人，儿童的前途，即是社会的前途，人类的前途。我们应该发扬儿童们的生命力，使其成为新时代的创造者；绝不容加以桎梏，使其成为旧时代的承继者。父兄与幼稚教育家的手里，实掌握着社会与人类的前途，所以重新估量重新体认把握在自己手里的幼苗的价值与生命，是当前最切要的工作。

我们认为生存应该机会均等，教育也应该机会均等。政府坐视千千万万的儿童失学，这是政府的无能。坐视千千万万的儿童在饥饿之下，挣扎其小生命，更不啻杀灭儿童。所以我们在今日，切盼政府不止于颁布儿童节，而更进一步的为儿童谋健康与教育上种种幸福之增进，发扬儿童的生命力，养成未来时代健全的主人。

在今天，我们当为成千成万的儿童祝福！当为未来的中华民族祝福！

介绍苏联的儿童教育*

四四儿童节又和白驹过隙一般的过去了。然而目前我国成千成万的儿童所遭受的深重苦痛，与儿童节的真实意义，是否曾在聪明的父兄和儿童教育家脑底激起一些微波，引起一点点作用呢？在此，我们特再简略的介绍一点关于苏联儿童教育的事情，以供国人比较研究和参考。

苏联教育的目的，是造成当作社会有用的一员，当作健全而有劳动能力，与渗透着社会的意识，组织化的训练，认识而且理解自己在自然及社会中的位置，明白其四周的现实，有能力建设社会主义社会的“社会人”。至于教育方针，则从初等教育以至高等教育，都由自然、劳动、社会的根本教材之三部分出发，把国家建设的新分野上的全部文化革命都委之于教育。这是苏联的新兴教育之特点。许多人说新兴的苏联，如今正是一个世界的教育实验室。确实的，在苏联，人类的物质与精神的一切活动，都正在作一次新的实验，教育不过是其正在实验中的一端。

儿童教育，在苏联尤其是被重视，因为他们知道负荷建设社会主义之重责者，正是这辈纯洁活泼未受旧时代之熏陶的儿童，所以与其说苏联儿童教育的目的在于从今后不使苏联再有一代的儿童、甚至一个儿童在无知与愚昧中长大，毋宁谓其在于培植此

* 原载1932年4月5日《申报·时评》，署名：彬。

万千幼苗都成为撑持社会主义社会的干材。

关于儿童教育，在学龄前，即唤起其对于自然的兴味，引入劳作的教育。同时有组织地学习交际，以为儿童社会性之发展与训练。其方法；有托儿所，以保育劳动者及红军兵士的乳儿及婴儿；有幼稚园，以教育较大的孩提；有所谓夏期的“儿童广场”与冬期的“儿童广场”，以为儿童夏期与冬期的运动保婴机关。这种学校的工作，不仅是替代了儿童的父母的保育责任，使其得以自由工作，并且实为父母社会教育的中心。

至于身体有缺陷及智能发达程度低的儿童，也为之设有盲哑教育机关与低能儿教育机关。再如一般无保护人之流浪儿、孤儿，及在教育不适当的家庭中的儿童，又设有对少年之社会的保护教育机关，如幼年馆，如少年馆，未成年馆等，课以社会的教育与劳动。

总之，苏联是国家实际担任了全国儿童的保姆的责任。他们不仅是使每一个儿童得活泼地生存，而且使其能普遍的享受教育。他们努力于促进儿童之生理学的合法的发育，维持并增进其健康。同时更使其在和现实文化密切关联之下，用其手与脑在生活的各方面活泼地学习，实践人类教育的第一个阶段。全苏联的儿童便是在这样的环境之下生长着。少年的苏联也就在这样的环境之下生长着。

我国的儿童生活与儿童教育的方法是怎样的呢？在此，我们希望我们的政府以及父兄们，与儿童教育家们作一次比较的考察、一次缜密的深思。

从言论自由说到思想自由 *

关于言论自由，吾人既曾于去年十一月间发表《言论自由之真谛》一评，认为此为人民神圣不可侵犯之权利，政府绝不应加以若何之限制与干涉。今请更进而主张思想绝对自由。

此一主张之提出，或者有人视为近于滑稽；同时或又有人视为决洪水之防堤，危机至大。前者以为吾人个人潜在之思想，固未尝不自由，且亦无人可能予以限制。后者则以为今日社会既已骚乱，若再取绝对之放任主义，对于思想不予以相当之防范，是无异于抱薪救火，将益以增长乱源。凡此两说，自其表面视之，固皆似言之成理，其实皆非。

吾人认思想自由之正确解释，不为个人思想“潜在”之自由而应为个人思想“公表”之自由。盖人生皆有脑，即生皆有思。吾人静思默念即穷天极地，幻念万象，固亦无人可能窥知，更无人可能加以束缚，然而此不过木偶之自由耳。吾人认为行动固当受法律之拘束，而思想必予以公表之自由，使得与他人交通，以引起社会之评论与研究，公开讨论，而后思想乃为有意义有价值。吾人今日固皆有木偶式之思想潜在之自由矣，然而果有思想公表之自由乎？此吾人于主张思想自由之先，不能不正确辨认其真谛之一解也。

---

* 原载1932年4月8日《申报·时评》，署名：彬。

次之，今日我国家我社会，固已陷入动荡不宁之境，青年之思想，固极驳杂不纯。然而此种动荡之现象，实为由于政治之紊乱与社会经济之破落，而非由于驳杂思想之鼓荡。抑且正以社会之动荡，民生日蹙，而政治上之权力者，乃更从而予以重重之桎梏，使其有思而不能思，有主张而不能公表，不能自由觅取出路。愤激郁结，适足以使其铤而走险，以求一快。是盖有若筑堤防水，似可防患于一时，而洪涛激荡，堤终将一决而不可收拾。固莫若撤除堤防，多开水道，使水得其平，得畅其流，庶不至激为拍天之巨浪。此吾人于主张思想自由之先，不能不明白辨认其利害之又一解也。

自国民党主政以来，即厉行党治，一切庶政，都以“党化”为前提，举凡人民思想与言论，概加以束缚。尤其自民十六国共分裂而后，对于思想言论，限制尤严。凡与国民党主义与立场不同之他种学说、他种主义，不仅绝对不许其流传，抑且绝对杜绝其研究。数年来青年之断送于此者，盖已无可数计。吾人诚不知当局对于此种限制，亦尝于法理上曾否加以深切之研究？更不知当局此种限制，是否能确信其遂足以遏抑人民不可遏抑之思潮？

公务技术人员应有保障*

昨日交通部无线电台技术员、工程师多人，因无故被裁，在报端刊登大幅广告，质问电政司长李范一及国际电信局长王崇植十二点。此一事实之谁曲谁直，吾人未明真相，自未能予以若何之批判。但假如“被裁”而真为“无故”，质问各点而皆为“合理”，则吾人不能无言。盖无故裁撤技术员与工程师，事固微细，而此种现象，则实为我国今日黑暗政治之缩影。换言之，即官僚政治之具体表现。而我国今日之病根，则任何人皆知其在于军阀政治与官僚政治之重新抬头也。

自国民党誓师北伐以至北洋军阀次第覆灭，以民主势力之进展，政治本有澄清之机。迨党政府统一全国，旧日之军阀政客，亦皆摇身一变而为党之“忠实”同志。政敌既除，天下大定，军政大权，由党之独裁进而转入少数人之手。于是而新军阀新官僚乃应运而生，军阀政治与官僚政治，即随之而死灰复燃。比年以来，每况愈下，一幕政治长剧，覆雨翻云，几于开历来未有之□局。

军阀政治与官僚政治之立足点，即为个人主义。一切纯就个人之利益而打算，绝不顾及国家之利益与大众之利益。故在军阀政治与官僚政治支配之下，一切多偏私舞弊。用人既不以专门人

* 原载1932年4月10日《申报·时评》，署名：彬。

材为标准，行政尤不以人民利益为前提。有真实专门学识之人材，竟无所用其长，而无专长者，辄据要津。如军人长交通，教育家、文学家主铁道。更如一再声明未娴政治者，而必强其负内政之重责。材不求其得用，人不求其称职，职位为结纳联欢之酬劳，为安插私人之工具。冠履倒置，纪纲荡然。尤有进者，军阀以政客为爪牙，政客倚军阀为靠山。于是一般无耻政客，各拥某一实力者为中心，树立派系，壁垒森严，门户各别，互相倾轧，极尽险恶之手段。彼派欣然而来，则此派愤然而去。来者即总揽大权，一派专利，异己者排，无力者撤，亲戚故旧，一时皆分得一杯之羹。彼来此去，循环报复。即素称清高之教育界，今亦不免为官僚主义所侵入，校长必勾结实力，教员必结纳校长，其无派别无靠山而具真正之学识者，则随地无立足之点。公务人员，毫无保障，人皆存五日京兆之心，皆不安其所事。斯皆军阀政治与官僚政治所诱致之恶果也。

吾人今读交通部无线电台技术员、工程师之质问，因而倍感军阀政治官僚政治如不掊覆，政治决无步入轨道之可能。吾人诚不知各技术员之所以被裁，是否亦为门户派别之争持。如其为是，则吾人敢声请政府当局，最低限度，应注意专门人材之集中，并注意公务人员之保障。

国难会议之成绩*

“绥靖”与“救灾”，隔昨既已分别评论。至于“御侮”一问题，吾人认为毫无讨论之余地。盖守土自卫，政府负有绝对之责任。九一八祸变发生，崇朝之间，沦落半壁山河。张学良全师退却，一再声言“一切惟服从中央”，而政府对张，并未见律以丧土辱国之罪。收复失地之呼声，今亦归于沉寂。以故对于此一问题，吾人认为无再加以讨论之必要。今国难会议业已闭幕，请检阅其成绩，予以正确之评论。

国难会议于七日开幕，十二日闭幕。据报纸之纪录，到会会员一百四十七人，开会六次，除听取数次军事、政治、财政、外交等之报告，与“精诚团结共赴国难”之训话外，提案一百零六件，决议照例必有之数十案。致慰劳东北义勇军，慰劳颜代表，嘉慰华侨，嘉慰上海民众，勖勉全国将士，致国联调查团文电各一通，发表闭幕宣言一则，欢宴数次，斯即为所谓国难会议之成绩。此种会议，迩年以来，无岁无之。讨论决议，宣言口号，欢宴闭幕，为会议一定程序。在政府固已练习娴熟，在人民亦已视为“司空见惯”。数年来会议之成绩固何如耶？以昔例今，正复相类。而谓此次国难会议，以短短六次之会议，其精神遂足以打破国难，则吾人未敢轻信中外历史上有此奇迹也。

---

* 原载1932年4月15日《申报·时评》，署名：彬。

吾人检阅到会会员之名单，若干为过去及现任之官吏，三分之二为国民党员。故与其谓斯会为“农工商学之大联合”，毋宁谓为“官吏”“党员”“优秀分子”之大联合。其目的纯为敷衍人民，缓和责难。故会中之主张，与政府之意向，皆有和谐之节奏。汪院长致开会词曰：“御侮最需民族思想能一致”，前天津市长臧启芳氏致闭会词，遂谓“此次本会最大精神，为不分党派阶级，对御侮系一致”，而且在“御侮”一案中，正式成立决议。汪院长在开会词中又曰：“造成国难之责任，不能专责于党”，而陶孟和氏之答词，遂谓“今国民不能以国难全责加诸国民党”。汪院长代表政府报告中，谓“训政时期，不得不延长，政府之目的，在使训政完成，宪政趋向光明之路，而不入于民元时代黑暗之路”；而梅思平氏报告审查政训改革案，遂主张“公开政治实施宪政”等案，不提出讨论。汪院长谓“会中讨论可自由”，立法院委员高一涵氏之答词，遂谓“到会之后，不特讨论未有范围，言论亦绝对自由”。汪院长又谓“国难会议为民族精神团结之最高表现”，高一涵氏之答词，谓“我们今日在洛开会，可说已经充分表示此种足以战胜一切恶劣环境之精神”。尤有甚者，臧启芳氏之闭会词中有曰：“最后尚有一郑重声明，本会议现完全结束，同人今后亦只能以国民资格，努力向前，而不可再用国难会议之名义”，是更无异于代表政府致训词。若曰“六次之会议，已得圆满之结果，并暗示此后会员，不得再借国难会员之头衔，日以集会发通电为事，在外招摇，予以政府以不利”，殆无一处不为仰承当局之旨意，作可怜之应声，帮助政府撒弥天之大谎，以蒙蔽人民之耳目。故斯会之盖棺定论，不过徒为一幕技术纯熟之双簧耳，上下交相欺，上下交相誉。国难云何哉！救国云何哉！

欢迎罗格博士*

美国著名教育家罗格博士Dr.H.Rugg于日前抵沪。罗氏原本为学工程学，继乃研究教育，现专门于“课程改造”之研究，在美国教育界中为最进步之人物，对于美国现在之资本主义教育制度，颇致不满。此来我国，一为考察东西文化接触后所发生之影响，一为考察正处于动荡与转变之程途中之中国之文化界一般的现象。吾人对于此为人类文化而远道仆仆之来宾，谨特表示欢迎之忱，同时更不能无一言。

美国为近世资本主义发达达于顶点之国家，其国内教育之发达，学校规模与设备之宏伟，自为世界任何国家所不能望其项背。故美国之教育，殆即可谓为资本主义教育之最高典型。然而最优良之教育之模型，固不仅偏于物质方面之宏伟设备，其尤重要者，为另一种活泼的、健全的、自由的、前进的“生命力”。而资本主义制度下之教育，对于此种必不可少之“生命力”，则显然为十分贫乏。即举美国为例，美国今日之教育，显然为商业化，教育之重心，完全为资本阶级所操持。狂热之“竞赛”，“功利主义”之支配整个教育；教授与学生之关系，完全成为知识之贩卖；以及学校行政之完全为几于仅具商业头脑之实利主义者所支配，都足以证明美国之教育，为完全为资本主义作工具，

* 原载1932年4月16日《申报·时评》，署名：彬。

造奴隶，而非为社会造自由人，抑且迄至目前仍毫不觉悟。此为资本主义教育最大而又无法避免之缺憾。以故，吾人认为此种教育，实有根本予以摧毁之必要。

中国为生产落后，受宰割于帝国主义与封建势力两重恶势力下之国家。今日正处于破落之程途中，正处于极其艰困之境地。由于经济之落后与政治之不上轨道，其在文化上与教育上之为凋敝，为破落，为衰老，自为无可讳言。罗氏亦自可由正确之观察，认取正确之事实。然而吾人所必须特为指陈者，即在今日“黑暗中国”之另一面，尚有多数之“光明追求者”，正在为创造新的文化新的教育而努力而奋斗。此种艰苦之奋斗，吾人敢言其必能得成功。“少年之中国”必可由此种奋斗而呈献于世人之眼前。

抑吾人之所以认为罗氏此来我国，较之杜威、克伯屈诸氏之来，尤有特殊意义者，即罗氏始本为工程学者，继乃研究教育。工程师之于建筑，其所持之原则，为破坏陈旧不堪者，保存旧有之优良者，作成崭新之创造；教育之原则，则亦不离乎是。故罗氏以工程学之学识与经验，致力于教育之研究，自能获得伟大之成就。不过吾人认为工程师有“新”“旧”之分，教育家亦有新旧之别。“旧”工程师徒为帝王造宫殿，为特殊阶级造亭台楼榭。“新”工程师则为多数人造房屋，造公共之图书馆、公园，以及种种适合于大多数人要求之建筑物。旧教育家徒为帝王造顺民，为统治者造奴隶，为旧时代造承继者。新教育家则为社会造健全之自由人，为新时代造具有创造能力之“工人”。罗氏以工程学者兼教育学者，而其思想则又不囿于当前资本主义世界之华贵与都丽。吾人敢断言其对于教育前途，必能有伟大之贡献。

罗氏此来我国，吾人已知其一为考察，一为搜罗事实，藉以作成“新教育”之图样。然而吾人敢为罗氏言者，即中国今日亦正有多数“新教育家”努力于“新教育”图样之研究。吾人深盼东方与西方之新教育家携手，共同努力，争取推进时代之巨轮之伟大成功。

是非辨*

迩近数年，以厉行党治之故，政府对于舆论，箝制颇严。人民对于政治，几于完全无监督批评之机会。自去年七八月间，洪水突发，“九一八”与“一·二八”祸变接踵而起，内忧外患，相并而至，国势阽危，有若累卵。政府悔悟曩者箝制舆论之为非当，乃决然恢复言论之自由，使人民得以批评政治之得失与是非。吾人认为政府此种觉悟，实为政府新生之机，亦即我国家新生之机。

虽然，吾人今日而欲评论政治之是非，究以何者为其标准乎？换言之，即何者为非，何者乃为是乎？评论是非而无评论之标准与立场，则是非将愈以不明，而使政府日处于责难纷至，举措莫定之艰境，益无法打破当前之难局。斯说诚是，故吾人敢以一言明辨是非。

吾人认为欲明辨政治之“是”与“非”，必以事实为根据，必以“大多数人民之利益”为立场。依据于个人之感情而判断者，非真实之是非。依据于个人或少数人之利害而判断者，亦非真实之是非，而不以事实为根据，徒作恶意之攻击或谩骂者，尤非真实之是非。

何以言之？事实为最有力之雄辩，亦即不可更移之铁证。亦

---

* 原载1932年4月21日《申报·时评》，署名：彬。

惟依据事实而判断之是非，其本身乃亦即成为一种“事实”，一种不可更移之“铁证”。既已有足以依据之事实，更基于大多数人民利益之立场上，从而分析事实之性质，合乎大多数人民之利益者为“是”，反之即为“非”。此种判断，乃为大众之判断，公正之判断，换言之，乃为真正之是非。脱言者为别有用意，为恶意之攻击，为非理性之谩骂，则言者本身，先已无是非不明是非矣。以无是非不明是非之人，而评论政治之是非，则政客耳，暴民耳，愚妄之白痴耳。人民固绝不至为其所惑。政府之威信，尤不至为其伤及毫末也。

是故政府而欲明辨舆论之是非，必先体认舆论之是否以事实为依据，是否以大多数人民之利益为立场。政府而欲辩护政治之是或非，亦必以此两者为明辨之根据。政府而欲博取人民之拥戴，尤必就此两者作明白之宣告。譬之救灾，譬之补救将破产之教育，譬之停止最近将行增加邮资之议，凡此种种，政府皆能以人民之利益为前提，以绝大之决心，决然以事实昭告全国，则人民自竭力以讴歌政府矣，竭力以拥护政府矣。否则是非自在人心，决非威权或巧言所能禁遏者也。

尤有进者政府而欲明辨舆论之是非，必其本身先有是非。脱其本身不明是非，徒以本身之利害为是非，则舆论之所是者，皆将为政府之所非。是则政府与人民，日益背道而驰。其欲博取人民之讴歌，顾可得耶？

英政治学者拉斯基曾有言：“政府为周咨博访计，得力于反对者之批评，必较赞助者之诵扬为多，阻塞人民之批评，即自种灭亡之根而已。”斯言诚有至理，诚为名言，愿我政府三思之。

今即取最小之一事而言，吾人呼吁党政诸领袖一致团结，共赴国难，亦已半载于兹矣。假使党政诸领袖，今日而果真觉悟分离之为非，重新精诚团结，以共谋打破当前之国难，则亦未始非舆论批评之力，未始非真是非监督之力。真实之舆论，果真足以促起诸领袖之觉悟否乎？吾人今请即取此一事以为断。

左右辨*

今人评人恒曰某也“左”，某也“右”，或以此互相标榜，或以此互相攻击，或更以此为中伤之工具。近数年来，青年之死于“右”者不知凡几，死于“左”者更不知凡几。曰左曰右，漫无标准，左右之真实意义既泯，而“左”“右”乃完全成为中伤与攻击之专门名词。故吾人不得不以一语明辨。

夫所谓“左”“右”，亦犹“是非”两字之徒为一抽象名词耳。尝有人曰：“革命的向左去”。是则所谓“左”者，应即表示“革命”之意矣。实则此不过政党政治家用作宣传之术语耳。自我人民视之，则无所谓“左”，亦无所谓“右”，但知“事实”，但知以事实为根据，而判别其是否适合大多数人民之要求，是否为代表多数人民之利益。适合人民之要求，真能代表人民之利益者，即为人民所拥护；否则，即为人民所反对。故脱主张而有左右，思想而有左右，行动而有左右，则其真实意义，及其真实之区分，应在于是。脱舍此立场，而徒肆其利口漫作批评，曰某也“左”，某也“右”，某种主张也“左”，某种主张也“右”，是则其本身根本不知“左”“右”为何意义，作何解释，徒为无意识之狂叫耳。

吾人既已了然于左右之真实意义矣，则对于思想之左者，主

* 原载1932年4月22日《申报·时评》，署名：彬。

张之左者，行动之左者，换言之，即其真足以代表大多数人民之利益者，其为反对乎？抑为拥护乎？如曰反对，则即无异于反对大众之福利，即无异置自身于大众敌对之营垒。吾人果容许置身于大众敌对之地位耶？故吾人敢断言，凡能辨明左右之真实意义者，当能明白确定其对于左右之拥护或反对，断不至视“左”为洪水，为猛兽，为不可亲近，而肆力反对。如明晓其意义而必予以反对者，则必其个人之利益与大众之利益相冲突。而所谓反对者，实即一种“斗争”耳。

抑尤有进者，无论思想、主张之为左为右，必有其产生之背景，决非由于某个人或某一部分人偶然之感觉。时代为动的、进化的，决不长停于一固定之阶段。思想为经济之上层建筑物，经济而发生剧烈之变化，则其上层建筑物，亦必显呈突变，此皆必然之理。故时代既不可以少数人之力而推进，亦不可以少数人之力而阻遏。时代思潮，既不以少数人之偶然感觉而产生，亦不以少数人之反对而消灭。即以人类社会近史而言，由君主专制进而为今日之德谟克拉西[①]，盖亦有其必然，故虽经历长时之争斗而卒底于成功。以昔例今，则今日社会主义思想之流行，又岂偶然，又岂高压反对所可遏制。西欧各国对于任何主义、任何思想，皆可公开讨论而不加反对。诚以时代思潮之来，汹涌澎湃，绝非任何权威任何势力所可阻止。如必欲加以阻力，行见其自身终将为时代之洪流所卷没耳。

舆论无左右，但有是非。但当基于大众之立场，站于时代之前面，为时代之先导者，而不应为时代之追逐者。此吾人在今日所应切实认清者也。

注 释

① 德谟克拉西　英文democracy（民主）的音译。

设法使高士其学有所用*

他在试验室受了脑炎病毒的感染，得了脑炎后遗症，在南京中央医院任细菌检验科主任。由于看不惯院长的贪污腐败，愤而辞职。现在流浪到上海，过着亭子间的生活，贫病交迫。公朴先生介绍给我，我把他安排在自然学园里。像他这样一个为科学而献身的人，我们应当设法使他学而有用，不要埋没了这个人才呀！

* 此系1932年4月，引荐高士其时与史量才的谈话。摘自高士其文《他在我心中布下科普创作的种子》，载湖南教育出版社1984年10月版《陶行知一生》。

到群众中去打滚*

你要到群众中去打滚，忘记你是一个知识分子，然后你在思想上、感情上、生活上才可以和群众打成一片，才可以发现群众需要什么，欢喜什么。这样，你写出来的东西，说出来的话，才能打中群众的心眼儿。

如果你很忙，你家里或你的周围总有老妈子、娘姨或其他人，你就拜他们做老师吧。要断定你的文章是否真正做到大众化，我看只有请教老妈子来批准。

为了大众化，我向你们推荐两位老师：第一位老师是你们自己的耳朵，文章写好了先念给自己的耳朵听听看，是否有不顺耳的地方，如果有，就把它修改一下。这样念几遍，改几遍。第二位老师是老妈子，你请她坐下来，念给她听，如果听不懂，就得把稿子塞进字纸簏重写，倘使只有些地方不明白，那么就需要修改一下。你念她听的时候要观察她的表情，她微笑、点头、高兴的地方，就是你的成功处，记在心里，以后可多用。但我以为最好的办法，你念了之后，反过来请老妈子讲给你听听看，看老妈子是怎么说，你就怎么写。

---

* 摘自伯韬著《回忆陶行知先生》第29节《大众化——向老妈子学习》，哈尔滨光华书店1948年2月初版。题为编者拟。

救济战区教育*

此次抗日血战，上海吴淞宝山嘉定太仓各战区，受灾至为惨重。吾人今日但一往闸北战区视察，可见昔日之繁华市场，今仅剩断垣碎瓦，凄然偃地，火焚之遗迹，炮弹之遗痕，皆宛然犹新。就闸北之惨况，推而至于其他各战区，当无不皆然。今战事既停，日军且已渐撤，如何以救济此受灾惨重之战区，如何以安抚此流离无所依附之灾民，如何以复兴战区之工商百业，是即为当前之一绝大问题。

为解决此一绝大问题，迩近已有上海市战区善后筹委会，苏省战区救济委员会等筹谋战区善后之组织。而参与此种组织者，又大都为各界之俊彦。历次会议，如救济战区农民问题，救济平民经济，皆有详细之讨论。吾人盖可预测其将来，必获得良好之效果。不过吾人尚有须特别提出贡献于善后委员会诸君子者，即战区教育之复兴，尤应郑重注意是。

救济战区教育必须特别着重之理由，盖以万千青年为此战事荒芜其学业，且或因而根本失去其求学之机会，其影响于此万千青年将来之生活，以及社会文化无形损失之巨，断不在有形之工商业以及农业之下。工商业农业之救济，固极重要，教育之救济，不更为当前之急务耶？

* 原载1932年6月13日《申报·时评》，署名：彬。

吾人认为救济战区教育，首先必须多选教育专家为善后委员，俾能作周详之救济，及进一步之改进计划。次之，战区之学校，皆应极力兴复，绝不应以经济之困难或其他原因，就此停闭。如目前劳动大学之停办，吾人实未敢赞同。复次，战区教育之救济，应特别注重中学与小学。中小学生多系战区本地之子弟，学校停顿，其学业遂完全荒废。而由于战祸之荼毒，家庭因而破产，无力继续入学者，为数当亦极多。故救济之道，应酌量情形，复兴原有之学校，并补助无力入学之子弟，免其一切费用。此为国家应负之责任，断不容视为难举置而不为也。

总之，复兴战区，决不容缓。日本曩昔东京地震，受灾至重，而彼集全力以与自然搏战，不数年竟告兴复。我国今日如无以复兴此为强邻兵器所摧毁纵横百里之战区，斯诚为大耻。生聚教训，吾人当以此发其端。

此外，吾人认为此次之抗日血战，意义至为重大。而此次战区备受荼毒之惨状，身历目击，当更足以予吾人以极深刻之印象，激起吾民族发愤自雄之精神。故吾人希望上海左近之学校，多领导学生前往视察，予以最亲近事实之刺激。吾人更建议在战区永留一炮毁之地，保存其受灾之原状，以永志此次抗日血战之英武精神，并使国人永久得以触目警心。

政治纷乱与学潮*

迩年以来，以政治之不上轨道，我国内一切都呈现混乱与破落之现象。而尤以教育之破产，更令吾人深感国本动摇，国家前途，危机暗伏。且其祸不仅在于目前，直及于数十百年之后。

自去年东北祸变突发，激起全国如火如荼之学潮以来，一般青年早已深感国亡无日，而不能安心于其所学。顷近以教育经费之无着，与思想之争斗，全国各地之学潮，复又有重新展开之形势。如最近安徽各中学校长以教费无着，提出总辞职；南京国立中央大学，全体教授以欠薪无着，亦全体请假，实即无形罢教。又如浙江大学之学生反对工学院长，教授以生活无着罢教；湖南长沙学联会，以检查日货与商界发生冲突，而被查封；徐州中学以要求往外埠参观未遂而罢课。更如北平大学，因反对工学院长而反对校长沈尹默；北平师范大学，以择长而组织全体学生护校南下示威团。北平风潮，且有波及中小学，日益扩大之形势。就此种情势而观，可见学潮又有日益爆发之兆征。检查诱致学潮之主因，大抵不外于择师、经费无着、爱国运动等项。然而时人言及学潮，辄都表示痛心疾首，视学生为乖戾嚣张，无可救药。固矣，青年血气方刚，认识未深，亦容或有逾轨之过失。然而吾人与其以此责诸学生，毋宁以此责诸教育之责任者，更毋宁以此责

* 原载1932年6月15日《申报·时评》，署名：彬。

诸政治之纷乱。盖学潮之作，绝不由于单方面少数学生之过失也。

强敌压境，山河破碎，“九一八”与“一·二八”两次变乱，凡有血气，无不悲愤。然而上海停战之协定，甫经签字，国内蜗角之争持又作。国日危殆，处于此种环境之下，而谓感觉敏锐之青年学生，能安心向学乎？迩岁以来，国民经济，已日呈破落。去岁大水，举国陆沉，农村经济，更受重创，国民生计更陷于极端艰苦之悲境，至今灾区无以救济，灾民辗转流离，正不啻处于人间地狱。然而在另一方面，则政治领袖之争权夺利如故也，都市人民之骄奢逸乐亦如故也。处于此种情势之下，又谓青年学生能安心向学乎？即以教育之本身而言，政府当局之对于教育，无久远计划，而不知造成活的教育创造的教育，固无论矣，即最低限度之教育经费，亦时常欠发，一任教授坐索，学生呼吁，而政府当局仍视之漠然。国家年可费国帑百分之八十以上以养二百余万之军队，政治当局可任意将巨款赠贻个人，并可以巨款治主席之官邸；独对此必不容少之教育经费，则长年欠发，使学校日虞停闭，主持者无以进行其计划。教授以迫于生计，不得不以罢课相要挟。处于此种情势之下，更谓青年学生能安心读书乎？

故我国今日事实上已无教育。政治一日而不上轨道，则教育一日无法整顿，而学潮亦一日无由止息。事所必然，理所当然。若徒归咎于学生之嚣张好乱，是毋乃为舍其本而欲齐其末欤？

创设儿童科学通讯学校*

陶行知、丁柱中、陈鹤琴、胡宣明等，近为普及儿童科学起见，特约集专家创设儿童科学通讯学校，现已觅定爱文义路小沙渡路永裕村为校联络点，即日起已开始报名。该校创设宗旨，在造就科学的儿童与科学的民众，使中华民族成为科学的民族，以适应科学的世界。他们相信：科学要从小教起，所以先办起这所儿童科学通讯学校，以贯彻他们的主张。

该校宗旨：依据“社会即学校”与“教学做合一”之原则，从事：

一、补充小学导师之科学知能；

二、补充师范生之科学知能；

三、补充儿童家长之科学知能；

四、补充识字青年、儿童之科学知能。

凡小学导师、师范生、幼童之家长以及识字青年、儿童能看懂浅显语体文者，皆可入学。

活叶指导：现聘定各科指导员，从事编辑《儿童科学活叶指导》。该项活叶指导包括下列各点：1. 时令科学工作之指导；2. 非时令科学工作之指导；3.《儿童科学丛书》及其它参考书运用

---

* 原载1932年6月23日上海《时事新报》。摘自高士其文《他在我心中布下科普创作的种子》，载1984年湖南教育出版社版《陶行知一生》。

之指导；4. 最近科学新知之介绍；5. 儿童科学问题之解答。

课程内容：1. 儿童的生物；2. 儿童的物理；3. 儿童的化学；4. 儿童的天文；5. 儿童的气象；6. 儿童的地球； 7. 儿童的工艺；8. 儿童的农艺；9. 儿童的生理卫生；10. 儿童的科学指导。

共同工作：此种《活叶指导》及《儿童科学丛书》各一份，可敷数人合作之用。该校为提倡科学教育起见，极愿为通讯学员减少费用，并收互相切磋之效。凡要学习儿童科学者，可约集二三人共同工作（至多以四人为限），共同负担费用，共推一人领导注册。每合作人均须亲自合作，并亲写合作报告，由领导者签名盖章，汇寄该校，经该校认为成绩及格，亦可为正式学生，领取毕业证书。

留学制度急应改革*

暑假已届，国内各大学又将有大批学生“毕业”而出。其中更将有若干人正准备分赴欧美或东洋作进一步之研究，以竟其所学。此似为吾国数十年来教育上应有之事，初无可予以疵议或反对。然而就我国目前之教育而言，吾人则认为对于此种“盲目”之留学，“浪费”之留学，以及“为留学而留学”之留学，实有予以考虑改革之必要。

吾人言此，初非反对留学也。为作精深之研究，为吸入并考察外国之文化，派人留学，自断不可少。不过我国之派人留学，从无全盘之计划。国家之所急需者为何种人材，留学生之学成归国者究作何用，实毫未计及，即留学生自身亦毫未计及。派者盲目而派，学者盲目而学。每年分布各国之留学生，为数之多，或冠于世界各国。然其生活情形如何，不知也，其学业如何，亦不知也。二三年后，留学者即昂然回国，曰我博士也，我硕士、学士也。一批博士硕士渡洋而回，又一批候补之博士硕士渡洋而去。循环往复，博士硕士之数日增，而我国教育之衰落如故，政治之混乱如故，实业之敝凋如故，科学之不发达、文化之不进步亦如故，教育之成效安在？留学生之贡献又安在？

吾人初非敢抹煞一切之留学生，谓其对于国家与社会遂毫无

* 原载1932年6月29日《申报·时评》，署名：彬。

贡献。然而检阅近二十余年来之成绩，则与其谓留学生之致力于教育事业或其他实业文化事业为多，毋宁谓其投身于政治舞台，变为新政客新官僚者为多。其肯致力教育事业者则又大多徒知侈谈主义，搬演学理，而不求其适合我国之实际情形，行而不通，辄愤愤然归咎于中国之落后，与外国相差太远，则灰心丧气，不可复振。其尤不肖者，则徒知以博士硕士之荣冠炫耀于社会，成为社会一徒能消费之蠹虫。或则划分党派，各立门户，曰我美国派也，我法国派也，或我日本派也，徒知竞夺，徒知为个人之衣食而营逐。此虽非完全为留学生本身之罪，要亦即所以显示留学制度之在今日亟应改革也。

夫以国内大学甚至中学毕业之学生，既从未一措意于我国之实际情形，复不晓民间疾苦。一出国门，耳闻目睹，皆表面上物质文明发达之国家之完美现象。留洋数年，除一身而外，自必全染欧化。学成归国，其所行与我国之实际情形，凿枘不入。盖为势所必然。曾有人讥留学生谓："携一只狗历游世界，归国后其所得者，仍仅为一只狗。"虽谑近于虐，然而不先了解本国之情形，不先确定求学之方针，盲目渡洋而去，贸然渡洋而返，学业之无所长进，要亦不能否认其与此喻相差无几也。

尤其进者，满清之科举制度，虽为愚民政策，不足为训。然而以考试拔取优秀之士，究尚能使贫寒子弟得有自由竞争之机会。而今日之留学生，则类皆为富贵之子弟。有钱者虽笨如鹿豕，即可自由留学；无钱者虽有可造之资，则惟有望洋兴叹。至官费名额，亦大抵为有权有势者捷足先登，贫寒之学生已无力进国内中学大学，于留学则更无由问津也。国内之小学中学日益减少，青年之失学者日益增多，教费长年积欠不发，国内教育几濒断绝。而此特殊阶级之留学生，则似独为天之骄子，得天独厚，持故国父老兄弟之血汗，逍遥于国外。事之不平，又孰有逾于此者！

以故吾人认为，今后留学制度亟待改革。一、停止无计划之派遣。国内大学生毕业后，必在国内服务若干年，先确实了解国内之实情，国家之实际需要。二、确立全盘之计划。选派农工商教育政治等各方面服务多年，经验或学术丰富之士，分往各国学习，以适应国内之需要。必如是，庶几其能收得留学之实效，庶几留学不至为精神与物质之浪费。

"剿匪"与"造匪"*

迩近共党势力，日益披猖，湘鄂赣闽川以至皖豫，都有燎原之势。政府当局认为"攘外必先安内"。故于日军撤退之后，即动员大军，四次围剿，蒋介石氏且躬亲出发督师。为此一问题，国内各报都曾著评论列。概认"匪"之滋生，为由于政治之不良，与生计之穷蹙，初非好乱成性。故"匪"不可以剿而绝，要当改革政治，改造农村，安定民生，整饬军队，绝"匪"所以滋生之源。论皆精辟，语尤沉痛。吾人亦认为今日举国之"匪"，皆黑暗之政治所造成。政治上既一面造"匪"，政府复一面剿"匪"。在此矛盾之行为下，"匪"既绝不能以剿而绝，或且以剿而势日以张大。抑且所剿之"匪"，何莫非我劳苦之同胞，何莫非饥寒交迫求生不得之良民。枪口不以对外，而以之剿杀因政治经济两重压迫铤而走险之人民。正如杨杏佛氏所言："对杀人放火奸淫掳掠之日军，既委曲求全，礼让言和，请其撤退。"独对于国内铤而走险之人民，则竟动员大军，大张挞伐，此诚为吾人所不解者也。

我国农民之特性，为质朴坚忍，安分守己，而保守性又特重。初无人习于作乱，抑且乡井之恋念，家庭之眷爱，非万不得已，孰肯背乡离井，抛妻别儿，出没山谷，置生命于最危险之境

* 原载1932年6月30日《申报·时评》，署名：彬。

界。其所以然者，则以政治与经济两重压力逼迫之故。人皆恶死，人皆乐生。求生不得，谁甘坐死？奋死求生，人之常情。政治黑暗，生计穷蹙，民不为“匪”，更又何路？民既为“匪”，则惟剿杀。故曰“剿匪”者政府，而“造匪”者实即黑暗之政治也。

吾人言此，初非无所依据，实因目击万千无辜之良民，屈死于惨毒之炮火之下，而且“匪”势披猖，又诚为我国当前之一大问题。故不得不言，且又不忍不言。

五月四日何应钦氏在江西全省清匪会议上演说有曰：“上年剿赤之时，闻吉安太和等县长有擅发自新证，要平民每月纳费五百文，否则即认为赤匪。在表面看来，虽为数不多，但在平民担负不易。我到南丰的时候，也有同样的事发生。还有吉安县党部的委员胡正谊，假购枪办保卫团为名，勒索乡民的金钱数十元数百元不等，后经人告发，他已逃之夭夭。此种政治不良，逼迫良民从匪，影响剿赤的进行不少。”

六月粤第一军长余汉谋氏电告粤省政府亦云：“查赣南一隅，遮断陷落，各成瓯脱。[①]一般贪官污吏，以统治者鞭长莫及，利用时机，不惜勾结土劣，恣为鱼肉，上下交征，层层盘剥。蚩蚩者氓，呼吁无门，怨怼日积，从匪日众，迹若辈之所为，实予匪以假借煽惑之良好机会，其罪不啻间接制匪。”

复如监察委员郑螺生谈张贞祸漳有曰：“驻军平日既不从事清乡，复恣意勒索。如税契一项，除正规外，驻军司令部更随意将民房估价，计每千元，抽税契六十元。此次共党窜扰漳州，离城尚有数十里，时张贞既不出城抵抗，且全师退往云霄诏安。人民有乘汽车逃亡者，一概禁止，所有汽车，完全供运烟土及现款之用。城内子弹二百万发，复弃以资敌。既抵云霄诏安后，即在两县公卖烟土，以饱私囊。查国家养兵，原以保民；民之不保，更从而殃之，此而不惩，何以慰民。”

上述诸事，或为剿匪将领之目击，或为政府要员所亲闻。凡兹所述，应皆为事实。如其果实，则贪官杂军即皆为“匪”之制造者。为渊驱鱼，为丛驱雀，是何能怪良民从匪日众，匪势日益张大。抑且如上所述，实不仅为某一县某一省之现象，举国殆无不皆然。不仅地方之贪官污吏如是，即中央近年来病民之举措，要亦难免不为间接制匪之洪炉。凡此种种，吾人容当续为陈述。

注释

① 瓯脱　匈奴称边境屯戍或守望之处为“瓯脱”。《史记·匈奴列传》：“(东胡)与匈奴间，中有弃地，莫居，千余里，各居其边为瓯脱。”后有把瓯脱解释为双方的中间缓冲地带的。

青年如何利用暑假*

今人论报纸之责任者，辄曰是应批评政治，监督政治，诉说民众之疾苦，作民众之喉舌，实则斯犹为消极之作用也。吾人则认为与其使报纸为民众之喉舌，毋宁使其为民众之学校；与其使报纸消极批评政治监督政治，毋宁使其为民众之活的教材，导以入于进步与创造之路。夫一纸刊出，流播全国，直接之读者，间接之听者，为数何虑数十万。此一博大无垠之学校，若其作用仅为消极之诉苦与批评，而不能教育民众诱导民众，开辟新天地，创造新世界，毋乃辜负此一博大无垠之学校。

尤有进者，青年为国家之元气，为国家将来之中坚。视今日之青年，即可预断他日国家之治乱。“十年树木，百年树人”，为“树人”计，为培植国家将来之人材计，报纸对于青年，尤应注意教育。应利用报纸为活的教材，与青年发生亲密之关系。

目前暑假已届，全国学校都将放假。但时丁国难，内则水灾未复，外则强敌压境，关外之河山变色，沪变之创痛犹新，国至今日，已临到生死线上。我人民亦惟有卧薪尝胆刻苦以培养奋斗之实力耳，顾复有何假期之可言。假期曰两月光阴，如坐令虚掷至为可惜。以故多数教育家辄向本报建议，主张本报以征文之方式，鼓励青年利用暑假作有计划之工作，更以养成青年有计划之

---

* 原载1932年7月1日《申报·时评》，署名：彬。

习惯，而又可藉以使报纸与青年发生密切之关系。本报接受此种有意义有价值之建议，爰特举行暑期征文。

此次征文之题目为《民国二十一年暑期工作计划及工作报告》。命题之意，盖亦着重于暑假期间作有计划之工作。吾人认为计划为一切事实之母，亦即为成功之锁钥。一国之政治然，个人之事业亦无不然。国家政治而无计划，则将纷如乱丝。个人事业而无计划，亦将永无由进步。此次征文，专为全国大中小男女学生。吾人认为大学生应有大的工作计划；即小学生亦应有小的工作计划。利用暑假致力于社会事业者，应有其计划；致力于本人学业者亦应有其计划。无计划生活，即无活力而无意义，茫无归宿。此点则为吾人敢希望青年诸君所特予注意者也。

虽然，有计划尤贵能实践。闭户造拟，纸上谈兵，何计划不可成。但计划而长搁置于纸上，不能实践，则计划亦复何用。故本报不仅深盼学生诸君能于暑假开始时拟一精密之计划，尤盼能于暑假终了时，将有实现此计划之实际工作，贡献于社会。征文题之所以划分计划与报告两项者，用意即在于斯。

本报认为此次征文，非同于科举式之考试，亦不同于锦标式之竞赛，实有极重大之教育意义。深盼全国之教育家及贤明之父兄，共起提倡，并予以有力之赞助。

至于征文之一切详细办法，均载今日本报教育新闻栏内，幸检阅之。

再论“剿匪”与“造匪”*

隔昨一评，吾人既已引述剿匪将领之报告，与中央要员之谈话，以证实平民之从“匪”者日众，与“匪”势之日益张大，为由于不良政治之所驱使矣，实则贪官污吏与军阀之鱼肉人民，以及病民政治之荼毒，尚不止于此政治之黑暗与人民疾苦之深重，其有非吾人想象所能及者。

中委居正氏曾谈：“全国除浙、粤、鲁外，其余各省全种鸦片，种烟县份，勒收烟苗捐达数十万至数百万。”实则勒种之外，尚勒销勒吸。又如上月二十七日汪精卫氏在中央纪念周演说云：“例如某某省政府不许人民种鸦片烟、卖鸦片烟，而他一人独种独卖鸦片烟。烟苗遍于全省，都是他私人所有，及至鸦片太多了，便提炼海洛英。这种鸦片公卖，不但亡国，简直是灭种。”此鸦片之毒害人民，间接即所以造“匪”也。

复如苛捐杂税，在名义上政府虽已明令废除，但按其实际，则有增无减。军阀割据，各行其是，初非中央之统治力所能及。捐税重重，花样繁多。如四川田赋已预征至民国三十年，捐税更多至数十种。如广东由连江运柴至广州，护费重重，苛抽累累，柴船每艘捐输达五百元，空船返运，亦须二百元。就此一事，即可例其余。如江西捐税，亦达十六七种之多。如湖南捐至无可再

* 原载1932年7月2日《申报·时评》，署名：彬。

增，则又巧立名目，创立所谓“良民捐”，发《良民证》，以明其非“匪”。总之，此种情形，实遍全国，上自地方长官驻防军队，下迄团防土劣，但求饱私囊，快私欲，决不惜掘土三尺，榨尽人民之血肉。一家欢笑，万里号哭此又苛政之荼毒人民，间接即所以造“匪”也。

更如一部分“剿匪”军队，剿匪其名，而剿民其实。有“匪”之区，军队辄观望不前，避道而行，避无可避，则全师而退，以枪资“匪”。如最近张贞所部之在漳州望风溃逃，陈调元所部四十六师之在合肥全部瓦解，即其例证。迨“匪”退却，始探望前进。每到一地，无辜农民、纯良青年，每被指为“匪”类，勒索罚款；勒索不遂，即横肆屠戮。则又以此谎报邀功，不曰俘斩若干，即曰收复某地；不曰“匪”溃不成军，即曰我军追踪挺进。实则兵之扰民，尤甚于“匪”；民之畏兵，亦甚于“匪”。兵到之处，不能抚辑流亡，安定秩序，甚且逃亡日众，十室九空。所谓“匪梳兵篦团防剃”，实为最真实之喻言。此更军队之荼毒人民，间接亦即所以造“匪”也。

政治黑暗如此，蚩蚩之氓，如沦地狱。是正即所谓“官逼民变”。官逼民变，民安得不变。既逼民变，复从而围剿，事之可悲，孰逾于此。吾人诚欲为此万千无辜横死之同胞极口呼冤。

人祸之荼毒，既已如此；而天灾之惨重，则更惨绝人寰。前年西北大旱，去岁全国大水，江南河北元气未复。据五月二十二日国闻社郑州电：“鹿邑拓城，春粮告竭，死亡枕藉，惨不忍睹。鹿邑朱恺店、老鸦店、宁平镇、泽民镇、桑园集，均立人市，年轻妇女人值十元，幼童仅值千文。孩提婴儿，抛弃遍地。某家一家三口，五日内食洋车胶皮一付。某姓老妇六十日食麦秸一筐。僵毙饥民，即遭分食。某妇买一馒头，即以小姑为质。”复如徐州灾民所编之饥民歌有曰：“饱汉不知饿汉饥，称贷无从只呼天。”“石粉树皮并河草，枵腹取之浑下咽。”“逼到无法售儿女，相离临去最辛酸。”凡此惨象，诚旷古罕见，是果为人间耶？抑为地狱耶？民荒如此，安得不乱。故无锡素称富庶之地，乡区竟于五月底六月上旬两星期间，发生抢米风潮五十余起。湖北汉川一带，青苗树皮，都已吃尽。民无以为生，即多附“匪”。总之奋死求生，人之常情。灾区即“匪”区，此又“匪”之所由生，“匪”势之所由日益张大也。

政治如彼，民生如此。不改革政治，不安定民生，而欲以枪炮驱逐饥寒，剿灭为饥寒迫使走险之良民，是果能有效耶？老子曰：“民不畏死，奈何以死惧之。”实则民非不畏死，特既遭饥寒之苦，更迫于枪炮之屠戮耳。响使革命而后，政治日即于清明，民生日即于安定，则吾人敢断言“匪”决无由而生，“匪”势更无由而日益张大。所以致今日“匪”患弥漫全国者，咎究谁属？政府诸公其一反思。

尤有进者，所谓“匪”者，即扰害地方鱼肉良民之意。是则今日勒种鸦片，公卖鸦片，勒收苛捐，搜刮民财者，迹其所为，为无一不积极“造匪”。“匪”而应剿，则此辈“造匪”者，固独不应先为剿灭乎？然而今日事实上，则“窃国者侯，窃钩者诛”①。此又吾人所大惑不解者也。

总之，政治如不清明，民生如不安定，则虽十次武力围剿，亦必无功，此为定理，绝无可疑。至于如何以澄清政治，如何以安定民生，容当续论之。

注释

①“窃国者侯、窃钩者诛” 语出《庄子·胠箧》，原文为“彼窃钩者诛，窃国者为诸侯”。

中大学潮平议*

迩年以来，我国学潮，汹涌澎湃，愈演愈烈。国立学校，或经费无着，或负责无人，大都陷于混乱状态。不久以前，北平各校以拒长与争经费种种问题，掀起绝大之风波，迄今犹未解决。兹则全国最高学府中央大学，复以拒绝段教次①代理长校，终至行政院以明令解散闻。

此次中大学潮发生之根因，仍为由于经费无着。故自朱家骅氏去职，校长问题亦迄未解决。此次段氏，奉命代理长校，到校接收，少数学生以其不合人选标准，且又与前次在行政院请愿时汪精卫氏书面答复之结果相反，遂群起拒绝，段氏遂遭殴辱，而酿成目前全体解散之惨象。夫以曾受高等教育之学生，竟出之以极野蛮之手段，学校成为演武之场，此诚为极可悲之现象。

虽然，吾人将以此次学潮之责任，尽委之于学生乎，是则不能。迩年来学潮之所以愈演愈烈，初非偶然，要当以外患之刺激，政治之混乱，生活之不安，实为学潮之根因。吾人前已数数言之，政治而不澄清，则一切皆陷于不安定之状态，无整饬之可言，固不仅教育而已。青年血气方刚，情感所激，举动容有乖张之处。然而挽救之道，与其责之学生，毋宁归诸政治本身。抑且莘莘学子，处于目前内忧外患交相煎逼之情势下，不能安心求

* 原载1932年7月3日《申报·时评》，署名：彬。

学，亦已可悲，吾人复何忍更加以苛责乎！

至于中大此次学潮，依据事实之分析，则尤不能独责学生。中大全国之最高学府也，以全国之最高学府，而最低限度之经费，亦积久拖欠。学校当局，索讨无着，教职员请愿无着，学生一再呼吁亦无着。各种事业，无从进行，此复成何景象。夫以号称地大物博之国家，而竟至无法维持一最高学府之经费，坐索立讨，有若市场，使教授不能安心于其所事，因而学生亦不能安心于其所学。此则政府所不能辞其咎者也。

次之，迩年教育之日益败坏，最大根因为由于官僚主义之侵入，盖毫无可疑。教育为专门事业，段氏现任教育次长，如曰尽职，则处理部务已无余暇，更何能兼摄中大校务？政府不觅妥人于教育界，而必委之于现任官吏，则又何说。同时更据段氏呈报中有曰："窃当钧院第四十五次会议决议派职暂代中大校长时，职曾以中大为国家最高学府，必须慎择德望素孚，及富有教育经验之人，以为校长。职自审不敢当此重任，经以再四坚辞。"是则段氏亦早已自审其不克当此重任，而向政府坚辞至再至三至四矣。以自审不克当此重任之人，而政府必畀之以重任，强人以所难能，卒以酿成此次之不幸事件。是则政府不仅负中大，抑亦负段氏。犹记去冬政府委任桂崇基为中大校长，亦曾引起一场武剧，前辙未远，今轨又覆。此又为政府所不能辞其咎者也。

今一切之责任，都归之于学生矣，学生已有多人被拘矣。最高学府亦已明令解散矣。为整顿学风计，为整顿教育计，在政府或亦持之有理。独是以极少数学生之举动，竟不惜牺牲全国最高之学府，不惜牺牲全体二千余学生之学业，勒令学生三日内一律离校。且对于毫无关系之教授，亦多数牵涉。自吾人视之，似未免失之过严，或且为得不偿失。

尤有进者，据汪院长日前演说，谓"某省省政府不许人民种烟卖烟，而他一人独种独卖，烟苗遍全省，都为他一人所有"。又如张贞在漳横肆骚扰；陈调元所部四十六师在合肥荼毒地方；

更如陈济棠攻穗，政府如诚欲整饬纪纲，树立威信，则此种烟之某省，祸漳之张贞，祸皖之陈调元，陈济棠之用兵，独不应加以膺惩乎？于此种大问题则装痴装聋，置不闻问。独于中大之学生，则有若奋雷霆之震怒，解散学校，雷厉风行，毫不假借。是毋乃为重其所轻，而轻其所重。故吾人深盼政府体念中大缔造之艰难，对此次风潮善为处置。尤深盼政府转移其威权于政治之远者大者，而勿操牛刀以割鸡豚。

注释

① 段教次　段锡朋，时任教育部次长。

三论“剿匪”与“造匪”*

“匪之”所由滋生，“匪势”之所由张大，及“匪”之不可以武力剿灭，夫人都已知之矣。然则真正“剿匪”之道究如何?曰在于“澄清政治，安定民生”。请毕其说。

最近报载蒋介石氏在牯岭对各军政长官训话有曰：“剿共不能专靠武力。这次剿共要用七分政治，三分军事。总要政治上有办法，政治上轨道，剿匪方可成功。政治上最重要的是求政治的清明。要清明政治先要赏罚严明。”

必澄清政治而后“剿匪”方可成功，蒋氏亦已言之矣。虽说澄清政治，固未易言也。今日政治上之所以纷乱，其最大之症结，即为贪污，为不廉洁。从政人员之能洁身自好者，实如凤毛麟角。上自政府要员，下至地方警察，大抵都惟知私利是竞，于国帑则予取予求，公私不分，于人民则搜刮榨压，备极惨毒。卖官鬻爵，贿赂公行，病民祸国，概非所计。举例而言鸦片公卖，已成公开之秘密；税局黑暗，亦为无可隐讳之事实。吾人但看今日之一入官门者，即成富翁，一钱一物，无不来自民间，无不为人民之血汗。官愈肥而民愈瘦，一家笑而万家哭，此种黑暗政治，殆为旷古所罕见。故今日而言澄清政治，其最先之要着，即为澈底肃清贪官污吏，建设廉洁政治。杀一贪官污吏，实胜于动

* 原载1932年7月4日《申报·时评》，署名：彬。

员一师“剿匪”军队。整饬一师之军纪，不欠饷，严加训练，使其自身先不匪化，则又胜于动员十万“剿匪”大军。盖今日之事，与其积极“剿匪”，毋宁消极不“造匪”。而惩治贪污，整饬军纪，正即所以杜绝“匪”之来源也。

次之，“匪”之所由滋生，及其势之所由张大，吾人前已言之，为由生活之逼迫。今日农村之破落，与农民生计之艰难，实已至极巅。湘鄂赣豫皖诸省固无论矣，即素称富饶之江浙，今亦凋敝不堪。蚕丝为江浙出产之大宗，今已一落千丈，不可复振。养蚕之家，无以糊口，多仰天痛哭。又以累岁荒歉，民食艰难，势惟有仰望外米之接济。夫以夙称以农立国之国家，而衣食皆仰给于外国，是则此不仅为严重之农村问题。实即为我民族之生死问题，农村既呈江河日下之势，则迫于生计铤而走险者亦日以加多。故不安定民生，决无以绝“匪”滋生之根源。而欲言安定民生，则又必以解决农村问题为最要之先着。

总之，今日之所谓“匪”者，与其谓为由于共党政治主张之煽惑，毋宁谓为由于政治之压迫与生计之驱使。政治如不改革，民生如不安定，则虽无共党煽惑，紊乱终不可免。历史上之黄巢、李自成、张献忠，以至袁世凯时代白狼之乱，即其例证。故今日“剿匪”为扬汤止沸，澄清政治安定民生，乃为釜底抽薪。此次“剿匪须用三分军事七分政治”，吾人深盼政府有以实践其言，吾人深盼此七分之政治能见诸事实。

改造教育私议*

迩近国内远虑之士，怵于学潮汹涌澎湃，愈演愈烈；文盲遍全国，失学青年与儿童数，且日益激增。教育江河日下，日即于窳败与破产之悲境，国家前途，危机隐伏，于是而改造教育之呼声，乃应时而兴。月前中委陈果夫氏曾提出《改革教育初步方案》，认为今后应重订教育方案，造成若干适用之人材，以应付此非常之环境。因而主张今后大学单设农工医科，中学注重数理化，小学注重国文算术，以实现“技术的教育”与“实用的教育”。继复有教育界耆宿某先生主张今后之教育，应为“创造之教育”，次乃为“技术的教育”。其言曰：“必先社会有此需要，然后设置此种教育，则学用始能相符。”即舆论界对此一问题，亦多提出种种改造之方案，冀以挽救我国家前途之大难。在举国营营逐逐，惟利是竞，惟权是争之混乱情势下，而尚有人注意及此深关民族命脉之教育问题，斯诚不能不谓为一差堪欣慰之现象。虽然，兹事至关重大，改革尤非易言，是必全国远识之士，共起商讨，集思广益，庶几可望此窳败破产之教育，觅取一起死回生之良剂。吾人则亦愿抒其管见，献为刍议。

在陈述改造方案之先，吾人请一检视今日我国教育窳败情况。吾人初非故意暴露丑恶，但事实上今日教育已濒绝境，如再

* 原载1932年7月6日《申报·时评》，署名：彬。

“讳疾”，终且莫救。惟勇者乃能承认事实，亦惟勇者乃能从事实中谋生路。吾人之用意，亦即在于体认并把握当前窳败之事实，更从而探求“改造”之坦途。

我国今日果尚有教育可言乎？殆无人敢断然作答。以言教育之方针，则无方针可言也。以言教育经费，则亦长年拖欠也。政府视教育为敷衍门面之工具，社会亦视教育为但种恶因之赘物。远识者但有浩叹，近视者则更漫不措意。而置身教育界之人士，亦多数为生计所迫，为政治恶势力所困；甚且有冒充教育家而争夺教育一席地，为猎取官位之梯阶。夫然故小学教育日益衰落，义务教育更无推广之望，成年文盲固无逐渐减少之可能，而青年与儿童更日被挤入文盲之群。凋敝之农村，固无论矣。即城市之儿童教育，殆亦无确定之方针与经费可言。在愚笨保姆之怀抱中，在武侠神奇之书摊旁，儿童教育事实上已一息奄奄矣。再如中学，本应有其独立性，即其目的不仅在于为升入大学之准备，而尤在于养成健全而能独立生活之国民。然而今日我国之中学，大抵都与社会实际生活相隔离，学生之前途非所问，不健全之国民将因而造成，亦非所计。不导引学生与社会实际生活打成一片，但拉其出社会，走入虚骄奢望无能无用之绝途，斯则又为今日我国内中等教育最应改革之现象也。至于大学教育，言之尤令人痛心。大学成为政治角逐之场所，学生成为利用躯策之工具。教育重任，不求专材，但问党派，彼派起则此派争，于是学潮乃因而掀起。学潮既起，弭止无方，则复以政治力量高压。其在学生本身，则亦大都徒知骄纵奢侈，徒知藉大学以装饰门面，以猎取功名，何为而学，学将安用，都非所计，优游歌舞，相习成风。其真肯潜心于其所学，则群诋为书痴；即所学有成，而社会亦不得其用。尤有甚者，教育之等级愈高，其独占之势亦愈显。中学年需一二百金，已非中产以下之子弟所能插足。至于大学，则贫寒之子弟，尤惟有望洋兴叹。此种独占式贵族化之教育，欲求其发展，欲求其奠定我国家之新基，更宁有可能。

总之，我国今日之教育既无方针，复无计划。教育为官僚主义所劫持，但为政治争斗之实习，但为铸造高等游民之洪炉。故今日而再不断然予以改革，则危机既成，我民族之灭亡，殆真不必待诸十年以后矣。

再论改造教育*

日昨所言，犹为教育行政与学校行政之表面现象。今请更一剖析迩年来我国之教育思潮。

迩年来我国之教育思潮，至为庞杂，亦至为矛盾。换言之，即无足以领导时代之中心思潮，而惟日在窳败之旧轨上进退回转。趋新既未能，守旧又不可。于是教育之作用究为何？教育之方针究应如何？教育之当局者乃益迷惘不清，无从把握。

由于外患之刺激，与先进资本主义国家物质文明之引诱，迩年来我国教育之倾向于欧美资本主义国家“谋国”与“谋生”同时并进之教育，至为显然。或取法美国，或模仿日本，或采用欧洲，尽量搬演，盖都已极尽鼓吹之能事。但在另一方面，则复有入迷恋旧社会之僵尸，提倡复古教育，提倡中国固有道德。以故迩年来教育上之复古与趋新，无日不互相扞格矛盾。前进一步，辄后退两步，进既不能，退复不可。于是终乃困颓于迷惘无所适从之境，而日即于窳败与破落之途。

然则致此之因究何在乎？第一，我国本为一小农制度之国家，家族观念极重，国民性偏于保守，而社会经济则又不如资本主义国家富力之集中于少数人，有坚强之组织。富力分散于全国，人但以家给自足为生活之理想。对于政治则抱“不在其位，

* 原载1932年7月7日《申报·时评》，署名：彬。

不谋其政”之观念。故其对于教育之要求，亦惟在于崇古训，保家族，修身齐家，步武先哲。其欲望之较奢者，则亦不过为“光前裕后，扬名声，显父母”。此与先进资本主义国家自由竞争，鼓励个人向上，鼓励国民向外发展之教育，自根本扞格，不能强同。次之，我国为列强政治与经济侵略下之半殖民地。以列强经济势力之伸入，社会经济既日濒破落，国民生计更日趋艰难！复以列强之扶植我国军阀，助长我国内乱，我国政治亦长陷于混乱之状态，而未由步入轨道。社会经济如此，国民生计如此，而政治之混乱又如此，是即欲步武资本主义先进国之后尘，模仿资本主义之教育，其结果亦不过徒为搬演主义，高唱原理，学其皮毛，而忘其实质，本为画虎，翻乃类狗。提倡科学而国家不得其用，提倡职业而社会无可插足，终之科学教育与职业教育极力提倡，而普通文科与法科之学生，则反日益增多。提倡之初衷，与其结果适得其反。其故何在？则以我国产业不振，学科学与职业者，即学而有成，亦无所用。反之，学普通文科及法科者，则反可以夤缘仕途，转入政治舞台，而成为新官僚政客。官僚政客愈多，政治愈混乱，而教育则愈难进展。资本主义之教育终于可望而不可即。趋新教育之结果既如此，主张复古者自更振振有词，于是欲救国家，必先“正人心”之说，乃应时而兴。如何而正人心，则提倡固有道德是。复古与趋新既两相牵制，两相争持，复益以各种新思想新学说之激荡，与现实残酷事实之刺激，于是而学生不能安心于所学，且根本认学为无用，学潮乃从而滋生，汹涌澎湃，不可遏止。

处于此种情形之下，政府自身亦茫然无所措手足。固有道德既不能遏制学潮，欧美式之新教育，亦不能牢囿青年。而军国主义之教育，则更复有所顾虑。无已，则惟有以本为助长教育动力之政治力量，反用以破坏教育。然其结果，则压力愈大，而反抗力亦愈大，学潮且愈演而愈烈，终不以高压而弭止。此目前我国教育之所以陷于不堪闻问之境也。

我国教育之出路*

我国教育之窳败情状及所以致此之因，既已陈述如昨前两评矣。然则欲谋改进，道究何由？

吾人认为教育之本身，本为一种工具。如何使此工具能得其用，用而利于社会，利于劳苦大众，斯乃为最重要之关键。吾人更认为自封建社会以至资本主义社会，此一工具，完全为统治者所操持，其利亦仅及于少数之统治阶级。换言之，即统治者为巩固其统治权，为造就定型社会之承继者，在支出最大部分之军费与政费之外，更划出一小部分之经费，以行使其另一方式之统治政策，作用盖极巨大。职此之故，在封建社会与资本主义社会，教育常为极少数人所私有，所专利。“士之子恒为士”，而“农之子则恒为农”，教育徒为保守，非为创造；徒为维护统治者并发扬统治者之势力之手段，非为开辟新天地，增进人类幸福之动力，此为今日教育所以窳败不健全之症结。吾人今日而言改造教育，亦应以此为归结。

改造之先决问题有二：一曰教育之方针，应绝对的以推进社会，创造新天地，增进全人类之福祉为依归也。盖吾人今日如仍视教育为一种统治工具，为少数人之专利品，为保持定型社会之手段，则在此定型之基础上，而欲改造教育，使其臻于完善，利

* 原载1932年7月8日《申报·时评》，署名：彬。

及大众，断无可能。假如能确立此种教育方针，则教育上之贵族化与商业化之现象，当可逐渐消灭，而同时文盲可以逐渐肃清，国民之智能可以自由发展，文化更可以加速之步伐前进。为达此目的，政府则尤必尽可能的缩小其扩张军备之费用，以从事于教育之推进。城乡图书馆之推广，科学馆之创办，孤儿院之设立，他如扶助推广民众教育之剧场、电影、无线电等之设备，义务教育与强制教育之厉行，以至全国各级学校之完全免费，皆为必不可少。此为今后吾国教育从濒死之状态中复活之出路也。

二曰中国教育应求其“中国化”也。我国之为列强共同侵略下之半殖民地，及经济落后产业不发达之国家。吾人既已陈述如昨评，惟其如是，故我国而欲步武资本主义国家之教育，是为徒劳。充其可能，亦不过徒为搬主义背原理，学得其皮毛而已。盖中华民族，如不能摆脱国际帝国主义者之束缚，求得其自由，则我国社会，终始决无前进之可能。次之，产业如不能发达，社会经济如不能改善，则教育之推进，艰难亦多。故今后之教育，应着重鼓舞国民之民族自觉，锻炼其解脱民族束缚，争取民族之自由平等之政治意识与斗争精神，以适应未来之伟大时代。复次，则应着重生产教育，为改造我国经济之准备。不过吾人此后之所谓生产教育，非仅着重在个人主义生计之解决。而吾人之目的，则在于造成富的社会，富的人人也。为达此两项目的，则政治之训练，与科学之提倡，使学校与社会之实际打成一片，尤为必要之课程。此又吾人今日言改造教育所应注意者也。

再论中国教育之出路*

昨评所陈，要为原则。今请更就此原则以规定实行之方针。

为使教育能臻于社会化与大众化，第一全国各级学校必完全免费。在满清时代学生入学，不仅不纳学费，且有膏火可得。其科举制度，虽不可为训，但此种免费制度，要尚有可取者。即光绪二十八年张百熙奏订学堂章程，二十九年张之洞等改订学堂章程，亦都不征收学费。至光绪三十二年两江总督周馥咨称："学校收取学费，为东西各国通例。"而征收学费之章程，乃于以确立。时至今日，小学每年费数十金，中学费一二百金，而大学则达五六百金。金筑之校门，事实上惟豪富之子弟乃能跨过，而占绝大多数之劳苦大众子弟，则惟有仰望龙门而长叹。事之不平，孰甚于此！故今后各级学校，应一律免收学费，俾劳苦大众之子弟，得都有求学之机会。而同时为使学费之免收，无碍于教育之进行，则教育经费尤必尽量扩充，确定其来源，并使其绝对独立。对于各级教师之待遇，亦必竭力改良，并保障其职务之安全，使其得以安心努力于其所事。其他如限期推行无偿的义务教育，肃清文盲运动，都应作整个之计划，切实厉行。此其一也。

次之，为使中国之教育能"中国化"，不徒为抄袭欧美教育之皮毛，则第一必使教育与实际生活打成一片，尤必使教育与政

* 原载1932年7月9日《申报·时评》，署名：彬。

治不相分离。故今后必普及政治教育，提高人民之政治水平线。政治教育之施行方针，则应使其能从日常生活中认取政治现状之缺点，并认取社会之前途。同时更养成其集团生活之创造精神，锻炼其解放我民族，甚至解放全人类之奋斗意志。换言之，即养成其推进历史，创造新社会之能力，使下一代之国民，不为旧时代之承继者，而为新时代之创造者。为使教育与实际生活打成一片，则应切实推广农业教育，劳动教育，职业教育，幼稚教育，使劳苦大众及其子弟，能受必需之教育，使所学能得其用，同时所用亦得征之于学。一言以蔽之，举凡自然科学之教育，必以实用为着眼点，绝对防止教育之脱离社会而陷于空谈。所谓实用，即为改进我国家破落之经济，并增进我国家之生产力，改善人民之生计。易言之，即使教育接近我国固有之经济情况，以增加生产为中心目标。此其二也。

如上所述，要皆为改造我国教育之要道。循此以进，我国教育之出路，或亦即在于兹。

学者会谈救国*

最近行政院长汪精卫为研究教育、经济、外交、财政等问题，特邀集国内“学者”“名流”胡适之、丁文江、陶希圣等三十余人莅京，举行谈话会。此次集议，据云仅就私谊立场，以学术专家研究态度，贡献意见，并不受会议形式之拘束。政治当局为广征民意，博采舆论，对于某一艰难问题，征集全国学者共同讨论，交换意见，本为极寻常之事。独是徒有会议，从不实行，空谈阔论，无裨实际，此为我国政治上之大病。古有云“为政不在多言”。吾人谨就此点一陈所见。

我国今日诚已临到非常之时期，言经济则凋敝不堪，言教育则窳败已极，言财政则已至山穷水尽之窘境，言外交则更惟有任人操持，任人宰割。国势至此，是诚惟有集合全国人民之智力，以共谋此非常时期之打破。初不容以此重任，独责之于少数之政治当局。但自东省祸发迄今，全国人民，对于如何改革内政，如何树立外交方针，亦已尽所欲言。如树立廉洁政治，如以自力谋自卫自救，泣血呼吁，实已举国同声。如曰博采民意，则是即舆论也，即民意也。政府如能本此民意努力，以谋当前艰难之打破，则何至目前日即于艰境，浸且不能自拔。不能接受真实之民意，而欲从“学者”“名流”之清谈中，谋民族之出路，斯亦异已。

---

* 原载1932年7月10日《申报·时评》，署名：彬。

即以会议而言，东省祸变而后，殆亦无日不会，无日不议。举其大者，在党有统一和平会议，二中三中会议；在征询民意，亦已有“群贤毕集”之国难会议。每一次会议，于内政外交无不成立决议，定有方案。同时每一次会议之后，政府昭示人民，亦无不曰内政外交都已有具体办法。然而事过境迁，则此所谓具体办法，从未见诸事实，而长被搁置纸上。迨一时清夜梦醒，或迫于事实，则又仓促征集“学者”“名流”，仓促集会，而此种种之问题，又重新提付讨论研究，则又照例成立决议，定下方案。会议日多，方案日积，而国难则终始原封未动。清淡误国，得毋类是。吾人诚不敢谓今日行政院召集“学者”“名流”讨论种种问题为非是。但吾人敢问和平统一会议、二中三中会议、以及国难会议所决议之方案，进行已至若何之程度？如决议早已掷诸字簏，方案早被遗忘，则今日之集议，殆为无谓，或更且近于儿戏。蒋介石氏日前在庐山对各省军政长官训话，谓今后为政，应“快做”“硬做”“实做”。吾人今亦敢以此语恭献诸当局。

抑吾人尚有未能已于言者。迩近关于解决东北问题之方针，传说纷纭，有谓将划东省为自治区者，有谓东省将由中日共管者，更有谓将实际承认二十一条者。虽传说不必真，但我人民则不无疑惧。同时此次会议，胡适之氏亦被邀列席，胡氏在独立评论第五期上发表对日外交方针一文，提出纲领九项，其最要者为：

中国政府应该表示愿意依据十月中日本在国联提出的五项原则，进行与日本交涉东三省的善后问题。

中国不妨自动的主张东三省的解除军备，中国与日本、俄国皆不得在东三省驻扎军队。

关于铁路的争议，应该由两国铁路专家会议，依据现有各种条约，作切合事实的协商。

关于土地商租的问题，中国应该要求在政治改良与司法革新的条件之下，日本臣民在东三省居住或经营农工商业者不得享受领事裁判权。

中日两国缔结的新条约，不但应该解决积年久悬的争端，并且应该远瞩将来，确立远东两大民族可以实行共存共荣的基础。

胡氏此种主张，实即变相的放弃东省，实际的承认二十一条。换言之，即于张学良以不抵抗主义陷东北于沦亡后，复加以条约上之保障。如此学者之见解，与其谓为超越一般人民，毋宁谓为真正民意之障碍。如此外交方案，与其谓为“实际的救国”，毋宁谓为“永远的误国”。此绝非我人民之公意，更非我人民所敢赞同。此又为吾人所不得不向政府当局郑重声明者也。

改革高等教育之管见*

迩近教育界连续举行两次重要之集会，一为教育部召集之国立专门学校以上校长会议，另一则为教育界自动举行之高等教育问题讨论会。后者于十四日开幕，以其纯为自动自觉，故较前者意义尤为重大。

在讨论会开幕第一次会议席上，沪大刘湛恩校长致欢迎词，曾大声疾呼，谓“我们对于高等教育要切实的改革”。此种改革教育之呼声，自觉的发出自负有绝大使命之教育家，实为一至可喜之现象。教育家而能自觉自动的改革教育，则我国教育前途光明，正自可期。

吾人对于教育，前此本已数次提出改革之意见。当兹盛会，辄又觉不能自已于言，爰再陈所见，藉作讨论会诸专家讨论之资料。

吾人认为今日高等教育最不良之倾向，一为贵族化。高等教育以费用昂贵之故，几于完全为少数富贵之子弟所独占，而贫寒之子弟，则惟有望龙门而长嗟，金筑校门，永永无由跨过。此种教育上极端不平等之现象，一日不铲除，则教育将永无推进之望。此应澈底改革者一。次之，教育工厂化，亦为今日高等教育不良倾向之一。所谓工厂化者，即今日之高等教育于社会之需

* 原载1932年7月17日《申报·时评》，署名：彬。

求，与学生之出路，初无整个之计划，或且竟未计及，其结果遂如工厂中无政府状态之生产，但知继续不断地增加其产额，而不顾产品之销路若何。学生离校，遂茫无所之，而所学亦未能应社会之需求，教育之效率，乃几等于零。此应澈底改革者二。复次，今日教育之商业化，亦为不可掩饰之事实。师生间之关系，纯为知识之贩卖，教者但知搬洋八股，开留声机；而学者则亦仅知埋头于死的书本中，或借大学之名义，以炫耀其乡党亲友，甚且放浪奢靡，无所不为。此种商业化之教育，不仅根本有背于教育原理，抑且使师生感情日相隔离，不能打成一片。此应澈底改革者三。

吾人更认为教育即为政治中之一部分，绝对不容与政治分离。有言教育可离政治而独立者，非公开说谎，即为一种愚民之阴谋。数年前张伯苓先生自美归国，尝云："曩日我办南开，欲划一小范围，与政治隔离，以为如此则学生可以不卷入政治之漩涡，嗣乃知此种方针，实为大错。盖事实上既绝无可以离政治而独立之教育，抑且政治如不上轨道，则教育亦将永无整理之可能。学生平时既不知政治为何物，毕业后自惟有为恶政治所支配，而无力改革政治。"张氏斯论，诚为切要之言。

以故吾人于指陈今日高等教育应澈底改革之三点外，更提出两点建议：一为今后高等教育应养成富于创造性革命性之学生，绝不容继续造出继承旧社会之驯奴。应使学生皆能发扬其生命之力，成为新时代的开辟者，至少亦应使其能适应时代。五四以来之大学生及留学生，今多数皆已投入军阀与帝国主义之怀抱，以攫食其残余，而一反其曩日之言论与主张。此则吾人今日所应引为殷鉴者也。其次，则今后之教育界必努力争取学术上之自由。吾人今日思想与研究，遭受非常无理之禁锢，实为教育之进展上之大障碍。蔡孑民先生曾有言："大学以思想自由为原则。……大学教授所发表之思想，不但不受任何宗教或政党之拘束，亦不受任何著名学者之牵掣。苟其确有所见而言之成理，则虽在一校中两相反对之学说，不妨同时并行，而一任学生之比较选择。此大学之所以为大也。”吾人今日之所遭遇者则何如？在极度的禁锢之下，吾人所处之大学果能为“大”乎？如其不能，则争取思想之绝对自由，要亦为今日教育家应有之努力。

时当溽暑，吾人深盼讨论诸君子之心常热。更深盼所讨论之提案都能一一见诸实行。

敬告今年的大学毕业生 *

在迅速得如像白驹过隙一样的时间之波流中，目前是已临到了暑假——一个学年的尽头。

就在这几星期之中，全国各地大学校又将有大批学生毕业而出，除了一小部分能继续求学而外，其他大部分必然的将从此终了其黄金时代的学生生活，而开始踏进社会。

然而在诸君提起脚踏入社会之先，诸君对于自己是否曾有过一番整个的打算呢？换言之，你们准备做些什么呢？

这里，我所说的自然不是问诸君将怎样去寻觅职业，怎样去谋得衣食，或者是怎样走上新政客官僚之路。因为这些都是“个人问题”，都不是我现在想讨论的问题。我所问的是在于怎样体认这个动荡的时代，这个破落的社会，这个多灾多难濒于危急存亡的国家；同时，更怎样体认自己所应负的使命，打算做一个怎样的人。

不错，“个人问题”，并不能不算是一个急待解答的问题，也许在诸君对于“职业”“生活”以及“个人出路”等问题，看得更为迫切，更为重要。但事实上，“个人问题”是只有放在整个社会问题之中，才能找得其依据；同时，亦惟有在整个社会问题获得解决之后，个人问题也才能解决。在目前破落崩溃动荡黑

* 原载1932年7月19日《申报·时评》，署名：彬。

暗的社会里，失业、饥寒、刑罚、死亡，时时围绕在每一个人——除特殊阶级而外——的周遭，在大众失业的唏嘘声里，在大众饥寒的哀号声里，诸君的职业，诸君的衣食，能够单独解决吗？即使暂时能，但终于不过是“暂时”。所以我说“个人问题”，只有在整个社会问题获得解决之后，才能解决。于此，诸君当可以看清自己的地位，并可以认清个人在痛苦的大众中所应负荷的使命。

依据于去年教育部所发表的统计，全国仅有大学三十四所，专门学校十六所；大学生仅一万二千二百二十五人，专门学生二千一百六十八人。以我国全人口四万万五千万为比例，九百万人中才有大学一所，三万一千一百三十五人中才有大学生一人。诸君能在三万余人中争得一个受大学教育的机会，那末诸君已经是很幸运了。但三万余的多数人榨取其血汗，以供给诸君受大学教育，这与其说是诸君幸运，毋宁说是正所以显示诸君使命的加重，诸君是社会的优越份子，眼前正陈列着许多问题，切盼着诸君动手做。

“认清时代”，“认清自己”，这是诸君应时时记着的两句话。时代很显然的是在转变。空前的经济恐慌，已使这世界感到空前的苦闷。在我国内，则由于九一八以来外敌之压迫，与内政之愈趋于混乱，社会经济日益破落，人民生计亦日益艰苦，社会亦正在转移其动向。这是一个非常的时代，也是一个伟大的时代。在这非常的伟大的时代里，诸君将怎样处置自己呢？换言之，诸君是打算把自己作成一种怎样的“力”呢？——是推进时代的“力”呢？抑是障碍时代进展的“力”呢？

“信仰”是真实的觉悟，也是生命力之泉源。在认清了时代，认清了社会之后，诸君尤必确定自己的信仰，遵依着你自己的信仰去努力。否则，你便将如盲人骑着瞎马，在黑暗中乱窜，或者是你践踏了别人，或者是别人践踏了你。

我认为目前是已临到了空前动荡的阶段，中国尤其是已临到了空前混乱的阶段，诸君必须从经济的观点上去体认大众生存的出路，同时勇敢地把握自己的出路。悲与愤，伤感与颓唐，都是无用的，其结果适都等于自杀。

当诸君开始踏进社会之先，我谨献与诸君这一点意见，并敬祝诸君奋斗的新生活之开头。

大树底下小树不好生长*

——与戴自俺的一次谈话

(1932年暑期中的一天，陶行知约戴自俺谈工作)

陶：现在河南向我们要一个人，你可愿去?

戴：河南什么地方?什么学校?去干什么?

陶：一所省立乡村师范（即河南百泉师范——编者注），还设有一个师范专修科，他要请我们的一个人（指晓庄同志）去担任该校的研究实验部主任。他们打来一个电报，本来指定要请宗麟先生去的，可是，张先生已经答应到广西桂林师专去了。我的意思，你到河南去怎样?

戴：回上海后，我已经看望过张先生，知道广西还要人，我已经答应张先生，愿意跟他一起到广西去。我想，能再跟张先生学习一段时间，对我比较合适。

陶：分开来：张先生去广西，你去河南。我跟他（指张先生）说明我的考虑。

戴：一个人单枪匹马干，我怕不行。我想还是跟张先生一段时间比较好些。

陶：你为什么这样考虑问题?

戴：我刚出学校不久，远离你们，有些胆怯。跟张先生去，当然好些。

* 摘自戴自俺文《轶事四则》之二，载湖南教育出版社1984年版《陶行知一生》。

陶：啊！原来你是想着“大树底下好遮荫”，可是？

戴：正是！——不，也不完全是！一心只是想再跟张先生多学一点东西。我想，再跟他两三年，锻炼锻炼，我再自己单独闯去。

陶：这个想法不对！一棵小树躲在大树底下生长，阳光、水分、雨露，都要受到一定的限制。大树底下，小树是不好生长的。小树应该有一块能让自己自由生长的土地。

戴：这样的担子，您看，我能行吗？

陶：我看可以。你忘了吗？“天赋两个宝，双手与大脑。宁做农与工，联合辟荒岛。”晓庄同志应该有这种开疆拓土的精神。

戴：陶先生，您认识那位校长吗？

陶：原来不认识他，经朋友介绍来找到我们的。我不是早说过吗：“晓庄的种子已散遍了全社会，在人所不到的地方，已经有了晓庄的生命。”你去吧，大胆地去吧，人家不了解我们，不相信我们，绝不会来找我们。我们的同志，只要有一个人到了一个新的地方，就会出现一个新的晓庄。我早说过了，蒋介石是永远封闭不了晓庄的。

怎样办乡村教育*

——同百泉师范校长的谈话

晓庄学校短短三年多的经验，我们摸索了一些办革命教育的经验。几年来，在办教育上，我们孤军直入，与张宗昌、褚玉璞等军阀奋斗，与土豪劣绅贪官污吏奋斗，与乡下人之封建思想奋斗，遇到了重重困难。但是，我们不怕困难，我们总要继续努力，奋勇前进。……

对乡村教育，我们为什么要这样办？为什么要这样去努力？在晓庄的时候，也有不少同志向我提出过这样的问题。我曾经不止一次的谈过这个问题。我曾多次介绍过王国维在《人间词话》中的一段话（略——编者），说明我们的想法和做法。

这就是说，一个诗人或学问家，首先要高瞻远瞩，认清前人所走过的道路。也就是说，总结和清理前人的经验是艺术创作或学术研究的起点。第二步，要覃思苦虑，孜孜以求，犹如热恋中的情人，热切地、不惜一切地追求着所思。只有这样，才能一朝顿悟，发前人未发之秘，辟前人未辟之境，在艺术上或学术上做出独创性的贡献，犹如在灯如海、人如潮的灯节之夜，千追百寻终于找到了朝思暮想的心上人一样。

联系到我们办乡村教育来说，也要先天下之忧而忧，要从高

---

* 摘自戴自俺文《轶事四则》之三，载湖南教育出版社1984年版《陶行知一生》。谈话时间为1932年暑天。题为编者拟。

处远处着想。我们办乡村教育是一件大事，也是先天下之忧而忧，也必须要登高一望，望尽那天涯路！要放开眼界，纵的看看，横的也看看。从纵的方面，看看中国几千年的历史背景是什么？世界几千年的历史背景又是什么？再从横的方面看看，今天中国的社会背景是怎样？现在世界的潮流背景又是怎样？我们都要把它看得清清楚楚。在《我们的信条》里，有一条是“小的村庄要与大的世界沟通”，就是这个意思，这是第一境界。第二境界是看清楚人民的隐痛之后，要时时刻刻记着它，用尽自己的力量，为解除人民的隐痛而努力奋斗，为它牺牲一切，为它憔悴，终不懊悔！第三境界是从各处各地实际工作中寻求个解决，只要我们百折不回地去找它，终有出人不意遇着的一天。我们从事乡村教育，困难问题自然很多，假使我们能认真切实地随时随地遇着问题，都要求他一个解决，终是可以解决的。我曾经给一个在乡村小学坚持工作好几年的同志写过一副对联：

认清问题研究问题解决问题办好教育；

发明工具制造工具运用工具是真文明。

这也代表我们办乡村教育的一种态度。

我们都是走的一条路——办乡村教育，要办好乡村教育，要为中国乡村教育摸出一条新路，我们是同志。我们都应该有这么一个共同信念：乡村教育的前途一定是光明的，是有希望的，是会有好结果的。根据我们几年来的摸索、试验、探寻，我们所以要这样办，要这样做，是把以往的社会背景，以往的教育走错了路，现在世界的潮流等等，看得清清楚楚，才决心这样办，才决心这样做的。

（三天以后，陶行知请吃西餐，为百泉乡师校长和戴自俺送行。校长一再诚恳致谢说：“这次来上海，多承陶先生大力帮助，介绍戴先生到本校去工作，真是太费心了，谢谢陶先生的费心！”陶行知随即答话：）

不！不是“费心”，而是“关心”！凡是有关乡村教育的事，我都关心；凡是乡村教育同志要我办的事，我都关心；百泉师范，我应该关心；全国乡村教育的发展、开创以及一切动向，我都关心。……

商务印书馆复业*

"一·二八"之变，商务印书馆亦同罹浩劫。积三十六年惨淡经营浸以臻于我国数一数二之文化机关，遭此荼毒，几于不可再振，乃以该馆尽力筹策，终能在国人热烈期望之下，于昨正式宣告复业。

该馆复业之日，标悬极其悲壮之警惕语曰："为国难而牺牲"，"为文化而奋斗"。吾人但一低吟"为国难而牺牲"之句，则"一·二八"之奇耻大辱，以及种种荼毒之惨状，辄又历历浮现于吾人之脑际，此仇此耻，不仅为直接蒙受绝大损失之商务印书馆所不能忘，亦即为我全民族所一日不忍忘。

吾人试再一吟味"为文化而奋斗"之句，辄又不能不深感该馆奋斗精神之坚忍卓越。既为国难而牺牲矣，更应为国难而奋斗。必我全国国民能具有此种奋斗精神，而后当前之国难乃能打破，我民族乃能争得自由独立与生存。虽然商务奋斗之道究如何乎，吾人不敏，则亦谨愿就见之所及，为一借箸代筹。

商务三十六年来对于我国文化上之贡献，固自有不可磨灭之伟绩，而尤以近十年来之成效为更多。但过去者既已过去，劫后之商务，今既以八月一日复业，则其"为文化而奋斗"，亦当自八月一日而重新开头。

---

* 原载1932年8月2日《申报·时评》，署名：彬。

吾人所愿贡献于商务当局者：

第一，我国今日文化之衰落，文盲之众多，实为世界所罕有。以故我国文化界今日之急务，不在于造成少数杰出之人才，不在于造成徒能读洋八股之大学生，不在于远稽往古，考证史迹以发扬我古民族之幽光；而在于扫荡文盲，教育一般劳苦大众，进一步更使下一代儿童不至再在愚昧与无知中长大。固然此种工作，要非文化界所能单独负荷，尤非出版界所能单独负荷。然而出版界于其出版书籍，多注意于教育劳苦大众，提高劳苦大众之知识，提高一般水平线，则以积久之努力，亦自可获得惊人之成效。此吾人所贡献于商务当局者一也。

次之，现代新学说与新思潮之流传与推进，都惟出版界之介绍是赖。故出版界关系历史文化之进展与停滞，至巨至深。人既生而有思想之自由，则亦必应有研究之自由。任何主义，任何学说，任何思想，要皆有其产生之因，及其存在之价值。出版界则应不囿于主观之见解，而应普遍介绍，俾国人得有自由研究之机会。此吾人所贡献于商务当局者二也。

复次，目前我国中小学教科书籍，大抵都取给于商营之出版界，是则出版者之掌握中，实握有我全国中小学生之前途。换言之，即握有我民族之前途，则其所负责任之重大，殆无可比伦。吾人认为教育青年，应着重于养成其创造之精神，与开天辟地推进时代之生命力，而不应养成书痴，或旧时代之承继者。应养成其服务社会之精神，而不应养成其“利己主义”之幻梦。出版界编制教科书籍，则应以此为鹄的。此吾人所贡献于商务当局者三也。

吾言既尽，更敢取商务悲壮之词为商务勖：

“新商务其为文化而奋斗”。

团结起来自己干*

——致胡同炳等

你们来学习自然是好事。但是，你们还有二百几十个同学怎么办？晓庄附近有成千的孩子怎么办？为着你们都有学可上，我教你们一个办法，那就是团结起来自己干——会的教人，不会的跟人学，边教边学，这样不就是一所很好的学校吗？

你们不要小看自己做的事，你们这个学校是教育史上的一个创举，是了不起的大创举！

教育和生活是密切联系的整体，脱离生活办教育，就像空中楼阁要塌下来的。农民从没有书读想到要读书，这是很可贵的事，因此教材要从生活中来，识字要由浅入深，逐步提高。

小孩子能教人，能办学，晓庄佘儿岗小学是个很好的样子。……

* 本篇是写给南京佘儿岗胡同炳等人的四次信函摘记。第一段是1932年8月对胡同炳等二十多位小学生联名写信要求到上海的“工学团”学习一事的回答。第二段是佘儿岗小学于1932年9月4日正式开学，陶派戴自俺前去看望后，于10月写此信。第三段是佘儿岗小学办学初期遇到识字教学困难时请教陶行知得到的回复。第四段是在儿童自动学校庆祝一周年校庆前写的祝贺信。

摘自胡同炳著《南京儿童自动学校十年努力记》一书，四川教育出版社1989年12月版。题为编者拟。

创办工学团*

我又想通一个问题了，我打算办工学团。

什么叫做工学团呢？工就是做工。工以养生，就是教人民大众生产劳动来养活自己，不游荡闲散，依靠别人。学就是科学。学以明生，就是教导人民大众研究社会科学和自然科学，一则明了自己为什么会受苦受难，被人欺负压迫，如何才能求得出路；一则用自然科学来增加生产和破除迷信。团就是团结，就是团体。团以保生，这个意思就是教人民大众团结起来，结成坚固的团体来保卫自己的生存权利，如果有什么混帐王八蛋来欺负压迫老百姓，咱们老百姓就起来和他干——啊！

此刻，我想到人民大众需要五种教育：科学教育、劳动教育、文化教育、艺术教育而外，还必须加一门武装自卫教育。有了它，人民才可以抵御一切侵犯者。因此，我们坚持人民应该自动武装起来保卫国土和家乡的主张！

我已觅定沪太路（从上海通到太仓的公路）旁的孟家木桥做校址，经费也筹到一些了，还捐到一架风琴和留声机，现在就想送去，你们去看看么？

这个工学团，既是工厂，又是学校，也是社会。大家都要跟

* 摘自伯韬著《回忆陶行知先生》第35、36节，哈尔滨光华书店1948年2月初版。题为编者拟。

木匠师傅或其他师傅学习做工，依靠我们自己的劳力来创造这个学校不行么？我们应该赶快替老百姓做些有益的事，他们对我们的捐助太热情了。只有亲密依靠老百姓，得到他们的帮助，工学团才可以办起来。

农民的青年工学团，可能办得起来么？让我们大家来试试。

挽赵叔愚*

千古名言　做工求知管政治

一生德业　冰清玉洁日月明

* 原载1932年10月出版的《晓庄丛书·乡村教育丛辑》的《编者序》一文。

打倒留级*

“留级”两个字是多么的可怕呀！我办晓庄的时候，觉得留级太残忍，断然把它取消掉。留级是违反自然生长之原则。小朋友好比是一棵小树，树是继续不断的向上长。园丁只能施灌溉，防虫害，不能叫树儿不长，或是叫它退回一年重新长。留级纯粹是一个洋教育的洋把戏，我们大可不必为它拉洋车。从儿童中心的教育立场上看来，这个把戏是玩不得的。下面是我对这个留级妖怪写的一首送行诗。（诗略）

* 本篇原载1932年11月15日《儿童教育》第四卷第九期。陶行知收入自编的《知行诗歌集》时，去了这段前言，改名为《留级》，见本全集七卷第110页。

介绍潘一尘接洽卖书稿*

——致舒新城

新城先生：

兹有潘一尘先生著《孩子们的呐喊》与唐君文粹著之《教学做合一之系统研究》二书，拟向贵局卖稿。现由一尘先生前来接洽，尚希与之商谈为盼。

敬祝

康健！

陶知行　启

二一、十二、十三

* 此系1932年12月13日致舒新城信，原载中华书局《收藏现代名人书信手迹》，1992年1月版。题为编者拟。

必须不断提高小先生水平*

儿童终究是儿童，他们的知识有限。为了把这个学校持久地办下去，必须不断地提高小先生的水平。提高师资水平的途径有三条：一是让负责教学的小先生轮流到上海“山海工学团”学习、进修；二是聘请南京安徽公学校长姚文采先生为儿童自动学校的常年顾问；三是邀请南京中国科学社经常派人到学校进行科学知识指导。

* 摘自胡同炳著《南京儿童自动学校十年努力记》的《小先生寒假进修》一节，四川教育出版社1989年12月版。题为编者拟。时间为1932年冬。

集中国力挽救危亡*

三中全会开，中委孙科等二十七委员胪列原则与办法，提集中国力挽救危亡一案，是案业经大会通过。据报纸所载，其原则大致一为关于内政之整饬，另一为关于宪政之准备。在整饬内政之原则下，如切实保障人民集会结社言论出版居住信仰之自由，如政治分会之存废，如整饬行政系统，如派员考察各地方政治及民间疾苦，都有极明确之决定。而在准备宪政之原则下，于进行地方自治，筹开国民大会，起草宪法诸项，亦都有极具体之昭示。国难至此，危急存亡，仅存一线，集我全力，共谋打破当前之艰局，是盖为一年以来我全国人民所朝夕呼吁而不可得者。今在负有领导全国政治重责之三全大会中，既已决议，且又明白规定实施之原则，此种确定明白之昭示，诚为全国人民所共仰。虽然，吾人犹有未能已于言者，容申论之。

人民集会结社言论出版居住信仰之绝对自由一点，在国民党党纲中，在去年国民会议通过之约法中，以及在政府其他宣言法令中，盖无一不有极明白之规定。顾法典煌煌，载者若彼，而氓之蚩蚩，受者仍若此。迄至今日，人民不仅仍无集会结社言论信仰等之自由，即个人之生命且亦常随要人之喜怒憎好而生之死之，无丝毫之保障。政出多门，法典繁多，在此处为功首，而在

* 原载1932年12月22日《申报·时评》，署名：文。

彼处则为元恶，为功为罪，一无定则。此种现象，自决不容再任其延长。故吾人于此次大会之决议，固极表欢欣。但吾人尤深盼此决议之能切实执行，不再徒为历史上之文献。盖决而不行，实与不决无异，且又无以昭政府之大信。此其一也。

次之，政治分会之设立，本即为变相之割据。在“健全中央巩固中央”之原则下，此种制度之应澈底打破，亦自毫无可疑。顾分裂割据局面之形成，必另有其根因，而不仅在于政治分会之形式。政治分会之形式，即可打破，而割据之实质，初不必亦遂之而消灭。故今日必须审其根因所在，从而发动掊掘根因之“实力”，庶“议”既能“决”，“决”即可“行”。此其又一也。

复次，派员考察政治，以及访询民间疾苦，立意固善，但究尚为末端。盖今日外侮日急，内乱纷起，野盈饿莩，道载流亡，是即政治得失之反影，亦即人民疾苦之写真。今政府既具改革政治解除人民疾苦之决心，则眼前疮痍满目，危机环生，应即以人民之利益为前提。政府当局能以此旨训令各级官吏，各级官吏能遵令实行，政治自可步入正轨，犹恐其不能实力奉行也，然后派员考察以验其成绩如何而奖惩之。如此则考察更有实际。此其三也。

更有言者，宪政之实施，固亦早为全国人民一致之要求。但吾人尤切盼宪法之制定，为依据于真正之民意。夫然后宪政之实施，乃能真为民权之行使。脱其不能，则民元制宪之覆辙，即鉴在前车。差之毫厘，失之即在千里。此其四也。

总之，吾人于大会集中国力以救危亡之一决议案，在原则上无不竭诚赞同。但“力”如何而后可“集”，所“集”者为何种之“力”，以及必需何种之“力”而后可以“救亡”，则尤切盼大会作进一步之研讨。抑又闻之，为政不在多言，“行”而已。但须使所言者表现以事实，则政治自能发生伟力，自能博得人民之拥护。若意大利若苏联，皆眼前之实例。此吾人所又敢以挚诚切盼大会一审慎之思者也。

整顿教育之根本问题*

隔昨三中全会第四次集会，于确定教育标准，改善教育制度，改善高等教育诸问题，均有明确之决议。其内容为：（一）关于国民教育；（二）关于生产教育；（三）关于师资教育；（四）关于人才教育。且各胪列办法，揭举标的。在当前教育濒于整个破产之局势下，而有如斯整顿教育之明确决议，斯诚足以令日夕忧虑于“国本动摇”者为之色然而喜，深致欣幸于今后我国教育之庶几其有整饬之望。虽然，吾人仍请以一言广之。

第一，吾人认教育为整个政治中之一部门，教育之良窳，即与整个政治息息相关。故欲整饬教育，不仅在于改革教育制度，树立教育标的等局部问题；其尤要者，乃在于整个政治之澄清。此为一大前提，不容忽视。

第二，我国今日文盲人数，约占全人口百分之八十以上，民众教育之推进，固为至急之图。但文盲数字所以如此其巨大者，其根因不在于人民之不欲受教育，而实在于无受教育之机会。即就当前之事实而言，饥荒连岁，战乱迭作，农村经济，日益破产，人民生计，日趋艰难，老弱转徙，少壮流离，生且无方，遑言教育。故义务教育之推行固急，而民生之安定尤急。民生如不得安定，则义务教育即能践实推进，亦终必徒劳无功，是亦“富

* 原载1932年12月23日《申报·时评》，署名：文。

矣而后教之”之义也。

第三，我国生产落后，为显著之事实，今后应注重生产教育，以求产业之发达，固亦为根本之要图。不过吾人认为我国生产之所以落后，其根因实不在于未能着重生产教育。就当前之事实言，吾人尝见有多数机械、采矿、工程、数理等等之科学专家竟不能得一业，或既得业而所用常非其所学。反之，无一技之长、无一得之知者，则常无往而不适。就此种现象推断，则即使产业教育实行，各种专门人材皆次第养成，遂谓我国生产即可因而发达，人能用其所学以为国尽力，恐亦不免失之太为乐观。盖我国生产之落后，其最大之根因，实由于资本主义经济之握持桎梏也。

第四，迩年以来，学潮迭作，彼伏此兴，常相应和，闻者疾首，言者痛心。辄曰学生嚣张，学风败坏，是应严予管束，严加制裁。固矣！然而吾人认为学潮之作，要有其诱致之因，学风之败坏，亦当有其致此之由：外侮内乱，交相煎逼，使学生不能安心求学，一也。现实政治不能予学生以良好之观感，二也。教育经费，常起恐慌，三也。官僚制度侵入教育界，四也。新思想潮流之激荡，五也。晓此五因，则吾人又可知今日而欲弭止学潮，整顿学风，徒从管束制裁着手，亦为末道。或恐学潮将以管束而愈滋，学风将以整饬而愈肆。盖不正其本，决无以齐其末也。

第五，“教育经费绝对独立”，迩年来当局固已一再宣示。然而事实上则教费仍常积欠，一任学校关门，教育枵腹，青年失学，全国教育界号泣呼吁而都无以应。巨额之军费不能减缓，而教费则一任其长年拖欠。如言整顿教育，则此应即为最大之课题，亦即为严重之事实，整顿之工作，应以此为第一着。如其不能，则一切整顿之决议，其将不流为空谈者几希。

凡右所陈，吾人认为实深关当前整顿教育之根本要图，而其他皆为枝节。故读三中全会关于教育之决议案而后辄复略□陈之。

反省的行动或行动的反省*

——教学做合一过程的新发现

我有了新发现！我有了新发现！

我昨天玩电池，把铜丝从阴极上接到阳极上去，然后电子流从阴极射出，通过铜丝，流到阳极上去了。

嗨嗨！这没有什么？可是，我要告诉你们，存在我心里多年的问题，这一下被我想通了。

从前不是有人问过我么，教学做合一的过程，究竟和克伯屈根据杜威学说所提出的设计教学法有什么不同呢？当时，我只能说它们相近似，不过设计教学法不是真做，而是教师坐在书桌旁，口喷香烟，眼盯天花板，空想出来的。现在，我完全想通了。设计教学法的过程是：

一、引起动机；

二、决定目的；

三、拟定计划；

四、着手试验；

五、屡试屡验之后，得出断语。

我们过去批评设计教学法，一开始只是引起动机，而教学做合一首先就是行动，行动生疑难，疑难生假设，假设生试验，试

* 摘自伯韬著《回忆陶行知先生》第32节《我有了新发现》，哈尔滨光华书店1948年2月初版。题为编者拟。

验之后生断语，这个过程虽基本和设计教学法不同，比它前进了一步，但它仍有缺点。这个缺点是没有把行动和断语接连起来，就犹如没有用铜丝把电池上的阴电极和阳电极接连起来，因此，发不出电流，也就发不出光和热了。此刻，我把教学做合一的全部过程贯通起来了：

一、行动生困难；

二、困难生疑问；

三、疑问生假设；

四、假设生试验；

五、试验生断语；

六、断语又生行动。

如斯，便把前后两个行动连接起来，像阴阳二电极用铜丝接起来一样，就会通上电流，发出光和热来了。我把这个过程叫做“反省的行动或行动的反省（Reflective action）”。

1933 年

中国教育学会成立*

最近各地教育界人士，鉴于我国教育日濒破产，应亟谋所以挽救之道，爰组织中国教育学会，以研究并改造教育为宗旨。并自前日“一·二八”起，集各处代表，假座上海青年会举行成立大会。同时分别研究关于各级教育之重要问题，如“目前中国之教育方针”，“在今日中国大学教育应负何种使命”，及“中国目前中等教育亟应改进之点何在”等项。在“一·二八”最为沉痛之血的国难纪念日，成立此一最有意义之学会，吾人认此学会之产生，实负有最伟大之使命。

迩年来内乱外侮，交相煎逼，国势危殆，不可终朝。而举国上下，忧时者惟有惶急，消极者惟有待死，而其他迁延苟安得过且过若燕巢飞幕而不知危者，更触目皆是。夫以土广民众而又具有五千年悠长历史之民族，而迄于今日，竟有乱不能制，有侮不能御，举国惶惶，束手待毙。由此种现象而观，吾人即谓为今日我国教育，已整个失败，亦不为过。

我国今日当前之两大问题，一为内乱，一为外侮。内乱何自生？一言以蔽之，为由于大众无饭吃，惟大众饥馁不能安其生，故乱。复惟内乱相循，故外侮乃得乘隙而入。吾人今日而欲安定我人民之生活，并抗御外来之强暴，根本问题，固在于政治经济之改善。然而改革教育，使教育适合于当前之需要，使教育能切

* 原载1933年1月30日《申报·时评》，署名：穗。

实完成其使命，要亦为最重要之一端。

然则当前教育之使命为何？吾人认为第一应为生产的，第二应为向上的。

何以言之？过去之教育，如不故为文过饰非，则不能不承认其为漫无目标，复茫无方针。青年一入学校，即成为一种特殊阶级，生活日益奢靡，欲望日益提高，其生活之优裕，殆十倍甚至百倍于劳苦大众。教育既不能解决其本身及其四周之一切问题，反拉青年出社会，使其日与社会相隔离，日与大众相隔离。侈谈主义，空言理论，若为美国化，若为欧洲化，而不顾及我国之实际情形。于是在学者既毫无目的，而毕业以后，更一无所能，一无所用。教育既不能与社会打成一片，既不能导使青年走上生产与建设之坦途，而反为社会造游民。因之愈教而国愈贫，社会秩序愈乱。教育徒为种恶因，徒为种痼疾，则今日之食此果，宁非应然。故今后之教育，吾人必确定其使命为生产为建设为创造，应使每一青年都能发挥其聪明才力。能受充分之政治训练，能与社会打成一片，能刻苦，能耐劳，而又富有创造新时代新社会之精神。此其一也。

所谓今后教育之使命应为“向上的”者又何？吾人认为一民族之所以能生存于世界，厥为有“民族自信力”。惟有民族自信力，故能争斗，能抗御强暴，能维护其民族之生存。我民族具有五千年悠远之历史，而迄于今日，竟颓萎不振，如肉陈俎上，静待宰割，是不能不谓为我民族自信力，已消磨殆尽。故今后之教育，又应确定其使命，为提高我民族之向上性，为恢复我民族之自信力，使我民族能秉此自信力，以争取生存独立之自由。此其又一也。

总之时至今日，国脉民命，都不绝如缕。在此非常时期，即应厉行非常之教育。一切设施，今日都应重新估定其目的与意义，一切都应重新开头，而教育尤为最重要之一端。今中国教育学会已成立矣，吾人切盼斯会能把握当前我民族之要求，以实践之精神，负荷改进教育重树国基之重责。

学校宜改称工学团*

（一）

学校宜改称工学团，工为生产，学是学习，团乃集团生活。先生宜改称工师，意即教人做工之师也。观念既改，职业教育，乃有新希望。

（二）

分头向商店接洽，名之曰掮客式补习教育。

设流动图书馆，名之曰马路式补习教育。

利用余暇访问商店主人，告以补习教育之重要，可名之曰会客厅补习教育。

* 摘自1933年3月1日《教育与职业》第143期《本社职业教育专家会议纪要》一文。1933年2月2日中华职业教育社假沪南闵行淞沪纪念广慈院举行教育专家会议，即第七次专家会议，蔡元培主席。他在讨论职教社今后使命时指出："本社初创，不过以职业教育之重要者，今则职业教育认为正统教育，人材教育为职业教育之分枝，故本社不特自办职业教育，且宜注意设计，使普通教育完全职业化。"这篇文章是陶行知分别就职业学校，职员补习教育，农村改进，如何完成职教社之使命四个问题的发言摘要。

（三）

办农村改进，第一须不畏险阻，能奋斗，肯牺牲。至于职业补习教育除前述诸法外，尚有利用工余为十分钟之教育的一法：二分钟唱歌，以振精神；一分钟教一条卫生；一分钟教一条科学；其余时间教文字；最后给一个问题带回思索。

（四）

本社责任极大，使命永无完成之日。职教师资，希望用手的人与书生合而为一。

过去与未来的中学生*

今天我讲的题目是《过去与未来的中学生》。

我做过中学生，诸位现在做的也是中学生，将来还有的中学生，所以这个题目是值得讨论的。

过去的中学生好多种，现提出三种来说说：

（一）书呆子。怎么叫做书呆子呢？书呆子就是读死书，死读书，读书死。他们上课的时候，只晓得读书，等到考的时候，更只晓得拼命的读书。这种人在中学校里实在不少。

（二）双料少爷。老子做官，儿子当然是少爷。在家里还有老子管管，不能老是享福，还得做些小事。到了学校里，简直连铺床、叠被、买花生、倒便壶，全有校役代劳。像这样，由中学升到大学，由大学出去求升官发财。既然一心想着养尊处优，有的连卖国也肯干。

关于双料少爷，我曾做过一首歌，现在念给诸位听听：

自从家父做老爷，
人人呼我阔少爷。
谁知我还是自倒洗脸水？

---

* 本篇系在上海光华大学附中所作的演讲，由惟翰、黎青笔记。原载1933年3月10日《光华附中半月刊》第6期。

远不如进个学堂儿：
听差为我铺床又叠被；
上课看情书；
下课拜小姐；
不高兴闹个风潮儿，
直要教员怕我如同儿子怕爹爹。
请看今日害国贼，
哪一个不是当年的双料少爷！

（三）双料小姐。关于双料小姐的歌，我虽然没做过，可是双料小姐的事，我倒可以说说。她们脸上擦的是巴黎香粉，是不是？从前嘴上只点两点胭脂，现在却满嘴涂得通红。但这些我们都不去管它，不过有件事却是我们要反对的，就是穿高跟皮鞋。我提出这个意见以后，高跟皮鞋店的老板对我很不表同意。其实我的演讲又有多大的效力呢？现在不过是开始进攻罢了。

我也作过一首穿高跟皮鞋的摩登小姐歌，是：

瞧，瞧，瞧！
摩登小姐踩高跷，
一跷跷到白渡桥。
白渡桥上有人笑：
曲线三角真巧妙，
大脚婆儿脚变小。
走路不稳少爷扶，
少爷不扶就跌跤：
上桥跌一跤，
下桥跌一跤。
来瞧！来瞧！
摩登小姐蹩了腰！

蹩了腰，

还要踩高跷。

今天我讲这话，是因为此地的小姐很少穿高跟皮鞋的我才敢讲。要是有一两个穿的话也不要紧，听了我的话从此再不穿就是了。好！过去的让他过去吧。以后书呆子不要再做书呆子，双料少爷不要再做双料少爷，双料小姐也不要再做双料小姐。

小时候，我听见过一句俗话，叫做“老鼠钻进牛角筒”。牛角是一头大一头小的，如果钻进去，就越钻越到小处，结果是“死路一条”。书呆子、少爷、小姐，走的都是死路。因此中华民族在这生死存亡的关头，并不是他们所能救的。假使我们要把死路变为生路，惟一的方法，就是不要再做这三种人。我们晓得书呆子只能蛀书，少爷小姐也只能享现成的福。他们对于国家的存亡，是没有多大的关系的。我们现在就要谈到未来的中学生！

“未来的中学生是哪一种人？”如果这问题我不能回答，今天我就不得下台了。未来的中学生，我们可以说就是创造新文明的小工人。中国以及全世界的文明，现在都在那里崩溃破灭；中国的农业文明那更不用说了。但我们就这样袖手旁观吗？我们当旧文化正在破灭和新文化还没有创造出来的时候，应该怎样呢？诸位，我们二十几万中学生负的责任是很大的！不过创造新文化要有几种人：第一是小工人即工徒，第二是工人，第三是工师。中学生可以说是小工人，那样我们到底怎样做呢？

我们知道人身上有两件宝贝，一是头脑，一是手——一双可以自由活动的手！书呆子、少爷、小姐，他们只用了一件宝贝而且用错了。他们的手可以说是没有用。从前他们要养指甲（长而是曲线的叫兰花指甲），一般穿中国衣服的老是把手拢在袖子里，穿西装的也老是把手放在裤袋里，讲究点的还要用鸡皮手套套起来，那知这样一来他们同时就把整个的中华民族也就套在里面去了！书呆子、少爷、小姐是不用手的。我们既不要做那三种人，我们就得拿我们的头脑来指挥我们的手去做事：扫地，抹桌，倒夜壶，倒马桶，都要自己干。诸位听了一定要问："难道自己倒夜壶倒马桶就能救国吗？"那我也就要问诸位一声："一个人连夜壶马桶都愿自己动手去做，世上还有什么不愿做呢？"中国自有历史以来，农业已有几千年了。可是一般农人，向来只用手而不用脑。现在的我们，就该手脑并用了。我们的头脑，也要用我们手来变动他。那就是说，用手来化脑，用脑来化手。用手的时候用脑，劳力的时候劳心，才有意思。譬如说，我的眼瞎了，耳聋了，然而我要是用我的手去仔细的摸索，还是可以知道各种物件的状态。我既然看不见，也听不见，那么我的头脑是怎样会知道的呢？这还有我的手来取得知识。我有一首《手脑相长歌》：

人生两个宝：
双手与大脑。
用脑不用手，
快要被打倒。
用手不用脑，
饭也吃不饱。
手脑都会用，
才算是开天辟地的大好佬。

上海有一个聋盲学校，教瞎子用手读书。他们的书与我们的两样，全是凸出的字。他们用手一摸，就可以晓得"中华民国现在不得了"了！这是手能帮助头脑的一个例子。如果少爷、小姐、书呆子运用大肌肉的手力去改变他们的脑子，那才是科学的脑子。创造新中国只要科学的手和科学的脑子合拢起来就成了。南京安徽中学十五周纪念我送了他们一首歌，内中有几句：

大事不好了，

黄帝子孙今病倒；
书呆子手软脚软，
田呆子笨头笨脑。

我还配了两种药给他们吃：一叫脑化手；一叫手化脑。拿脑化手的药，给书呆子吃；手化脑的药，给田呆子吃；这样他们的病就会好了。要是用科学的头脑和手来创国，还怕不能抵抗日本吗？我们要创造新文化，就得把我们的宝贝拿出来。王阳明主张知是行之始，行是知之成。我现在把它翻半个筋斗，我说行是知之始，知是行之成。从前的许多学校都是先知后行，现在却要行以求知了。但这不是乱行乱动。杜威先生的反省的思想（Reflective thinking）有五步：第一个步骤是感觉困难；第二是要审问困难在什么地方；第三是要设法解决这个困难；第四是选择一种方法来试试看；第五是屡试屡验才下断语。可是他这里少了一个重要的步骤，就是行动（Action）。因为行动才能产生困难，不行动，这困难是靠不住的。所以我要在感觉困难之前加一个行动的步骤。这六个步骤我给取了一个新名字叫做反省的行动（Reflective action）。行动是老子，知识是儿子，创造是孙子。因为行动是知识的泉源，行动是力量的发电机。所以未来的中学生，是用手用脑去行动的小工人。把我们的高跟皮鞋脱掉，把长衫脱掉，穿起工人的衣服来，才能创造新文化。否则这五千年的古国，就会深深地断送在我们的手里了！诸位这时还不难改变过来，若不赶快觉悟，等到像我这样大的年纪就不行了。

所以小工人最好是从小做起。

我是小工人，
我有双手万能。
我要造富的社会，
不造富的个人。

我们要想造富的社会不造富的个人，就必得集中我们的力量向帝国主义进攻。总括一句，消极方面，我们要做反抗帝国主义的小工人；积极方面，我们要做创造新文明的小工人。

小先生与普及教育*

据最近教育部统计，中国今日有一千万〔失学〕儿童，实际上达就学年龄之儿童应有八千万，而且以数年来提倡义务教育的效果论，今日就学的儿童，亦应有四千万；故事实上仍只有一千万者，原因虽多，普及教育方法的不妥善，实在是主要的阻碍。近几年来，思索试验的结果，以为小先生的办法，倒是一解决途径。尤其是在今日农村破产，经济万分拮据之秋，如能将小先生的办法尽量推行，不出两年，即可使教育普及。请先举出三例来证明：

一、十年前我方从事于提倡平民教育，家母也欲识字。那时，家中惟一能教她老人家的，只有一个六岁的孙儿，于是这个孙儿便担任了教祖母的责任。等到教会了十六课字以后，我就根据这十六课字，写了一封信给家母。她看了，读读听听，居然也就懂了那封信里的意思。六岁小孩子能教祖母，岂不证明小先生

* 1933年4月16日在中华基督教教育会初等教育参事会上的演讲，署名：陶知行博士，王尔斌笔记。原载1934年9月《教育季刊》第10卷3期。

1934年10月18日出版的《上海青年》第34卷31期第3—6页，刊载有同题文章，该刊编者有如下按语："陶知行先生为我国教育界有数之人才，年来对于实验教育，工作非常努力。过去南京之晓庄师范，不但蜚声国内，同时亦引起世界人士之注意。最近陶先生复在大场举办工学团，不过年余的努力，已经成效大著。工学团的教学目标，是'即知即传人'，并提倡小先生运动，打破只有大人能教小孩的观念。此文即陶先生对于小先生教学的意见。本载上星期日《晨报》，编者以此种主张，对于普及我国教育，实有莫大之贡献，故特转载于此。"

有教人识字的能力么？而且又有照片作证。

这也不是独创的事，最近有一位朋友看见我热心提倡小先生的办法，就把最近报纸上的一张苏俄儿童教成人的照片寄给我。我想不只苏俄有这一类事实，世界各国莫不有此等事实。

二、南京晓庄师范停闭后，当地识字的儿童便自动地组织了一所自动学校，纯粹由儿童们负责。因为成绩很有可观的原故，已经政府立了案。我在他们开办后，就送了他们一首诗。这首诗我事前给了我的一些朋友们、留学生看过，都以为好到一字不能改。我于是很自信的寄与他们。诗如下：

有个学校真奇怪，大孩自动教小孩；

七十二行皆先生，先生不在学如在。

哪知他们接到我的诗后，竟回了我一封信，不仅能懂得我的诗，而且说：

1. 大孩能教小孩，小孩难道不能教大孩么？

2. 大孩能自动，难道小孩不也能自动么？

我接着他们的回信后，以为他们的理由很充足，就把第二句的“大”字改成“小”字，从此，我的这首诗就改成“小孩自动教小孩”了。以一班儿童而居然能改留学生们所以为不好改的诗，不又证明小先生的能力吗？

三、去年淮安小学七个学生到各地旅行，没有人领导。过镇江至上海时，只剩了十元旅费。他们在上海住了五十余日，就以卖演讲为生，每次十元。许多大学和中学都先后请他们去演讲；及至回去时，已余下六十余元，买了不少的书带回去；演讲也讲得好。事后，他们的校长来信问我的感想，我因事忙，回了他下面一首诗：

一群小光棍，数数是七根。小的十二岁，大的未结婚。

没有父母带，先生也不在。谁说小孩小，划分新时代。

所谓“划分新时代”者，是说上海人从前一味的看不起江北人，江北小孩子更无论了。经过他们这一次的旅行后，上海人看不起江北人的观念，也就随着改变了。这不又证明小孩子的能力么?

中国已有一千万学童，采取小先生的办法，每个学童教两个不能进校的儿童，再加一年，普及教育便成功了。平民学校的大部难处，在小先生身上也就消灭了。小先生虽小，力量却也不少；犹如微生物小固然小，力量倒不可忽视。

可是小先生的办法要有成效，却要大先生帮忙。1. 开娱乐会，召集阖村大小男女来，演讲普及教育的重要。2. 在教学法上，也应时时加以指导。3. 考核小先生的工作，令他交成绩表格等等。如想推行有效，大先生应当认真去督促，使儿童把教人识字的工作，当作正式课程去做。实际上，这并不加重教师的担子，因为教师在下列几点上，可以省出不少的时间：1. 废止写大字，因为写大字的本身固不十分重要，而教师改字的时候，模糊的居多。2. 写日记也无须日日写。真正有价值的日记，须在生活环境下的学校方可写，其他学校不可写。今日如此，明日亦如此，意义毫无。而生活日记因为是天真流露的表示，却用不着改。3. 教师也可少有些会议的事。至于实施推进小先生的办法，请随便举出数例：

(一) 定期放映电影。假如票上印了三十二个字的说明，每张售铜元十枚。若是不愿付钱的话，小先生就要负责，在期前把这三十二个字教会持票来看电影的人。

(二) 妻子得着丈夫的信，甚至庙宇中求得的签，都可作为教学的工具。

(三) 利用无线电播音中的一切，来作教材等。

组织方面，有值得述说者，很有几处已在大规模的试验。如上海宝山间的山海工学团，宝山县，邹平县，将全县儿童组织为若干学军，每一个孩童找四人组学排，五排为学营，五营为学团，五团为学师，五师为学军，梁漱溟先生同兼学军长。采军队组织制，而尽力推进普及教育工作。

复次，小先生的办法，对于小先生也有两种益处：（一）以所学转教他人，自己便容易于记忆；（二）自幼即教人，为服务社会的实际工作。

诸君虽为教会小学当局，然而对于小先生的办法，当能乐予赞同，努力推进。

敬告教育界*

自沈变爆发以来，寇入日深，国势亦日危。当祸变方作，教育界无不激昂慷慨，一时颇呈朝气。惟吾人今日不能不再向教育界诸君子商榷者，国人尝言当前之国难，一部分即为数十年来"新教育"所收获之恶果。如果此言而为事实，又果此言而真出于国人一种沉痛之悔悟，则吾人在今日，即应自问九一八以后之教育，较之九一八以前者为如何？换言之，即九一八以后之教育，是否已从沉痛之教训中获得切实之改进。

在非常时期，即应有非常时期之教育。我国今日则已临非常时期矣，在此时期，全国各级教育，即都应改弦更张，在训育方面，应以民族意识之唤起与帝国主义之认识为主体。在学识方面，则应以关于战争之各种实用科学为主体。以"民族革命战争"一口号，发动全国青年学生，为维护民族生存作奋死抗争之准备。彼日帝国主义者，早已实施军国民教育矣，今日亦已准备全国青年总动员矣。若我国今日而仍一如平时，学者学其所学，教者教其所教，或且囿于"洋八股"之范畴，不顾实际之需要，则此种教育在今后所收获之果，更可知矣。

就当前之事实言，吾人则绝不能承认九一八以后之教育，较之九一八以前有若何之区别，曾接受九一八沉痛之教训而有若何

* 原载1933年4月28日《申报·时评》署名：民。

之改进。其尤可痛者，今日一般人仍如从前或视青年为工具，或视青年为可怖之洪水猛兽。视为工具者，则处处存利用之心理。视为洪水猛兽者，则又时时存戒心。于是而学生乃渐趋于消沉之路，或转入政客之流。其稍有热血者，则左右皆错，啼笑皆非。甚且目击时艰而愿以青年为友者，亦罔不横遭猜忌，视为别有作用，别有企图。再就教育界之本身而言，亦复各立门户，各不相谋，鲜有肯一计及其当前所应负荷之责任。创伤遍体而不自觉，大难临头而不动心。此则吾人在今日所堪悲痛而最应深思者也。

青年为国家之命脉，而教育又为立国之根本。我民族之前途如何，视今日之教育，即可预断曩昔之教育，既认为已收得若干之恶果矣，则今日又将如何？我国凡百之病态，为麻木不仁。教育界之麻木，尤为百病之根。我全国教育界诸君子于此祈愿三思。

同张国良谈写诗*

（一）

用这首老诗，不免空泛。最好见事行事，自己写一首，抒发自己的抱负。

（二）

你不送蛋糕、巧克力，而送桂圆、荔枝，这很好。因为桂圆、荔枝既可以当点心，又可当补药用。但对病人起什么作用，最好突出。

（陶将张诗改动如下：

前见案头一方剂，得悉先生不适意。

三日未存问，下怀正牵记。

---

* 摘自张国良《再记我所知道的陶行知先生》一文，载1984年5月《行知研究》第11期。

（一）是1933年10月，新安儿童旅行团到上海时，张国良匆促间题写了“行行重行行，千里亦容易；吾曹方读书，读书亦如是。”四句老诗相赠，陶行知得知后对张国良的谈话。

（二）是张国良的女友生病，张买了桂圆、荔枝，并写诗一首以示慰问。送出前，张将诗作送陶行知修改时，陶对张的谈话。诗中画有底线的文字为陶所加。

奉上桂圆、荔枝各少许，健脾、益肾、养心、补血气。

物轻人意重，千万莫嫌弃。

然后对张说：)

这样改一下，可以突出桂圆、荔枝对病人的作用。病人看了，心旷神怡，乐于接受，增高食欲，病好得快，达到良好的效果。在语言上，突出形象性、生动性，重视病人心理，达到了慰问目的。

谁则家我 *

父母生我，
先生教我。
谁则家我？
彬和华和。

* 原载1935年1月上海儿童书局版，新安小学儿童旅行团著《我们的旅行记》。1933年11—12月间,新旅来沪，与陶行知同住陈彬和、陈华和夫妇家里。陈家对新旅孩子们关怀备至。12月10日新旅离沪时，陶行知与陈家夫妇一起去火车站为孩子们送行，陶行知拟就此诗，由当时团员杨永鑫（现名白晞）在陶行知给的纸上用毛笔写好，献给陈家夫妇以致谢忱。

1934年

请潘一尘指导讲故事*

潘先生，今天请你讲故事，讲故事的方法也请你指导一下。今天是十七个儿童工学团团员总集合，你可以看到小孩教小孩力量之伟大，这一个法子可以使穷国的教育急速普及。你那里利用中学生指导民众，我们这里完全用小孩子。侣朋在这里有了惊人的贡献，他单身匹马跑到宜兴乡下帮助农人办了一个自动学校，现在还带来了一个小朋友在这里。

* 摘自潘一尘1934年1月29日致百侯中学全体同志信，原载1934年3月1日《生活教育》1卷2期。这是潘参加山海工学团总集合，举行“一•二八”二周年纪念大会及儿童自动工学团授旗典礼时，陶行知同他的谈话内容。

《修学指导》不能抽闲动笔*

——致舒新城

新城吾兄：

久不晤叙，不胜悬念。前答应为您写的《修学指导》，本拟及早动手，无奈为普及教育运动忙着，不能抽闲动笔。而对您的空头应允，似又未便长此稽延，不得已，只好求您“另请高明”吧。实非无故推辞，尚希原谅一二。

匆匆专此。顺祝

康乐！

弟　陶知行

四月廿一日

* 此系1934年4月21日致舒新城信手迹，原载中华书局《收藏现代名人书信手迹》，1992年1月版。题为编者拟。

歙县旅沪同乡普及歙县教育助成委员会简章*

第一条　宗旨　本委员会宗旨在采取最经济、最迅速、最能持久、最能进步之方法，力谋普及大众儿童向上生活所需要之教育，以助成新歙县之创造。

第二条　会务　本委员会会务如左：

甲、举办工学团。

乙、补助优良试验。

丙、介绍新出书报（以孝、悌、忠、信、礼、义、廉、耻之书为限，于不合道德伦理及不通白话诗文等书一例删除，并提倡吾歙固有之经学。）

丁、培养工作人才（订明工学团人员之资格及有道德之人格。）

戊、进行巡回辅导。

巳、报告实际状况。

第三条　委员　本委员会设委员九人，由歙县旅沪同乡会联

---

* 本篇由陶行知起草，经1934年6月10日下午举行的第十二届歙县旅沪同乡会第六次执监联席会议讨论通过。此次会上，公推了程霖生、叶元龙等九人组成旅沪同乡普及歙县教育助成委员会，“由陶行知、陈云门、徐大公定期召集”。陶行知为第十二届歙县旅沪同乡会会董。在1934年1月7日下午召开的第一次董监执干联席会议上，陶行知发表了演说，“大旨谓歙县应举办工学团，运用小孩子做小先生方法，以蕲教育之普及，请诸同乡协助。”歙县普及教育助成委员会，由程霖生任委员长，陶行知任副委员长。

摘自《歙县旅沪同乡会第十二届报告书》。陶行知为该报告书题写了封面。

席会议公推任之；任期两年；连选得连任。

第四条　职员　本委员会设委员长一人，副委员长一人，文书一人，会计一人；由同乡联席会议就委员中公推任之。

第五条　经费　本委员会经费来源如下：

甲、旅沪同乡会补助费；

乙、旅沪同乡特别捐；

丙、纪念金。

第六条　会期　本委员会每月开会一次，由委员长召集之。但遇必要时，得由委员长召集临时会处理。

第七条　合作　本委员会遇必要时，得与徽属各县普及教育助成会合作，以谋徽州生活教育之普及；并得与全国普及教育助成会合作，以谋中国生活教育之普及。

第八条　附则　本简章由歙县同乡联席会议通过施行。以后如须修改，亦须经同样手续才能发生效力。

初步预算

一、物色生活教育专家一人到歙县去巡回辅导三个月，另须物色一位歙县教师陪伴，计二五〇元。

二、赠送生活教育一百份，每份一元三角，计一三〇元。

三、赠送民众儿童用书一百套，每套计六元，计六〇〇元。

四、创办一所工学团，一〇〇〇元。

共计一九八〇元。

创办歙县第一工学团意见书*

一、原则

子、社会即学校。

丑、生活即教育。

寅、劳动即生活。

卯、教学做合一。

辰、在劳力上劳心。

巳、行是知之始。

午、会的教人，不会的跟人学。

未、来者不拒，不能来者送上门去。

申、教小孩做小先生。

酉、教农人自己干。

戌、工以养生，学以明生，团以保生。

亥、活到老，做到老，学到老，团到老。

二、目标

甲、培养康健的生活。

乙、培养劳动的生活。

丙、培养科学的生活。

* 摘自《歙县旅沪同乡会第十二届报告书》。

丁、培养艺术的生活。

戊、培养社会改造的生活。

三、所要普及的具体生活

(一) 清水。

(二) 豆腐浆。

(三) 种牛痘。

(四) 新法接生。

(五) 种树。

(六) 选种。

(七) 除虫害。

(八) 养鱼。

(九) 织布。

(十) 造路。

(十一) 新知识。

(十二) 讲历史小说。

(十三) 国术。

(十四) 自卫。

(十五) 合作。

(十六) 一千五百个字。

四、生活教育网

离汽车路十里左右之地，选一适当之农村设团本部，即以此村为中心，划其周围三十里内之人民与其生活环境，以构成一个生活教育网。普及教育之目的是在此三十方里内之人民引上生路。依歙县状况观之，此三十方里中约有小孩百人可以进所谓之学校。以本团说是有小孩百人可以常川在团部工作，余者因生活关系不能常来。此一百小孩便是所谓之小学生，在工学团里面皆成为小先生，将所学生活教育带到本村，专任新知识广播员。此一百小孩比之一百根经纬线，将生活教育网密密织成。彼等又可比之一百根电线，将团部所发电力通到每家之电灯里去，使每盏电灯皆发光；又将每家所发之电力通到团部来，使团部之灯亦发出大光来。

五、组织

团之下，每大村为一大队，每小村为一小队，队之下为排。每位小先生找到两位以上不能上学之小友或成人之人，即可成一排，该位小先生即任为排长。排长由小朋友担任；队长、团长由已受本团培养、村中最进步之农人自己担任。指导员只负顾问之责。

六、指导员及艺友

指导员先聘一位。此指导员一方面指导小学生做小先生；一方面吸收新知识，帮助农人解决问题。指导员得收艺友若干人，一面求学，一面干事。

七、机关

（一）依据本地需要，组织几种生产工学团。

（二）流通图书馆一处。

（三）信用兼营合作社一所。

（四）诊疗所兼接生所一处。

（五）儿童工学团每大村一大队。

八、预算

甲、开办费：（一）无线电收音机一架，60元；（二）照相机一架，5元；（三）图书馆，100元；（四）医药设备，100元；（五）木工具，20元；（六）农具，20元；（七）科学仪器材料，100元；（八）家具自制材料，100元；（九）房屋运用旧房、祠堂、庙宇加以修理，约需100元；（十）织布机二架及副件，60元；（十一）开井，200元；（十二）预备35元，共计900元。

乙、经常费：（一）指导员一人，240元；（二）房租，20元；（三）杂支，40元，共计300元。

丙、流通费：（一）织布工学团流通资本400元；（二）合作社流通贷款400元，共计800元。

总共计2000元。

生活教育提要*

（一）从学校到社会

学校教育的范围小，不能尽“生活教育的能事”；“学校社会化”亦是削足适履，包括不下去。只有将整个社会变成学校，主张“社会即学校”，整个的社会范围，即是整个的教育范围。那么，教育的对象丰富，教育的意义也就丰富，取之不尽，用之不竭了。

（二）从书本到生活

从前是读死书，死读书，读书死！舍书本外无教育，所以造成许许多多“书呆子”。现在要从整个生活出发，过整个的生活，受整个的教育。过做工生活，即是受做工教育。过种田生活，即是受种田教育。过康健生活，即是受康健教育。过劳动生活，即是受劳动教育。过科学生活，即是受科学教育。过艺术生活，即是受艺术教育。过社会革命生活，即是受社会革命教育。……否则，读种田的书，算不得受种田的教育；读劳动的书，算不得受劳动的教育；读康健的书，算不得受康健的教育……

（三）从教到做

从前是先生教，学生学。教而不做，不是真教；学而不做，

* 摘自方与严《新教育史》（1934年上海儿童书局出版）。

不是真学。故教而不做，不是先生；学而不做，不是学生。在做上教，才是真教；在做上学，才是真学。真教，才是先生；真学，才是学生。这就是我们主张的“教学做合一”。

（四）从被动到自动

不能自动即是被动。被动是要受到人家的牵制，愈被动愈受牵制。牵制愈多，则民族性愈弱，国势愈危。个人能自动，则个人人格自尊。全国国民人人能自动，则国势自强，则国体自尊，莫之敢侮了。

（五）从士大夫到大众

以前教育是属于少数人的，是士大夫教育，教人升官发财的教育，没有力量的教育；甚至变成害人的教育，刮地皮的教育，吸大众膏血的教育。现在要把教育普及于大众，要把教育做水，把散沙的民族性凝合起来，团结成为伟大的中华民族力量！

（六）从轻视儿童到信仰儿童

从前的儿童，是大人的附属品、玩物、私有财产，一切没有儿童的地位。现在要信仰儿童有能力，是一个小思想家，小创造家，小建设家，只要能因势利导，他们——儿童个个都是思想自由的天使，创造的天使，建设的天使！

（七）从平面三角到立体几何

以前的教育，是从口里出来，耳朵里进去；或从眼睛里进去，又从口里出来。荀子说：“小人之学也，入乎耳，出乎口。口、耳之间则四寸耳。”口耳眼之间距离各约四寸，可以算它是平面三角的教育。现在是要立体几何的教育呢！因为“生活即教育”是：有的生活要手脑联盟起来干，有的要用脚一起干，有的要运用全身的力量来干，才干得好，才干得出色。

人人可以做研究工作*

你们寄来的百侯中学《"九一八"三周年教学做》报告，生动活泼，振奋人心，读之令人敬佩。《生活教育》《中华教育界》拟摘要发表，以供各地参考。百侯师范生、中学生、小学生都做了小先生；小先生第一代的学生也都做了小小先生，总数在千人以上，这是南方普及救国教育的一朵奇花。谨向你们辛勤劳动的全体园丁以及小园丁、小小园丁致亲切的慰问。

你们有目的、有计划、有组织、有分工合作的"九一八"活动，实行了一个月，收获丰富。希望你们的工作在开展中求深入，扎扎实实地引导已经沸腾的师生进一步研究东北、研究日本、研究世界，每一个人认定一个小小的具体的题目，充分搜集资料，认真研究。人人可以做研究工作，师范生、中学生、小先生，都可以做研究工作。有了研究心得，编为教材，互教互学，救国真知识、真本领不能私有，应即知即传教给民众，普及救国教育。致民族解放礼！

* 这是1934年9月写给广东大埔县百侯中学程本海、朱泽甫的信。载朱泽甫著《陶行知年谱》256、257页，1984年安徽教育出版社出版。题为编者拟。

我是山海工学团的接生婆*

山海工学团两岁了。我们乡下生孩子的时候，有一个接生婆。我就是这两岁山海工学团的接生婆，我今天很欢喜。现在我拿接生婆的资格来说话。但是，我说一句，请大家也说一句：(于是大家都跟他说了)

十月一，
十月一，
但愿大家有饭吃；
吃饭要把汗儿滴。

十月一，
十月一，
但愿人人有知识；
不求个人考第一。

十月一，

* 原载1934年10月1日《生活教育》第1卷18期。摘自记者张一涛、楼南高的《来宾谈话》。
"十月一"是山海工学团成立纪念日。这是陶行知在山海工学团两周年大会上的演讲。

十月一，
私仇一笔勾销；
联合起来打公敌。

十月一，
十月一，
请问公敌是何人？
日本帝国主义。

好！我的话完了。最后，我还要说几句，就是今天有许多来宾从很远的路来参加，并且还送了许多礼物来，谢谢！可是，我们这般乡下佬，不懂得规矩，招待不周到的地方，请诸位原谅。

中途而废才是真正的败仗*

——致程本海

本海老弟鉴：

您大概是不耐烦的等候我的回信吧？双十节到华北去撒播小先生的种子①，我要在日本文未变成必修科之前下这一着棋子。不料一去就是十天，对于你们的信是大大的耽误了，这是要请你们原谅的。您辞去代理校长名义，仍旧以原职服务。董事会杨德昭先生昨天与我会面，谈了好久，我向他提议毅然请薛代旦先生任校长。他虽没有答应，我等他南京回来，还要向他建议。我的理由是要请本省人任校长，并且薛先生和我曾有一日之长谈。我相信他是一位生活教育之同志。他的治学方法，尤与教学做合一的原则相合。有他任校长，再由诸位老弟共同努力，百侯的生活教育，可望发荣滋长。董事会对于诸弟维持学校之热忱毅力，至为信任，望勿听从流言，致生隔阂。泽甫老弟辞职理由不充足，我当另函劝他，也请您劝他不要轻离。洁声、子建希望劝其安心工作。我常说，百侯事件、麻中事件，便是同志们真正的生活教育功课。经过这两次的磨炼，无论成败，大家都得了极大的教训。比如攀山，中途而废，才是真正的败仗。你们以为如何？敬祝

---

* 原载1934年11月《乡教之友》第8期。写于北行卖艺及去济南普及教育归来时。程本海是晓庄师范毕业生，当时任广东大埔百侯中学代理校长。题为编者拟。

康健！

陶行知

二三、十、十九

注释

①“双十节到华北去撒播小先生的种子”见《民国名人日记丛书·冯玉祥日记》，冯在1934年10月10日记有：“陶先生行知来，谈办小学的情形，又到小王庄去看学校。”10月11日记：“陶先生来，讲话的题目很自然：一、小先生是什么？二、小先生之工作；三、工学团是什么？四、双料少爷；五、宇宙是学校；六、社会是学校；七、学校为办公室；八、陈果夫之批某人信件；九、生活教育之投稿者；十、锄头歌之改进及小诗不少；十一、此后之努力的三事。午后三时北去。”这里所引见该书第四册419、420页，江苏古籍出版社1982年版。

抵抗文化侵略之最有效的办法*

——致朱泽甫

泽甫老弟：

连接数信，只因近有北方之游，没有早些奉复，抱歉之至。《九一八教学做》之印刷品已交竹因酌量发表，但因篇幅有限，怕不能完全登载。传说子建先生创了一个口号叫做“近朱者赤”。这种双关的成语是第一流的幽默，您应该以读《论语》的态度接受它。倘使回他一句“近王者复辟”，那就更为幽默了。请您把这封信给他看看，他或者要说：“书呆子所见大略相同。”这种事不可太认真，我希望您们的误会在一笑之中消释掉。您来信说：“学生在日记中有向您行刺的言论，并且有人指使。”这是更加幽默了。在日记中行刺是一个新发明，我从来没有听见过。这些作者将来都是“论语派”的大文豪，请您一笑而恕了他们吧。若因此而辞职，不但嫌得太认真，并且要给外人误会生活教育的信徒是可以吓走的。您的不恋栈的精神，我很佩服，但也不可轻易调换工作地。杨先生依照你的主张结束艺友之培养，请你专心主持小学。最近我亲眼看见一张满洲伪国之上课照片，图中有一位日本女子穿了一套中国衣服，在那儿教导东四省的小孩学写日本字。抵抗这个文化侵略之最有效的办法是小先生的普及教

* 原载1934年11月《乡教之友》第8期。写于北行卖艺及去济南普及教育之时。朱泽甫是晓庄师范毕业生，时任广东大埔百侯中学教师。题为编者拟。

育运动。我已经在华北撒下一些种子，百侯的小先生的工作已经立了一点基础，但必须百折不回干它几年才有效力。我愿意您留在百侯与洁声同志合作，把这大事干到底。杨先生诚恳托我挽留您，只觉得您求去的理由系出于太认真，故把我的态度说给您听，请您想想再定。敬祝你

康健！

陶行知

二三、十、十九

挽孙中山*

孙中山先生永垂不朽

生为民有

死作国魂

陶行知　敬挽

* 这是挂在南京孙中山纪念堂内的一副挽联，从署名看，当在1934年以后。1929年陶曾被邀参与总理陵园设计事宜。本全集七卷插图有其手迹照片。

关于现代教育上的几个实际问题*

（一）现在中国的乡村教育有哪几种派别？其理论之根据如何？

这个问题是很难解答的。因为，假若从派别上讲起来，本人也是其中的一派；站在这上面来说话，总不免是戴有色眼镜的说话。不过，我可以介绍大家去搜集几个地方的材料：（1）邹平，这里也包括河南的镇平在内；（2）定县；（3）中华职业教育社乡村改进会；（4）广西柳州的实验；（5）中央医学院；（6）华洋义赈会合作社；（7）全国经济建设委员会；（8）无锡江苏省立教育学院；（9）山海工学团。山海工学团又包括了淮安、南京自动学校和萧场小学等处。可是，关于山海工学团方面的材料，将来我可以送给大家几份，以供参考。至于上面一些地方，除邹平和定县我曾经到过外，其余地方却没有去参观过，所以若仅凭他们的文字来加以批评，是不可靠的。

不过乡村教育，近几年来，似乎比前进步得多：第一点，教育范围扩大。我们看，无论是以政治出发也好，经济出发也好，卫生出发也好，教育出发也好，可是他们教育的内容都很丰富。就是以政治出发的，也含有经济、卫生、教育等因素。以经济出

* 这是1934年12月应安徽省教育厅的邀请，参加该省的教育会议期间，在安徽大学教育学社谈讲会上的演讲，曾德培记录。原载1935年6月《教育新潮》第4卷第1、2期合刊。同年6月10日《教育周刊》第73期也载。

发的，也含有政治、卫生、教育等因素。以卫生、教育出发的，也未尝不是一样。总之，生活即教育已渐趋普遍，为一般人所注重了。第二点，各实验的地方，都有刊物发表。因此，各地方都可互相交换意见，彼此借镜，这也可说是种进步的地方。\

（二）实施乡村教育以何种方法为最适宜而最易行？

实施乡村教育最易实行而最有效的办法，就是乡村教育是不能关起门来办的，一定要与城市打成一片；同时还要有世界的目光和民族的目光，这是很要紧的。

还有，乡村教育教什么人为最适合？我们知道，从前的教育，都是教育有钱有闲的人，我曾经把这个出了个对子，就是：“有闲有钱有面子才有书念”，尚未对起来，请诸位不妨对一对。我们现在明白了小孩子最好的先生，就是前进的小孩子；而大众最好的先生，也就是最前进的大众。因此我们知识分子的任务，就是要帮助这些前进的小孩子和前进的大众，使他们的才能可以发展出来，去领导小孩子，去领导大众，这是乡村教育最容易而最适宜的。要说办什么新村是没有用的。

办乡村教育，须在茅草棚子里或运用空屋子来办，不要什么的。我们工学团在山海，大的只有六个，小孩子工学团有廿六个，这些小孩子工学团多在乡间茅草棚里。我们为什么要小孩子而不要富有声望的绅士？因为这些绅士都是靠不住的，他们不种田要吃饭，并且还要吃好饭，统统是些怪物！所以我曾经写了两句话：“十个绅士九个劣，这条门路走不得。”的确是这样。

（三）应用何种方法与区公所联络去普及教育？

普及教育能有个方案交给政府，政府就应该当作事业办；政府能当作事业办，那么，区公所势必奉到政府的命令，这时他自然会出来帮助的。假如凭自己去作，与区公所总不免常生隔阂，因为区公所往往是在劣绅手里。不过区公所也有不剥削农民或压迫农民的，这个当然可以合作。假若是碰着某区公所是剥削农民的、压迫农民的人，那么，也不能即刻就动他的手，这个应当注意；不过也不能妥协。

（四）怎样作乡村小学校长和教师？

作乡村小学校长和教师的，应当具备下列几个条件：

1. 要认定不是代替传统教育来麻醉大众和小孩子的；换句话说，是要为他们谋福利的。也就是要帮助小孩子，使之成为前进的小孩子；帮助大众，使之成为前进的大众。总之，作乡村小学校长和教师的，一定要将士大夫的头脑脱除才行。

2. 要有健康的体魄。这个用不着解释的。

3. 要有农人的身手。这个随时随地都可养成。比如你初次下乡，把韭菜当作麦子，自然会成笑话。那么，你首先应拜农人作先生；因为你必得拜农人作先生后，才能作农人的先生。

4. 要有科学的头脑。农村是迷信的，是无政府的。办法就是要用科学来改变他们迷信的头脑。可是不能走上来就拆土地庙。你若是拆了他们的土地庙，会引起他们的反感，他们也一定要来拆你的学堂的。我曾经费了几年的功夫，把土地庙变为反省院，专门关一班好赌博、好吃大烟的人，因为必得这样，才可以使他们的迷信观念逐渐改除。若只是在黑暗里同他们斗争，如同在黑屋子里同他们斗争一样，一辈子也不得光明的，所以非有盏明灯在手不可，就是这个道理。

5. 要有艺术的精神。房子要好看，必得要艺术化方行。不过这里所谓艺术，是要不花钱的艺术。换句话说，就是要天然美，决不是像女子要穿高跟鞋，也不是像上海女子要花四块钱去烫一次发。比如房屋里吃饭的地方，除掉不关猪外，当作会客的落地也未尝不可。不过，这里总有些东西；既然有些东西，我们就要把他摆了整整齐齐的，讲时髦一点，就是要有艺术的安排。因为是不花钱的，所以叫做不花钱的艺术。

6. 要有社会改进的精神。中国社会是无组织的。要想社会有组织，就必得把乡村里散漫的农民，使之组织起来。这个可从合作社、工学团入手。不过校长和教师要说真实话，同时还须告以现代世界真实的情形。可是，现在乡村小学教师，对于世界情形能够明了的很少，因此大学生在这里就不能不负一部分责任，就是要吸收世界知识，传布到乡村，以改进他们的头脑。比如暑假或寒假，都是很好的机会，可将所学的带些到乡村里去。

（五）借用乡村庙宇作校舍如引起乡民反感，应采用何方法与之联络？

在这一个问题上，我只可拿点经验来讲讲。山海工学团，当初就只看中了一个红庙。那时在这红庙里有个看庙的人，他说："你们要就这个庙来办学校吗？假如是真办，就请赶快点来。"于是他们回来就把这话同我说。我就告诉他们，叫他们不要信看庙人的话，实际上还是要得到庙主的承认才可以。我们主张买点药品去看庙主。哪晓得这个看庙的人，还是叫不要去看庙主。那时他的妇人出来了，就说："听他们先生的话不错，是要看看庙主。"他的丈夫说："要去看，你就引他们去。"实在去看头一个人的时候，就碰了一个钉子。他说："我们这个庙不办学校！即或要办学校，我们自己来办。"我们就对他说："在这个乡村里，一个学校都没有，你们自己要能够出来办学校，那就很好。"其实，他们是不办的。这时，我们也没有了办法。于是就想了个方法，在这个庙的旁边租了二十块钱一座的房子，目的就是专为看守这个庙的。我们在那租的房子里住了三个月，于是同那些乡民渐渐的做起朋友来了。大家都感觉到那座房子太小，有人就说："可以移到红庙里去吧！"我们说："你们去借去，如果借到了，自然很好。"看吧，那一班青年农人，十个就有九个赞成，甚至于十个有十人赞成。他们就去借庙去，奇怪！那一个看庙的妇人，她说："昨天晚上观音菩萨托我的梦，不许办学校。"这样一来，许多人都吓倒了，就没有人再说话，只好不办。本来这个庙有五间，是五个村子合作的，看庙的妇人只占一间，于是我们就分开来借。这样一借，五间就借到了三间，自然是有办法了；到后来，第四间也加入；现在还有一间没有借来。像这些，都是那班前进的农人去干的。

（六）普通一般人以为普及教育就是使全国人民能够识字，并不另有其他目的，这种论调对不对？

普及教育，大家有个误解。其实真正的普及教育，是要使人民生活化，就是要使他们有现代的文字符号，有现代的组织，并且要了解现代的问题。绝不是就是认字，是要用字。如果忽略了这一点，就只能收到十分之一的效果。

文字符号的重要，是大家所知道的。我可以拿人与兽、文明人与野蛮人来作解释：第一，人和禽兽的分别。人是会说话的，并且会写字，因为会识字的缘故，所以眼睛即可变成耳朵。可是禽兽则不然，禽兽是不会说话的，即如狮子、老虎能说不清楚的话，但有没有文字符号呢？没有。因为没有，所以禽兽始终是赶不上人的。第二，文明人与野蛮人也有分别。文明人的文字是正确的、清楚的，文法简单，运用便利，且文字公开。再进一步讲，在当初愚民政策实行的时候，还能将它组织起来，以供管理人民的便利；到现代，这种东西才变成大众的工具。可是野蛮人的文字是不正确的、含混的，差不多与文明人的文字全相反的。这一点，我们很可以看出来，文字与文明程度很有关系的。

文字符号，重在一个符字的上面，如道士会画符，不必做事也有饭吃。今天某人受了惊吓，即去找他画一张符，送他几个钱；明天又有哪一个人打摆子，又去找道士先生画一张符，挑些米送给他。像这样的事，真多极了！送他吃，供他用，是不打紧，有时他还要骂你这班人无知。可是我们知识分子画符，就不同了，是要帮助大众取得面包，大众的事情大众来管。不过农人也知会画符，虽然他自己不行，他可以叫他的儿子来，每年花了些钱，叫他的儿子去跟私塾的先生学画符去。我们晓得私塾的先生，都是蹩脚的士大夫，因为会画几张蹩脚的符，所以能吃几碗蹩脚饭。如果是聪明一点的孩子，学会了，也可画符。那么，他就叹气说道："后生可畏！"因为孩子学会了画符，与他的饭碗很有关系。比如每年学东送了他许多钱，一到了过节，又送上些礼物和鸡蛋等等，这都是靠着他画符得来的；假如学生也学会了，不是糟糕吗？所以他时时刻刻怕学生会学到画符，于是想了个方法：不叫学生画符，而叫学生念咒。天天在那里念："人之初，性本善，……"。因为这样，哪晓得孩子念了好几年，连信都不会写，账也不会记。农人花了许多钱，原是要孩子能和先生一样会画符，哪知念几年书，信都不会写，账也不会记，又有什么念头呢？倒不如歇歇了，还是回来跟我种田吧！要是叫老年人读书，他说："我这大的年纪，还读什么书呢？"所以叫老年人读书，更不必谈了。可是真正的读书，只要能作活的运用、不读死书的话，实在几个月的功夫就可念得通。记得工学团里有个学生，他原来只读八个月的书，到工学团里来读了两个月，他就能作五万字的日记。虽然中间别字不免，的确可以出版。可见得活读书的效力的大吧！

总之，文字符号是要和生活一起教，才能会用，这是很要紧的。

（七）近年来中国的农村渐形破产，即使利用小先生教农民识字，但他们都感觉到生活的困难，没有求知的兴趣怎么办？

农村愈破产，愈需要文字符号来打破这种难关。同时，生活即教育不是不要教育，破产的生活，就是破产的教育。

（八）教育是否有救国的力量？

传统教育是变人为少爷、小姐、书呆的教育，也就是一种亡国的教育！

比如讲会考这一件事，也就是传统教育界所展开出来的悲剧！我认为，会考简直就是毁灭民族生命力的一把刀。怎么见得呢？会考里出了许多滑稽的故事，我可以告诉大家：第一件事，广西省会考，个个学生都不及格；而广东省会考，个个学生都及格，这是广东对还是广西对呢？大家想想是不是滑稽？第二件事，绍兴中学会考，第一次是背榜，但到第二次会考，竟然跳到第一，难道一个背榜的学校好得这样快吗？同时，第一次果真坏吗？第二次整个的成绩又果真好吗？这是第二个滑稽！还有第三件事，有许多学校，平常晚上多在十点钟熄灯，到会考时，乃延长到十一点钟或十二点钟熄灯；可是学生还感觉到不够，于是乎把茅厕变成火车站，来开特别快车。中国从前有两句话：“吃得苦中苦，方为人上人。”可是这班会考的书呆子会告诉你说：“不闻臭中臭，难为人上人。”诸位看：这是由会考演出来的把戏！可是现在师范生也要会考，小学生也要会考，这根本上就是毁灭学生在社会上服务的力量，也就是毁灭民族的生存力！我曾经作了一篇《杀人的会考与创造的考成》，我的主张是要停止那毁灭生活力的文字的会考，来发展那培养生活力的创造的考成。创造的考成所要考的，是生活的实质，而不是纸上的空读，这样才是救国的教育。

（九）要想救中国，是否要打倒多福寿多男子的多生主义？

要解答这个题目，可请诸位去看两篇文章。第一是《中华教育界》，大概是三年前，我曾作了一篇文章，叫作《中华民族之出路与中国教育之出路》。在那篇文章的上面，我认为要想救中国，应当注意三点：（一）教人少生小孩子；（二）教人创造富的社会，不创造富的个人；（三）教人树立平等互助的世界。第二是几月前子钵先生在《大公报》写了一篇批评的文章，他说陶知行主义生虱子。其实，虱子都是由他自己身上落下来的。第一个虱子，是他说节制生育不是中国的出路，这是个小虱子。第二个虱子，他说陶知行从三十亩地的自耕农出发，是不是大众的代表呢？如果三十亩地的自耕农有代表大众的资格的话，那么，也必然是陶知行本身的社会阶层代表；换句话说，陶知行必定是个三十亩地的自耕农的小资产阶级；而陶知行主义者所提出来的出路，也只是三十亩地自耕农教育的出路；试问还有半自耕农、佃农、雇农怎么办呢？这确乎是个很大的虱子咧！其实，倒不是陶知行主义生了虱子，因为我所说的三十亩地的农人，只是拿三十亩地的农人作出发点的，就是要说明三十亩地的农人的变动的过程——土地缩小的过程，既然是说明农人土地缩小的过程，自然我可以从三十亩地的农人推算起，看他如何由三十亩而降到十五亩，再看如何由十五亩降到十亩，更看他如何而自然而然地完全破产。但在这种变动的过程上，我也可以从十五亩推算起，也可以从十亩推算起，并且也可以从雇农倒算上去，其理论都是一样的。我始终以为是"为农不富，为富不农"。这两句话，可算是天经地义了。况且我的字典上就找不出"富农"两个字来。这都是子钵先生从他自己身上所找出来的虱子。

再从节制生育上讲，人生的多也就死的多，我们看这种消耗是多么大呢！与其生又必死，又何必多生呢？比如大学生改造社会，必得要发挥其改造社会的力量，自然是到东也可，到西也可，一下子与人谈恋爱了，再由恋爱而结婚，如果是为事业而结婚，那么，并不是一加一等于二，而是一加一等于三人。可是到后来女子生下了孩子，这时三个人却变成了一个人。假如男子是在外面办普及教育，到这时，他必时常记挂着家里的女同志、小同志。明明是不能请假，他也要想方设法的请假回家去看看。回家来以后，小孩子抱在身上，一下子又是尿来了，一下子又是屎来了，多麻烦！同时，假若照子钵先生的多生主义，尽量的生，不断的生，那么结果总不免：有的这样死，有的那样死，当然这里要花许多钱。可是自己做事的生活费，还是这样多，并没有增加，哪能够这些开销呢？其实，小孩子生多了，并不只上面所说的消耗。同时又有：如在医院里生小孩子，又有许多小孩子生下来要吃牛奶粉了。这些一来，所收的生活费不是更不够敷衍吗？于是想方设法，找这个借，找那个借，要借上许多人，好容易才能借得几个钱买点牛奶粉给小孩子吃，多讨苦哩！就是农人、工人也是如此。

我的意见、主张，每人只准生两个，如社会服务五年后，开始生第一个孩子；到第一个孩子能到小学读书时，再生第二个；够了，不要再生。

还有，第三个虱子，他说叫农人不要多生，是剥削农人生养的力量。其实，这是为整个国家、民族设想的；同时统所提出来的，并不只是农人，一切的人都是如此。我以为，要想救中国，少生小孩子固然要紧，而对于人口统制也很重要。国家应组织一个人口统制升降委员会。这个人口统制升降委员会，可以根据社会经济情形，随时下令多生。假如中国经济发达，仍然可以多生；再就地域论，人口升降委员会又可颁布特殊的条例，允许人口稀少之边疆的人民，可以多生。如广西人口稀，每人就可以多生几个孩子。总之，人口多不一定是力量，人口统制才有力量。照子钵先生说，不生小孩子，中华民族就会灭亡，这是错误的。比如东印度亡国，是由天然淘汰，并不是人口少的缘故。

最后，目前还有个问题，就是要组织一个中央研究院，研究一个铜板的避孕法，这个也是非常要紧的。

大上海普及教育*

在潘局长的介绍中，我们可以知道他对于普及教育是何等的热心。我受这热烈的感动来此演讲，觉得非常的快乐。其次我和诸位都是同事——或许有人以为诸位是小学教员，而我并不是小学教员，不能算同事。但是我现在也是小学教员，不过诸位好像是寺庙里的方丈，正式和尚，我是各处挂单的野和尚。同是小学教员而诸位是正式的教员，我是非正式的教员，所不同者如此而已。我怎样会变成一个小学教员呢？近十年来有些朋友说我堕落，从高等师范大学教授教务长堕落到中学校长，再由中学校长堕落到小学教育来办儿童教育，现在连小学教员都做不成，做了小学生的学生，从最高层堕落到最低层。但是从我自己这方面来看，我是升级了，从大学教授升到中学校长，从中学校长升到小学教员，从小学教员升到小学生的学生，升得的地位同各位平

---

* 此系1934年12月30日上午在上海市教育局第五次学术讲座的演讲，由汪公遐速记。于1935年2月12日、19日、26日和3月5日、12日、19日、26日在《新夜报·普及教育》1~7期上陆续刊登。1934年12月31日《申报》发表报道：教育专家陶行知氏，发明小先生制，为实行普教运动，已办山海工学团试验，成绩斐然。昨晨本市潘局长假湖社陈英士纪念堂，到六百余人，特聘陶氏公开演讲，为本市做一借镜。陶氏历举小先生制实为穷国普教的一法，并证明儿童的力量伟大，真正为普教的先锋。陶氏说小先生制却能冲破普教十二道难关，尤以黄警顽主办花村民众基础学校，为本市第一小先生试行处，且小先生能普及生活教育，培养民族活力，以上海文盲不出三年，就可以肃清。潘局长对于小先生深表热忱，并勉公私立百余校教师等下一决心，以实行小先生制。陶氏讲时杂以诙谐，历三时许，听者莫不动容。

等，所以我们是同事。我们既是同事，今天能够相见讲话，当然也是很快乐的。现在提出一个共同的问题来大家讨论。

我们当小学教员的责任就是把教育普及起来。我们每人教了三十个学生，不能以三十个学生就算满足。还要设法使这三十个学生带着教育普及到多数人身上，这样才达到教育的目的，否则小学教员就没有多大力量，没有多大意义。如果把教育普及出去，使中华民国好起来，危险减少，国富民强，在国际间得到平等自由的地位，这样做小学教员才有意义，干普及教育才有效力。我虽然是个野和尚，但是不能忘记这个大的目标。

照现在的法子，能不能使教育普及呢？普及要多少年呢？我一定要把老法子的黑幕揭开，然后可以晓得不得不想出新的法子。

前一个月我有一位杭州朋友带了一本报告书给我。内中说：用浙江最近四年来的方法来普及成人教育，全省要四百年。如果用最近六年的方法来普及杭州市的成人教育也要一百五十年。我觉得这个问题很有趣味，于是照教育部的统计一年一年地计算起来，普及全国成人教育要三百年，普及全国初等教育要七十年。还要附带几乎不可超越的条件。

再根据潘局长昨天在青年会讲演所报告的数目计算一下，大上海全市人口三百四十多万，失学的成人至少有一百万。照历届民众学校情形来看，十三届民众学校毕业二万三千人，平均每届毕业约二千人。这一百万失学成人，如果用民众学校来普及教育，要办五百届；每届四个月共需二千个月，每年十二月，就要一百六七十年。这种情形不仅上海如此，浙江以至全国一律如此，所谓天下乌鸦一般黑。这样一算，就可以知道老法子不适用，如果再过二三百年来普及教育，中国也不知到了什么地方去了！

再说上海市的儿童教育。照百分之十的学龄儿童计算，上海应有三十四万；如果照美国百分之二十为就学儿童计算，应有六十八万。而现在连租界特区一起在内全市只有十六万就学儿童，其余的十八万就是失学儿童。照全国比例每年增加五千学生计算，十八万失学儿童要经过三十六年才能普及。不过上海市对于儿童教育非常努力，最近一年增加一万五千人，假使年年如此努力，每年增加一万五千人，也要十二年才能普及儿童教育。但是用这种老法子还要有三个条件。假使与这三个条件不符合，不说三十六年，无论多少年也不能普及的了。

第一，我们所教出来的学生万岁万岁万万岁，长生不死，假使死了，就不能在预定年限内完成普及教育。

第二，中华民国的人口永远不增加，三十年前是四万万，现在是四万万，三十年以后还是四万万，这样才能在预定年数内完成普及教育；否则计划就冲破了。

第三，教育经费永远增加，今年增加多少，明年还要增加多少，后年也要增加多少，否则也不能在预定年数内完成。

假使有了这三个条件，上海市成人教育三百年可以普及，国民教育多则三十六年少则十二年可以普及。假使有一条不合，好像一只大船在大海中没有罗盘漂流，不知道怎样漂法，不知道多少年可以普及。

新法子怎样来的呢？大家知道我这几年的经济没有从前那样宽裕，所以有些朋友说我没有钱倒霉了，在小孩子的队伍里堕落了。既然没有钱穷光蛋还办什么教育呢？但是我不承认倒霉堕落，我觉得办教育比吃饭还要紧，宁可少吃一餐饭不能不办教育。这是什么道理呢？固然说不出很响亮的理由，而我相信办教育与中华民族有点帮助。在个人说起来变成一种嗜好，嗜好鸦片烟的，除非强迫不准吃之外不能一天不吃鸦片烟。我办教育同吃鸦片烟一样有了教育瘾，宁肯不吃饭不能不办教育。因为我是一个穷光蛋，跟我一起跑的都是穷光蛋，他们四面八方的去找工作的新大陆。不怕你们见笑，连我的名字起初都拿不出来，惟恐别人说我办教育或许有别的作用。所以我的学生到上海附近来办教育只用他们自己的名字。他们在上海也是一个人也不认识，可是有两个介绍片子，一个是留声机，一个是药包。他们拿了留声机和药包，到乡下去实施教育，一到乡村，就开留声机，乡下人就围拢来。后来问他们做什么来的？会不会办学堂？知道他们会办学堂，恰巧他们地方又没有学堂，子弟没有地方读书，于是请他们办学堂。有肚子痛的人就给他们十滴药水吃，打疟疾的就给金鸡纳霜，吃了之后很好。于是大家成了好朋友，再实施教育。虽然这几个穷光蛋干这点小事，而招牌挂得很大，说什么“来者不拒”！来一个收一个，来两个收一双。这块招牌骤然一看没有什么，来几个人算什么，但是推广起来，来一千收一千，来一万也应该收一万。最初不过四五十个人，后来逐渐增加到七八十个人，一百多人，二百多人，三百多人，这几个穷光蛋有点应接不暇了。白天教学生，晚上开茶园办民众学校，实在忙不过来。有的人说把这块招牌除下来吧，有的人反对，说挂上去之后不能除下来，结果还是挂着而新法子想不出。这好像两块夹板，一块来者不拒，一块怎么办。这两块夹板夹在身上好不难过，于是要想新的法子。人生最有意思就是在难过的时候，难过的时候自然而然地想出办法来，先生们没有办法，叫小学生来代替，实在忙不过来，叫几个小学生去教学生。有一天，我看到一个十三岁的小学生教三四十个学生每人做一把箭，我看了半个钟头，觉得他所教的方法比我们先生还要好。这位小学生讲话的时候，三四十个小灵魂都在他的手里，鸦雀无声的静听他讲话。于是我把这个来者不拒的难问题解决了，不但不把“来者不拒”的招牌取下来，而且再挂一块“不能来者送上门去”的金字招牌。放牛的儿童不能来，送到牛背上去；砍柴的儿童不能来，送到茅草山上去；拾狗屎的儿童不能来，送到大路上去。我把这话对几个大先生一说，大先生很觉奇怪：现在已经忙得不得了，还要送到牛背上、茅草山上、大路上，哪里有功夫呢？但是他们相信我的话，就把这块招牌宣传出去了。究竟是什么办法呢？三个字：“小先生”！

把所有的三百小学生一律变成小先生，一个小先生教两个学生，或是他的父母，或是他的兄弟，或是他的姊妹，或者教放牛砍柴的邻居，至少要教两个人。小学生找到两个学生，先到大先生那里注册，即正式任为小先生，他高兴极了，回去教学生。可是有了小先生，并不是打倒大先生。大先生还有更大的责任，对于小先生要指导鼓励，同时还要考核。怎样考核呢？小学生变为小先生的第二天，先问他昨天有没有做小先生，做了小先生要把他的学生写的字交来，这样继续不断的做下去。这种小先生的法子实在是逼出来的，并不是空想，也不是教育学里读出来的。在中国的穷社会里不能不办教育。这是在穷社会里想出的一个穷办法。

现在再拿老法子同新法子比较一下：什么是老法子？老法子好像是请乡下人吃大菜，我有一首歌叫做乡下人吃大菜，我背出来给各位听一听：

乡下佬，吃大菜，刀儿当作筷，我的妈呀！舌头割了一块！

现在的办法是什么？好比粗茶淡饭，人人会吃，是粗茶淡饭的教育。

几年级的小学生可以做小先生呢？六岁就可以做，间或有五岁就可以做小先生的。大家不要以为低年级的学生不能做小先生？先从高年级试试看，你们这样不相信低年级学生，普及教育就被你们耽误几年了！照我们的经验看来，一年级的小学生就要做小先生，于是从第一学期第一天做起。否则至少耽误半年。一年级第一学期第一天的小学生，日里在学校里学字，晚上回去就教他的学生。你们试试看，如果不能教，你们可以把我的头砍下来。小学生把日里所教的书带回去，同他的妈妈姐姐一起看，如果有三本同样的书更好："青菜、豆腐、青菜汤、豆腐汤、青菜豆腐汤。"这样的简单教育，是六岁的小孩都能干。不过一百人当中也有两三个或四五个根本不能认字的，这种人，是例外。如果一定要三四年级的才可以做小先生，那么山海工学团就没有一个小先生了，因为工学团只办了两年，哪里来三四年级的学生呢？所以我说六岁的小孩就可以做小先生。如果不相信，我再举几个证据：

第一个证据：就是我的第二个儿子，在十一年之前，家母五十七岁，她要发奋读书，我有八首歌叙述这件事登在《中华教育界》上面。那时候我东奔西跑没有空，我的妹妹也跟着我办平民教育，同样的没有功夫，只有第二个儿子在家里。当我在家里编第一册平民千字课的时候，他已经读了这本书，于是就叫他去教祖母。他教的时候，一面玩，一面教，非常高兴。教了一个月居然教完了这本书。当他教了十六天的功夫，我正在张家口办理平民教育，根据十六天所认识的生字写了一封信给家母，家母自己慢慢的看，慢慢的读，完全看懂了。这件事很小，然而是一件很大的事，五十七岁的母亲第一次自己看懂了儿子的信，在本身的生活上起了多大的变化呀！是她最得意的一天。并且这个成绩不是师范毕业生教的，而是没有登记的六岁的小孩子教的，这是多么的有趣呀！可是当初我对于这件事太忽略了，以为这是小孩子的玩意儿，好像现在的一般知识分子对于我们小先生一样。假使当时注意到这件事，十一年以来中国的教育或许早已普及了。承认用小先生来普及教育是穷社会最好的穷办法，这是最近才发现的，一直到民国二十三年“一·二八”才把他抓住，认为在中国的穷社会里只有这个穷办法才能普及教育。这是第一个证据，不仅我家里有这种例子，你们家里恐怕也有这种例子。我上次听到赵元任先生的太太说：华盛顿的华侨要请郑太太教国语。她说：“我的小孩子的北平话说得很好，叫他试试看。”第一天她领了十二岁的小孩子去教国语，她坐在下面听，她觉得小孩子教得比自己还要好，所以第二天叫小孩子一个人去教。华盛顿的华侨学国语就是十二岁的小先生教的，这不是一个例子吗？或许你们以为赵先生是留学生，我也是留学生，留学生的孩子也许有些特别，一般小孩子恐怕不能做小先生吧？那么我再举第二个证据。

第二个证据：在两年半以前，南京有一个奇怪的学校，一个农人自己办学校，叫自己的儿子做先生，这不是很奇怪吗？最初是小孩们自动来温习，藉此联络感情，后来逐渐教别的儿童，然后成立学校，并且在南京市政府居然立案了。这个学校可以说是世界上破天荒的第一个，我很高兴的写一封信送一首诗给他：

“有个学校真奇怪：大孩自动教小孩。七十二行皆先生，先生不在学如在。”

这首诗我先给大学生看过，问他们有没有更改的地方；他们说：“老师这首诗很好，没有得改。”谁知三天以后，南京小学生来了回信说：“你的来信拜读了，不过这首诗有一个字要改，大孩能自动，难道小孩不能自动吗？大孩能教小孩，难道小孩不能教大孩吗？”这两炮把我那个“大”字炸得粉碎。的确，他改得一点不错，大孩教小孩有什么奇怪，奇怪者在于小孩自动教小孩。因此，我就把它改为小孩自动教小孩。大学生不能改我的诗，而一个农村的小孩子可以改我的诗。他不但教同学，并且教我四十几岁的大人，改我的诗，还要我心服。从此以后那位小孩子变成我的一字师，不能不称他一声先生了。他不但是我的先生，还有十五万字的文章在我手里，不久就可以发表。他们所办的是一个自动学校：

“拔茅草，搬石块，自己的学校自己开，互相教导，互相信赖。

读书不做读书呆，分析过去，抓住现在，创造未来。”

以上所举的都是江南的证据，江北的小孩子或许没有这种能力吧？我再举一个江北人的证据。

第三个证据：在去年十一月里有七个江北小孩子到镇江转到上海来游历。他们的校长写了一封介绍信给我，请我照应一下，并询问我对于这件事有什么批评，觉得有什么价值。他们一直到上海，我先检查他们带了多少旅费。七个人只有七块钱，在上海能住几天呢？但是他们住了五十天，回去的时候还带了七十块钱去。他们到上海来做什么呢？卖书卖演讲。七个人之中有四个会演讲的而且讲得很好。讲的都是他们生活中发现的东西，最初由我介绍几个地方去演讲，以后他们自己接洽用不着我来介绍。演讲一次，小学随意送几块钱就可以了，中学非十块钱不可，大学或最少十元，多则十几元。我做了两首诗送他们：

“一群小光棍，点点是七根。小的十二岁，大的未结婚。没有父母带，先生也不在。谁说小孩小？划分新时代！”

在他们未演讲以前，大家轻视小孩子，尤其是穷小孩，自演讲以后再也不能轻视穷孩子了。事后我遇到大夏大学的邰爽秋君。他说：“我们大学教授的饭碗几乎被七个小孩打破了。”这固然是过誉，但是他们带来的东西有些的确不是教育学里面所有的。

从上面三个证据看来，六岁学生可以做小先生，乡下小孩可以做小先生，江北小孩也可做小先生，所以用小先生来普及教育是我们的主张。

现在再谈普及教育问题。讲到普及教育，谈何容易！关夫子曾经“过五关，斩六将”。而普及教育的难关有二十七关之多，其中有十二关必须靠小先生来攻破，大先生是破不过去的。这二十七个关口且分别加以说明：

第一，先生关。

全中国要普及教育（依据教育部统计，儿童教育方面以一位先生教二十个学生），全国需要二百五十万先生，成人教育需要五百万先生。这许多先生需用十五万万元培养费培植起来，同时先生的薪俸也生问题，即以山西的待遇来说，每年薪水一百元，五百万先生要五万万元一年的薪水，在现在的穷中国哪里拿得出这笔款子呢？如果用小先生，这一关就可以冲破。全中国有一千一百万小学生，再加上五十万个私塾里的学生一千万，共计二千一百万小学生，如果私塾加以改良，同样的可以做小先生，那么就有二千一百万个小先生。这二千一百万的小先生每个人教两个人，就可以教四千二百万人。再加上小先生本人，就有六千三百万受教育的人，不是很快就可以普及吗？就是打对折，有三千一百五十万人也就很好了。此外，还有二万万失学的成人怎样办呢？小先生之外还有传递先生——成人认识字的不能称为小先生，因为要他把他的知识传递给别人，所以叫作传递先生。全国有八千万认识字的成人，这八千万识字成人总动员，必须令他们教人识字，不教人就处罚，一个人教两个，就可以教一万六千万。把普及教育的先生关打破了，教育才能普及。为什么认识字的人应该要教人，不教人就处罚呢？有知识的人要纳知识税，不纳税就是抗税，就要处罚。上海有八百个学校，每个小学校都变成小先生养成所或小师范，每个民众学校都变成传递先生养成所传递师范，这样就可以造就大批先生，继续不断地做，不久教育就可普及了。

第二，娘子关。

我到太原必须走过娘子关，否则不能到太原。我们普及教育也必冲过娘子关，才能达到普及教育。中国女子有百分之九十五不认识字的，如果这一关打不破，普及教育有什么办法呢？要解决女子教育问题，从前有两种方法：一种是用男先生教，一种用女先生教。用二三十岁的男先生教十七八岁的乡下女子，不到几天就有闲话谣言，从几里几十里路以外未出阁的婆家传来，她的未婚夫，用种种方法阻止她求学，或者装神作鬼在路上恐吓未婚妻，使她不敢出门。大家晓得认识字的人不容易管，女子受了教育非但婆婆不愿意，就是她的丈夫也不愿，惟恐识字以后，不但丈夫不能管她，她还要管丈夫，所以极力破坏。尤其是年纪轻的男先生教年纪轻的女子，在一起不知干些什么，更要破坏。在这样的情形之下，男先生教女子几乎是不可能的。女先生教女子行不行呢？当然好极了！但是女先生到乡下去有三怕：一怕贼；二怕鬼；三怕蛇。乡下的路很不好走，时常有蛇，我从前在乡下办学校第一步学捉蛇，不会捉蛇乡下的路就不能走，学会了就不怕蛇，见了蛇会捉，被蛇咬了有药。现在我的小孩都会捉蛇。有一次，有一个女师范学校参观团到我学校来参观，小学生对他们说："我有一种特别的东西请你们先参观一下"，一个小学生捉了一条蛇给她们看，有几个女师范生看了非常的害怕，惟恐咬她们。其实只要会捉蛇就不怕了。男的师范生都怕蛇，何况女先生呢？其次怕贼。大半女先生的房里都有一只洋油箱，一有响动就敲洋油箱求援。有一次一位女先生睡在房里，忽然听见旁边有响动，她以为贼来了，拼命地敲洋油箱，大家起来寻找，并没有贼的痕迹，原来一只老鼠在房里。因为女先生有这三怕，差不多都是两三位先生在一齐才肯到乡下。试问在这破产的农村里面，能不能同时请两三位女先生呢？事实上办不到的，只有镇市里面还可以请两三位女先生。男先生不能到乡下去办学，女先生又不能去，有什么办法呢？八年以前，我在晓庄提倡夫妻学校，以为男师范生与女师范生结婚，到乡下去做先生，男的教男学生，女的教女学生，就可以打破娘子关，我也有一首歌鼓励他们：

"男学生，女学生，结了婚，做先生。哪里做先生？东村或西村。同去改旧村，同去建新村。旧村魂，新村魂，一对夫妻一个魂。"

我所谓一个魂，就是两个人一个思想一个目的，于是一对夫妻只有一个魂。但是这种夫妻学校提倡已有八年，而实际上没有几个，所以夫妻学校事实上也很难适用。要想攻破娘子关还只有小先生。山海工学团里面男女学生数几乎是平等了；广东百侯有二百小先生教二千个人，其中一千五百是女子，五百是男子，就是有一千五百应该识字而没有识字的女子，她来学识字。所以小先生可以解决女子教育问题。

第三，买卖关。

传统教育是买卖交易，非钱不卖，非钱买不来。我有一位留学生的朋友，我同他说："你府上的老妈子不认识字，你何不教她一下呢？"他说没有功夫。第二天我又到他家里去找他，他不在家。我问他太太："到哪里去了？"她说："昨天中央大学来了聘书，月薪三百元，昨天夜车赶到南京去了。”我这才明白：有了三百块钱就有功夫连夜赶去，教老妈子并不是没有功夫，是没有钱给他，教育原来就是作买卖。

在这买卖关的门口，有两个妖怪把门。一个是大肚子妖怪，他所喜欢的东西是雪白的洋钱，一个一个都装到腰包里，所以肚子装得很大。腰包里装不下了装到皮箱里，皮箱里装不下了埋在地下，就是看见一个将要饿死的人，也不肯拿出一个铜钱救济。等到他要死的时候心里有一件事很难过，就是他的棺材太小，不能把埋在地下装在皮箱里腰包里的洋钱装进去，只好叹一口气的别离人世。这个大肚子的妖怪叫什么名字呢？就是：守财奴。

守财奴有一个弟弟，不是大肚子而是大头。他喜欢的东西不是雪白的洋钱而是乌黑的字，从眼睛里灌进去不轻流出来。小学灌了一点，中学灌了一点，大学再灌一点，这样把头儿灌得大大的，如果还不满足，还要到外国让洋鬼子灌一下。所以一回国，看到别人的头都是这样小，惟有他的头那样大，大大的出风头！这个大头鬼叫什么名字？叫做：守知奴。

这一对妖怪只晓得收进去，不晓得传给人，都是自私自利的；自私鬼和自利鬼就是他们的父母。我也有一首诗写他们的父母：

“自私先生，自利太太，生下一对小妖怪：大肚的守财奴可鄙，大头的守知奴更坏。生下一代又一代，造成了中华民族的大失败。开刀打针要赶快，如果再马虎，天然淘汰！”

中国以往的教育政策，就是因为这一关没有打破，只有小先生一来，这两个妖怪自然投降。因为小先生本来是小学生，他受了知识必须传给别人不要别人出钱，好比世界上的太阳光、雨水、空气，不必用钱去买，知识到小先生手中便变成太阳光、雨点、空气，自由供人采用。知识成为公开的，天下为公的基础之一，是知识为公。我们要把知识公开出来。所以用小先生不但可以打破买卖关，还可以达到天下为公的目的。

第四，孤鸦关。

一只乌鸦在树上“丫”“丫”“丫”的叫，我们称它为孤鸦。我们的教师好像这只孤鸦一样。一个学校在破庙里面，与村庄上没有多大关系，先生变成孤鸦，在庙里“丫”“丫”“丫”地叫着，毫无意思。假使小先生一来，一切情形都变了，我们教四十个学生，这四十个学生都变成小先生，好像四十根电线通到全村庄的家里，与各家有来往，村庄上的困难情形一切问题都可以靠电线传达到学校，由先生替他们解决。同时还有大电线通到上海、南京、北平各大都市，通到全世界，把各地的新知识新力量，随时传达到村庄学校，再由四十根小电线广播到全村庄。这样一来，这个学校，这个大先生，就不是孤鸦了，社会就是学校，乡村就是学校，整个乡村的生活就是我们的教育，所以小先生可以打破孤鸦关。

第五，课本关。

我们现在教本总是教教科书，从第一课教起教到最末一课。我觉得在乡村里面不一定要用教科书，无论什么本都可以教，《三字经》也可以采用。否则偏僻的乡村等到教科书寄来，至少要几个月，这几个月功夫就耽误了。但是用《三字经》不是用从前的办法来教，而用合用的新方法来教。不但《三字经》可以采用，无论什么书报都可以用。我在上海看见有一件很可惜的事情，一个老太婆拿了一卷画报几个铜板出卖，这种画报有图有字，拿到内地去作课本，不是很好吗？卖到别人手里不是很可惜吗？所以我花了几个铜板买了下来带去作课本。我对课本有一个意见贡献给诸位，如果小学教师联合起来，有一万万本课本不必用钱去买，各学校有大字课，在大字课的时候叫小学生抄写民众用的教科书。教师改卷的时候不必圈叉，只要对不对，好不好。不对不好重写，再不对不好再重写，这样两三次重写，六岁的小孩也会写得很端正了。上海有十六万小学生，每人一天写一张，一年至少可以写三本民众用的教科书；一个人三本，十六万小学生可以写四十八万本教科书，拿这些小学生写的教科书普及，不是一个大的帮助吗？现在各学校对大字课怎样？有一天晚上，我看到教员先生很忙地在那里改大字，一本拿来圈几圈叉几叉，又拿一本来圈几圈叉几叉，很快地把一大堆大字簿改完。究竟他用什么标准来定圈叉呢？还是根据王羲之、颜鲁公的书法呢？还是根据自己的呢？如果用药水把他圈叉退掉，再叫他改一次，或许批圈的字变成批叉，批叉的字变成批圈，他的圈叉竟是毫无标准的，这也难怪。如果真叫他按照王羲之、颜鲁公的标准来批字，五分钟只能批一篇，那么别的功课也不必教了，一天到晚批字好了，所以不能不如此混混过去。

这种办法毫无意义，不如叫小学生写民众课本，民众实得其益。小学生练习教科书上的字也不见得比练习"多宝塔"坏。通行的"多宝塔"失真，珂罗板买不起，不如写课本的正楷字，能够写得和课本一样，将来替人家抄东西倒还可以有用处。所以我以为不如叫小学生写民众课本，既免先生骗人骗己，又可得到不用钱的课本，这课本关就可以打破了。我这个办法从哪里想起来的？可以说是变通采用日本的办法。但日本并没有叫小学生写教科书。我看到一个月前的报纸上登着：日本的小学生总动员，叫每个小学生把包香烟的锡纸保存起来，结果把全国小学生积存的锡纸卖了钱，买了一架飞机。锡纸集合起来可以买一架飞机，于是我想出这个办法。只要我们全国总动员，一年之后可以有一万万部不用钱买的民众课本，这不是一件很好的事情吗？

第六，灯油关。

我们在乡下办教育，如果因为要受教育而点洋油灯。那么八千万户每户每晚点四个铜板的洋油，每户每年就要四块钱，八千万户就要三万万二千万块钱，这不是替煤油大王推销生意吗？即使点菜油灯，每户每天一个铜元，一年也要一块钱，八千万户就要八千万块钱。我们要普及教育，必须顾到经济问题，不能在破产的农村里面再增加他们的负担。于是想到老太婆所说的："起得早，睡得早，省油省灯草。”我们早一点起来，少休息几分钟，少说几句闲话，拿这时间来受教育，就不致多点洋油多点菜油了。

第七，衰老关。（同本全集三卷211页《攻破衰老关》一节，此略。）

第八，饭碗关。（同本全集三卷211页《攻破饭碗关》一节，此略。）

第九，瓜分关。（同本全集三卷213页《攻破瓜分关》一节，此略。）

第十，纸笔关。（同本全集三卷214页《攻破纸笔关》一节，此略。）

第十一，调查关。（同本全集三卷215页《攻破调查关》一节，此略。）

第十二，短命关。（同本全集三卷215页《攻破短命关》一节，此略。）

第十三，学校关。（同本全集三卷216页《攻破学校关》一节的前三段，此略。）

第十四，文字关。（同本全集三卷217页《攻破文字关》一节，此略。）

第十五，残废关。（同本全集三卷218页《攻破残废关》一节，此略。）

第十六，拉夫关。（同本全集三卷218页《攻破拉夫关》一节，此略。）

第十七，大菜关。（同本全集三卷219页《攻破大菜关》一节，此略。）

第十八，实验关。（同本全集三卷220页《攻破实验关》一节，此略。）

第十九，城乡关。（同本全集三卷220页《攻破城乡关》一节，此略。）

第二十，划一关。（同本全集三卷221页《攻破划一关》一节，此略。）

第二十一，会考关。（同本全集三卷221页《攻破会考关》一节，此略。）

第二十二，偏枯关。（同本全集三卷222页《攻破偏枯关》一节，此略。）

第二十三，多生关。（同本全集三卷222页《攻破多生关》一节，此略。）

第二十四，守旧关。（同本全集三卷223页《攻破守旧关》一节，此略。）

第二十五，自由关。（同本全集三卷223页《攻破自由关》一节，此略。）

第二十六，不平关。（同本全集三卷224页《攻破不平关》一节，此略。）

第二十七，天命关。（同本全集三卷224页《攻破天命关》一节，此略。）

最后，再讲普及教育普及什么教育？

现在的教育是少爷教育、小姐教育、书呆子教育，把中华民国变成中华少爷国、中华小姐国、中华书呆国，我们要普及的决不是这种教育。我对于少爷也有一首歌：

“自从家父做老爷，人人呼我阔少爷。谁知道还要自倒洗脸水？倒不如进个学堂儿：听差为我铺床又叠被，上课看情书，下课拜小姐。不高兴闹个风潮儿，直要教员怕我如同儿子怕爹爹。请看今日害国贼，哪一个不是当年的双料少爷？”

还有一首小姐歌，描写一个穿高跟鞋的摩登小姐（今天不知道有没有穿高跟鞋的小姐，如果有也不要紧，明天脱下来好了。）到乡下去，忽然把一只高跟歪掉了。一只脚高一只脚低不好走路，索性把那只高跟也敲下来。但是高跟鞋的鞋底是焊的，仍然不好走路，只好把鞋子脱下来，穿着几块钱一双的丝袜子在泥路上走，好容易雇了一辆黄包车走了。我这首歌就是说这位摩登小姐的。

“瞧，瞧，瞧，摩登小姐踩高跷，一跷跷到白渡桥。白渡桥上有人笑：曲线三角真巧妙，大脚婆儿脚变小。走路不稳少爷扶，少爷不扶就跌交：上桥跌一交，下桥跌一交。来瞧，来瞧，摩登小姐蹩了腰。蹩了腰，还要踩高跷。”

这种小姐教育不必普及到乡下，免得几块钱的丝袜在泥上走。

书呆子教育有两种：一种是大书呆，一种是小书呆。大书呆是“教死书，死教书，教书死”；小书呆是“读死书，死读书，读书死”。

这种少爷、小姐、书呆子的教育，可以说是不要手的教育，于是把手缩得很短，而头却变得很大。我们要普及的教育是要把手拉出来，实行手脑同盟的教育。现在一般的冬烘先生把一双手缩到袖口里，西装少爷把手缩进裤袋里，摩登小姐六月里还戴白手套，不知道他们的手是用来做工的，却把中华民国都套了进去了。所以要把少爷小姐书呆的手拉出来，成为手脑同盟的教育，用头脑指挥手，用手来做工。

刚才潘局长提到“工学团”，工学团就是手脑同盟的例子。手脑同盟是原理，工学团是组织。有人说，工学团有狭义的政治作用，这种谣言万万不能听。我诚恳地宣布，工学团是教育的试验。工就是做工，学就是科学，团就是团体；工以养生，学以明生，团以保生。工学团也可以说是学校，但是学校里没有工，没有团，工学团却有工有团。它也可以说是工厂，但工厂里没有学，没有团；也可以说是民团，但是民团没有工，没有学。工学团竟是一个三不像的东西，而把学校工厂民团一齐包括在内，不会变成少爷小姐书呆。假使各学校设立工学团，我相信一定有很大的效力。不过一件事开始的时候，总有很多的困难。记得从前我在安徽提倡童子军的时候，他们说我是提倡小革命党，好像现在不相信工学团一样，可是现在全国已有一千团童子军了。我相信工学团比童子军效力还要大，童子军只能在城市里面成立，乡下进不去，因为一套童子军服就要好几块钱，乡下人就没有力量负担。而工学团呢，只要一个布条就可以表示，如果做了小先生钉一个铜星，小先生的学生又做了小先生，那么第一代的小先生就有两个铜星，如果做了太上太先生就钉三个铜星，很容易实行。但是工学团还没有法律上的地位，有许多人正怀疑着。将来或许比童子军还要普遍。现在上海方面已有一万多小先生，如果再经潘局长的提倡，大家同心合意地联合起来推行，我可以说两年以内上海市的教育就可以普及。全国方面有十九省四特别市已经有小先生。其中只有安徽是我自己去提倡的，其余的都是自动实现。希望大家提倡，普遍到全国。

综结以上所说，普及教育，第一要整个民族现代化。孙总理说："学外国要迎头上去"，不仅坐飞机汽车，还要自己研究造飞机汽车。有知识的人也要现代化，不仅是读死书自己有知识就算了，还要教人识字去取现代知识，使别人也现代化。第二要整个生活现代化。怎样叫整个生活现代化？不但是要读现代书，而且要过现代整个的生活。第三要整个寿命现代化。现在有人将四年义务教育变成一年，甚至于四个月，可以说是短命教育。我们要办的教育是活到老，做到老，学到老，教到老，团到老。整个寿命现代化，是一个人一辈子上进，是继续不断的向时代的最前线追求。上海的地位非常重要，因为上海是中国经济的首都，如果上海干得有办法，自会风行全国。这并不是"挟泰山以超北海"的不可能。希望各位今天回去就试试看，究竟小先生能不能干普及教育运动？

1935 年

致杨廉函*

年前来省演讲，多承宣传报导，甚为感激。小先生普及教育运动在全省范围试行，安徽是首屈一指，此为先生与教育领袖领导之功也。承嘱介绍工作人员，经弟挑选程本海、朱泽甫、楼展、张一涛、李玉坡、黄志成、戴飘等七位可以胜任。程、朱二君为安徽人，程可居厅内联络，朱可任第一师范学区辅导，其余各位请酌情分配。电影放映技师一名，助理技师一名。汇款已代购电影放映机一架，新影片数十部，新书挂图及留声机（包括唱片）各六套，发票附上，以清手续。工作进行中，定多丰富经验及新问题之发现，盼时赐教音，倘有需要帮助的地方，行知自当竭尽绵力。

---

* 这是1935年1月27日给安徽教育厅长杨廉的信。摘自朱泽甫《陶知行年谱》265、266页，1984年安徽教育出版社出版。

1935年，安徽省以省立师范学区为单位，六个学区各设一辅导员，配备留声、图书、挂画等各一套，随辅导员流动供师生阅览。另有一架电影放映机轮流到各学区放映教育电影。陶行知在上海为推荐担任辅导的人员举办了学习班。

致雷沛鸿函 *

宾南吾兄大鉴：

普及教育预令之作用，在使失学成人、儿童及办学人员家长、任何集团负责人，心目中都悬着一个公共目标，为普及教育努力。这令里所应包含的几个要点，弟已具体地提出来为安徽各县草成一篇。现与私塾改造会会章及小先生、传递先生各种表式，一并寄上，以资参考，深望指教。方君竹因一俟旅费汇到即行南下。弟能来与否，尚须各方面允许，展约而定。如能来，来前必有电奉闻。

敬祝

康健

弟　陶行知

二四、一、二十九

* 摘自雷坚著《雷沛鸿传》第100页，广西人民出版社1997年4月版。

安徽普及教育令*

为令遵事：查普及现代生活教育，为立国之大体，内中之初步文字教育，尤须赶早普及，使一般民众，可以拿到文化之钥匙，自己去开发知识之宝库。兹规定全县六岁以上，五十岁以下之失学民众、儿童，限于民国二十四年十二月三十一日以前读毕一种千字课。令到之日起，中小学师生、茶馆说书人、警察，游戏场所，均须向民众、小孩宣传，劝导民众、小孩早些求学，不要临时抱佛脚；并说明二十五年一月一日，即有普及教育警察，手拿千字课，站在城门口、车站、码头、及交通孔道，抽验往来行人，不识字者，每次通过，要罚铜元一枚。民国二十五年一月一日以后，家里、店里、工厂里、任何集团及机关里，在强迫年龄内如有无故不识字的人，按人数每月每人罚银一元，由家长、店主、工厂经理、机关主持人缴纳。识字成人或学生，对其负责而不识字之亲友不肯施教者，罚守知奴捐银一角并公布之。从民国二十四年春季起，每所小学、私塾，至少要有二分之一的小学生（十五岁以下）做小先生；民众学校，至少要有二分之一的成人学生（十六岁以上）做传递先生。小先生或传递先生对于学生或成人学生之百分比，超过四分之三者嘉奖其校长、负责之教师，及最出力之小先生或传递先生；不及二分之一者校长受警

* 原载《广西普及国民基础教育研究院日刊》第19号。此令为陶行知代拟。

告；不及三分之一者校长撤职，负责之教师同。区长、保长之考成，亦以各该管公私立小学校或私塾、民众学校之学生总数与小先生加传递先生之总数之比例为根据，其算法同上。小学校、私塾、民众学校均须依照局颁表格登记，由校长掌管，并作详明统计，具报来局，以资考核。每小学校、私塾、民众学校均应将普及教育运动列为正课，由教师负责指导，并考核小先生或传递先生。寻常写字一课，应用抄写千字课代替。全省民众均须依照“即知即传人”之原则，一齐起来，在一年之内，把初步文字教育普及出去。使大家同心协力，有钱的拿钱出来兴学，有知识的拿知识出来教人，普及全县初步文字教育，是不难做到的。同时我们不要忘记，我们所要普及的不仅是文字教育，而是全县全省全国民众整个生活的继续不断的现代化，以求中华民族之自由平等。我们要常常把这个大目标放在心中，而后普及文字教育一步，这才有重要意义。切切此令。

附：雷沛鸿朝会讲话*

诸位同仁：日前接到陶行知先生的一封信，并且附有《对于上海市普及教育之意见》一文。大意是说，看到本省报纸，实行一种强迫教育办法的新闻，不免有些怀疑。在陶先生觉得在农业社会实行普及教育，必须要在学校之外，遍设自学团，或者生活教育团，若单靠学校方式来普及，必如狂风暴雨，不终朝而止，并且这还是工商业发达之社会才能办得到。要在农业社会勉强去执行，也许是办不通的，起初是很高兴去干，以后必定会烟消云散的。有如乡下佬吃大菜，拿刀子当筷用，以致割破舌头会一样地吃亏。依陶先生的主张有三件：第一、强迫兴学；第二、强迫

* 摘自《广西普及国民基础教育研究院日刊》第113号载《本院五月廿四日朝会小记》一文，记录董学溥。文中提及的陶行知信未找到。

教人；第三、强迫求学，三管齐下，学校与生活教育团同时并进，国民基础教育然后才能继续不断地普及。这是陶先生来信的大意。但是这桩事体，梁漱溟先生也有相类似的见解，不过南方和北方的情形有些不同。在目前广西以政令去遍设学校，来推进这种运动，我们相信是很有效的。但是我们目前所认为亟须要做到的，就是使民众知道，人人有“受教”的权利，同时人人又有“教人”的义务。关于省会南宁区这个办法实行的结果情形怎么样，我还没有去参观过，最近情形尚不十分知道。我想请雷同云和黄伟之两位先生即便去考察一下，等我们好得到一个明了的印象，来作研究的资料。

民众科学丛书交稿日期表*

一、微生物大观	高士其稿	一册	全三月交	
二、动物大观	董纯才编	二册	上册已交	下册一月交
三、植物大观	董纯才编	一册	全四月交	
四、农林大观	曹子云等编	二册	上册五月交	下册九月交
五、人体大观	张维等编	一册	全已交	
六、医药大观	张维等编	一册	全已交	
七、工程大观	操震球编	一册	全九月交	
八、交通大观	操震球编	一册	全五月交	
九、气象大观	戴白桃编	一册	全已交	
十、地球大观	丁柱中编	一册	全已交	
十一、化学大观	陶宏编	二册	上册六月交	下册九月交
十二、电学大观	丁柱中编	二册	全已交	
十三、战术大观	高士其编	一册	全九月交	
十四、天象大观	陶宏编	二册	上册二月交	下册四月交
十五、发明过程大观	陶行知编	一册	全九月交	
十六、制造大观	曹子云等编	三册	上三月交	中六月交 下八月交

* 此系陶行知手稿，1935年4月26日应世界书局之请编写民众科学丛书而拟。存陶晓光13~21页资料。

十七、矿物大观	丁柱中编	一册	全五月交
十八、光学大观	戴白桃编	一册	全二月交
十九、声热大观	戴白桃编	一册	全七月交
二十、进化大观	陶行知编	一册	全三月交
二一、机械大观	戴白桃编	一册	全九月交
二二、科学教育大观	陶行知编	一册	全八月交
二三、心理大观	操震球编	一册	全七月交

民众科学丛书每月交稿表

已交稿	动物上册	人体全	医药全	地球全	电学上	电学下
一月交	动物下	气象全				
二月交	天象上	光学全				
三月交	微生物全	制造上	进化全			
四月交	植物全	天象下				
五月交	农林上	矿物全	交通全			
六月交	化学上	制造中				
七月交	声热全	心理全				
八月交	制造下	科学教育全				
九月交	农林下	工程全	化学下	战术全	机械全	发明过程全

沪郊各县初步普及教育办法草案*

一、沪郊各县普及初步教育之对象，为各县内六岁以上五十岁以下之不识字民众与儿童。

二、沪郊各县，依据“即知即传人”之原则，运用现成识字者教导不识字者，以下列方式行之：

甲、成人教小孩

乙、成人教成人

丙、小孩教小孩

丁、小孩教成人

三、沪郊各县为扩大效力起见，采取下列三种组织：

甲、无学校之区域，添设学校以容纳有暇来校求学之民众、儿童，或全日、或半日，或二部，或一小时、或二小时均可。

乙、创造下层文化细胞。令每家、每店铺、每工厂、每机关、每集团自组生活教育团。由团内识字者指导不识字者，程度高者指导程度低者，以谋各该团内分子继续不断之长进。生活教育团内无识字者，请邻居识字者指导，或请附近校长派人指导，

* 原载陶行知编著《普及教育三编》，上海儿童书局1936年6月版。系1935年6月9日沪郊农村工作协进会首次理事会上的提案。陶行知为该会干事会成员并任分组委员会即普及教育委员会负责人。会上决定此提案交普及教育委员会审议。见本全集三卷366—368页。

或派一人入民众学校，每天学一小时，一面学一面回家教人。不能进学校者，只须参加生活教育团便行。进学校者，仍须辅导生活教育团内之程度较低之分子。

丙、各县城内每段每街，城外每村、每乡，至少每月应举行总集合一次，运用电影、无线电、留声机、说书、演戏以寓教育于娱乐。

四、沪郊各县设普及教育委员会，司设计、调查、指导、督促之责，以谋各县教育的迅速的进展。

五、各县每区设普及教育委员会，以总其成。该委员会，指定区内校长一人兼任委员长，公安分局局长为副委员长。

六、区内每一学校由校长领导，担任一地段普及教育之责。教师应在国语、社会、自然上课时间内提取精华，指导学生传人并加以考成，习字时间应指导学生抄写千字课送人。

七、县内应设立私塾改造会，令每一塾师偕同学生二人来会学习，学习时间为每天五小时，满一星期亦划一区归其负责，仍令继续来会学习，到及格为止。私塾办理普及教育有成绩者可以升为代用学校。

八、每所小学、初中、私塾、民众学校，至少要有三分之一的学生从事教人。超过二分之一者，传令嘉奖其校长、教师；不及三分之一者，警告；不及四分之一者，撤职。

九、小学一年级生教人与否，任其自愿。小学二年级以上初中以下学生，每人至少必须教两位不识字之人。高中以上学生，须办民众学校与假期学校或参加私塾改造会。其教人成绩与操行、体育并重，不及格者，不得发给毕业证书。

十、全县六岁以上五十岁以下之失学成人与儿童，每天至少必须求学半小时。家中、店铺中、厂中、机关中及任何集团中之识字者，对于应予负责之不识字分子，不肯教导半小时者，罚“守知奴捐”1角并公布之。阻碍幼辈属下教人半小时者，罚“守知奴捐”1元并公布之；阻碍幼辈属下求学半小时者，罚“防害进步捐”1元并公布之。

十一、各县六岁以上五十岁以下之失学成人或儿童，限于民国二十五年七月一日前读完千字课一种。但初步教育除千字课外，须充分运用无线电及科学电影施教。电影应先教大众语改写之说明书，而后放映；无线电节目能用文字辅助者，应充分运用文字辅助之。

十二、民国二十五年七月一日起，派识字警察站在车站、码头、城门口及交通要道，手持千字课，于往来行人中每逢走过二三十人抽验一人，不会讲解者罚“愚民捐”铜元一枚，并追究其负责人。

十三、民国二十五年七月一日以后，家里、店里、厂里、机关里及任何集团里，在强迫年龄内如有无故不识字的人，按人数每月罚银一元，由家长、店主、工厂经理、机关主持人或任何集团之负责人缴纳。

十四、规定每天十二时三十分至一时为普及教育时，全县人民在可能范围内须利用此半小时力求长进，能延长到一时者听。县里如有无线电台，在此时间内须广播半小时教育。包含歌一首，自然科学一条，社会科学一条，千字课一课，指导不识字之成人、儿童。

十五、各县各区，在民国二十五年六月底扫除文盲在百分之七十以上者，方为及格；超过百分之八十者，嘉奖其区长、校长及其他出力人员；少于百分之六十者，警告；少于百分之五十者，撤职。倘在二十四年年底即达百分之七十者，给一等奖；超过百分之八十者，给超等奖。

十六、依据《捐资兴学条例》劝导有钱者捐资兴学、送书，在工厂、乡村及公共场所安置无线电收音机，及捐助电影放映机、摄影机及科学影片。

十七、县内各报纸，应辟一栏用大众语文写，以便粗识字义者阅读。

十八、县长于本年七月一日下普及教育动员令，述普及教育之重要，确示识字者、不识字者、家长、店主、厂长及一切主持人之责任，并预告二十五年七月一日之总清算。

做个人中人*

你们今天小学毕业了，这是你们用心学习的成果。但是你们千万不能满足，因为你们所学的仅仅是书本上的一点知识，书本之外有更多的知识你们都没有学到。这不能怪老师不教你们，实在是不合理的现行教育制度阻碍了你们。现在有许多劳苦大众，连学校的门也走不进去，真正可惨！你们要努力多求真实的知识，还要帮助广大劳苦人民也有读书的机会。你们学好本领，要全心全意为人民服务，要团结群众，依靠群众，如果每个人只顾自己做个人上人，那就是脱离群众了。希望你们要树立同群众打成一片的思想，做个人中人。

* 1935年7月，在上海法租界八仙桥徽宁小学毕业典礼上，针对曾任安徽省长的许世英讲"你们要争取做个人上人"的话，陶行知发表了不同意见。摘自张国良《再记我所知道的陶行知先生》一文，原载1984年5月《行知研究》第11期。

1936年

救国运动应有工人及广大群众为基础*

——1936年初致李公朴

前议救国运动[①]应有工人及广大群众为基础，诸君子一致赞同，自宜分头进行，以扩大救国统一战线。承嘱为铁道部物色吴淞铁路工人学校校长一席，已物色朱君泽甫[②]可以胜任。鄙意统一战线工作正在开展，办理该部工人学校与我们办的工学团精神应该一致，唯方式宜有所不同。现介绍朱君前来请与接见，倘蒙同意，请即转介该部，以期成功。

注释

① 救国运动　指1931年“九一八”事变后，为反对蒋介石一再对日本屈膝投降，人民群众的救国运动由此兴起。在这种形势下，1936年在上海建立了全国各界救国联合会，简称救国会。

② 朱泽甫　晓庄学校大学部毕业，担任吴淞铁路机车工厂学校校长后，因组织工人支援“西安事变”被免职。

* 本函原载朱泽甫编《陶行知年谱》，题为编者拟。

儿童读物展览会*

自上月三十日起至本月五日止，“全国儿童年实施委员会”举行“儿童读物展览会”于南京。会期以后，且将以征集所得巡回展览于全国各重要地方。委员会宣告举行该会之旨趣，凡有三点：（一）供国人概览，以正国人对于儿童读物的观感。（二）供专家研究，以为改进并选择儿童读物之一助。（三）供文坛参考，以期新旧文学家多多致力于儿童读物之编著。溯自去年八月初儿童年开幕以来，迄今已及半载，而于当时所预定之实施办法，似尚鲜具体之成绩。今此之会，办法切实，旨趣扼要，苟能由此唤起国人之正当认识，改进儿童读物之内容与形式，则仅斯一举，已足为儿童年并非虚设之确证矣。

我人于去年八月间，曾刊布评论曰《儿童年与儿童读物》，大意谓儿童读物为儿童精神上之粮食，而现有之儿童读物，殊未能尽满人意，结论则致望于出版家与著作家，“速汰其尤劣者，而暂存其较可者。一方从头做起，别制佳品，此自非仓猝间事。他日佳品渐多，则并今之较可者而亦汰之，庶几儿童有品质纯良之精神粮食。”今仍持此义，愿与会者予以采纳，汇为舆论。出版家与著作家受广大之属望，因循者不复因循，迟疑者转为奋发，既有所需，自有所供，儿童读物之园地殆将有丰富之良获

* 原载1936年2月4日《申报·时评》，署名：秉。

乎！

该会所征集之儿童读物，计二千四百五十种，一万二千四百九十八册。自数量上观之，不可谓不多。于此巨量之儿童读物，该会聘定专家，组织评判委员会，将逐一予以研究与评判。据日前电讯，各专家会议结果，已将评判标准确定。我人所望于评判委员会：第一，宜认定现代中国儿童之立场。夫儿童之非缩小的成人，言教育者罔不知之。故成人之教养与观感，虽未必全不适于儿童，亦不可挹此注彼，必须自儿童之立场出发，方得谓之纯良之儿童读物。而现代中国方受空前之困厄，中国大众咸负有争求民族解放之重责。此重责决不止于一代，必且父死而子继之。故现代中国儿童之读物又必须于此点切实顾到，方得谓之适应时代之读物也。第二，宜持明澈之眼光与公正之态度。夫批评之事，至不易为，其在文坛，往往以为批评者，非骂即捧耳。其实此观念殊属错误。纯正之批评乃以尺度衡量作品，其间无恩怨之可言，复奚有所谓骂与捧耶？今之评判儿童读物，其事正与文学批评相类，各专家皆具有素养，当不至阿其所好，保守成见，苟乃心倾注于儿童，萦系于民族国家，自能根据其智慧，发为切当之评判。凡优良之读物，必郑重表彰之，俾普及于全国儿童；而劣陋不堪之读物，尤必特别揭出之，俾全国儿童勿再受其毒害。盖出版家之营业其事小，而儿童精神上之粮食适当与否，其事弥大也。

又有一事，方今有主张删改现有教科书，以迁就一地方之特殊情形者，评判委员会于研究教科书一类之后，宜郑重宣告，此举是否可以承认，抑为有妨我国教育精神之举。据我人之意见，删改亦属必要。惟于彼辈所认为应行删改之部分，则非特主张绝对不可删改，且须增加其分量，充实其内容也。

国难教育的特点*

现在中国所需要的国难教育应该有几个特点：

一、目标单一　共同努力争求中华民族的自由平等与领土主权的完整。

二、大众化　仅靠少数知识分子救国是不够的，有了大众，力量方能增厚。

三、联系的　国难教育关起门来办，办不成的，必定要学校里的工作与社会发生联系，与历史教育发生联系。

四、行动的　单在课堂里讲救国是不够的，一定要实地工作。这种行动不可盲行盲动，须有计划、守规则、有纪律的组织。

五、自动的　民众运动，绝非长官要他怎样动便怎样动的，如是被动的，他必不高兴动，救国运动便不能坚强，现在的教育要设法怎样给民众自动的能力。

* 这是1936年2月23日中华职业教育社在上海沪江大学举行的第十届专家及评议员联席会议上，讨论《民族复兴教育实施方案》时，陶行知的发言。原载《教育与职业》第174期，转引自中华职业教育社《社史资料选集》第2辑149页。题为编者拟。

我们的态度*

我们这个刊物，经过长时间的筹备，居然在这多难的五月出世了。

在这个年头，要办一种刊物，说几句自己心上所要说的话，本不甚容易。但是我们的态度是坦白的，我们的心地是纯洁的，我们既决定要说自己所要说的话，那我们也只有坦白地纯洁地不管一切地说话了。

现在谨先将我们两个基本主张贡献于读者：

（一）我们坚决地主张教育目标的大众化

我们所主张的大众教育，包含有两种意义：其一，过去的教育是少数的独占的教育。这种少数独占的现象，不但是一种社会的病态，而且与需要大众为民族生存而斗争的现局相矛盾。教育的大众化，不仅站在大众的立场，是我们应有的权利；即从民族立场观察，亦是我们应有的责任。所以我们主张，将少数的独占的教育归还于大众。其次，通常的教育，每专指学校内的教育而言，并且以为教育的任务只在教人识字读书。但是，我们所理解的大众教育却并不是这样的。我们认为，教育并不是被以砖墙或篱笆围着的学校所限定，而且教育的主要目的，也并不在于教人

* 本篇原载1936年的5月1日上海杂志公司总代发行的《大众教育》创刊号。此文系发刊词，未署名。《大众教育》系由陶行知、郭一岑主编的进步的教育理论月刊。仅出两期。

识字读书——固然识字原是重要的手段——而是在教人，在行动中解决他自身与他所属的社会的困难。所以，我们主张的大众教育，是要冲破学校的墙围而以整个社会为教育的场所，而且由文字、知识的教育，扩大为超文字的行动的教育。

（二）我们坚决主张教育理论的现实化

这里所谓理论，决不是空想的，而是要从现实的综合的观察中发现事件的联系。过去的教育，正犯了两种相反的错误：一种是离开现实的空想的理论，如所谓人格教育、文化教育；另一种是根本缺乏综合理论的实验主义教育观。他们都只是枝枝节节地做些头痛医头、脚痛医脚的工作，看不见或看不清教育与现实的各方面的联系。这两种错误见解，更替地在中国教育领域内散播了不少的毒素。现在，我们对于这些错误是要不客气地给予清算的。

教育是一种行动，而行动需要理论的指导；没有理论的行动，那是盲动。并且行动之能否成功，要看理论之是否正确。因为不正确的或歪曲的理论，是要导行动陷于错误的泥潭的。即以国难教育为例，假使不了解什么是国难，不了解教育的本质，或不了解国难与教育的联系，则在教育的实施上，必然地要陷于错误的。我们看现在各地所实施的国难教育之不伦不类，即由于没有正确的理论指导之故。所以，正确的教育理论是教育行动上所不可须臾或离的。

总之，我们今后的努力，一方面要竭力将教育建筑在大众的基础上面，而另一方面要竭力建树一种正确的合于现实需要的教育理论，以为教育行动的指导。然而我们的力量是有限的，希望同情于我们的教育工作者以及受教育的大众，多多帮助我们。这个刊物原是属于大众的。朋友们！在这民族危机已经压到头顶上的今日，让我们在教育领域的工作中，来尽一部分民族解放运动的责任吧！

与远东梧社记者谈访桂打算*

素仰广西年来励精图治，成绩卓著，而对于国民基础教育，办理亦著有成绩。本人此次南下，乃因欲放洋，赴英国出席世界新教育会第七届会议，适逢李先生有返桂之行，承邀随同入桂游览。预计抵邕后，逗留三数日，即赴龙州、柳州、桂林各地参观，并到桂平、瑶山略事考察特种民族之生活状况，及特种教育之设施情况，以广见闻。大约在桂游览时间，需要半个月。事竣，即过梧赴港，趁船赴英。因世界新教育会第七届会议，已定于本年七月三十一日在伦敦附近开会，本人须赶往，届时出席演讲。

* 本篇系1936年5月6日下午接受远东梧社记者采访时的谈话。6日上午9时半，陶行知与李宗仁由广东乘船抵梧州。10时陶行知在广西大学大礼堂演讲《救国问题》。晚7时同李乘船去南宁。原载南宁《民国日报》1936年5月9日第八版。

正确对待评论*

对于孙先生①的介绍，我非常满意。但我有一点修正，我的家里只有两亩田——而且当我幼年时就是一天天的没落，并不是一个富农。

注释

①孙先生　即孙铭勋。

附一：　我也来介绍陶行知先生

孙铭勋

教育研究院幼稚师范班同学请陶行知先生谈话，在会场上，我就先来介绍一下陶行知先生：

去年十一月末，我在幼稚师范班调了二十个同学到津头村创办幼稚园的时候，我们的课程里有一项是要“研究中国现行教育学派”，当然要研究陶行知先生，这项工作就归方与严先生指导。

我晓得方先生一定把陶先生讲成一个十全十美的完人，这会使得我们的同学把陶先生当成天人一样地看待，于是我便把陶先

* 这是1936年5月10日下午，在雷沛鸿主持的国民基础教育研究院幼稚师范班（广西南宁平南村）讲演前的谈话。原载1936年5月13日南宁《民国日报》第10版《铜鼓》。

生的缺点来先对同学讲一次。

我讲了陶先生的缺点，不见得对于陶先生会有什么损失，方先生讲陶先生的长处，不见得会增加陶先生的光荣，陶先生自有陶先生的特点。

现今中国的一般青年以及一般办教育的，对陶先生的态度大概可分成三种：

对现社会抱改良态度的，对陶先生就会十分佩服；而要维持现状的，就会把陶先生看成了洪水猛兽；至更要打破现状的，对陶先生就会十分不满，甚至于厌恶。

然而陶先生自有陶先生的真面目。

我们知道陶先生是生长在中国安徽徽州乡下的一个富农家里，进教会办的金陵大学，是金元帝国的留学生，是实验主义者杜威的徒弟，这些客观条件，造成了他的意识形态。

然而，东南大学教授的时代过去了，平民教育的时代过去了，乡村教育的时代过去了，提倡自然科学的时代过去了，工学团做不到“工以养生”，小先生的功效也并不见得怎样异常，这些客观条件，又造成了他的意识形态。

他是这一个时间与空间的产物，他并不是怎样了不起的天人，我们只承认他是一个“现阶段的前进的教育者”。

在教育的主张上，杜威的“教育即生活”，这是在教育的花园里把生活拿进一点来，只是克服了一个尾巴。陶先生又克服了杜威而成为“生活即教育”，这是一个了不起的发现。

然而他只把生活与教育统一起来，但看不见生活与生活的矛盾，看不见教育与教育的矛盾。

最近半年前，他看见而且承认了生活与生活有矛盾，教育与教育有矛盾；但我们又感觉到不满足，就是更当再进一步把这矛盾否定了而统一起来。

你们现在是需要陶先生再有这一步的发现。

原载1936年5月13日南宁《民国日报》第10版《铜鼓》。

附二：陶行知是一个有生活力量的人

方与严

陶行知先生，他有他的理论和主张的事实来介绍他自己，用不着再来介绍。但是昨天自宾阳、上林、迁江、来宾等县视导归来，见报载孙铭勋兄牵及了我，我便不得不说几句。

陶先生是我的先生，但他要比我小三岁。他和我同是安徽歙县人，但我和他从来不相识。一直到了民国八年九年的时候，他从美国回国不久，正是他为平民教育努力的时候，他在武汉的王占元、安徽的马联甲等军阀势力范围内，举行五六十万人的欢迎大会中，提倡平民教育打倒军阀，能把军阀的力量一时变成了普及平民教育的力量！我才稍稍注意到中国有这样一个有生活力量的人。

那时，我正在本县想为全县县教育尽一点计划的力量，知道陶知行（那时他名知行）先生即是歙县的陶文浚（原名）先生，曾寄过几次信去到东南大学和他商量，但是没有接到他一次回信。

后来，到了民国十六年，他在南京和平门（那时仍叫神策门）外迈皋桥附近小庄（后改名晓庄），创办试验乡村师范学校（后省称晓庄学校）的缘启和招生简章，先期寄到歙县教育会里。我见到里面最有趣味的是，一面招生，一面又叫三种人不要来："一、书呆子最好不要来；二、小政客最好不要来；三、小名士最好不要来。"我自问这三种资格都没有，于是决心去投考。第一期是三月十五日开学，我没有赶到。

我于十六年夏间，在安徽省被反动军阀拘留了九天，友人汪巳文兄自苏州赶来省城营救。刚巧碰到蒋唐之战，封江将近两月，于是造谣者散布谣言，说我和巳文同遭枪决。乱平，我与巳文同到苏州，决定投考晓庄。由微风细雨的双十节，投到了晓庄。这年，我是三十八岁了。陶先生不在，分不出谁是先生，谁是学生。也可说是看不见先生，看不见学生，但是处处流露着活的生命力量。

隔了三天，陶先生自上海回来了，只见他总是笑容满面的，很有趣味过着自己长进的生活，领导大家伴着当地人民和小孩子共同过着长进的生活。他从来没有过怒色，而和他接近的人，都很有趣味的自动追求长进。也可以说他是很有趣味的跟着了大众生活需要长进。他从来对事没有说过“没办法”三字！没有办法的人，遇到没有办法的事，如果问到他，他总要和你商量讨论出一个比较满意的办法来。

“生活即教育”“社会即学校”“教学做合一”“行是知之始”等理论，都在这时期里试验实施而有效。

这样一来，晓庄被人羡慕者有之，被人忌妒者有之。不幸，到了十九年四月七日，竟遭到意外的摧残。陶先生在危难时期，从来没有现过忧色，他仍是很有趣味过着自己长进的生活，但为避免反动耳目起见，许多由我转达大家很有趣味过着共同长进的生活。陶先生自己的著作，除《中国教育改造》《知行书信》二书外，大部分是成于晓庄摧残以后。他的《斋夫自由谈》和教育名著《古庙敲钟录》，都是在这个时期，用不除庭草斋夫的笔名，在申报逐日发表的精心杰作！申报销路，顿增四万份。并领导我们先生和同学，静心修学，练习编著工作。《晓庄丛书》《儿童科学丛书》《乡村教育丛书》《生活教育丛书》以及其他杂著，约共三百种以上，都是在这一个静止时期表现出的生活力量。“工学团”教育的“工以养生，学以明生，团以保生”的实施和理论，亦接着此时期由乡村而进一步普及到市镇里工厂中去。从“工学团”时期里，又发现了“小先生”“小保姆”“儿童自动学校”“儿童自动工学团”等新意义新力量。所以“三一五”是生活教育降生的诞辰。“四七”事变，是生活教育另行开辟了一条新途径，发生了许多新力量。

最近陶先生是更决心了参加了民族解放运动斗争的一员，秉承大众公意，草成了《国难教育方案》，到处发生力量，一致齐心起来，粉碎“日本大陆政策”。

陶行知是一个有生活力量的人，所以他相信整个民族人人有生活力量。人人有生活力量，便能够粉碎“日本大陆政策”。

以前孙铭勋兄要我对广西普及国民基础教育研究院第一期幼稚师范生说，是这样说的。现在还是这样说。并没有说得“陶先生如同天人一样”。

原载1936年5月17日南宁《民国日报》第8版

中国的出路问题*

中国自“九一八”事变以来，所丧失的领土，有二十二个江苏省面积之多，而且我们数千万的同胞，都在日本帝国主义铁蹄蹂躏之下，尤其是我们宝贵的辽宁的铁、山西的煤和冀鲁的棉，都已给日本侵占去了。我们要和日本算总账，这笔账，非根本和他清算不可。

我们要求中国的出路，惟一的只有全国民众武装起来，对日抗战。一定要抗战，并且立刻要抗战，才有办法。不然，日本的大陆政策，不只是征服满蒙和华北，而是整个的中国。同时他的野心还要驱策我们四万万的同胞去当炮灰，进而征服东亚以至于全世界。所以我们要大众立刻武装起来，实行对日抗战，才是我们的出路。除此之外，其他的办法只有促进亡国。

党员要负起唤起民众、领导民众的责任。但要领导民众，就要自己深入民众，先受民众的领导，而后才可领导民众。同时还要注意三点：

第一点要实际去行动。

第二点要做实际的讨论。关于讨论的要点，尚有八项。

第三点要提倡中国新文字，以普及教育。

---

* 1936年5月11日下午，应中国国民党广西省党部之邀请，在党部大礼堂对全体工作人员及新派各县党务工作人员演讲。演讲会由省党部委员黄钧达主持并介绍陶行知略历。此为演讲大意。原载1936年5月12日南宁《民国日报》第八版。

广西近年来建设非常猛进，预计不久的将来，必有一次大规模的民族革命运动。各位都是负党务责任的同志，应该在这非常时期中，唤起民众，组织民众，武装民众，大家团结起来，去完成复兴中国的任务。

中华民族的出路*

欲要救国、谋民族之复兴，必须抗敌。欲要抗敌，必须打倒汉奸。

广西年来一切建设都已向着坦途迈进，实已确立复兴民族之基础。希望广西以太平天国民族斗争之精神，刘永福抗法之精神，民十五北伐之精神，几年来埋头建设之精神，及李总司令最近发表抗日主张，继续努力奋斗到底，则民族复兴之目的，不难达到。

* 此系1936年5月15日下午3时在武鸣公共体育场演讲的大意。南宁《民国日报》记者秋报道。原载该报1936年5月19日第六版。

抗日救国为惟一出路*

抗日救国为目前吾人惟一出路。上海、北平文化界均已分别发动。两广为革命策源地，在此种优良环境之下，自亟应如马校长所提示，组织文化界救国会，以唤起民众，组织民众，武装民众，来共同抗日救国，收复失地，将来与平、沪救国会合流，其势力当莫之能侮。

* 此系1936年5月16日下午5时在广西各学术机关公宴上的答词。接受宴请的还有熊佛西、王济远、马万里、李宗仁、郭德洁及省党部省政府各委员五十多人。广西大学校长马君武致欢迎词时，对陶作了如下评价："陶行知先生为吾国平教大家，其在教育方面功绩，夙为吾人所钦佩。最近在上海联合文化界组织救国会，极力主张抗日救国，殊深得国人同情。唯以见嫉当道，故尔南下游览。吾人于欢迎陶先生之余，亟当接受陶先生救国精神，自动发起广西文化界救国会，以便共同奋斗。"当天上午陶还应广西当局邀请，于6点30分在南宁初中大操场对全市中等以上学校约四千余人演讲；9点30分在省政府大礼堂，对党政军全体公务人员两千多人讲演，题目均为《中国的出路》，演讲词见本全集四卷63页。

大众教育与小学教师的任务*

大众教育不是小众教育。就教育本身说，他是大众所有的教育，是大众所办的教育，也就是为大众解除痛苦、力谋大众利益的教育。

至于怎样办大众教育？（一）要承认社会即学校；（二）即知即传，互教共学；（三）要以新文字做教育工具；（四）抗日救国实际行动等。

小学教师任务问题：（一）追求真理对于中国民族解放运动有真确的认识；（二）要说真话；（三）要驳假话；（四）要虚心地跟着小孩子去干，然后才知道小孩子的需要，知道他的需要，然后可以指导他；（五）教学生做小先生，即知即传，不要做守知奴；（六）和学生及大众都站在一条战线上。

---

* 本篇系1936年5月17日应邕宁县政府邀请在维新镇中心校礼堂，对全市小学教职员的演讲要点。报告会由广西省教育厅长雷沛鸿主持。原载南宁《民国日报》1936年5月18日第八版。

小先生的责任*

一、从学校的小先生变社会的小先生；

二、从个人的小先生变集团的小先生；

三、从自己做小先生到劝别人做小先生；

四、从教人读书的小先生变教人抗日救国的小先生；

五、从大头的小先生变成虚心的小先生。

* 本篇系1936年5月17日中午对南宁市小先生团的演讲要点。是日到会听讲的小先生约六百余人，小先生王介主持。陶讲话开始时还举了几个小孩子有本领的例子。原载1936年5月18日南宁《民国日报》第八版。

新文字问题*

我们大家应该努力提倡和推行新文字，以唤起民众共同救国，并对反对新文字者作详细之说明及驳斥。要点为：

（一）我与新文字之关系；

（二）新文字之由来；

（三）什么是新文字；

（四）怎么推行新文字。

推行新文字是艰难工作，要打仗的，要攻关的，非安然的从香烟雾中喷出来的。第一关是色彩关，第二关是国粹关，第三关是统一关。

---

* 本篇系1936年5月17日下午在广西新文字研究会欢迎大会上的演讲要点，广西新文字研究会副总干事唐文粹主持。原载南宁《民国日报》1936年5月18日第八版。

葫芦歌*

葫芦！葫芦！
葫芦里装的什么药？
增加实力；
减轻担负。

葫芦！葫芦！
葫芦里装的什么约？
训练民团；
收复国土。

葫芦！葫芦！
葫芦里装的什么药？
教学做合一；
实现国父遗嘱。

* 根据手稿编发，时间不详，疑为1936年5—6月去广西时写。题为编者拟。

在中山大学新文字讨论会上答问*

诸位同学、诸位朋友：

今晚我非常高兴。在未讨论之前，且先说几句。我一来到这里，就有一个感想：今天是来讨论新文字的，恰巧遇着雨天，中途又车坏了，走路来时又遇着雨浸，只得从小路来，以致迟到，但最后我们终于见面了。我想，新文字也终于成功！今天我不喜欢演讲，我希望大家提问题来讨论，我能够答复的，可以立刻答复；我不能答复的，可请专家答复。

现在我要说一说：〔此段已载本全集四卷98页，此处从略。记者在陶此段讲话后写有："陶先生说到这里就停下了。因为时候不早，便开始讨论。大家都把问题用书面提出。陶先生便一个个给予了完满的答复。"下面是答问记录。〕

问：中国拉丁化在苏联运用的现状如何？

答：从这里就引起了一个问题：有人说，拉丁化新文字是苏联来的，所以是通红的。事实怎样呢？是的，我们承认北方话拉

---

* 本篇原载1936年6月3日《国立中山大学日报》，摘自《新文字讨论会笔记》一文，记录者黄焕秋。题为编者拟。

1936年5月27日晚7时半，在中山大学法学院礼堂，陶行知应邀主持该校的"新文字讨论会"。虽天雨泥泞，参加者仍异常踊跃，到者不下数百人。在陶行知讲话之前，中山大学教育研究所主任崔载阳发表了讲话。陶行知发言和答问后，与会教授、同学随即发起组织"中大新文字研究会筹备会"，并议决："即席请陶行知先生为本会经常顾问"。6月2日该校新文字研究会正式成立。陶在该会上的演说词，见本全集四卷126、127页。

丁化方案是从海参崴产生的，是海参崴的华侨，华侨中的知识分子做出来的。他们先是用来教中国工人识字，教了一个月就会写信、看报，而且在报上投稿。但我们不能说华侨不是中国人。中国人做出来的，还是中国的产品。难道中国人在苏联产生一个儿子，就变了俄国人吗?！南京曾有一位大官来访我，他对我说："陶先生，你不要干拉丁化这件事，他们说你什么什么，因为拉丁化是红的。"那么，我就问他："你今天坐来这架汽车的汽油，是不是光华公司的?"他说："是的。"我说："这也是苏联来的，那么打开油箱看看吧，一定也是红的。"他笑起来。"究竟拉丁化是怎么一回事呀?"我对他详说了一番，最后他赞成了。我又说："单是赞成还是不够的，你应该回到南京去打破一般人的造谣。"后来他帮助了不少。这也只是就北方话方案来说。此外，如上海话拉丁化方案、广州话拉丁化方案、客家话、潮州话等等，都是道地的产品。难道在中国土上生一个儿子，也是苏联的吗？这是谁也不能承认的。海参崴华工的新文字教育是几乎普及了。这可见得新文字的效力。

问：怎样去处理广州话拉丁化方案?

答：广州话拉丁化，现在有四个草案，最好是送到"中国新文字研究会"去解决这个问题。

问：怎样把各地的新文字研究会联系起来?

答：首先调查，看已经成立的有哪几个研究会。现在广西已有新文字研究会，上海有"中国新文字研究会"，其它各地有各地的新文字研究会。如广东成立了新文字研究会，可派代表出席上海的"中国新文字研究会"，且可召开全国大会。在大会未开之前，可出版刊物，互相通讯。

问：国难教育社如何推行新文字?

答：国难教育是参进各个救国会中，每一个救国会里都有国难教育。工作分三种：（1）时事讨论会——在一定时间内开会讨论时事；（2）学新文字，教新文字；（3）参加救国实际行动。新文字是国难教育社一件重要的工作，但只负推广责任，不负研究责任；研究由新文字研究会负责。

问：广西推行新文字情形如何？陶先生有何感想？

答：广西在推行新文字之前，先打笔墨官司。这种情形，在广东还没有看见；只见有一篇文章是骂我的，但我却没有答复他。广东的新文字论战尚未开火，在广西论战已经结束，结论是大家承认新文字普及教育容易，是推行大众教育、抗日救国的一个重要工具。政府方面也不禁止新文字书籍。我对他们说，最好由政府下最大决心。广西教育厅长对我说，恐怕有人反对，还是不如先来一个试验。至于一切印刷费等，他都答应由政府帮忙。广西有一个邮务员，他也做了一个广州话新文字方案，做得很好，已出小册子。梧州广西大学也成立了新文字研究会，和广西新文字研究会联系起来，且打算编课本、买打字机和调查瑶人状况，制定瑶人土话方案，教瑶人识字。

抗日时期的教育和儿童问题*

一、抗日救国的教育主张

大会认为在目前，一切读死书的工具教育和读古书的麻醉教育，都是罪恶。我们马上需要大批的青年战士，去指导救国工作，去担任救国任务；所以我们不能在救国的意义之外，浪费一点一滴的青年脑汁，更不应该相反地消灭青年救国情绪。

大会认为我们应该以战时国民总动员为中心，推行国难教育方案。国难教育范围，不专限于学生，而要普及工农兵学商。国难教育的方式，不应该是形式化、机械化的千篇一律的军事训练，而必须能够多方面的适应每一个人的社会本质和职业任务。国难教育的作用，积极的在提高民众抗敌情绪，训练民众抗敌技术；消极的须消灭种种一切的汉奸理论，如唯武器论、物质对比论等。

大会认为新文字的推行，是普及教育的利器，应该尽量使之

* 原载1936年6月14日《救亡情报》第6期。转摘自朱泽甫著《陶行知年谱》301页。此两则为1936年6月1日，全国各界救国联合会成立大会通过的《抗日救国初步政治纲领》的第五、第十一部分，由陶行知起草。题为编者拟。该纲领共十四部分：一、基本认识；二、共同敌人；三、政治制度；四、外交；五、教育；六、工商业；七、士兵；八、劳工；九、农民；十、妇女；十一、儿童；十二、国内民族问题；十三、侨胞；十四、失业及灾荒。在成立大会上，陶行知、宋庆龄、何香凝、马相伯、沈钧儒等15人当选为常务委员。这个委员会后来形成下一个政治派别，于1942年参加了民主同盟。1945年12月16日改名为“中国人民救国会”，沈钧儒为主席，史良为秘书长，陶行知为组织部长，邓初民为宣传部长。

普遍。

大会认为中小学校教师——尤其是小学校教师，是战时领导人民最伟大的势力，必须立刻加强其组织，同时改善其待遇。

二、儿童是抗敌阵线的预备力量

大会认为儿童是抗日阵线中的预备力量，应该立刻普遍地加以教育和保护，使无饥寒流浪之苦。同时，国家应该即速布置安全地带，使在敌人武力威胁下的儿童，能随时迁避，集中训练，以储蓄国家之人力。

问自己 *

我仔细算了一下，这次要用的旅费大约是六千块钱。我是个穷光蛋，哪里来这些钱？我把出国的目的在几个月前就给几位道同志合的朋友知道了。承他们的好意，陆续自动地代我筹足，并为我筹了一点事业费，使我在国外的时候，国内的事业不致停顿。我是多么高兴而感激啊！但是我越想越难过起来了。何以呢？个人是生不带钱来。我的朋友的钱也都是从老百姓那里来的。我们的老百姓有的是吃着早饭愁着中饭，有的是当掉冬衣来取夏衣，有的简直是吃着树皮草根到处逃难。我乃花费他们的血汗钱来周游世界，岂不荒唐？老实说：我这次要花掉二百人的全年的粮食。倘使我没有好的东西带回来，我能对得起大众和小孩吗？我究竟有没有好东西带回来？带回来的东西究竟是不是好的？我是没有把握。并且我也必得有好的东西带去给人，人才有好的东西交给我，这也没有把握。但是，我决不放松自己。我天天都要拿这些问题来引导我的行动。

（下略）

一九三六年七月十二日

* 这是陶晓光的手抄稿。

1938 年

加拿大应对日本实施禁运*

加拿大处于比世界上其他任何国家能够更好地对日本进行战争禁运的国家。这样做，她将带动其他国家掀起一场阻止日本侵华战争的运动，支持世界和平潮流。

如果一个国家对和平做出如此伟大的行动，其他国家不久将会效法。加拿大海关法案的修正，已能使加拿大人比任何其他国家更容易对日本实施禁运。

只要日本不能再从加拿大获得镍和铜，从美国、英属婆罗洲和荷兰东印度公司获得石油，他的海军和空军就失去活动能力，军工厂将会瘫痪。

中国基督徒对从基督教国家所获得到的支援，深感失望。

---

* 此系1938年1月27日晨在加拿大温尼伯市（WINNIPEG）太平洋铁路车站对欢迎者发表的谈话。摘自1938年1月28日《WINNIPEG FREE PRESS》的英文报道，田明远译校。

中国必胜*

〔1938年4月6日，陶行知抵达加拿大的埃德蒙顿。《衔备忘》18—071上记有："上午9时新闻采访"。这是埃德蒙顿日报记者采访的英文报道。报道前介绍了陶十一年来为在中国普及教育所作的努力。下面是陶谈话要点。〕

这场战争没能阻止我们的工作，反而唤醒了所有民众。

这是争取自由的斗争，几个城市的沦陷，乃至几个省的沦陷，不会使我们失去勇气。……加拿大人不应错误地认为战争是现在才发生的，它早在六年前就开始了。

加拿大可以在三个具体的方面帮助中国：首先，中断给日本提供原料，因为日本在战争中所用的97%的铜，71%的铅及100%的镍，都来自加拿大；第二，抵制日货；第三，对中国提供医药上的援助，这一点已经做了而且深受中国人民的赞赏。

我们是与军国主义者作斗争，而不是与日本人民作斗争，如果军事因素允许的话，我们愿与日本人民和睦相处。但现在的事实，是在每天的每一分钟里，就有五个中国人受伤或被杀害。

* 原载1938年4月7日《EDMONTON JOURNAL》(《埃德蒙顿日报》)第一版，唐英、严意志译，田明远校。

日本必败*

日本像一条小黑龙，它的眼睛比它的胃还大，妄想把中国吞掉，但那是不可能得逞的。日本的枪炮每一分钟造成了五个中国平民的死伤。但只要我们中国人继续保持团结，战斗到最后一个人，要想消灭四亿五千万中国人民，日本要用三百年。

我为完成一项帮助人民了解真实的东方形势的使命，来到加拿大和美国已经一年多。在过去的十一年，我一直领导中国人民教育的社会化的工作。

中国军队有三重力量，它包括部署在全部战地前沿、装备标准化的主力军；能在防御薄弱地段快速运动作战的机动部队；和为上述两种部队提供人力物力支持的民兵。

机动部队已渗透到敌人战线后方，发动突然攻击，缴获大量枪炮军火后迅速撤退，同时在每座建筑物贴满标语。

这些标语，是有效的宣传，告诉日本兵，他们自己的亲人正在挨饿，而且中日间的一项和平协定也是容易得到的。

结束战争的一条途径是日本民主运动的爆发，这将是终结战争的最有威力的武器。尽管日本军司令们正极力控制臣民的反叛精神，但在近几个月来已经出现一些裂缝并将扩散开。

* 此系1938年4月6日晚8时在Memorial Hall的演讲。埃德蒙顿和平与民主同盟主席A.M.Herd主持，听众700人。摘自1938年4月7日《EDMONTON JOURNAL》（《埃德蒙顿日报》）的英文报道，田明远译。

民族自由比生命更可贵*

我真诚地感谢白求恩大夫，感谢加拿大人民和医疗援华会。你们募捐和征集了许多医疗物资支援中国抗战，这是正义的行动！

中国为之奋斗的理想和加拿大的理想是共同的。这种理想就是和平、自由、正义和民主……

中国的抗战不仅是生死存亡的斗争，它还是不自由就受奴役的斗争。对我们来说，民族自由比生命更可贵！

---

* 这是1938年4月14日在加拿大医疗援华委员会举行的演讲会上的演讲。原载1938年4月20日加拿大《太阳报》。转引自《人物》1991年第5期载宋国安、陈勤红文《陶行知和白求恩大夫》。

百分之五十四点五*

我回国参加抗战去了。如果有一天我给日本的炸弹炸死的话，请你们不要忘记：我的身体的百分之五十四点五是给你们美国炸死的！

* 这是1938年6月15日离开美国前的一次临别演讲中向美国友人的宣告。陶行知出国担任国民外交使节期间，鉴于美国军事原料源源输往日本的严重性，在华盛顿策划成立了一个经济研究协会，由在美的经济学专家胡敦元主持，专门收集研究政府这方面的材料。据确凿证据，1937年美国输往日本的军事原料，占到日本输入的全部军事原材料的54.5%。就是说中国每死伤一百万的战士中，有五十四万五千人系由美国的军火所杀害！这个数字在美国上议院发表后，全美舆论哗然，引起巨大反响。在陶推动下，美国各阶层人士成立了“美国不参加日本侵略委员会”，并发动“禁运”，要求美国停止一切军事原料对日输出。摘自陆璀《痛悼陶行知先生》一文，载人民日报出版社1995年11月版《晨星集》。陶行知在《海外归来谈话要点》一文中也记述了这件事，见本全集四卷 202—206页。

敌机袭汉口
陈柱天先生殉国 *

同百姓一样归天，
把血肉作中流砥柱。
粉碎骨肉造成中国柱石，
动员精神活捉日本天皇。

二十七、七、二三

* 南京陶行知纪念馆手稿抄件。

与翦伯赞的几次对话*

（一）保育我们的下一代

（1938年9月29日，陶行知乘火车去汉口时，因贺胜桥桥断，在长沙滞留时，路遇翦伯赞和吕振羽，翦正在主持中苏文协长沙分会的工作，翦、吕邀陶去中苏友协时的对话）

陶：来不及了，今天就要动身到重庆去。

翦：为什么不留在武汉，参加保卫大武汉的工作？

陶：有了陶德曼，就用不着陶行知。

有人要我留在武汉做三青团的干事，而且留我的是一位贵夫人。但我有一个建议，三青团最好不要排除任何党派的青年，她应该是中国各党各派和无党派的青年的一个综合组织。结果我的建议被拒绝了。自然也还有其他的工作可做，但我认为有一个工作比任何工作更重要，就是保育我们的下一代。现在成千成万的孩子，流亡到重庆，没有人管，我要到重庆去抢救这些孩子。

（1940年12月18日，陶去冯玉祥官邸见着翦伯赞，第一句话就说）

陶：我已经创办了一个育才学校，抢救了两百多个天才的孩子，现在住在一个古庙里，你来得好，这些孩子正等着你哩！

---

* 摘自1946年9月18日翦伯赞文章《我和行知先生》，原载《陶行知先生四周年祭》1950年生活教育社编。

（二）发现了一个伟人

（1944年11月14日，陶托《悲惨世界》译者微林送翦两包美国幸福牌香烟，并附诗两首，后翦去看望陶时的对话。）

陶：我在中国史上发现了一个伟人，你猜猜是谁？

翦：你所认定的伟人，当然不是秦皇、汉武，更不会是汉奸曾国藩呢！也许是哪一位无名的民族英雄吧？

陶：你猜错了，他不是一个英雄，是一个乞丐。（接着把手里拿着的一本《武训画集》给翦）如果我不发现武训，育才学校恐怕要关门，现在，有了武训领导我，育才不会关门了。

（1944年11月29日，翦又去看陶，陶正在整理书架，书架上有一部《大英百科全书》第14版，共24卷，定价16万，九五扣，陶募捐了15.2万元买来的）

陶：你看，我前天在旧书摊上买了这样一部大书，一万块钱一本，从英国买，邮费都不够。

翦：人家都在卖书逃难，你还买书，怎么搬得动啊！

陶：我因为算定日本人不会来，才买这部书。

翦：你根据什么？

陶：我的根据，是日本没有消灭重庆政府的必要。

（三）生活教育理论可以全部实现

（1946年4月11日，陶从重庆到白市驿，12日乘飞机去南京。行前与翦的对话）

陶：我这次到上海去，主要地是做上海的工作，我想在上海创办社会大学、函授大学、新闻大学、无线电大学、海上大学、空中大学，让整个的上海都变成学校，让上海五百万市民，都能得到受教育和再教育的机会。

我到了上海以后，同时也要和美国朋友商量，创办一个育才大学。在这个大学中，附设中学、小学和幼稚园。这样，我的生活教育的理论，就可以全部实现。

翦：不设研究院吗？

陶：我们不是已经有了文化研究院吗？

（1946年4月17日到达上海的第二天，即写信给翦说）

陶：一到上海，就被青年所包围，上海的青年真可爱，他们希望和平，希望民主，和重庆的青年没有两样，可是他们遭遇的压迫，和重庆的青年也没有两样。

我希望你能来上海，房子不成问题，我正以鹰眼狮爪替你注视并获得房子。

（以后陶又写信告翦，房子已经找到。并通知翦，以后来信交吴树琴，翦知陶已被人注意了。5月4日~5月13日翦正在南京，陶于13日在上海火车站接由南京到上海的翦。这之前陶行知、吴树琴夫妇曾专程去南京梅园中共代表团晤周恩来、邓颖超夫妇，具体时间尚待查考。同时也找到了翦。翦在一个衙门里的房子里看《中国史纲》第二卷的初样。这是当时开玩笑以及以后的对话）

陶：联合政府尚未成立，你怎么一个人就参加了政府啊？

翦：我不能等待了，先做几天官过过瘾。

陶：在南京看不见群众，只有看风景。你对南京的感想如何？

翦：我没有甚么感想，我只觉得国府路的两座牌坊，金碧辉煌，大有帝王之气。此外，到处可以看到日本人留下来的猎犬。

陶：我以为你不如直截了当说："南京是一个封建法西斯的城市"。

我在上海讲演时，曾经说过这样两句话："政府还都，民主并没有还都"，你说对吗？

（1946年6月30日，陶和翦伯赞、李淑婉夫妇最后一次见面）

翦：我们在上海是多余的人，上海的人不需要文化，只需要黄金。

陶：你是不是为了房子不耐烦？其实你在我朋友家中多住几

天也没有关系。

李：因为两个人住在人家里，天气渐渐热起来，怕人家讨厌。

陶：没有结婚以前，一加一等于二，结婚以后，一加一等于一，你们虽然是两个人，不是等于一个人吗？

不要着急，总有房子我们住的。时局好了，当然有房子我们住；时局坏了，也有房子我们住。

蒴：时局坏了，怎么也有房子我们住呢？

陶：时局坏了，你和我都要去坐牢，不是也有房子住吗！

我在史高塔路有一间房子，只是没有卫生设备，假如你愿意去住，我可以叫生活教育社的朋友让出来。

祝贺《鲁迅全集》出版*

——致张宗麟

一、寄来《鲁迅全集》纪念本征订启事，早收到。侨胞与国际友人景仰鲁迅先生为人与为文之崇高风格，购订者极为踊跃。此为我在国外两年来极为愉快的工作之一。写就祝鲁迅全集出版诗一首，请转许先生①，藉表贺忱。在抗战一年中辛勤劳动编订出版发行鲁迅全集六百万字巨著，为中国出版史之奇迹，谨向许先生及诸先生致敬。吾弟代表生活教育社参加出版发行工作，与有荣焉。

二、陈、赵、黄②诸先生发起难民教育协会，对难民进行战时教育，成立儿童保育会，举办报童学校，培养难童人才幼苗，均为善举，甚合我意。衔立定志愿，回国后尽力保育难童工作，培育人才幼苗，为抗战积蓄力量，为建国培养专门人才，请你和泽甫弟代我向陈、赵、黄诸先生致敬意。

三、吴树琴女士，近由徽州来沪，在新亚制药厂工作，请代我借垫××元，请泽甫弟送去给她零用。胡同炳弟办理儿童自动学校，功在晓庄，积劳成疾，在沪治疗，所有一切住院费用，应由生活教育社开支，并请泽甫常去看望，以慰病情。

---

* 选自朱泽甫编《陶行知年谱》，写信时间有误。1947年《行知诗歌集》将诗的第二句“有路”改为“前路”，现根据《衔备忘》手稿第25册58页复原。诗前原有“早过牛肝马肺峡”，诗后有“鲁迅先生两周”。此诗末一句在汉口写，第三句在江陵写，第一二句在牛肝马肺峡写。均系指陶自武汉乘民生轮经宜昌赴重庆时写作此诗的过程。张宗麟当时是鲁迅全集出版社秘书长。

附诗：《鲁迅全集》出版祝

满地荆棘满天云，有路先生认得清。

点起火把六百万，照人创造到天明。

1938 年 10 月 24 日

注释

① 许先生　许广平。

② 陈、赵、黄　陈鹤琴、赵朴初、黄定慧。

对群众教育的新发现*

有一天，我在成都街上，突然遇到空袭警报。成都我们不熟，只好跟着群众跑。成都的防空洞和壕既少又不好，市民们慌慌张张地乱跑着。我开始跟群众跑到少城公园，看看已挤满了人，便又跟着群众跑到城外。

一忽儿，飞机就飞上头顶，嗡嗡的声音，慑人神魂，贡贡的爆炸声，如大雷灌耳。把那些老太太吓慌了，一个个跪在地下念阿弥陀佛，阿弥陀佛，而炸弹就在她们附近爆炸着，有些人被打倒了。另有一些群众，一大堆一大堆地聚集在一起，看见飞机从东来就向西跑，从西来就向东跑，头上又都裹着一块白布（四川人民的习惯如此），目标显明，危险极了。如果你也像群众一样，东跑西逃，也就有吃炸弹的危险。

这时候，我隐蔽在一个土堆后面，一壁喊大家睡下来不要动；一壁想道，我们可以跟群众去，而且必须跟群众去，才可以发现问题，但不能做群众的尾巴。跟群众去了之后，了解群众的情况和要求之后，必须集中起来，要群众跟我们来，走向真理，走向胜利。

这就是我对群众教育的新发现！

你要在迷信的大海里游泳，不被淹死，就穿上泅水衣吧！

---

* 摘自伯韬著《回忆陶行知先生》第55节《在成都时的新发现》，哈尔滨光华书店1948年2月初版。1938年11月14日陶由重庆经璧山、永川、隆昌、内江、富顺、自贡到成都时遇见戴伯韬（会见时是16日）。

在生活教育社总社社员大会上的讲话*

生活教育提倡在十二年之前，当初我们办了一个晓庄学校。起先是想怎么给乡下人受教育，这就是“乡村教育运动”。

乡村教育运动发展下去，后来我们在上海办了一个山海工学团，从此又发现“小先生”的教育方法，希望吸收一切大小的力量来开展“普及教育运动”。

从“九一八”到“一·二八”，国难一天紧一天，所以在上海发起了国难教育的力量，帮助国家解决国难。

“八一三”抗战后，国内的形势起了根本的变化，我们的同志又提出了“战时教育”。

现在是到了全面抗战时代，我们的中心任务是展开“全面教育”运动，以配合全面抗战而争取全面胜利。但是我们并不是见异思迁，这五个教育运动只是一个教育运动的五方面。这一个教育运动是什么？只是“教育为公”四个字。

不过我们的工作，因为没有正式的组织，做得非常不够。最近我们为了同志们的进修，为了集中力量贡献给国家民族，所以把生活教育社正式的成立起来。

刚才白副总长说：新的战术就是游击战、运动战、阵地战综合运用的全面战术。这是一个真理。同样，蒋委员长在衡山会议

* 摘自童常的文章《生活教育社总社社员大会记》，原载香港《星岛日报》。转引自《生活教育十二周年纪念刊》。

所发表的五个方针，其中一个就是“注重游击战”。

我们教员的一个责任，就是宣扬真理。我们应该把蒋、白二公所述的真理教给大家知道。但是教员还有一个责任，就是驳斥假话。汪精卫先生在他的全面抗战论文里大骂游击队，说它游来游去，好比明朝的流寇，可以颠覆政府而不足以抗日。我们知道游击队是击来击去，不是游来游去。击什么？击日军，击伪政权。我想它也可以颠覆一种政府，颠覆什么政府？颠覆伪政府！至于说游击队为流寇，我在日本报上看过多次中国官骂游击队为流寇的，要算汪先生为第一个人了。他所说的假话，我们是必须向人民和小孩指出来，这是我们教师的责任。假话驳掉，好比刮一阵风把乌云吹散，真理便如太阳光样和我们相见了。

现在是全面抗战，武人要文装，文人要武装。我刚才做了一首小诗：“文人武化，不文不武的文武化。文武不再相骂，联合起来创造新天下！”现在就请中国文学界的泰斗、武装的郭沫若先生讲演。（群笑，鼓掌。）（郭在讲话中称新安旅行团和孩子剧团都是我们中国的“裴斯塔洛齐”陶先生创造出来的。郭的讲演另附。——编者注）

新安旅行团和孩子剧团并不是我产生的，不过我们相信生活教育的发展一定要产出他们这样的团体和更多的团体的。记得在汉口的时候，孩子们叫我太老师，我就不敢当。我是主张跟孩子们学的，所以我是“太学生”。

郭先生又告诉我们一个真理：“跟孩子们学！”

附一：郭沫若在生活教育社总社社员大会上的演讲

有十二年光荣历史的生活教育社，今天在模范省的广西开成立会，尤其是能够听到白副总长这样详细的分析，我真快活极了。这是我有生以来最快活的一天。相信我如果能够再活半年，一定不会忘记的，我如果能够再活上［一］年，我也一定不会忘记了今天的。

在白先生讲话之后，有新安旅行团和中山纪念学校的小朋友们在大家面前来表演，我看了真觉惭愧。

中国有一句俗话说“一代不如一代”，今天看了小朋友的活动，深深地觉得是“一代不如一代”。古人的意思是说后代不如前代，但是我们今天看到的“一代不如一代”，是前代不如后代啊！（鼓掌）

仅仅这一点，就足够证明最后胜利一定是我们的。别的小朋友团体我不大清楚，对于新安旅行团和孩子剧团，我是比较清楚的。新安旅行团是在抗战前就从江苏出发了，已经走了三万里路。在西北留了很深的影响；这一回到南方来，我们看到他们的工作是多么有条理，多么努力啊！

孩子剧团是抗战后在上海组织的，上海沦陷后，他们跑出来，从南通、郑州到了武汉，做了很多的工作。这是大家都知道的。

新安旅行团和孩子剧团是谁创造出来的？都是我们中国的“裴斯塔洛齐”陶先生创造出来的。

生活教育是注重实践，启发自觉性和创造性。是要把教育和生活密切地联系起来的，所以又有“生活即教育”“社会即学校”的口号，小朋友就是实践了这种方针和原则，与我们前一代的人不相同的。新安旅行团、孩子剧团是生活教育的具体化，标本！

最近政治部对宣传工作确定了两个原则：“宣传即教育”“服务即宣传”。这也可以说是模仿陶先生的“生活即教育”“社会即学校”的。这个宣传原则的决定是生活教育十二年来努力的结果，也可以说是一年多的抗战使我们觉得我们需要生活教育。

现在小朋友们就在诸位的面前，他们是多么纯洁，多么勇

敢，希望每一个人都能够像这些小朋友一样，以纯洁无垢的精神，创造出一个纯洁无垢的新中国！（鼓掌）

（出处同前）

附二：生活教育社概况

（一）成立经过

生活教育社为陶行知所发起，乃继承其晓庄师范、工学团、国难教育及战时教育之精神，于1938年12月15日在桂林正阳路中山纪念学校正式成立。推举陶行知、李任仁、邵力子、黄炎培、汪达之、刘季平、戴伯韬、吴新稼、沈钧儒、顾颉刚、雷宾南、杨东莼、张宗麟、田汉、胡兰畦、杨寅初、王洞若、尚仲衣、周月宾、陆璀、张劲夫、唐柯三、徐谷荪、方与严、林砺儒、崔载阳、徐特立、俞庆棠、潘一尘、张敬仁、孙铭勋、唐现之、蒙古代表一人等三十三人为理事；邱昌渭、杜重远、吴涵真、钱新之、黄次咸、赵洪文国、任光、范长江、台和中、戴自俺、刘琼瑶、程今吾、喜饶嘉措、蔡楚生、楼南高等十五人为监事。

（二）组织系统

甲、总社组织及负责人

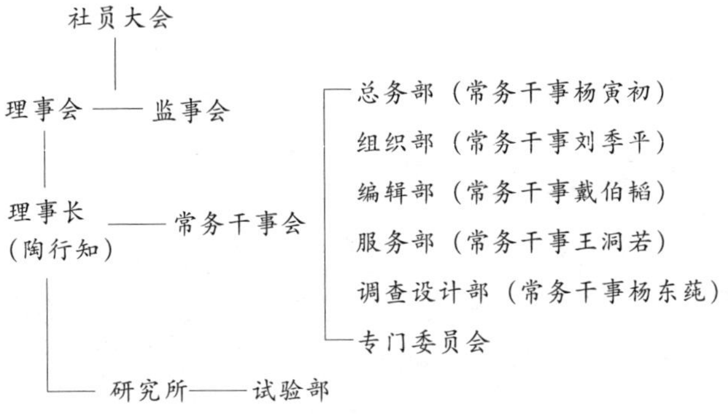

乙、各地分社临时负责人

（根据社章有社员三十人以上者得组织之）

社别	负责人	社别	负责人
四川	戴伯韬	鄂西	曾杞凡
浙江	潘一尘	襄樊	赵秋菜
安徽	张劲夫	山西	楼南高
上海	张宗麟	贵州	戴自俺
香港	吴涵真	福州	刘琼瑶
西北	徐谷荪	甘肃	台和中
辰谿	张　冀		

丙、计划设立之通讯站及其负责人

站别	负责人	站别	负责人
香港	方与严	贵州	戴自俺
西北	台和中	大别山	张劲夫
陕北	董纯才	皖南	程本海
重庆	戴伯韬	鄂西	
鄂北	赵秋芬	浙江	潘一尘

（三）工作之推行与活动

甲、吸收中国经济研究会及中国青年记者学会桂林分会负责人加入该社为个别社友。

乙、推陶林、胡杰、徐风、苏明负责桂林岩洞教育，推杨旋、张士贵主持成人教育，推赵子范、刘萍进行儿童教育，以新安旅行团及孩子剧团为基干。

丙、拟在香港创办育才学校，吸收优秀难童。

丁、成立晓庄研究所，由陶行知负责。

戊、编辑《战时教育》，已出刊至十五期；《生活教育通讯》及成人班教材，现尚在研究中。

己、该社理事潘一尘及唐文粹等在浙江云和县，现已着手组织生活教育分社。又，理事张敬仁、杨舒明已于上月离开韶关，往华南游击区工作。

庚、新安旅行团留桂工作队日见发展，现有新旧团员七十余人，组成东郊、西郊两工作队，分布桂林乡下工作，并组织伤兵之友队在军政部第六、第七两陆军医院服务。

辛、成立儿童工学团，招收十二岁以上十六岁以下失学儿童、难民儿童、卖报儿童，学习抗战常识，并予以集体生活与简易生产训练。成立以来，已有男女团员二十余人。现报名投考者，尚源源不绝。该团由张继新、吕惟馨负责，团址设桂林东旭路六十五号。

（四）其他

甲、登记合格社员已有二千四百余人，社员分赞助与工作两种。

乙、社员社费年仅一元，工作社员征收所得税，拨充事业费。赞助社员认缴特别捐。

丙、政治部原按月津贴一千元，七月份起停发，该社现缩小范围，裁撤人员达三分之二。

桂林　一九三九年八月四月讯

（原件存南京中国第二历史档案馆）

【附录】

国民党中央执行委员会社会部函复广西执行委员会设法防止上海救国会利用生活教育社从事政治活动

准贵会社字第一〇四号公函：为准函嘱设法防止上海救国会利用生活教育社从事政治活动一案，函复查照等由。查生活教育社分子复杂、言行左倾，实有迅谋妥善对策之必要。至组织党内一项，原为利用核心组织，以争取其领导权，可由贵会就近酌情处理。

（摘自1939年10月23日国民党中央执行委员会社会部文稿。原件存南京第二历史档案馆）

附三：生活教育社职员名单

（1939年1月15日）

理事长：陶行知

理　事：李任仁　雷宾南　黄炎培　邵力子　沈钧儒　杨东莼（兼调查设计部常务干事）唐现之　张宗麟　顾颉刚　尚仲衣　周月宾　陆　璀　林砺儒　崔载阳　徐特立　俞庆棠　汪达之　季　平（兼组织部常务干事）白桃（兼编辑部常务干事）　吴新稼　田　汉　胡兰畦　杨寅初（兼总务部常务干事）　王洞若（兼服务部常务干事）　张劲夫　唐柯三　徐谷荪　方与严　潘一尘　孙铭勋　张敬仁

监　事：邱昌渭　杜重远　吴涵真　喜饶嘉措　钱新之　黄次咸　赵洪文国　蔡楚生　任　光　范长江　台和中　楼南高　戴自俺　刘琼瑶　程今吾

附四：生活教育社社员名单

（1939年1月15日）

陶行知　白鹏飞　罗公陶　丁柱中　叶　方　周瑞铨
成庆生　董纯才　朱儒珍　臧其吉　陶绍光　邵仲香
徐洪仪　路永源　黄齐生　唐基诚　姚文采　牛　敦

宋思鸿	李任仁	邱昌渭	雷宾南	万民一	千家驹
黄炎培	邵力子	沈钧儒	杨东莼	顾颉刚	周月宾
陆璀	林砺儒	崔载阳	徐特立	俞庆棠	田汉
唐现之	程本海	操震球	胡兰畦	唐柯三	徐谷荪
尚仲衣	范长江	季平	王洞若	杨寅初	白桃
裴友萍	汪达之	王省三	陶宏	陆静山	潘一尘
张宗麟	陆维特	王慕祥	吴涵真	孙铭勋	杨卫玉
张劲夫	马侣贤	陈化奇	程今吾	陈农非	戴自俺
台和中	方与严	杜重远	喜饶嘉措	钱新之	黄次咸
张敬仁	赵洪文国	蔡楚生	任光	楼南高	刘琼瑶
张平	邱荫孝	崔仲琼	区洁珍	胡泽民	宾玉通
黄拾	黄玖	金山	于兆华	冷率性	魏淑英
张丽真	张华贞	张光琪	郭平	王云峰	方令完
闵廉吕	徐德俊	陈锦枚	王传鼎	肖纪正	方山农
程寿芝	沈定慈	杨文藻	张维贤	宋廷亮	黄静兰
朱为焱	毛孟英	罗绍干	林宗礼	刘同圻	秦柳方
闵文介	童润之	沈坠	储济群	孙自敏	郝曼荪
杨永鑫	曾北寿	许醒亚	郑康源	金毓坤	奚淑静
张俊鑫	左义华	张杰	嵇钰	唐友华	张均六
徐伟	徐志贯	曹维东	陆倩	黄叔宽	黄志义
靖秉铨	任光哲	童常	范政	徐沙白	黄斌侠
曹大庆	蒋光基	周钢鸣	盛成	徐雪真	谭佩芳
韩一来	帅远学	马凤鸣	黎明珍	吴瀚	陈恬若
陈伟	唐文粹	丰道清	何忆娴	周令年	奚立德
徐治平	傅承谟	许玉珍	强云秋	产玉珍	郭贤昆
徐祥仙	张浣青	李少清	温玉海	程昌林	张俊卿
朱金山	曾继承	申秀英	陶成	陶晓光	徐纯祥
谭兴坦	金海	施璧人	蒋宗策	徐方略	建庵
吴狄周	邵仲	奚干城			

附五：我们今天的任务是奠基开路

刘季平

我们检查本社过去的一般情况，一方面觉得我们在中国教育上责任很重大，一方面深感我们自身的力量太薄弱。我们最薄弱的地方在哪儿呢？在社内发展的不平衡。第一，我们社在组织方面的量和质不平衡，社员数量很多，分布很广，但是社的组织仍是散漫不健全。第二，我们在内容上的质和量也很不平衡。我们提出的意见很多，也未尝不对，但实行的办法却不够具体，不尽一致。这些弱点，不仅妨害了本社的健全，而且削弱了我们对国家对民族对政府对同胞对世界对人类应贡献的力量。所以克服这些不平衡性，乃成为当前社内最重要的任务。尤其是提高我们在内容方面的质，更是达成这一任务的决定关键，因为内容不充实，组织就无法健全。

为了首先抓住这个关键，所以总社特别决定了一个适应于现阶段的新的工作路线，这个路线的具体内容是什么呢？甲、就工作任务讲，充实重于推广； 乙、就工作内容讲，贡献重于空谈； 丙、就工作对象讲，特殊重于一般；丁、就工作态度讲，建树重于批评。

在这个新工作路线之下，我们现在要做些什么具体工作呢？常务理事会的决定暂时是集中力量于下列几件事：甲、确立我们理论的基础； 乙、整理各种实际经验； 丙、提供各种具体办法；丁、量力供给各种材料；戊、加强现在社员联系。

但要使这个打算能完全实现，决不是在社内工作的少数同志所能做到的，所以我们一方面自己加紧努力，一方面还不能不热烈地要求全社同志都能齐心协力为实现此计划而一致奋斗。

这是本社奠基开路的工作，假如本社能因此而打定基础，打通出路，将来的前途，就有无限的光明，无限的广大。

（选自生活教育社的内部资料　刘琼瑶供稿）

附六：生活教育社在桂林

魏华龄

生活教育社，为教育家陶行知所发起，继承晓庄师范、山海工学团、国难教育和战时教育的精神，于1938年12月15日在桂林成立。社员分赞助社员和工作社员两种，第一批共发展社员189人，到1939年上半年增加到2400多人，除桂林教育界人士外，还有晓庄校友和各方面知名人士，如黄炎培、邵力子、沈钧儒、杨东莼、徐特立、田汉、范长江等当时都参加了。除个人社员外，新安旅行团参加生活教育社结为集体社员。

在成立大会上，通过了《生活教育社社章》，确定社的宗旨为“探讨最合理最有效之新教育原理与方法，促进自觉性之启发，创造力之培养，教育之普及，及生活之提高。”社务有如下九项：调查生活需要，设计教育方案，编辑教育材料，研究专门问题，试验教育方法，推广探讨所得，介绍社员服务，促进社员互助，指导社员进修。

根据社章，选举陶行知、李任仁、邵力子、黄炎培等33人为理事；陶行知当选为理事长，王洞若、操震球、刘季平、戴伯韬、方与严等13人为常务理事；邱昌渭、杜重远、范长江等15人为监事。在成立大会上，陶行知发表讲话，他总结了生活教育运动12年的历史，号召生活教育社同志承担四种任务：一是力求自己长进，把自己的团体变成抗战建国的真正力量；二是影响整个教育界共同进步；三是普及抗战建国的生活教育运动；四是普及反侵略的生活教育运动，并号召大家凡是有群众的地方都是进行教育的地方。

在理事会之下设常务干事会，组织部常务干事为刘季平（中共），编辑部常务干事为戴伯韬（中共），服务部常务干事为王洞若（中共），调查设计部常务干事为杨东莼（中共），总务部常务干事为杨寅初（国民党中山纪念学校代理校长）。由于杨寅初的安排，生活教育社的办公地址设在中山纪念学校，最初负责日常社务的是王洞若，其后，刘季平、程今吾来到桂林，乃由刘季平、程今吾主持生活教育社的日常工作，程今吾担任生活教育社的中共支部书记（秘密），受八路军桂林办事处领导。这样，生活教育社从一开始就在中国共产党的领导下进行活动。

生活教育社的活动主要是在广西和桂林，桂林是生活教育社的活动中心，但又不止在桂林和广西。根据社章，各地社员在30人以上者，得设立分社，30人以下5人以上者，得组织共学服务团，不满5人者，得组织通讯处。当时，全国各地先后建立了分社或通讯处达十余处，如四川、浙江、安徽、上海、香港、山西、贵州、重庆、陕北等地都有生活教育社的组织。由于桂林是活动中心，负责联系和推动各地分社工作，起到总社的作用，但对外仍只称生活教育社，并未冠以"总社"的字眼，社章上也只有"分社"的条文，而无"总社"的规定。

生活教育社成立以后，主要开展了以下活动。

一、开展研究工作。先后开展研究的课题有：①战时普及国民教育问题（包括难民教育、难童教育）；②战时建设教育的研究；③游击区教育的研究。1939年1月成立了晓庄研究所桂林办事处（研究所1938年冬在重庆成立），王洞若任办事处主任，刘季平为研究员，对《生活教育研究提纲》、"中国儿童运动的理论与实践"和"战时教育"等问题进行了研究。

二、与新安旅行团一道，组织"岩洞教育服务团"，开展岩洞教育，使桂林的每一个山洞成为一所战时民众学校。在七星后岩的崖壁上至今还留有一条"敌人在轰炸，我们在上课！"的石灰标语，这是岩洞教育的历史见证。勾适生写了《桂林的岩洞教育》，童常写的《桂林的岩洞》《儿童唱歌团在岩洞》等通讯曾先后在重庆《新华日报》发表，左群《警报是我们的上课钟》在桂林《救亡日报》上发表。

三、编辑出版报刊和教育读物。生活教育社社报《西南儿童》，1939年6月5日在桂林创刊，陆静山主编，该刊以小学中高年级读者为对象，号召全西南儿童、全中国儿童团结起来，打败日本侵略者，创造新中国。《少年战线》（陆洛主编）则是《西南儿童》的姐妹刊，不过以少年朋友占为主要读者对象罢了。社的内部办了一个《生活教育通讯》，每月一期，任务是加强与各地社员的联系，交流工作经验。此外，以刘季平、赖少其为主编出版的《工作与学习·漫画与木刻》杂志，是生活教育社与漫画家、木刻界抗敌协会联合创办的。由陆洛主编，新编出版了五套幼稚园读物，其中一套《幼年文库》共10册，受到小朋友特别欢迎。

四、推行小先生制，恢复新安小学。陶行知推行生活教育，特别借重小孩子的力量，借重新安旅行团的力量。在桂林，成立了广西小先生推行委员会，组织小先生义务教人读书识字，同时也做抗日救亡的宣传动员工作。1940年初，在桂林恢复了新安小学（原在淮安，是生活教育的实验基地），这是一所实践生活教育和小先生制的新型学校。新安小学所在地的桂林西郊致和村，当地六七十岁的老百姓，至今仍留恋当年新安旅行团的小先生们。

五、开展抗战宣传教育工作。①经常与中国农村经济研究会、国际新闻社、青年记者协会、晓庄研究所等团体联合举行时事报告会、座谈会，邀请来桂著名人士作学术报告或形势报告；②与文化供应社、国际新闻社等团体联合组织每周一次的读书会，学习讨论党的文件和国际问题，然后分工撰写稿件，统一宣传口径；③创办实验成人教育班，开设半工半读师范班；④与晓庄研究所联合召开中国教育问题讨论会。

1941年春皖南事变以后，桂林和广西的政治形势日趋恶化，八路军桂林办事处被迫撤离，生活教育社被国民党当局认为“分子复杂，言行左倾”，为此，负责生活教育社的刘季平、程今吾都先后撤离桂林，社务交由操震球兼管。不久，工作被迫停顿，生活教育社移往重庆，继续活动。新安旅行团和新安小学共48人分批撤离桂林，经广州湾、香港、上海转苏北解放区，参加了新四军。

将整个生活融化在全面教育之中*

今后战时教育，有四点提要：

一、实行全面教育，配合全面抗战。所谓全面教育，不是为教育而教育，而是为抗战而教育。在时间上，不把敌人驱逐出境一日，则全面教育一日不松懈；在空间上，实施此种抗战教育，不应仅在后方，而应展开到前方，展开到敌人的后方（即我失陷区），展开到全世界上去，以养成一种国民外交的潜势力。

二、全面教育的对象，即举国全民，无论男女老幼，均包括在内。

三、全面教育的内容，包括有政治、经济、军事三方面。

四、在受全面教育之本身上，应将整个生活都融化进去。换句话说，就是无论眼看、脑想、口谈、闲玩（指正当娱乐）、手干，它们现在有个共同的中心，即"抗战建国"。眼为抗战建国而看，脑为抗战建国而想，口为抗战建国而谈，闲为抗战建国而玩，手为抗战建国而干。而且在看、想、谈、玩、干五项中，以干为最主要，即愈看愈要干，愈想愈要干，愈谈愈要干，最后是愈干愈要干。

在后方办教育未尝不可，但要把力量达到前方，达到敌人的

* 原载1938年12月22日香港《申报》。摘自该报特派记者赓雅《救亡团体在桂林》。题为编者拟。这是生活教育运动从国难教育向全面教育发展开始时作者的讲话。

后方。特别要注意战后新组成的集团，如有一百个伤兵收容所，我就办成一百个伤兵学校。其他对难童、难民亦然。如果在后方为教育而教育，不顾国家生死存亡，这种逃避教育，不管怎样解说，都是有些违背时代，而应加以反对的。

1939 年

贺马相伯先生百岁寿联*

（一）

寿上加寿，寿星要中国长寿。
仁不违仁，仁者愿天下归仁。

（二）

返老还童，明年一岁。
居仁由义，协和万邦。

二十八、一、二

* 南京陶行知纪念馆手稿抄件。

“五ㄢ”教育*

“五ㄢ”教育为看、想、谈、玩、干，尤以干为中心。我们是为干而看，为干而想，为干而谈，为干而玩。越看越要干，越想越要干，越谈越要干，越玩越要干，越干越要干。干什么？抗战建国！抗战建国应该真干，不可假干；应该穷干，不可浪费的干；应该合干，不可裂开来干；应该快干，不可慢慢地干；应该大干，不可小小地干。

---

* 摘自《云南日报》记者沈沉1939年2月7日采访陶行知的记录，载1989年3月《云南文史丛刊》总18期45页。“ㄢ”是汉语拼音韵母。1938年10月15日在庆祝新安旅行团成立三周年纪念会上，陶行知念了一首诗，题名《五ㄢ歌》，载卢前主编重庆出版的《民族诗坛》。后改题《小孩进行曲》，载1938年12月10日《战时教育》第3卷第8期。任光谱曲时又改题为《三万里歌》。1947年大孚版《行知诗歌集》误改“ㄢ”为“万”，题为《五万歌》。陶诗见本全集七卷674—676页，陶文见本全集四卷238—240页。1939年5月28、29日在《衙备忘》上，又称“五ㄢ教育”为“五安教育”。

教小孩“团起来”*

小孩的力量不小。

小孩的集体的力量更不小。

小孩教育是要培养他们

团起来做手脑并用的小工人，
团起来做共学互教的小学生，
团起来做即知即传的小先生，
团起来做反抗侵略的小战士。

陶行知

二八、三、十一

* 这是为盛克猷著《战时儿童训练法》一书的题词。引自盛文《陶行知先生战时儿童教育思想的回忆》，载湖南教育出版社1984年10月版《纪念陶行知》。题为编者拟。

印刷术之发明与印刷工人*

欧美的人以为中国有四大发明，即火药、指南针、造纸、印刷术，而独忘了烧煤炭也是中国人的发现。马可·波罗的时候，欧洲还不知道烧煤。这个近代工业的原动力是马可·波罗从中国带去的。

印刷术在欧洲是纪元后1423年才有。造纸是欧洲到了1150年西班（牙）人才会造纸。浅见者以为欧洲人是独立把印刷和纸发明的。后来经过Thomas Francis Carter二十年之研究，才知道欧洲的纸与印刷之发明，有其渊源于中国。

说到造纸，中国以前是用丝纤维造，所以纸字从糸。到了蔡伦，纪元后105年，即用树皮、麻头、破布、渔网造纸。最古的中国纸在长城中取出为纪元后150年之物。

说到印刷术，印章为纪元前255年所发明，石经刻成为纪元后175年，道教符咒之印行为纪元后大约是第六世纪，敦煌发现之雕版金刚经王玠所印为纪元后868年之物，毕昇发明之活字印书法则为1041年至1049年之间。

纸是由敦煌，撒马尔罕，阿拉伯，埃及，摩洛野，西班牙，法，德而去。

* 本篇系给书业同人会的演讲提纲手稿，原件存南京陶行知纪念馆。1939年3月15日《衙备忘》29册59页上对此有记载，讲演地址在培英小学，内容比这个提纲更多一些。见本全集十卷896页。

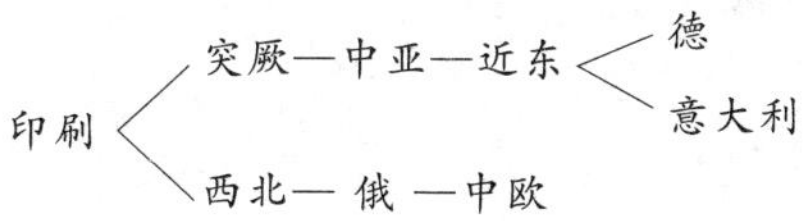

印刷工人　我感到的问题：（一）忙得没时看书；（二）穷得没钱看书；（三）劳得没气力看；（四）该印的少印；（五）不该印的多印。

抗战建国中，（一）要印刷工人有健全的组织才有解决问题的力量。（二）要政府、社会、劳方资方和衷共济来解决才不至起磨擦，然后一切力量可以向着抗战建国而发挥出去。

全国难民教育计划草案*

中国是被侵略的国家，这次战争是奋起全国国民抵抗日寇侵略的战争。抗战的战场无疑的在中国境内。因此敌人的侵略线愈长，中国国民遭敌人轰炸与蹂躏的区域也愈广，难民也就愈多。这是我们中央政府在发动抗战之前早早计划到的，所以炮声一响，全国便有很多救济难民的机关。不久中央成立难民赈济委员会，统盘筹划全国难民救济事业，赈济区域除战区及邻近战区外，并且对于沦陷区也同样救济。如上海难民救济协会、南京难民区都受赈济会直接救济与指导。这样大规模的救济事业，虽二十年前的欧洲大战，也不过如此。

救济事业要教养并重，所以全国难民救济所都设有教养组。过去教育难民，大都委托当地教育行政当局，他们教难民识字和听听常识讲演。所以全国似乎有一致的教育，其实很缺乏整个的教育计划。因为难民不但需要识几个字，并且需要各种知识，也需要有用的技术，以便养活自己。

假定全国今日有二千万难民，这二千万难民除出十分之一的老弱残疾人，只须单纯的救济，其他如儿童妇女壮丁都是国家的有用之才。倘若给他们充分的知识、熟练的技术，对于抗战就有

* 难民教育系1939年1月8日陶行知拟定的晓庄研究所研究问题之三。此计划草案系1939年3月20日所写。

很大的力量。所以难民教育不但是慈善性质的救济事业，尤其是增加抗战建国力量最重要的一环。

现在草拟全国难民教育计划如下

一、难民状况

教育必须先认清对象，难民教育的对象当然是难民。但是同是一群难民，因为身体的强弱，男女的性别，年龄的老幼，更因他们在以前的生活状况的不同，就可以分别出许多不同的难民群来。

最容易分别的是儿童、妇女、壮丁和老弱残疾。这几种区别，在一般难民收容所都顾到的。例如上海、香港、汉口等难民收容所，妇女与儿童是分别住的，老弱残疾也是分别住的。至于壮丁，因为有事可做，也常常给他们暂时的收容。

其次一般人也注意的，就是同是壮丁与妇女，有的是有生产技能的，有的只会做普通工作的，因此在介绍工作时，对于这点，大家也很注意。但是，收容难民，是暂时的救济，终究以遣送为上策。谈到遣送难民，就立刻可以分为可以遣送，不可以遣送；愿意遣送，不愿意遣送等。因为难民的来源不一，有的是城市遭炮火轰炸而毁家罹难的，有的是乡村因过兵或化为战场而沦为难民的。前者既然毁家以后万不能回家，后者只要战事移远，他们还可以归乡耕种。上海自从国军西撤到今日已二十几个月，难民收容所还不能结束，并且再过半年一年，也没法结束，主要的原因是上海的难民大都是闸北南市虹口等地的工人与小商人，真是无家可归。其他如苏州、无锡甚至徐州、南京、杭州等地难民救济事业，比较容易结束。因为那许多地方的难民，多半是四乡的农民，只要战区他迁，难民就可回乡，虽然断垣荒田，但是胼胝半年，麦稻登场，就能渐复原状。中国内地的难民救济事业，大都看清楚了这点，所以遣送较易。

因为男女老幼的区别，因为有否技能的区别，因为遭难前生活的区别，所以难民的心理也各各不同。这点是办难民教育者应该重视的。其次是他们的生活上既然有这许多不同，那末他们将来的出路也各各不同，这点更应该注意。除此两点以外，还有难民的一般心理与行动，都有些变态，这是他们的忧郁、愤恨以及饥寒等困苦所造成的，办难民教育者亦应注意。

二、怎样教育难民

本段分下列六小段：（一）难民教育的目标；（二）难民教育的行政；（三）一般的教育；（四）分类教育；（五）教师问题；（六）教材问题。

难民教育的目标　本着人类恻隐之心，救济难民，这是慈善为怀的主张。倘若站在民族国家的观点上，那么救济难民除慈善为怀之外，还有更重要的目的，就是救济难民是救济国民，是增加民族的实力，是减少民族在战争中的损失。敌人劫夺我们的难民收容所，抢着办救济事业，就是抢夺我们的国民，哪里真的是来救济我们遭难的同胞。怎样能够使遭难的同胞，不但不怨恨祖国的抗战，反而能够用破釜沉舟的决心，参加抗战为祖国为民族解放牺牲他最后的一条生命？这完全要靠教育的力量。从这里我们可找得难民教育的目标是什么？在总目标上我们可以拟定为：“教育难民成为抗战的勇敢战士，教育难民成为建国的优良技术人员。”

本着总的目标，难民教育应该在下列五点上去努力：

第一，加强民族意识，并确切了解世界大势。

第二，养成团体生活习惯。

第三，丰富生活常识。

第四，学习生产技能。

第五，学习文字及传达与表达意识的工具。

以上五点，乍看起来以为与普通教育的目标无分别，但是在总的目标上是明白规定化难民为抗战建国的有用人才，所以这五个教育目标也就不是普通教育目标。纵然达到这五个目标而不能化难民为战士，依然是不算有成效。这是最重要的一点，那么一切行政、教师、教材等问题，都不致拿普通教育的成法来随便套用了。

难民教育的行政　难民教育既然与普通教育不尽相同，难民教育的教育对象又是大半集中在指定地点，在生活上比较的是受控制的男女老幼俱全的国民；同时这些国民的行动、饮食都有人代为设法，有人管理的。倘若承认教育不能与生活隔离，那么在难民救济事业之外，单独设立难民教育机关在事实上是不大可能的。所以难民教育行政上，第一点应该了解的是难民教育应该与救济事业合并办理，至少应该取得密切联络。

根据上述的理由，全国难民教育的总机关应该设在赈济委员会，不过为着各地实施时方便起见，赈济委员会中应设一教育组，邀请教育部派员参加，在各省分会可以邀请教育厅派员参加，在各县各市也如是。不过在组织上，中央当然应该完备些，在各省各县是实施机关应该更灵活些，不应太拘泥于行政手续。至于整个的行政系统，应该属于赈济委员会。这样易收指臂之效，可以免去无为的用能与无端的掣肘。

难民教育经费　照理应该在救济费之外另行筹措，例如庚子赔款，中央既然决定拨作办教育之用，那么今日教育之急务，难民教育当然也是其中之一，所以请求拨付庚款办难民教育当然也是筹款方法之一。不过因为限于事实，若不能即时实现，不妨在赈济费项下，节衣缩食，为一般难民办几许教育事业。根据上海国际救济会难民教育费的统计，每人每月不过五分，又根据上海难民救济协会的报告，每人每月约计二角。这个数目当然不甚真确，并且倘若要举办生产教育，此数也万万不够用。所以筹措难民教育经费应该依照计划兴办的教育事业而做预算，再根据这个预算而筹措经费。

难民教育经费　骤然一看以为是一笔极大的支出，即以每人每月五分至二角计算，全国一千万难民就是每月亦须五十万至二百万，倘若每人每月须一元至五元，即须一千万至五千万。但是难民教育的经费主要的是生产教育费，生产教育的经费是有一定的限度，经过了开办与熟练，受教者都是生产者，不但不需要继续支出，并且可以在生产上获利，补助其他费用，或兴办其他教育事业。不过筹措生产事业的资金，为数决不在小。在今日，第一项国库支出，当然是战费，不容易拨巨款兴办难民教育中的生产资金。此事可以采取鼓励各地游资内移的方法，例如上海一埠，在廿八年春，就有游资五万万以上，各银行竟无法运用。此等游资，倘能给银行相当保障，移去内地办难民工厂，不独于难民教育的前途有极大帮助，于整个抗战建国的国策也有极大的帮助。

在行政方面除出筹措经费及组织系统以外，还有统一指导也是极紧要的事。难民教育的指导不比普通教育指导，他可以与赈济指导连起来。对于指导员的训练与考核，当然在出发前后应有严密处置，否则指导员不但不能尽指导之责，反而会扰乱办收容所的工作人员。这是一。指导的标准应该有比较客观的规定，详细列表，按项搜集事实填写，作为考核；同时将考核标准恳切而坦白的给工作人员看，这样虽不能完全收指导之效，但多少已有效果。这是二。指导系统应该完全隶属于整个赈济行政系统，不能假手于当地教育行政当局，一来免得引起无谓误会，二来指导性质不尽相同，三来训练与考核等事若不归赈委会亦不易收指臂之效。这是三。指导员既归中央直接指派，平时各地工作人员不易得到指导，此事可以用下列二法解决：其一是用通信方法，中央指导处尽可能用书面回答各地问题；其二将收容所工作人员组织起来，实行自我教育。这是四。难民教育的指导工作比较起来算是简单的，只要指导员稍有训练就易收效，但其流弊难免变成照例办事，只是考核没有指导，或者甚至藉此做非法之事。这两点弊端，就得要用双重指导的方法，在可能范围内，同指导员的指导员来防止弊端增进指导效率。这是五。以上五点，并不过分理想，亦不必十分假手于“专家”之流，可以办到。（因为教育上一谈到指导便与专家联系起来，难民教育专家极难物色，所以这层可能避免，必须避免。）

可以普遍实施的难民教育　难民的性别、年龄、职业等既有不同，所以难民教育应有各种不同的设施，但是同为难民，并且全国难民遭难的原因是同一的，实施难民教育的总目标也只有一个，所以普遍的设施还是极重要的。全国普遍的实施必须简单，易做，而又能有实效。这是一个最重要的原则。下面分课程、组织与训导三项分别说明：

一、课程　可以全国实施者有：

公民常识　包括认识国旗，全国形势（地形），孙总理，蒋总裁，做公民应尽服兵役等责任，民权初步，三民主义大意，及日常卫生，做人等简要知识。不用教科书，由教师口讲。在可能范围内，赈济会或各省教育厅发给讲演大纲。

时事　包括日寇侵略的近况，世界大势，及我国抗战中经济政治军事等重要设施。

识字　中国方块字比较难学，在上海各难民收容所试验用拉丁化新文字，成绩很好。今后教难民识字，不妨先教拉丁化新文字，或同时并教吾国方块字。若教新文字，必须教到能看能写信为标准；若教方块字，以陶行知老少通四本读完为标准。

唱歌　至少应教会二十首歌，其中包括国歌及抗战建国最流行的歌曲，绝对禁止唱淫歌。唱歌材料可以由赈济会编印颁发，或由赈济会审定难民应唱歌目录颁布全国。

二、组织　难民收容所本身就是一个组织，是集合一群过去生活背景不同，目前同一遭受日寇的屠杀的落难人。不过这个组织是很脆弱的，甚至有人讥诮是乌合之众。我们对于难民倘若不加以组织与训练，不但是乌合之众，并且是一群敌人抢夺的目的物。这种事实，两年来全国发生得很多，如南京、汉口，甚至上海的南市，九龙的深圳，都发生过这样惨事。所以组织难民与救济难民的生活在抗战中是具有同样重要意义的。加强难民的组织，当然还是要利用难民过去的生活背景与社会关系。同乡会是一个很有意义的组织。中国人对于乡土观念很深，在落难中谈到同乡，更有意味，所以组织同乡会确是一个最有意义而最方便的办法。其次是同业工人的组织，这个组织不一定有效，并且技术工人也不会久留难民收容所，所以此种组织，只可碰机会，并且必须组织得快。

组织的成功是完全靠干部，所以无论采取何种组织，必须有若干干部人员加入该组织，这好比是面粉加水一定团结，但必须有几许发粉，那么才会发酵。

三、训导　关于训导应该分两种，一是对一般难民的训导，一是对干部的训导。先说一般难民的训导。难民的过去生活大都不是富裕，所以许多生活习惯本来不很整饰，今又突然遭破产流离，在情绪上更加恶劣。所以训导方面最主要的是怎样使难民情绪稍稍平静，怎样使他们在落难中能够养成生活上必须的习惯，尤其是能够群居的习惯。关于生活上的习惯，大都可以采取新生活运动中所揭示的若干条，逐条按期实施，很有效果。平静情绪，在事实上是不很可能，但是使之情绪移转，这是很可以的。怎样使情绪移转，就是要使各种怨愤，完全明了这是来自敌人的侵略，识清敌人只有两个：侵略者与汉奸。能够明了到如此程度，不但不会怨恨本国的抗战，并且会使抗战的实力增加很多。

难民训导实施办法：第一，先确定若干训条，此等训条可以参酌新生活信条。第二，将此训条颁发给全国难民教育机关，并规定最低限度的标准。第三，颁布考核标准与办法。第四，训导工作不是教师单独可以负责，必须与收容所管理员共同负责，例如禁吸香烟，教师言之谆谆并且以身作则，但是管理员口不离香烟，那么这个训导工作便毫无效果，所以训导应全体动员的一点必须事前注意到。

简单易做到，全体工作人员“以身作则”，这是一般训导实施的原则。

干部训导可分下列五步：第一，在难民队伍中选拔若干干部人才，数目大约以十人为一小队，选出一人为干部人员，再在这若干干部人员中选拔中心干部人才，其比例数亦为十与一之比。第二，干部人才在能力上比较来得强，但在认识上不一定顶清楚。所以训练时先须坚定他们的信仰，最低限度使他们能够了解此次抗战是民族解放战争。第三，凡一切组织法、宣传术及领导群众的方术，在可能范围内都应该教他们。第四，在时间上如有可能，补充他们各种文字工具与常识。第五，要达到干部真能领导群众，必须多有各种机会，如为主持各种集会（早会、周会、娱乐会、同乡会以及各种小组会），如实行分成小队过集体生活，如自己处理自己队伍的事等等。

干部人才不尽是天才，大多是从训练中、从经验中、从工作中产生出来的。主持难民教育者，对于选拔干部人员一点，千万注意从客观事实选拔，力避主观的好恶。

应该分别实施的难民教育　在前节中说明难民群中包含着各种各样的人才，难民的生活背景是各各不同的，这便是决定在普遍教育之外应该有分别教育的因素。下列各种教育，在国内各大城市已分别实施，已很收有实效。

一、生产教育　关于难民应该做生产工作一点，在前段已有说明。难民中尽多技术工人，根据上海、香港两处统计，技术工人的种类很多，其中轻工业的居多数，如纺织、香烟、火柴、印刷装订、橡胶、玻璃等轻工业的熟练工人及半熟练工人。亦有汽车、铜匠、电灯匠、铁匠等熟练工人，但为数极少。在有几个大城市供给内地技术工人时，常常到难民收容所中去征求。凡是技术工人，往往进所不久便应征而去。

生产教育的实施必须与生产部门的各厂家联络，才有实施的可能。例如内地需要大量汽车修理工人，难民收容所若能与汽车修理联络，便可在一定时期内训练出大批修理汽车人才。这是实施生产教育应该注意的第一点。

生产教育可以估计社会的需要而实施训练。例如战争期内，内地纺织事业是极需要的，难民可以受纺织的训练。又在当地如需要某种技术工人，亦可以加以训练而供给当地的需求。这是第二点。

难民自给，并预计在相当时期内难民自立，这点非实施生产教育不可。小规模的工艺训练在难民收容所中可以自己措办的，例如裁缝、装订、打绳、编织等工艺都是轻而易举的工艺。不过这许多手工艺，是否在当地最需要，是否将来能自给等问题，在开办之初都应该详细考虑，不然在经济上失败，教育也必无成就。这是第三点。

生产教育在经济上固然有重大意义，在政治上亦应举出他的重要性来。在帝国主义侵略中，倘能做到用手工业来抵制舶来机器制造品，那就是印度甘地的主张。这点虽然不能完全成功，但是抵制一文钱，便是少漏出去一文钱。用这个主张教育难民固然有效，用他去兜销难民的生产品更加有效。这是第四点。

近来国内盛行轻工业合作社的办法，难民生产教育工作可以与这些有意义的运动合作。利用这许多运动的财力与社会上的号召力，利用难民的人力，必可有几分的效果。这是第五点。

任何生产教育工作，都难免发生两种弊病：其一是教育效率极低，生产率低到无以维持；其二是主持人为求速效起见，雇用很多熟练工人赶着生产，把教育工作搁置。难民的生产教育当然不是例外。要免去这两种弊病，只有详订考核的办法，在缜密的考核制度之下，再加以对主持人的政治训练，那么这两种弊病或可减少，甚至可以消去。这是第六点。

二、后方或沦陷区的人才教育　跑进难民收容所的壮丁与儿童，虽然在短时期内不能到后方去或沦陷区去，但是除出极少数的城市机器工人以外，大多数的农村难民必将回乡去。他们的家乡不是后方便是沦陷区。所以在普遍的难民教育中已经注意到这点——难民回乡后的工作。

后方与沦陷区需要的人才各各不同，有的需要战斗员，有的需要技术员，有的需要组织人才、宣传员等。这许多人才，不是普通教育所能培植，必须施以特殊教育。在前节已经提到组织难民可以利用同乡会的组织，在同乡会的组织之下可以真切调查到各乡——后方或沦陷区——需要何种人才。既然知道需要何种人才，那么运用各种关系，聘请教师加以训练。有时不能在收容所里训练，不妨先遣送回乡，在各该乡实地加以训练。例如战斗员就非如此训练不可。甚至有许多技术人员，亦非在各该乡训练不可，例如看护是完全技术人才，但在城市中只能训练一部分技术。

小组组织是特殊训练的有力教育之一。在小组中可以调查难民的志趣，可以坚定难民对于抗战的信念，可以互相探讨增加技术上的纠正与深造。更因小组而引起许多封建社会中的许多值得保留的遗迹，如义气等。但小组的应当留意之点亦很多，如防间谍的混入等。

三、天才难童教育　人类中有天才，这是已经证明的事实；天才不限于望族与富室，这也经近年科学的证明。我国此次千万难民中，在壮丁方面有很多技术工人可用；在儿童方面有天才儿童应该加以特殊教育，使天才得发展，以备他年有贡献于民族国家。天才儿童与平常儿童不很有差异，有时候在某方面且不及平常儿童。例如音乐天才儿童，不一定能演算术，甚至工艺成绩也不及平常儿童。有科学天才的儿童，美术成绩不一定好。在难童中发现天才比较不容易，因为设备简陋，生活简单，天才无从表现，但因日常生活比较放纵自由，所以天才儿童有时也容易有表现的机会，不过这是偶然的事。中国已有许多智力测验，虽非尽善尽美，但测量智力总算是一个标准。所以如要有计划的发掘难童中的天才儿童，不妨用现成的智力测验，作为初步的试验。其次便是委托各种专家到各处去发掘，也可以获得几许，但多凭许多主观而得，有时难免遗珠。

根据欧美训练天才儿童的方法，训练的科目与材料应该是专一的，训练的方法与进行应该是直线的。例如，音乐天才儿童，在训练音乐方面应该是专一的，直线进行的，不必仍将算术、文法、古典等功课加在他的身上，只有与音乐有直接关系的功课，应该照常教他。教育其他各种天才儿童也是这样。

教育天才儿童除在某种学问上加紧教育外，对于天才儿童的养护也要特别当心，尤其在后期儿童的数年中更应特别当心，这里当然还得请教医生与护士来协助。

难民天才儿童教育，已有晓庄研究所的育才学校从事实验，许多详细办法，可以参看该校最近的设施。

教师问题　难民教育的教师问题比普通教师更难解决，因为难民教育是突然发生的教育工作，不像普通教育中的教师，可以受五六年的师范教育再来做。难民教育又是最辛苦、报酬最少的工作，许多师范生不一定肯来做。所以难民教育中的难题之一是物色教师。为着教育难民而开办难民教师训练班在事实上是不可能，即使有人肯办，在时间上也只能有短期的训练，如几个星期或一二个月。所以难民教师不得不从现成的工作人员中去物色，去求解决。下列几种工作人员是难民教师的主要来源：

一、宗教工作人员　在抗战中基督教、天主教、回教及一部分佛教教徒对于难民救济工作表现得极好。这类教徒都受过相当教育，难民教育中的普通教育可以委托他们做。

二、中学生与大学生　难民大多数是集中在大都市大镇市，中学生、大学生也在这些地方。这许多青年都是热血奔腾，有时甚至不告父母师长逃去前方。所以只要是与抗战有关的工作交给这许多青年做，没有一个不是牺牲一切去做。难民教育虽辛苦，在中学生与大学生看起来并不辛苦，只要看交托者的诚意如何，态度如何。

三、小学教师　在抗战中各级教师表现得最英勇者是小学教师。他们的生活最清苦，但为国牺牲的精神却与清苦成对比。所以与其恳求大学教授、中学教师担任辛苦的难民教师，远不如请小学教师担任。

四、难民与技术工人　难民教难民，这是小先生制的精神，难民中程度稍优者负起教育一般难民的责任来。至于技术工人教难民好比收徒弟，不过不用从前师傅教徒弟的办法，而是采取个别教授的办法。

五、有热血的专家　这是难民特殊教育的教师问题，例如训练天才难童非专家不可，训练高等技术工人非专家不可。专家在中国，相当名贵，不肯轻易出手教褴褛的难民。所以物色专家做难民教师，第一个标准是要看他是否有热血，还是只顾自己享受的人。假如有两个专家，甲的本领高于乙，而乙的热血多于甲，那么应该先聘请乙，将来有机会时再聘请甲，否则主持人会处处感到痛苦与行不通，徒然把应做之事抛弃。

教师的主要来源既如上述，既得的教师若不加以进修，在事实上也会发生许多流弊，因为热忱是情感作用，有时会低下去的。教师进修有时须要教育行政上的指导得力，这点在前节指导问题上已说过。其次是教师组织讨论会，每月或每周讨论各种实际上所遇到的问题。同时可以请专家做顾问（中国专家做顾问的风气很盛，所以请专家做顾问一层并不难）。将讨论所得的结果在报上或各种刊物上发表出来，使全国有同样问题的教师可以借鉴。

为着教师进修，赈济会可以编印各种教师进修用书。倘能编印定期刊物，讨论难民教师进修问题及难民救济事业的一般问题，影响也是很大的。

教材问题　难民教育中的教材问题，比较容易解决。各种教材，若按着科目来解决，那么需用现成的教科书的不多，这便是减少一大困难。因为在今日运输极度困难的形势之下，在上海印成的教科书运去内地不但费时日，并且运费超出成本两三倍，难民教育万不能购用如此高价的教科书。况且时事常识二科教材本来不应该用教科书，一切教材就是当天或最近发生的事情，取材也就在眼前，不必引证典故，也不必强迫难民学生记录。至于专门技术的教材，因为技师大都在工作上教授，所以也很少用教科书，至多也不过油印几份讲义。唱歌是口授的居多，偶然印发一二页讲义也就可以过去。只有识字一科，有时非有书籍不可。若用书籍，便发生用什么书，这点颇费讨论。例如生活书店所出《战时读本》，用于儿童比较更相宜，用于成人稍觉勉强。其他各种民众教科书尽是平时读本，叫难民读起来很不自然，甚至会发生反感。所以赈济会倘有人才与经费，不如编一套难民读本，颁发全国各地翻印，不取版税，不收任何费用。

教材的内容，在讨论课程及其他问题时都约略谈到。如常识、时事以当前问题为教材中心，唱歌可以教抗战歌曲，专门技术以各地所规定的需要来定。只有识字一科是否应该用拉丁化新文字，还是照旧用方块字？这点颇费讨论。因为全国语文专家几乎全体主张用拉丁化新文字，而中央党部的教育部中有一部分官员不主张用它。在事实上难民得受识字教育的机会极少极少，时期又不是怎样能够学习方块字到会读会写的程度，倘若改用拉丁化新文字兼教方块字，至多两个月（每天一次）就会写信读报。不过社会上拉丁化新文字的书物极少，所以应用的机会不多，学了也容易忘却，这点也是应该顾到的。难民的识字问题应该怎样解决呢？在用什么字未确定以前，真不易谈到解决。

三、结论

本计划草案只就各项实施要点与原则，加以说明与分析，并不涉及各项工作的实施方案。本计划草拟者觉得各项工作的实施方案是第二步工作，只要把几个重要的原则与要点确定了，各项工作方案也就比较容易着手。这是应该声明的第一点。

本计划草案着重在如何使全国能够施行的一点上，不是偏重在某一个问题上。例如难民儿童教育问题虽然很重要，但是该问题分析开来可以在其他问题上讨论者很多，所以不另立专条讨论，一方面免去重复，一方面也觉得不必谈到如是细致。这是应该声明的第二点。

倘若政治家要想利用教育做训练民众的工具，那么在毫无根基的某种教育的起头时期只应该把握住几个紧要点，千万要避去琐碎条文。所以难民教育应该求全国统一，尤其在加强民族意识，坚定抗战等思想上应该统一，但是不应该在许多细节上苛求划一。例如难民教师的资格问题，若规定要学校文凭，如检定小学教师的办法，那便是摧残难民教育。这些地方，本计划始终注意到，不肯轻易阿附。这是第三点。

全国试验难民教育的场所至少有五处：上海、香港九龙、桂林、重庆、西安。这五处难民，上海与九龙的难民比较相类似，大都是遭难的小工商业者，其他几处都是农民遭难者。几处的试验报告都没有正式公布。其实他们应该将试验的成绩，报告给性质相似的难民教育工作人员。例如同是在上海办难民教育者，有慈联总会，慈联分会，国际总会，难民救济协会等分别。平时是各不相谋的，最近虽全市统一，但是各种方法，仍不统一办理。试验者亦不能完全公布其成绩。这点，将来如赈济会有权可以与同时，应该力劝公布。（此等情形，据友人说不止上海如是）因为于将来草拟各项工作实施方案时，可以得到很多帮助。这是第四点。

全国战区甚大，难民众多，其中难免有被敌人利用者，甚至有呼啸为匪者。如沿海渔区的难民，最易流为此一者之一，山林深处的难民亦如是。此辈亦是中国人，所以出此下策者，半系失于救济，半系失于教育。把教育的范围扩大，教育者观念改变，这些难民都有办法可以使之变为沦陷区的得力人员。所以难民教育是否应该与沦陷区的训练工作打成一片，是一个急需解决的问题。本计划草案是主张二者打成一片的。这是第五点。

难民是应该是救济的，但是不应该长期供养。所以遣散难民回乡去是应该随时都做。因此难民教育应该着重在难民回乡后的工作，不应该只着目在收容所里的琐碎问题，以及许多书生气的工作如读死书等。这是第六点。

难民回乡以后，□□□□□□难民教育者不应就弃。不过也不能越俎代庖去贸然施教。最好应该与沦陷区的教育工作人员打一个招呼，继续在收容所里的工作。其实呢，沦陷区的教育工作者也应该事前与难民教育者打招呼，那么两方面都不至于脱节。这是第七点。

一般老慈善家，办理救济事业纯粹为着慈悲，所以对于教育不但不注意，有时还会避免麻烦而反对。所以办理难民教育工作，在这点上千万要有耐心，否则阻力横生，困难特多。这是第八点。

世界上的侵略者到处伸魔手，世界上的难民决不止中国。不久以前的西班牙，全国尽是战区，不久将来的整个欧洲，也有化为战区的可能。难民教育已经是世界问题之一，不是中国局部问题了。我们从事难民教育者也正有力可使。倘能从难民教育中求得一二点可以制裁侵略者魔手的方法，对于人类的贡献也就着实不小。本计划草案当然够不上这样贡献，不过集众人的心思来讨论，这个贡献也是可能会有的。我们草拟这个计划的主要用意在此。

生活教育社重庆办事处工作计划*

（一）最近将成立晓庄研究所，研究伤兵教育、难民教育、华侨教育、游击队教育等专门问题，请专家主讲，欢迎各界有志同胞参加。

（二）筹办育才学校，训练受难儿童。

附：育才学校报请立案

嘉陵江三峡乡村建设实验区署：

一麟等在各地方考察所及，见难童中之天才儿童不少。此种天才若任其湮没，实为国家民族之一大损失。爰发起创办育才学校，志在研究天才教育技术，培养被难天才儿童，俾能成为国家有用之才。并于二十八年一月九日举行校董会成立会，并依据《私立学校规程》选举职员，筹定开办经费及经常费等。理合填具校董事会立案表格，报请立案。

校董会事务所设北碚，陶行知驻会。资金51,000元存重庆新华银行。

育才学校校董会

* 1939年4月生活教育社重庆办事处开成立会，由陶行知任主席，并报告该社在渝工作计划。原载1939年4月15日《新华日报》。题为编者拟。

为冷中雪题字*

追求真理
即知即传

中雪同志

陶行知

二八、八、廿五

* 此系1996年5月1日冷中雪寄来的陶的手书复印件。冷中雪是1939年7月1日到达北碚参加育才筹建工作的。

结婚证书上的题诗*

天也欢喜，地也欢喜，人也欢喜。欢喜你遇到了我，我也遇到了你。

当时是你心里有一个我，我心里有了一个你。从今后是朝朝暮暮在一起。

地久天长，同心比翼，相敬相爱相扶持。偶然发点脾气，也要规劝勉励。

在工作中学习，在服务上努力，追求真理，抗战到底。

为着大我，忘却小己，直等到最后胜利。

再生一两个孩子，一半儿像我，一半儿像你。

结婚人　陶行知　吴树琴

主婚人　吴恒勤

证婚人　赵洪文国　卢子英

二十八年十二月卅一日

---

*　南京陶行知纪念馆保存的南京市二级文物。

1940 年

关于生活教育社生产基金及资金运动核示意见*

一、关于生产基金及资金筹募管理办法等件，我都同意。

二、第一步的筹募要着重在社内，至多也只能限于与本社同志特别亲近的朋友。

三、向海外侨胞捐助一项拟请删除。

四、为扩大此项运动计划，除生产基金筹募管理办法，吸收生产资金办法，及募集竞赛办法以外，关于具体的生产计划，一定要快一点拟出来，并且最好合拢来印一种小册子。

五、此地（指重庆——编者）同志觉得我们有三种生产事业可以做：甲、动的科学玩具和科学仪器；乙、造纸；丙、印刷。这三种生产事业都可以由此地请专家拟定办法寄桂。

六、现在一方面筹募基金，一方面就要注意管理生产事业的人才，我们社里有些人动员起来开始学习。

七、基金筹到一定成数时即可按照计划开始初步生产工作，然后再在此基础上继续扩大筹募基金和资金。

八、筹募委员会之五联捐簿似可改为三联捐簿，以省一些手续。（以上由四月二十八日来信摘录）

九、投资应向社之生产事业投资，而非向社投资，此点必须

---

* 本篇原载1940年5月30日《生活教育通讯》第10期。署名生活教育社理事长陶行知。

分开。投资入生产事业应另参照公司法或合作社法订定，各生产事业章程计划办理与社本身应分开。造纸与印刷的生产计划在达之处，已函请抄寄，科学玩具与仪器制造计划亦已在研拟。（以上由五月九日来信摘录）

十、吸收资金办法第七条，假设亏本如何可退；请参照公司法另订入各项事业之组织规程中。（以上由原办法草案眉批上抄录）

附一：常务干事会为发起本社生产基金及资金运动决议案

四月十日通过，四月廿八日理事长核准

一、目前有三件事，使我们不能不急起直追努力研究推行建设教育：甲、抗战建设正进入第二阶段。此时推行建设教育以促进全面建设，已成为本社协助政府准备反攻力量，打定建国基础的重要任务之一。乙、中央盛倡建教合一，广西主张以生产运动解决国民基础学校经费问题，皆与生活教育之观点不谋而合，且为教育与生产劳动统一之先声。本社为响应此项运动，并力求其能具体实现普遍发展，理应率先研讨，以备采择。丙、本社经费来源，一向依持社员社费及社员特别捐款，既不能自给，又不能持久，殊非根本之道。今后全社同志，欲求社在经济上能部分自给，并能自教教人，以推行建设教育，实亦不能不首从本社之建设事业开始。

二、为切实负起此项任务，并保证此项工作能早日成功起见，常务干事会兹特决议筹募生活教育社生产基金十万元，并即速聘定生产干事若干人，筹办生产事业，以为推行建设教育之本。希望全社同志，皆能热烈响应，以竞赛突击方法，于最短期间完成此项运动。

三、为扩大此项运动起见，常务干事会决定接受社中若干同志之建议，在生产基金之外，同时附带吸收生产资金。并将基金与资金各分为甲乙两种：甲、甲种基金——永远捐赠本社为生产基金。乙、乙种基金——捐本不折利。丙、甲种资金——照普通习惯向本社投资。丁、乙种资金——捐利不折本。

四、为确定此项基金及资金之筹募管理办法起见：常务干事会特修正通过下列办法三件并即日呈请理事长核准。甲、生活教育社生产基金筹募管理办法一件；乙、生活教育社筹募生产资金办法一件；丙、生活教育社筹募生产基金及资金竞赛办法一件。

五、为聘定专人负责此项工作起见，常务干事会特决议组织以下三委员会：甲、生活教育社生产基金及资金筹募委员会，并聘定委员九十六人，除请本社理事监事为当然委员外，另请理事长聘请四十八人共同组织之。筹募委员会之日常事务暂由常务干事会负责办理之。乙、生活教育社生产基金及资金保管委员会，委员五人，由理事长聘请组织之。丙、生活教育社生产事业委员会，委员三人至五人，由理事长聘请组织之。

六、为使上项决议及办法能及早实现以免延误时日起见，常务干事会特决定一俟本决议及各项附则呈请理事长核准后，即开始实行，其正式手续待下届理事会开会时再行呈请理事会追认。

原载1940年5月30日《生活教育通讯》第10期。

附二：为扩大本社生产基金及资金运动致全社同志书

（廿九、五、九）

实际生产事业已在引弓待发，全社同志快快响应基金运动。这不是给全社同志一个困难，而是给了全社同志一个希望。不要犹疑，不要说过两天再讲，不要说我没有办法力不从心，力量合拢来就一定可以长大。

各地同志大鉴：

本社募集基金和资金的运动已经正式开始了，而且已经有好些同志开始响应了！同时实际的生产事业已经在加紧筹备，马上就要以艰苦卓绝的姿态，挺起腰来，向各位伸出第一次的手了！

同志们！你们一定已经看得很明白了，这是一个具有极大意义的运动。为了发展实际生产事业，以扩大生产建设教学做，为了自教教人助成战时建设工作，为了实事求是立定本社经济基础，这都是今天本社义不容辞急不容缓的一件大事。

同志们！你们一定也已经看得很明白了，虽然我们大家的力量都很小，虽然我们只能从小规模的事业开始，可是我们的同志遍天下，我们每一个人都筹出一点钱合起来，就可以栽成一棵棵小树。我们每个人都流一身汗，过不久就可以叫这些小树长成一个大森林。只要我们个个同志都从大处着眼，从小处着手，集中力量，脚踏实地，苦干，快干，好好干，我们的成功就是拿得稳的。

但是，同志们，你们是不是已经准备好了要来响应这个运动呢？你们是不是还没有注意到这件事？你们是不是还在迟疑观望不信任这件事？你们是不是还在说你没有钱，爱莫能助呢？

不，同志们，大家都已经热烘烘地跳进这个运动里来了，因为这不是给了全社同志一个困难，而是给了全社同志一个希望。你是不是也曾经苦闷过，我们的抗战建国伟业，已渐见胜利端倪，我们亟需展开全面建设以准备反攻力量，打定建国基础。可是我们的建设运动却至今尚未能普遍深入，我们全社同志，爱国家，爱民族，爱领袖，爱政府，却不晓得怎样来尽我们的心。这是为什么？为了我们建设教育尚未普及，为了我们力量不集中，为了我们自己立脚不落实，我们自己经济没有基础；我们在到处漂浮，我们在到处期待，我们随便要做什么也觉得心有余而力不足。

生产运动是什么？生产运动就是我们沉住气来战胜这个苦闷的关键。我们要抓住这个关键来立定我们的脚跟，集中我们力量，为抗战建国工作做一点实实在在的事。我们的建设教育推得多广，我们的基础打多大，筑多高，我们就可以为国家尽多少忠，为民族尽多少孝，为我们的教育理想找多少出路。

同志们！事情就是这样，道理也就是这样多。但这却是我的希望，你的希望，我们全社的希望，切切实实的希望。

不要犹疑，不要“过两天再讲”，不要说“我没有办法”！路是千正万确的，你我大家都应该这么走，而且越应走就越要快点走。至于力量，那么我们任何个人的力量本来都是很小的，但合起来就可以长大了，你难道凑上一点点来也不行吗？

快快起来，快快起来响应！不要“过两天再讲”，不要说“我没有办法”，只要你决心响应，你就一定有办法：“或以现金，或以稿费，或以劳力，或以生产工具，或以其他不动产，或自己想法，或向其他同志想法，或向亲戚朋友想法，或多或少都可以。”记住这句话“力量合起来我们就一定可以越长越壮大”！

最后，我们还有一个要求，希望各分社，各通讯处或办事组能于最近期间邀集附近社友集会一次，讨论如何响应这个生产建设运动的事。关于发展生产事业的具体办法，也希望能（下九字不清）意见。

敬礼！

生活教育社

原载 1940 年 5 月 30 日《生活教育通讯》第 10 期。

附三：常务干事会接到理事长指示后关于本社生产运动的决议案

常务干事会对于理事长的指示完全同意，并且根据这个指示议决下列各点：

一、根据理事长指示第二及第三点，将本社筹集生产基金及资金竞赛办法第二条之末二句删去。

二、根据理事长指示第四第五各点，除将生产事业办理要点草案，生产事业初期七步计划等件即速呈请理事长核准外，特决议请生产事业委员会催请重庆拟定办法寄来，并斟酌实际情形迅速商定详细计划施行之。

三、根据理事长指示第四点末项，决议编印生活教育社生产运动专辑一张。

四、根据理事长指示第六点，决议除正式聘请郝曼荪先生为本社生产干事兼晓庄研究所生产教育研究员外，并推请汪达之、王省三、王瑞符三同志为生产工作研究员，要求全社同志广为物色各种生产技术人员，随时通知总社。

五、根据理事长指示第七点，决议请生产事业委员会，斟酌本社现有资力，立即试办简易生产事业三所（如机器碾米等），同时即开始筹办造纸厂及出版社。

六、根据理事长指示第八点，决议将筹募委员会五联捐簿改为三联捐簿，第一联作为基金或资金之收据，第二联连同经募基金或资金送交保管委员会，第三联留作存根。

七、根据理事长指示第九点，决议将吸收生产资金办法第一条末句修正为“向本社生产事业投资”。

八、根据理事长指示第十点，决议将吸收资金办法原第五条第七条删去，原第六条改为第五条，原第八条改为第六条。

原载1940年5月30日《生活教育通讯》第10期。

附四：常务干事会为组织本社生产基金及资金筹募委员会、保管委员会暨生产事业委员会决议案

一、为迅速开展本社生产基金及资金运动计，常务干事会决议聘请本社全体理事暨陈鹤琴等先生为本社生产基金及资金筹募委员并即速呈请理事长正式核准聘请之。

计有：

甲、陶行知先生　　李任仁先生　　邵力子先生

黄炎培先生	汪达之先生	季　平先生
白　桃先生	吴新稼先生	沈钧儒先生
雷宾南先生	杨东莼先生	张宗麟先生
田　汉先生	胡兰畦先生	杨寅初先生
王洞若先生	顾颉刚先生	周月宾先生
陆　璀先生	张劲夫先生	唐柯三先生
徐谷荪先生	方与严先生	林砺儒先生
崔载扬先生	徐特立先生	俞庆棠先生
潘一尘先生	张敬仁先生	孙铭勋先生
唐现之先生	邱昌渭先生	杜重远先生
吴涵真先生	喜饶嘉措先生	钱新之先生
黄次咸先生	赵老太太	蔡楚生先生
任　光先生	范长江先生	台和中先生
楼南高先生	戴自俺先生	刘琼瑶先生
程今吾先生		

乙、陈鹤琴先生	陆叔昂先生	金海观先生
王　琳先生	张锡昌先生	程本海先生
姚文采先生	张粟原先生	杨锡类先生
邵仲香先生	陈化奇先生	曾俊侯先生
张铁生先生	张志让先生	千家驹先生
盛　成先生	陆静山先生	操震球先生
张泉林先生	成庆生先生	范德辉先生
陈葆贞先生	吴树琴先生	陶　宏先生
陶晓光先生	郝曼荪先生	沈炼之先生

二、为使本社生产基金及资金之募集工作能集中办理起见，常务干事会特决议：推选本社理事长陶行知先生为本社生产基金及资金筹募委员会主任委员，潘一尘先生为浙江筹募主任，方竹因、程本海二先生为皖南筹募主任，曾俊侯先生为贵州筹募主任，杨东莼、杨寅初二先生为桂林筹募主任，吴涵真先生为香港

筹募主任，吴树琴、白桃二先生为重庆筹募主任，张宗麟先生为上海筹募主任，沈炼之、刘琼瑶二先生为福建筹募主任，并决议由常务干事会负责处理一切日常事务工作。其余各地筹募主任商定后继续推选之。

三、为立即成立本社生产基金及资金保管委员会起见，常务干事会特决议先行推选陶理事长及白桃、吴瀚、操震球三先生为保管委员，余一委员留待将来生产基金筹助人推选补充之。

四、为使本社生产建设工作能与生产基金及资金募集工作同时并进起见，常务干事会决议推选汪达之、郝曼荪、杨寅初、王瑞符、季平五先生为本社生产事业委员会委员。

五、上项决议经常务干事会通过呈请理事长核准后实行之。

原载1940年5月30日《生活教育通讯》第10期。

附五：生活教育社生产基金筹募管理办法

一、定名

1. 本基金名称定为生活教育社生产基金。

二、金额

2. 本基金额数定为国币十万元正。

三、基金种类

3. 本基金分为甲乙两种：

甲、甲种基金永远捐赠本社为生产基金；

乙、乙种基金以母金捐赠本社，为生产基金，永不收回，但该项基金部分，经投入生产后捐赠人仍得依照规定支取应得利息。

四、筹募

4. 本基金由生活教育社生活教育社生产基金及资金筹募委员会负责筹募。

5. 本基金筹募方式分下列三种：

甲、向本社社友劝募；

乙、向热心教育之团体或私人请求募助；

丙、请求政府补助。

6. 本基金之募集须以生活教育社生产基金及资金筹募委员会之三联捐簿为凭。

7. 基金及资金筹募委员会收到捐款后应以三联捐簿之第一联掣交捐款人作为正式收据，以第二联通知基金及资金保管委员会，以第三联留作存根。

8. 基金及资金筹募委员会收到生产基金后至迟须于一月以内送请基金及资金保管委员会保管之。

9. 本基金之募集期间自呈准募集之日起募足国币十万元为止。

10. 本基金筹募结果，每年由常务干事会制作报告呈请理事会或理事长公布之。

五、保管

11. 本基金由生活教育社生产基金及资金保管委员会负责保管之。

12. 保管委员会收到基金及资金筹募委员会交来保管之生产基金后，须即填具三联单，以第一联送交基金及资金筹募委员会作为收据，第二联报告理事会，第三联作为存根。

13. 基金及资金保管委员会收到保管之生产基金后应于三日之内存入指定之国家银行。上列款应以生活教育社生产基金为户名。印鉴除生活教育社生产基金及资金保管委员会之图记外，须加用生活教育社理事长、基金及资金保管委员会主任委员之私人印信。

六、动用

14. 本基金之动用，以拨充生活教育社单独经营或合股经营之生产事业之生产资金为主，非经生活教育社理事会或常务干事会之决议与基金及资金保管委员会过半数之同意不得提充其他用项。

15. 本基金之利息及生产赢余，得经生活教育社理事会或常务干事会决议与基金及资金保管委员会过半数之同意提作如下用途：

甲、生活教育社学术研究费；

乙、生活教育事业经费；

丙、生活教育社社友公共贷金；

丁、生活教育社社友所经营教育事业之特别补助费。

戊、其他。

16. 本基金利息之支付须以生活教育社生产基金及资金保管委员会主任委员私人印信为凭。

17. 基金及资金保管委员会每半年须将生产基金出纳总账向理事会报告一次并公布之。

七、附则

18. 本办法第十五条第十六条所列各点之具体细则另订之。

19. 本办法如有未尽或不妥事宜得由生活教育社理事会或常务干事会修订之。

原载1940年5月30日《生活教育通讯》第10期。

附六：生活教育社吸收生产资金办法

一、本社为开展生产事业起见，除筹募生产基金外，并欢迎本社同志及各界人士信托本社向本社所办生产事业投资。

二、此项资金分为甲乙两种：甲种资金为有限责任，依照普通投资办法办理，暂定五千股，每股十元。乙种资金为有限责任，由乐于赞助本社人士提供资金援助本社生产建设，以息金及红利捐为本社生产基金。

三、此项资金之募集由本社生产基金及资金筹募委员会办理之，其筹募手续参照本社生产基金筹募管理办法第四项第六第七

第八条办理。惟三联单之第一联收据须改为正式股票。

四、此项资金在原投资生产事业未正式举办以前得暂由本社生产基金及资金保管委员会代为保管之。其手续参照本社生产基金筹募管理办法第五项第十二第十三条办理。

五、此项资金投入生产事业后，其年终结算之应得盈余除付股息外，余作为一百分，以百分之三十移充扩大资金，百分之十提作公益金，百分之十提充事务员之酬劳费，百分之五十作为红利连同息金捐为本社生产基金。

六、本办法由本社常务干事会通过呈请理事长核准后施行之。

原载1940年5月30日《生活教育通讯》第10期。

1941 年

仿我者死　创我者生*

（一）

西方文化人提出要创造之神、保存之神永驻心中。在中国、在育才，我提出“育才人”的脑子里还应有位“破坏之神”①常驻。前二神是指努力汲取历史中优秀的文化传统，结合实际去创新。但是传统观念、传统文化、传统教育……一切传统的东西，若不加以选择性的破坏、冲击，是不可能有所创造的，不分精华、糟粕的保存是守旧的表现。所以我要号召育才同学的脑子里增加一位“破坏之神”。

（二）

我们要请人家做事情，必须把职权交给人家，让人家大胆安心的去干。我以前不是也这样的对你说过吗？

---

* 摘自吕长春文章《念陶校长》《陶行知谈“学陶”“仿我者死，创我者生”》，分别载1946年“三联”版《陶行知先生全集》和上海市陶行知研究会主办的《行知行》1993年第8期。（一）系1941年育才学校建校两周年总结人才教育实践经验时的部分讲话。（二）系1944年10月25日与吕的谈话。（三）系1945年10月以后，育才学生吕长春听见周恩来答复操震球的询问时说出“要请陶校长担任联合政府的教育部长”后，专门向陶请教时，陶与吕的谈话。

（三）

吕长春你错了！你准备依样画葫芦地学我吗？不行，不行。我的一首题为《拉车的教员》的诗，你看过没有？

分明是教员/爱做拉车夫/拉来一车洋八股/谁愿受骗谁呜呼。

我的教育思想和实践就是生活教育，我反对束缚人们手脑和行动自由的传统教育。我所倡导施行近二十年的生活教育主张是生活的、行动的、大众的、前进的、世界的、历史的。当前我们生活教育者最主要的任务，就是配合形势，促进反内战，要和平，要民主，要统一，为建立一个富强的新中国而奋斗不息。形势不断地变，你怎样能虚心、认真、一字一句照样地学我呢？更何况我是陶行知，你是吕长春，你我的年龄、经历、人际关系都不同。生活在变化，历史在发展，你怎样一字一句地模仿我呢？此路不通，要另寻生路。那就是——仿我者死，创我者生！懂吗？你愿意学习生活教育，我不反对，我欢迎，更主要的是结合形势的发展向生活学，向大众学。生活教育的生命力特别强，它今天不是完成的东西，明天也不是完成的东西，它会永远随着历史和生活的发展而发展。欢迎你也来研究生活教育。至于你提出的关于出任联合政府教育部长之事，我不想多谈了。

注释

① 创造之神梵天（Brama）、保存之神毗湿奴（Vishnu）和破坏之神洗发(Siva)，均为早期婆罗门教和继后印度教中具有神力的三位一体神。

同学的第三家庭 *

孩子们，学校就是你们的家，你们要爱护它，保护它。你们有三个家庭：第一家庭是你们自己的家，第二家庭是保育院，学校是你们的第三家庭。你们要像爱第一家庭一样的爱学校，而且要团结得像一家人。

* 这是1941年8月1日在育才学校朝会上的讲话。摘自李秀珍《慈祥的爸爸，安息吧!》一文，原载1946年“三联”版《陶行知先生纪念集》第455页及1949年7月25日《大公报·新儿童》第6期。《衔备忘》38册第1页有记载，见本全集十卷1140页。

为新中国培养人才吃苦何妨*

我若一走，学校的师生都要遭殃，育才学校可能和晓庄学校一样，被蒋介石封闭，所以我非在这里顶下去不可。为新中国培养人才，我吃点苦何妨！

我要是向国民党政府低一下头，不要说办一所育才，就是十所也办得起来。但是，我们要自己办学校，按照我们自己的愿望办学校。贫贱不能移，威武不能屈！

* 1941年物价飞涨，一日数变，加上官方的经济封锁与政治迫害，育才学校处于最困难的时候，吴树琴问陶行知："你为办育才，天天去募捐，实在太辛苦了！为何不去延安？"第一段便是陶对吴的回答。第二段是陶对育才学校师生的讲话。摘自张达扬《大哉陶子——深切怀念陶行知先生》一文，载湖南教育出版社1984年版《陶行知一生》。题为编者拟。

1942 年

贡献出一切力量来服务*

我们要坚持抗战，一直抗到底，不能抗到一半就睡觉。凡是中国人民，无论男女老幼，都要把自己最好的一份力量拿出来打敌人，尤其不能自己人打自己人。中国的一个中字，立起来是一个堂堂正正的“中”字，如果自己相打起来，右手打左手。结果两只手都打断了，倒下来，便成了日本的“日”字，这不是很可痛心吗？

不要灰心，事不论大小，人不论地位，只要我们坚决干下去，我们是会成功的。最近就有人说我陶行知是步步下降，我回国时办大学，后来办中学，现在降级使用当小学校长，教小娃娃了。有人看到我的许多同学、同事和我的学生，因为善于趋炎附势，个个飞黄腾达，步步高升，不是面团团而为官商大亨，就是官至委员、部长、厅长，趾高气扬，别人也羡慕得很。说我没出息，才步步下降。但我是坚持为国家、为老百姓服务的精神，在任何情形下，就是只让我当一名小学校长，我也要贡献出一切力量来服务。而且很愉快，我相信我们一定会胜利。

* 此系1942年元旦参观重庆市立女中后，在全国经济资源委员会举行的精神总动员晚会上的演讲。摘自伯韬著《回忆陶行知先生》第53节《步步下降》，哈尔滨光华书店1948年2月初版。

介绍育才自然组参观兴业公司*

——致奚伦

东曙学兄大鉴：

连日奉访未晤至怅。敝校自然组同学六人今去兴业公司参观一次，觉有仔细考察必要，厂中执事谓须有总公司信方能照办。素仰吾兄提携后进不遗余力，务望转请贵公司赐一介绍函，许其参观四日，俾得较深了解。诸生不愿走马看花，立意甚善。如蒙曲予成全，至为感荷。

敬祝

康健

弟　陶行知

* 此信写于1942年3月。东曙系奚伦之字，时任国民参政员、中国兴业公司总会计、中国实业银行协理。

得到三万六千元之讨饭信*

（四月六日写就即请马副校长送去）

（上略）：前为敝校经费事，两扰清神，至为抱歉。但为难童请命，情非得已，虽碰一百次钉子，亦甘心为之。昔山东武训以一乞丐而兴办三校，在杨进士门前跪求五天，卒得其赞助。倘兴学必须跪求而后成，则行知对此威武不屈之膝，亦丝毫无所爱惜也。第三次请款书已交□□□，请其提出，倘蒙玉成，则一言九鼎，全校感奋。专此奉恳，

敬祝

康健！

陶行知

卅一、四、六

* 本篇原载1942年育才学校的油印本《国语》教材。当年4月19日，作者致函马侣贤、方与严："得到三万六千元之讨饭信，可作国文教材。"见本全集九卷206页。这是作者立定决心要在一个月内为育才学校高中立案筹足二十万元基金而写的筹款信。信中提及请款书，可能是写给当时唯一向育才学校拨款的单位（赈济委员会）的代委员长许世英的。马副校长即马侣贤。提供此稿复印件的是当时负责刻印《国语》教材油印本的育才学校自然组学生郭以实。

为了米　学习武训*

山东的武训先生是一个乞丐，都能办三个义学，难道我陶行知是个留学生，连一个育才学校都不能继续办下去吗？为了米，学习武训，各处磕头吧！不能让小孩子们感到失望的！

* 摘自复君写《哭老夫子》一文，载1951年4月新北京出版社版大众教育丛书《爱满天下》。讲话时间为1942年4月，题为编者拟。

牙齿和唾液的功能*

（1942年夏天，陶行知邀吴晓邦、盛婕和育才戏剧组的同学来家里吃午饭。饭前陶问一位男同学：）

你知道吃一口饭到嘴里，要嚼多少次才咽到肚里去？（回答说："要嚼两三次吧？"陶又问一女同学：）

你说呢？（回答说："须要八九次可以咽下去。"陶听后笑了笑说：）

你们吃饭用牙齿咀嚼，还是囫囵吞下去？你们可以试试，把一口饭嚼成泥之后再咽下去，要嚼多少次？（大家按陶讲的试验起来，边嚼边数，才发现一口饭嚼成泥需要嚼三十几次。随后陶告诉大家：）

人的牙齿这个武器能够把嘴中的食物嚼碎，同时嘴里还可以分泌出唾液来协助牙齿工作。唾液不但有重要的搅拌作用，而且还有杀菌和帮助消化的作用。因此，咀嚼和唾液搅拌是食物进入食道前的一个重要过程。

一般人在忙碌的时候，或是粗心大意人在吃饭时容易狼吞虎咽，好像几口就要把一碗饭吃下肚。这样做好不好呢？我认为不好。因为这样的人忘掉了牙齿、唾液对人体的功能，结果许多米

---

* 摘自吴晓邦《回忆陶行知先生二件事》一文，载1984年3月《行知研究》第10期《育才学校建校四十五周年纪念专刊》。题为编者拟。

粒没经过咀嚼这一道关，因此咽下去后胃肠就不能把这些米粒消化掉，而作为糟粕排泄出来了，这样对人体的营养吸收上是一个损失。

致育才榴火诗社*

……希望你们这般小的榴火，不仅燃烧在凤凰山上，不仅燃烧在重庆，而且要燃烧在全中国、全世界，给这世界以光和热……

* 摘自高嘉《诗人陶行知》一文，原载1946年7月29日《新华日报》，见生活教育社编《爱满天下》第23页，新北京出版社1951年4月版。

人才　大才　天才*

人人有一定的才能，但不能放任，让他自生自灭。人才通过教育培养和自己的努力，可能成为大才。

不要满足于大才，必须日新、日日新，继续努力，勇于攀登科学文化高峰。天才是出于勤奋，锲而不舍。

人才、大才、天才都不是从天而降的；是我们因材施教，循循善诱，耐心细致的教育培养的结果；是自己忘我地勤奋学习不断钻研发展起来的。

---

* 此系1942年秋对育才师生的讲话记录，摘自夏志成《忆陶夫子》一文，载1980年12月上海市陶研会编《陶行知教育思想研究》第二辑。

为真理而歌 为老百姓而歌*

今天的音乐夜会，在大家的掌声中、欢呼中，已把“创造之神”迎接回来了！我想大家一定通过，是允许他们去重庆，可以作为告别会了。我们知道他们这一次去，是比较长期的，一时是难以听到这样的音乐会，是舍不得放他们去的。但是为了他们的学习，为了他们的就师，为了他们的进步，为了他们的创造，也只好让他们去了。他们这次去的地方，是重庆江北香国寺观音桥。观音桥这个地名很好。我们晓得观音菩萨是大慈大悲，普度众生的，希望他们和她们都成为观音菩萨，以大慈大悲为怀，除了自己学习追求进步之外，多创作一些适合儿童的歌曲、适合民众的歌曲，在“为真理而歌，为创造而歌，为老百姓而歌”中，把众生普度上彼岸来！

* 摘自1942年10月17日方与严文《创造之神迎接回来了》。原载1947年7月15日《育才丛书·创造风（一）》，方与严、邢舜田主编，上海文建出版社出版，1950年修订版增删并改书名为《教育创造风》。

不上大学也是可以成功的 *

你既然有志学文学，你家庭环境也还好，年纪还轻，就该趁此好好地学习，不上大学也是可以成功的。过去梁漱溟先生去考北大没有考上，以后北大还请他做教授呢。

你要干出版事业就得全盘学会这些事业经验，无论搞什么都要成为一个专家，专家就是内行。

* 这是1942年底同育才学校教师王觉的两次谈话。摘自渥丹（即王觉）文《你创造了不朽的生命——敬悼陶行知先生》，原载1946年8月5日《新华日报》。题为编者拟。

1943 年

育才学校成立工艺组计划大纲

（一）旨趣　开发埋藏在一般及贫困儿童中之工程特才，以培养工程师之幼苗而建立文化创造之初基。

（二）选拔　选拔学生之标准：（甲）身体健康；（乙）愿意的人；（丙）欢喜动手；（丁）高兴用脑；（戊）敏捷的解答算题；（己）迷于工而不肯放手。

（三）试学　学生中选后须经过一月至半年之试学，以观其兴趣是否持久，学习是否有恒，人格是否坚定。

（四）课程　普通课依照部定课程标准提取精华，进行在国文、外国文、历史、公民上予以严格而活泼之训练，数学尤应注重。特修科占时四分之一，逐年酌量增加，约分三级。

（甲）实践方面：子、机械游戏；丑、机械实验；寅、工厂实习。

（乙）理论方面：子、发明故事；丑、教科用书；寅、理论探讨。

除上述功课外，贯彻三级者有工业座谈参观，以造成工业气候，使学生受不断之熏陶。

（五）方法　运用教学做合一与手脑相长之原则，使学生由迷而悟，由悟而更迷，由更迷而大澈大悟，以达到创造之境界。

（六）教师　（甲）专科教师，（乙）理科教师，（丙）普通课教师，（丁）生活教师，以组主任一人总其成。

（七）学生　选拔初小三年级一班三十人，高小一年级一班三十人，初中一年级一班三十人：合自费生四十人，公费生五十人。每人予以学额，俾贫苦有才之小孩，不致向隅。

（八）地点　设在工厂与大学理科所在地，使人才设备观感可以倍加丰富。

（九）预算

（甲）支出之部

子、开办费

（1）建筑修理费　运用旧屋　约计	100,000元
（2）床铺桌凳	20,000元
（3）四季衣服被垫五十人（限公费生）	100,000元
（4）实验工厂设备多数募集	
必须自备者请专家估计　暂定为	100,000元
（5）图书及藏书阅书设备	60,000元
（6）医药及其他设备	20,000元
总计	400,000元

丑、经常费

（1）薪给及公费（十人）	72,000元
（2）工资　（五人）	18,000元
（3）学生伙食另用医药课本灯油	270,000元
（4）行政费	10,000元
总计	370,000元

（乙）收入之部

子、自费生四十人，一切自理。另缴学费全年（此处数字不清——编者）

丑、公费生学额每名每月五百元（由乐捐者）共五十名300,000元

寅、工厂出品盈余三分之二学生半年后用四分之一时间工作30,000元

卯、特别捐及补助费 400,000元

积极参加光铁坡开荒*

学校要渡过经济上的难关，我们要分三路进军：我和一部分先生和同学去募捐；戏剧组去重庆、北碚、合川公演《荒岛历险记》，音乐组举办音乐会，绘画组举办画展，来增加一些收入；第三条路就是要征求三十名壮丁——大一些的同学上光铁坡去开荒。这一次是为了我们自己能生存下去而开荒的，是为了弟弟妹妹们不致饿死，我们可以种些南瓜来充饥。如果你们年纪大一些离校后，今天收到一封信，说你们的一个妹妹"哇"的吐一口黄水饿死了，明天收到一封信，说一个弟弟"哇"的吐一口黄水饿死了，你们不痛心吗？假如大家不愿意有这样的事发生，那就希望大家积极参加到光铁坡去开荒吧！如果能在一个月的时间内开垦出三十亩，就可以完成我们预定的计划。

* 这是1943年3月2日在育才学校朝会上的讲话。摘自赵义熙、苏永静文《回忆陶校长对我们的教育》，载1984年3月《行知研究》第10期（育才学校建校四十五周年纪念专刊）。

小胜利是大胜利之母*

“失败为成功之母”这句话，已经不够作我们战斗中的鼓舞了！现在我们应该说：“小胜利是大胜利之母”。从“胜利中争取胜利”。

在已经有胜利把握的时候，决不许打败仗！

一次失败，是要用许多次胜利来补偿，来争取，来反败为胜！

现在，不但是我们自己全体都动员了，而且我们的盟军——两个外国朋友、一个工人朋友，都在为我们发动攻势：对外发动劝募。别人尚在为了我们的生存而为我们拼命出力，难道为了自己生存的我们，还不应该更卖一些力吗？……

* 此系陶行知1943年3月22日，偕夫人吴树琴女士，携慰劳金500元，亲登光铁坡慰劳育才学校的开荒勇士们时的讲话，由方与严记录。摘自方文《用锄头写在青山顶上——记全体动员上光铁坡开荒》，见《育才丛书·创造风》43、44页，上海文建出版社1947年7月15日初版。

科学　音乐二者相成*

——致郭咸中

咸中先生大鉴：

久仰高风，未亲教益为怅。令郎参加音乐演奏会，以不得父命为虑。自然科学者带学音乐可以调剂生活，免除不良嗜好，当代大科学家爱因斯坦善小提琴及钢琴，一有演奏，万人空巷。小儿陶宏研究科学亦好音乐。弟观其二者相成，足以丰富人生之乐趣而使之更求向上。现今政府以乐治国，定四月为音乐月，亦欲将哑巴民族化为黄钟大吕之民族，藉以移风化俗。敝校响应音乐月之号召，缺少男音，令郎甚为合格，尚希允其参加，共观厥成。专此奉商。敬颂

康健！

教弟陶行知再拜

1943 年 3 月 23 日

---

* 此系郭咸中之子郭以实提供的手稿。郭咸中，四川省广安县人，重庆安庆印书局经理。

请看《小主人》演出 *

育才学校戏剧组小朋友，旅行重庆连演七天，在三大话剧、四大京戏、五大电影中奋斗胜利，载誉归来之四幕话剧《小主人》，将在北碚、合川二处演出。

此戏值得看否？有诗为证：

小孩看了，
化蛇为龙。
大人看了，
返老还童。
三年一次，
机会难得。
慷慨兴学，
买票请客。
大人带小孩来看！
小孩陪大人来看！
大人小孩都来看！

* 本篇原载育才学校1943年4月22日印发的《小主人公演预告》宣传单，存南京陶行知纪念馆。经征询《小主人》的导演及有关一些同志的意见，均认为此诗系陶所作。题为编者拟。

三寸金头*

现在有人主张思想统制，在各校很时髦的流行起来。我们中国人过去最时髦的是裹小脚，脚裹得越小越好，大家称之为三寸金莲，认为美极了，这是士大夫阶级在玩弄女人。现在总算进步了，已经发展到头上，提出所谓思想统制，这就是要把大家的思想缩小到官定范围内，越小越标准。这就是等于用块裹头布来裹头了，头裹得越小越好，成了三寸金头，就可以到处钻营私利。

* 此系1943年5月4日出席在北碚下坝复旦大学“五四”纪念会上的演讲。摘自伯韬著《回忆陶行知先生》第49节，哈尔滨光华书店1948年2月初版。

关于征求修改生活教育社章程推进社务之意见函*

敬启者　本社原拟召开社员大会，进行修正章程，改选理监事，讨论社务开展等项事宜。惟因交通阻滞，而社员又散处各地，召开社员大会实感困难。现已呈准社会部采用通讯方式，以利进行。兹将依照政府颁布非常时期人民团体组织法修正并呈经社会部准予备案之本社章程草案及社员名单、本届理监事选举票、建议书各一份，随函奉上，务请于信到三日内将台端对于修改章程推进社务之意见及所投之选举票寄还重庆和平路管家巷二十八号本社驻城办事处，至为盼祷。

此致

××× 先生

生活教育社理事会理事长陶行知

三十二年六月廿八日

附一：生活教育社第二届常务理事及理事名单

常务理事五人：

陶行知　方与严　戴白桃　马侣贤　许士骐

理事二十七人：

* 生活教育社理事、监事及社员名单附后，余略。——编者。

陶行知　方与严　汪达之　王洞若　潘一尘　陈鹤琴
雷沛鸿　傅学文　程今吾　戴白桃　吴涵真　操震球
戴自俺　张宗麟　邹绿芷　张西曼　安　娥　马侣贤
陆静山　孙铭勋　张志让　曹孟君　田　汉　许士骐
千家驹　崔载阳　陶　宏

附二：生活教育社第二届常务监事及监事名单

常务监事三人：
冯玉祥　沈钧儒　邵力子
监事九人：
冯玉祥　黄炎培　沈钧儒　邵力子　白鹏飞　李德全
徐特立　杨卫玉　李任仁

附三：生活教育社第二届社员名单

冯玉祥　黄炎培　邵力子　沈钧儒　雷沛鸿　李德全
崔载阳　白鹏飞　万民一　傅学文　林励儒　潘一尘
李任仁　田　汉　张西曼　陈鹤琴　童润之　陶行知
程海峰　唐柯山　黄次咸　张志让　戴白桃　杨卫玉
徐特立　李楚材　唐现之　李　华　姚文采　千家驹
吴树琴　傅彬然　马松亭　张宗麟　邹绿芷　杜君慧
方与严　曹孟君　安　娥　程今吾　万重英　廖冰兄
马侣贤　赵　康　张劲夫　黄齐生　陆维特　曲仲香
董纯才　戴自俺　熊观民　操震球　许士骐　李剑华
王瑞符　吴涵真　曾俊侯　陶　宏　殷金陵　沈天灵
汪达之　陆静山　王洞若　秦柳方　邓劼刚　陈双玉
张若嘉　何思贤　魏东明　郭　平　胡振文　孙铭勋
李任子　杨寅初　台和中　鄷道淳　白动生　臧其吉

赵子范　胡绣枫　胡文金　陆静霞　沈金泉　奚立德
陶晓光　彭　凤　陈葆贞　谭得光　蔡楚生　林　颀
屠公博　朱立淳　阮冀明　邵　仲　程昌林　林犁田
易铁夫　胡晓风　张凤芝　徐树人　刘铁华　闵克勤
潘德枫　孙绳武　张景选　胡定尊　黄乾健　宋承勋
胡必英　沈沛之　徐　晴　陈鸿涛　张海明　聂静涵
刘琼瑶　廖意林　唐　愉　张亚生　孙敦乐　陶　城
朱岫玉　朱凝冰　郭弼昌　查淑宜　萧　明　刘福宁
季　信　杨野明　陈恬若　孙士仪　黎明珍　曹子云
陆韵琴　龚葆琦　张丽贞　杨　萍　汪凤翔　郑黎亚
孟　辛　魏淑英　郝曼荪　邢舜田　金步墀　邹惠珍
康若愚　许启华　张国权　汤松平　麦　澧　冷性率
华昌洙　程本海　陈　轮　张宜天　朱秉瑜　赵建勋
李鄂军　赵抱器　龚尔群　唐瑞凤　冷率真　杨恒则
裴友萍　王省三　王　琳　吴政贵　夏之仁　唐冰白
徐　香　曹大庆　林梅荪　王大勣　杜子明　王庆权
阎紫明　丁先藩　程化奇　童　常　滕久炎　赵　茜
张　莺　许立明　周令年　甯振镛　庄　严　龚沈思
高昌瑞　陈志中　吴梅仙　吴淑梅　谭坤珩　张光瑞
周令谟　秦培吾　潘双华　章　克　林士章　庞曾漱
王慕祥　于盛昭　蒋清华　汪亦伦　朱安恕　帅洞凡
周蔚华　汪品山　方土人　吴旭辉　吴日辉　王显华
黄同音　王万生　郑　英　贾祖珊　宋恩鸿　倪式曾
刘素贞　温致义　林宗礼　王傅鼎　周仰岐　李韵竹
张士贵　李仁杰　俞文华　王　融　章跃华　杨秉训
张渊泉　李蟾桂　池宝华　李玉云　周延信　张再为
王　略　伊孔敏　王醉霞　陆钦元　吕惟馨　陈一华
路　敏　萧仁俊　魏永贞　罗阁英　吴克强　许玉珍
李友梅　陈云樵

呈为改正本校音乐演奏会及公演《小主人》话剧收支盈余用途支配情形附表请鉴核由

案奉钧局三十二年六月八日未列字第零三八一号指令内略“该校音乐演奏会及话剧券资收入除去院租及演出税捐等费尚有募款四三，六八四·二〇元，复查重庆市政府取缔募捐办法第七条规定‘凡募集捐款所有事务开支费用应以自筹为原则，如遇必要时得在募捐项下酌予开支，但不得超过捐款数额百分之十。’而该校列报之招待杂支两项竟达一〇，二三七·五〇元，以致券资盈余仅三三，四四六·七〇元，核与上项办法规定不合，仰依法具报，再行核办。”等因奉此，自应遵办，现将招待杂支用费由券资项下开支三，六八四·二〇元，不足之款由本校□□□□弥补券资盈余计四万元整。用途支配列表呈请

钧局鉴核示遵，实为德便谨呈

重庆市社会局局长包

私立育才小学校校长　陶行知（盖章）

私立育才小学校为难童筹集教养经费举行音乐演奏会话剧公演收支计算表及券资盈余用途支配表

收支计算表

甲、收入之部：	
1. 音乐演奏会券资收入	\$37320.00
2.《小主人》话剧公演券资收入	\$97381.00
合计	\$134701.00
乙、支出之部：	
1. 院租（音、戏共九场）	\$32000.00
2. 汽油（停电用）	\$1739.00
3. 宣传（广告、海报用）	\$11053.70
4. 印刷（票券及其他）	\$6000.00
5. 捐税（印花及荣誉券之娱乐捐）	\$6953.40
6. 布景	\$25000.00
7. 灯光	\$605.80
8. 服装	\$5081.00
9. 化妆	\$940.00
10. 效果	\$355.00
11. 道具	\$1288.90
12. 招待及杂支	\$3684.20
合计	\$94701.00
再比盈余	\$40000.00

券资盈余用途支配表

收入之部	
券资盈余	\$40000.00
支出之部	
1. 增加科学仪器	\$10000.00

2. 增加图书 $10000.00

3. 增加乐器 $10000.00

4. 增加工艺工具 $10000.00

附注：

A. 原定计划之黎国荃、范继森两先生之个人演奏会延期举行。

B. 原定事业计划书中有购置农场之用，现因收入不足，未列支配。

废墟之上开辟新地*

——致于去疾

去疾局长吾兄大鉴：

久未晤教，忽奉华翰；拜读之余，如吃甘蔗。火灾①劫余；累兄远问；高谊如云，中心感奋。起火原因，各执一是，浑浑沌沌，喉咙有刺，缪不与问。院免起诉，纠纷两月，幸能相恕。科学之眼，追踪火神，“是”无二个，经路可侦。汹汹之际，我独平心，半月之中，真相自明，证物满场，莫可遁形。火自下起，先梁后板，火力不足，焦不透板。若自上起，先板后梁，火力不足，焦不透梁。前后左右，俱以此推，画线求点，过无可诿。事已了结，原不再说，承兄垂问，报告宜确。估计损失，二十五万；卖画演奏，一扫而光。两月米粮，三冬被衣，全副石象，数架书籍。电灯飞走，原来无翼，应有尽去，复兴宜计，废墟之上，开辟新地，登高而呼，仰仗大力。专此奉达，敬祝胜利。

教弟　陶行知启

卅二、八、十

注释

① 火灾　指重庆管家巷28号育才学校办事处失火。

---

* 选自《江苏教育史志资料》1991年3期76页。于去疾时任陕西省盐务总局局长。

为育才筹集巨款*

——致康心如

心如先生赐鉴：

顷间趋访，适因会议，未及聆教为怅。弟因明晨赴碚不得不走笔奉商，幸赐垂鉴。近数月来，物价继续高涨，敝校每月预算已达十一万，可靠之款，只有五万元，余数则须逐月筹措，不胜奔波之苦。敝校董事会有鉴于此，拟集中精神，争取时间，筹集巨款，以立永久之基。月前①曾推冯焕章②先生致书我公，说明此义，谅蒙洞察。现在生活更为艰难，倘不未雨绸缪，必致减少营养，影响健康，深望予以厚助，俾得渡过难关，向着创造之大道上迈进。如蒙慨予设法，则敝校若有万一贡献，皆我公及诸友好大力提倡之所赐也。专此奉商，只候复示。敬祝

康健

教弟陶行知再拜

卅二年十月五日

附件　致育才之友书一通③，尚希指教。

注 释

①“月前”　指1943年6月22日事。

②冯焕章　即冯玉祥。

* 康心如时任四川美丰银行总经理、重庆银行公会主席、临时参议院议长。

③ 附件略。

附：　邵力子致康心如函
——介绍陶行知前去面谈

心如先生赐鉴：

陶行知先生为其所创办之育才学校筹募基金事，拟晋谒左右，请求赐助，谨为介绍。

陶先生多年为教育努力，育才学校尤在教育界有异彩，必为先生所乐予援手者。一切由陶先生面谈，不多述。

敬祝

健康！

弟邵力子拜上

六月廿二日

与陆诒的谈话*

继续创造　努力奋斗

（1943年10月15日）

陶：为什么不从草街子坐滑竿儿来？

陆：外勤记者就凭两条腿奔走，怎么好意思躺着叫人家抬呢？

陶：一个记者两条腿，这是一个可以做诗的好题目。今天晚餐以后，先请你参加我们的诗歌晚会。

陶：（诗歌晚会闭幕前致词）上次音乐组晚会上，育才学校已把创造之神找回来了（指1942年1月16日——编者）。这次晚会，经过文学组师生的集体努力，又把创造之神留下来了。我希望大家继续创造，努力奋斗。

怎样讲时事

（1943年10月15日）

（下午四时，陶行知主持林间讲座，介绍陆诒和全体师生一起讨论国内外的时事形势。讲座之前，陆诒向陶请教应该怎样讲。）

陶：写文章先要讲究读者对象，切忌"朝南坐"。讲话也要注意听众，他们最关心的问题是什么，不要作长篇大论，要善于

---

* 此系1943年10月15、16日与采访育才学校的《新华日报》记者陆诒的谈话。摘自陆诒文《忆陶行知在育才》，载《行知研究》1985年第4期。此次选稿时陆诒曾于1996年在医院病床上校正过。

引导大家提问题，活跃思想，共同讨论，解决问题。

抬头乐干

（1943年10月16日）

（清晨，在古圣寺旁的树林散步时，陶行知指着文学组一位同学的语文作业卷子时说）

陶：这位同学把提倡“埋头苦干”作为主题写文章，我不以为然。

陆：从1932年我认识陶先生起，您在上海大场办山海工学团，后来又组织国难教育社，参加上海文化界救国会，从事抗战教育工作，您的身教和言教，总结起来给我最深刻的印象，就是一位“埋头苦干”的实干家，怎么今天您也反对“埋头苦干”呢？

陶：记者错矣！你看任何事物如果只看表面现象，不去深究其实存在，就不会写出好的新闻报道来。我认为“埋头苦干”就肯定干不好。做任何工作，先要懂得为谁干和为什么干。如果你对这两个问题思想明确，即使将在工作过程中遇到困难和挫折，也不会感到痛苦，反觉其中乐趣。在今天这样多灾多难的抗战时，如果提倡“埋头办学”，首先是事实上办不到，其次是两耳不闻窗外事，这同我历来主张“社会即学校”的教育方针背道而驰。我赞成要“抬头乐干”，明确目标，精神愉快地努力工作。

抱着爱人游泳

（1943年10月16日）

困难确实不少，要承认。但更重要的是对困难作具体分析，努力去战胜它。育才最困难的时候在1941年，当时物价飞涨，一日数变，加上官方的经济封锁与政治迫害，学校经费已临山穷水尽之境。我曾经在同年4月6日的朝会上对全体师生讲：为了人才幼苗之培养，我不怕封锁、恐吓、威胁，除非整个中华民族都没有饭吃了，那时也只有大家饿死。育才一定要办下去，决没有自动停办之理。我又说起，从前山东有个武训先生以一个乞丐而创办三个义塾，我和我的朋友的社会关系都比他好，连一个学校也不能维持，将何以对得起小朋友？又何以对得起中华民族？最近有几位好心朋友对我说，环境如此艰难，丢下育才吧！再搞别的事业，你何必顶着石臼做游戏，抱着石头去游泳呢？这个问题我想了几天，昨晚又想了一夜，清早五点钟想通了。我不是抱着石头游泳，而是抱着爱人在游泳，越游越起劲，要游过急流险滩，达到胜利的彼岸。我决心要向武训学习，我们要做一个“集体的新武训”。我们一面进行“育才之友”运动，接受社会各界人士的支援，一面动员全体师生高唱《锄头舞歌》的歌曲，走到凤凰山外的光铁坡去垦荒种田，生产自救。困难是可以战胜的，两年多来的实践已为我们做了结论。

开垦荒山支援印度灾民*

（一）

当我们没钱用的时候，能够想到没钱用的朋友们，固然好。但是，当我们正需要和缺少饭吃的时候，能够分半碗饭给饥饿的朋友们吃，其意义更为重大。

（二）

陶：孩子们，我们的学校正处在困难的最高峰。但是，我们不要只看到自己的困难，我们还应该时刻想着全世界千千万万受苦受难的劳苦大众。你们看报没有？

学生：看了！

陶：你们知道在印度发生了什么事吗？

学生：印度发生了特大水灾，无数的灾民正在饥饿线上挣扎！

---

* 1943年秋，印度遭受特大洪水，11月20日陶行知在育才学校朝会上动员，以开荒的实际行动来支援印度的灾民。（一）摘自仑《我们在创造·印度周》一文，载《新华日报》1943年12月14日第四版。（二）摘自赵义熙、苏永静《回忆陶校长对我们的教育》一文，载1984年3月《行知研究》第10期。

陶：是呀，你们住在凤凰山上，可你们心儿已经飞到了印度灾民的身边，那我们应该怎么办呢?

学生：尽我们的力量去救济他们，帮助他们，只要我们还有一碗稀饭吃，就应该分一半给他们吃!

陶：对！为了世界上的穷朋友，今后我们应该永远有这种精神。可是，亲爱的孩子们，你们要长身体，要学习，要掌握为劳苦大众服务的本领，现在我用募捐得来的这一点点钱买来的米，也只够维持你们起码的生活。但是，印度灾民的痛苦也就是我们的痛苦，救灾如救火！我现在想到了一个法子，我们要用自己的力量支援印度朋友。前些日子有一位朋友把澄江镇马家沱光铁坡的荒山捐给了我们，它需要去开垦，我们可以用自己的力量把它开垦出来，再把我们劳动所得的钱，寄给印度灾民。你们赞成不赞成?

学生：赞成!

武训精神 *

武训先生的生日，就是我们苦孩子的生日。他最伟大的精神，是跳出自己的范围而以别人的利益为中心。没有钱不识字而能办学校，且有坚持到底的精神。

* 此系陶行知1943年12月4日的谈话。摘自《新华日报》记者的报道《育才学校开音乐会纪念武训诞辰》，载该报1943年12月5日第三版。

沈钧儒的三大救国主张*

今天，许多朋友到这里来庆祝沈先生的七十寿辰，这不是平常的祝寿。因为沈先生毕生的奋斗、主张、生活，都不是为他自己，而是为了国家，为了民族，为了人类。我们来此开庆祝的茶会，是为了庆祝他的主张。

沈先生的主张是什么？有三项：一、抗战；二、团结；三、民主。当日本帝国主义开始向中国侵略的时候，沈先生便坚决主张抗战；为了要使抗战胜利，坚决主张团结；为了要使团结巩固，又坚决主张要实行民主。这三项，便是沈先生的救国主张，也是全中国人民的主张。记得沈先生曾经写过一首诗，第一句是“我是中国人”；第二句还是“我是中国人”；第三句是“要争取中国之自由与平等”。这里说明了他生平的抱负。因此，我们今天庆贺他的生辰，意义并不寻常，还有为新中国做生辰的意义在内。

今天在座的，有沈先生的老朋友，有青年朋友，也有儿童朋友。因为沈先生人老心不老，乐于和青年、儿童做朋友。所谓：“老人乐为少年友，老人没有少年愁。儿童园里无老翁，老翁个个是儿童。”这虽然是小孩子们的歌声，但是，从这歌声中，我们可以认识今天的沈翁。

---

* 本篇系1943年12月21日在重庆百龄餐厅主持沈钧儒七十寿诞茶会上的讲话。与会者四百多人。摘自《新华日报》记者陆诒文《沈钧儒先生的寿诞·三大主张》，原载《新华日报》1943年12月22日第二版。

把戏剧带给广大的人们*

我们的戏剧，不是少数人的。我们要把我们的戏剧带给广大的人们！我们要把我们的戏剧带到前方去！……

土话剧[①]也是保卫四川的力量。

我要办一百个乡村演剧队。

注释

① 土话剧　即方言剧。

* 这是1943年冬与育才学校戏剧组同学的谈话。摘自罗坚《陶校长与戏剧运动》一文，载新北京出版社1951年4月版大众教育丛书《爱满天下》。题为编者拟。

请再予助力渡过难关

——致康心如

心如先生赐鉴：

久未晤教，至为繁念。敝校前为增加难童学生营养，贯彻发展计划，曾由育才之友冯公焕章致函左右代为申请，谅蒙鉴及。上期承公赞助及诸友提倡已可收支相抵。但自七月以后，物价迭次突涨，又经火灾，经济益感困难，每月突破预算六万五千元，势须弥补，方可维持。素仰先生爱护敝校无微不至。当兹年终结算分配公益，深望贵行予敝校以雄厚之助力，俾能渡过难关，实现理想。倘蒙俯允，则敝校预算再度平衡。弟乃可节省奔走之劳而专心致力于教育本身事业，公私交感宁有涯误。专此奉商，祇候复音。

敬颂

康健

教弟　陶行知拜启

民国卅二年十二月廿二日

1944年

音乐的感受力和发展舞蹈*

有一次从欧洲返国途中，船过红海，旅客们在甲板上散步，播音机中正在播出快乐的唱片，我看见一个四岁的小女孩在甲板上跳舞。我细细地观察，这小姑娘的舞蹈是很合音乐拍子，而其表演出来的快乐情绪也是与音乐相合的。

这引起了我的惊奇，立即商请船上的人换一张悲哀的片子，要试试这孩子对音乐的感受力。果然当悲哀的乐声一起，那小姑娘的舞式不仅整个改变，脸上的快乐情绪也突然改换了，一种严肃深沉的忧郁。我愈看愈奇，又商请改换了一张革命的片子——《马赛曲》。当《马赛曲》的乐声一起，只看了小姑娘拿出了拳头，向甲板上的旅客挥动……

这一幕给我一个很大的启示，就是音乐的天才，一个人在四岁的时候就能发现。因此，我现在招收音乐组学生，也采取了这一办法，来测验对音乐的感受力。

音乐与舞蹈，在中国古代史上并不是像今天一样贫弱，唐代的舞蹈就很流行，如今日本反而流传过去不少，所以我们在这个意义上应该发展舞蹈。

---

* 原载1944年11月5日《新华日报》，摘自记者关于1944年11月3日育才音乐舞蹈会的报道。

1945 年

共同任务*

我们目前的共同任务：

（一）学老百姓；

（二）教老百姓；

（三）为老百姓——同老百姓生活在一起。

* 这是陶行知1945年3月15日在生活教育社成立十八周年纪念会上的讲话。摘自袁堃《育才文学组在重庆》一文，原载1945年4月13日《中国学生导报》第15期。转自重庆出版社1984年出版《育彼英才——陶行知和育才学校在重庆》一书。

创造的大学里最重要的是学术自由 *

安徽有一个山，我第一次去的时候，山很美丽，一座童山，一片荒山。第二次去的时候，山上有了树苗，长了头发，不同的美丽了。第三次去的时候，众木成林，青山绿野更加美丽了。今天我所见到的，不是童山，不是树木，在我面前的而是森林了。诸位的责任是重大的，你们那儿我很想去，看看森林的森林。

几年来我写的一本创造的大学，什么是创造的大学呢？大学之道，在明民德，在亲民，在止于人民之幸福。什么是民德，要目有四项：觉悟，联合，解放，创造。——要捣毁痛苦的地狱，创造人间的天堂。宪政运动的发动，我们主张运用创造的大学之原理来干，才能把它干成一桩真正的救国建国的大事。大事要大做，不可小做，如果小做了，就会变成一件小事。宪政运动是一件大事，从教育的眼光看来，宪政是人民学习的一门最重要的功课，我们要在制宪上学习制宪。制宪是国家的根本大事，不能草草了事。这门功课，必须大家亲自去上，千万不要以为老百

---

* 1945年4月22日在北碚，一群来自乡村建设学院的青年，要求陶行知先生为他们开办“一小时的临时社会大学”，陶笑眯眯表示：“欢迎，欢迎，就在兼善餐厅，我好准备一点茶，一点点心，那里安静，坐下来慢慢谈。”在丁十介绍了青年们的姓名后，陶作了这番演讲。青年们听后，异口同声说：“陶先生一小时的活教育，十年学不完也学不到的。”

摘自丁十文《在止于人民的幸福》，载1946年“三联”版《陶行知先生纪念集》。

姓程度不够就连宪政教育也不给他们。先知先觉的同胞们要领导着后知后觉的同胞们，把他们功课好好的上，使老百姓都明白大众的道德，都能做新时代的大众，都能瞄准大众的幸福制成宪法，并且运用宪法来增进大众的幸福。

创造的大学里最重要的是学术自由。这“学术自由”四个字，往往被人误解为自由主义的学术。其实学术自由是追求真理的自由，如果追求真理的自由都没有，根本就不能产生学术。宪政教育里所需要的这种教育，中国老百姓应该有这种充分的自由去追求制宪的真理。我们需要什么宪法？要什么适宜的人去制宪？我们要有自由去追求这些问题所包括的真理。透过宪政教育的宪法，才是全国国民共同认识、共同学习、共同参与所产生的宪法，才是共同遵守、共同爱护、共同发展的宪政。今后的新教育，必定达到各尽所能，各学所需，各教所知，各得其所的理想，才算是民有、民治、民享的教育成了功。

诸位的学校，是乡村建设学院，这条路是对的。我们提倡文化下凡四部曲：一是跑进老百姓的队伍中去；二是跟老百姓学习；三是把优点好处教给老百姓；四是跟老百姓一起创造新中国新世界。这四部曲是同时间同空间进行的，简单的说就是文化下乡，文化为老百姓服务。你们学校里，有教育系，教育下凡，教育为老百姓服务；有社会系，社会下凡，社会为老百姓服务；有农学系，农学下凡，农学为老百姓服务；有水利系，水利下凡，水利为老百姓服务。乡村建设的工作，是文化下凡的工作，这是应该努力的方向。

艺术是老百姓最需要最爱好的东西*

今天机会很巧，在坐的翦伯赞先生、周谷城先生、吴泽先生，他们都是弄历史的，以后可以帮马先生写一本民间艺术史。艺术本来是老百姓最需要、最爱好的东西。自从文化被集中以后，便集中到少数人的手里去了，艺术私有了，老百姓反而变成缺乏艺术性而枯干地生活着。今后必须掉转方向的，恢复正流的，一切以人民为本位，一切走向人民。艺术在它人原的阶级上是有着一种形态的，便是由大家集体学习，集体工作，集体表现，集体享受，集体保存，集体发扬的人民艺术。新的艺术，追溯起来都是起源于民间的。

音乐是件专门的东西，小提琴更专门了，听不懂只要听，自会懂的。像洗澡一样，把皮肤上的“不洁物”洗去几分乃至几钱，洗了之后，总是愉快、舒服的。有失必有得，听音乐也是一样，专心专意的毫无成见的全部精神的放在上面听，你以为有所失，听过了便知道有收获了。翦先生就被这个道理感动的。

白健生先生有一次和我说，“以不变应万变”，我提议在不字下面加一横，意思是“以丕变应万变”。丕变，即是大变。今

* 1945年4月22日，马思聪到北碚为育才学校举行音乐演奏会，当晚陶行知举行宴会，这是陶在宴会上的讲话。

摘自丁十文《在止于人民的幸福》，载1946年“三联”版《陶行知先生纪念集》。

日中国的政治需要大变，整个社会需要大变，向民主方面变，向进步方向变。我们要在生活上起大的变化，才能应付政治的进步社会所起的大变化。民主政治所起的变化是很大的。例如承认个人的尊严，便不能随便侵犯别人的自由。采用协商批评的方法，便须放弃“我即是”“朕即天理”。要使人了解你，同时又要使你了解人，便须放弃“民可使由之，不可使知之”，又必需要虚心下问，集思广益。实行共同创造，便须放弃少数人包办的倾向。政治问题的焦点，在上面闹得太紧，闹得太凶了，上层不起变化，自然透不过气来，我们要解开这一个结，必须四方八面用力不可了。

穷人办教育得带创造性*

有办法，有办法。穷出穷主意，富出富主意。有钱的话就买纸笔发给他们，没有钱就学岳母教子的样子，用柴片在地上画着教他们。我们穷人办教育，样样都得带点创造性。

* 这是1945年4月到合川古圣寺视察乡村识字班教学情况，面对负责的先生提出一大堆困难时的谈话。摘自微林《老百姓流着流不完的眼泪》一文，载1951年4月新北京出版社版大众教育丛书《爱满天下》。题为编者拟。

真正的艺术是长青的*

(1945年5月，陶行知为帮助吴晓邦解决经济拮据问题，让吴和戴爱莲女士合作举行舞蹈晚会，上演了《思凡》《饥火》《生的哀歌》《义勇军进行曲》《游击队员之歌》等六个节目。陶观看了演出，并在三场演出结束后，约吴到北碚聊谈，内容摘录如下。)

陶：你在各地上演《饥火》《生的哀歌》这些对国民党当权人物十分不利的节目，就不怕被捕么？

吴：是的，我经常感到有受迫害的可能，可是我并不惧怕，因为这种日子就要到尽头了！……文艺界的某些倾向进步的人士，对我的节目也有不同的看法。他们说，我的节目不直截了当，态度不够鲜明。比如《饥火》吧，他们……希望我表演成：饥者冲进富人的大门，打烂他们的筵席，以斗争的胜利告终。……我认为我所表现的主题是燃烧在一个穷人身上饥饿的火焰，正是这种饥饿才能感动人。如果按他们的意思搞，也就没有什么饥火可言了。

陶：对！你正是因为真实地反映了社会的面貌，所以才能感动观众。艺术就是艺术，不能不顾现实生活而去胡编胡诌。

---

* 摘自吴晓邦《回忆陶行知先生二件事》一文，载1984年3月《行知研究》第10期。题为编者拟。

吴：还有人说我的舞蹈是苦闷的象征，将来不能为革命所需要。

陶：真正的艺术是长青的，一时遭受挫折也是难免的嘛。

你近日要特别警惕北碚的特务，安全最重要！

小孩顽皮　我不责备*

你们谁肯告诉我为什么到我屋子里来？来了又为什么又跑呢？

我不责备小孩顽皮的。但是如果你们对一个校长存着害怕的想法，我可要不高兴的。如果坐在这儿的是一个厨房的老乡，你们也许还会躲在他背后给他一个冷不防的吓一下。可是看我坐在这儿就要逃走，这不好呀。唔……你们想看看我的屋子，是吧？或者想翻翻书架里的书吧？这不是一件坏事呀。

* 摘自周令辉文《随时随地教育我们》，原载1949年7月25日《大公报·新儿童》第6期。题为编者拟。

如果发生意外　谁应负责*

——致陈诚

我们的小孩，都是抗日战争中失去父母的孤儿，正在安心学习。为什么校舍被你们突然派武装侵占，守住大门，荷枪实弹，如临大敌，如果发生意外，谁应负责？

* 摘自操震球《和陶行知先生在一起的日子里》，载湖南教育出版社1984年10月版《纪念陶行知》。1945年秋，育才学校设在北碚临江楼的自然学园校舍，突然被邻近的国民党中央陆军测量学校派遣武装部队把守，企图强占校舍。陶行知知道后说："这么几只小老鼠，偷偷摸摸干这样的事，算不了什么！"于是写了此信给当时任军政部长的陈诚提出质询。后经多次催促，武装士兵终于撤走。为此事，陶以《打胜仗的秘诀》为题赋诗一首，见本全集七卷870页。

普及民主教育运动计划*

普及民主教育运动计划，其中特别着重小先生制。小先生，不但可以使年老的人放心学习，而且也可以使老年人回味到自己的童年，童教心发，可使其感到童年之快乐及家庭之温暖。在这计划的第一年里，除了设研究所，讲习会，十个实验区，五百个特约学校以外，还要出版一万份民主教育月刊，一百万部民主老少通，十万部老百姓文库（每部一百本），十万份老百姓月报，十万本小先生指导书，十万本武训传……在这第一年的计划里，我的最低预算是五千二百万元。

* 这是1945年10月10日陶行知在重庆管家巷28号召开的生活教育社临时大会上宣布的。记录者：冶方。原载1945年10月11日《中国学生导报》第23期。转自重庆出版社1984年版《育彼英才——陶行知和育才学校在重庆》一书。

论中美两国关系*

——致美国杜威博士

杜威博士：

我现在想起你在去年六月十日写给我的一封信。那封信里说：

“我很高兴看到美国对于受难的中国至少有着一点小小的帮助，我希望将来美国对中国会有更多的帮助，不但是在军事方面，而且是要站在民主社会与民主教育的立场上，给予中国所需要的帮助。现在整个世界是联成一体，除非是民主的目的与方法在全世界每一个角落里都建立起来，我恐怕它们在美国是不会长久的茂盛下去。”

读了您这几句话，我知道您是中国最知己的朋友，明白中国最需要的是什么，而且说明世界与中国如不民主，会影响到美国的民主。

的确，中国最需要的是民主。您那封信是写在日军打通平汉线，发动湖南新攻势之后，若是在今日，您必定不再提到军事的帮助，而要着重提在中国第一需要的民主了。民主是政治的盘尼西林，能肃清一切中国病。民主是精神的输血，能给中国人民一

* 原载1945年11月10日《民主星期刊》第7期。先是用英文写的。11月6日又自译成中文。这是复1944年6月10日杜威致陶的信（中文稿为陶晓光翻译）。后附信是朱启贤在美国求学时称杜威并未收到这封信。朱启贤的信大约写于1946年五六月间，附件尚未找到。

切新的生活力，不但能团结成一个巨人，足够接受日本军队之投降，而且还有力量创造出一个独立、自由、幸福的国家。

所以，美国以一个民主先进的资格，帮助中国民主是再好没有的一件大事。我向美国朋友建议，您一定同意，凡有益于中国民主的事都可以干；凡有害于中国民主的事都不可以干。

美国和中国素来是好朋友，除了军火商人、亲日派、反苏反共派之外，美国对于中国是有丰富而不偏的同情。尤其是自从一九四一年年底，我们从朋友转变而为共患难的盟友之后，执政的如罗斯福、华莱士、史汀生，在野的如先生和整个美国人民，都希望中国朝着民主的路线迈进到最后胜利。那时威尔基先生来华，发现中国对美国有着“善意之无尽宝藏”。这是何等可贵的友谊啊。我们愿意美国永远这样，做整个中华民族的朋友，不做一党一派的朋友，使这“善意之无尽宝藏”，成为两国人民友谊之永久纪念。

可惜得很，这“善意之宝藏”是受了伤害：赫尔利大使在华盛顿接见记者之偏见之谈话，把它打了一个大洞；魏德迈将军说明租借军火可以自由使用，又把它打了一个大洞；美军在中国海岸登陆，沿铁路布防，甚至用飞机帮助一党运兵，最近不惜参加中国内战、扫射平民，是接二连三的把“善意之宝藏”的漏洞越打越多，越打越大了。我担心中国人民对美国的善意快漏完。首先要停止军人打洞，其次要赶快修补。这是一件救命的事：救美国人，救中国人，甚至是救全世界的人。我们必得急起直追，与这个大灾难赛跑，尤其希望先生和我们中国爱好和平人士，号召、领导完成这件大事：停止美国军人参加中国内战以停止中国内战，并避免世界第三次大战。

这一切我当初就怀疑有军火商人及法西斯残余从中作祟。近见华盛顿十月三十一日电，知道克洛克在《纽约时报》著文论及美国过剩军火与中国内战之关系，并主张销毁过剩军火，可说有远见之明。我进一步主张，把这次大战所缴之军械及过剩军械之能熔为农具、工具者，一齐改造为利用、厚生之器。没收之军火及生产过剩之军火，除开山筑路等所需外，一律毁除。否则，中国内战受其鼓励，必致蔓延，乃至百业破坏，市场毁灭，中美两国人民都受其害，而且对于世界和平也是一个很大的威胁。

近年美国在渝青年，因为我曾在美国留学，常有人来找我谈，因此认识了好多朋友。他们分到香烟，吸不完，也送一些给我。您知道，我是不曾学会，就转送给一些不抽烟便写不出文章的朋友。有一次我把美国骆驼牌、幸福牌的香烟送给一位历史学家，并写一首诗附去：

这礼物来自罗斯福之国，
里面包着四大自由。
愿您用智慧之火点着，
喷出民主自由来。

我把这首诗公开给美国的青年朋友们，他们觉得送香烟给我的朋友是有意义，便开始送更多的烟，并高兴常常来。这样，在我们中间便存在一种好的友谊。日本投降之后，他们流露出一种想家的心思。当然，争取自由之战已经打完，为什么不想回家看看母亲和年轻的妻子、爱人呢？哪个愿意再留在这里被调遣去打中国的朋友，或给中国的朋友打死呢？所以为美国的服役青年的远大前途打算，也应该让他们回家了。

我看中国的不够民主，影响了美国，影响了美国的政策。走出了华盛顿、林肯传统的正轨，有些违背罗斯福总统四大自由的方针，甚至于走进中国内战的漩涡，这是应当悬崖勒马的。但是美国对于中国和世界的影响更大，现当世界大战结束，美国正应当用全部力量领导建立全世界和平机构。但是提倡军训，这不是刺激各国在军训和军国主义上比赛吗？原子弹的原理与制造，正应当由国际共管以保和平，使得全世界科学家，可以用他们的心思，将其力量控制以为人类造福。而美国宣布出来的政策，是要保守秘密，这不是要刺激各国分头在追求秘密上去竞赛吗？这不是叫全世界的科学家丢掉建设性的创造，而走上破坏性的努力吗？何况这样秘密只能保守很短时间。科学发达之国，如英、法、苏联，可能很快的找到这秘密，又何必保守这秘密而使世界和平、团结受到过分的威胁？

我相信先生和爱好和平的美国朋友，已经是在那里想法克服这些反和平的趋向。记得中国抗战初起，日本百分之五十四点五之军需材料是从美国那里来的。您曾邀约罗素、爱因斯坦、罗曼·罗兰、甘地诸先生，共同号召全世界人民抵制日货并阻止军需品输入日本，这一伟大的正义的号召，到现在还是深刻的印在我的心里。我希望先生用同样的精神来号召：

（一）停止美国过剩军火输入中国。

（二）停止美国军人参加中国内战。

（三）停止美国干涉中国内政。

（四）在完成日本缴械任务时，撤去美国在中国之军队。

积极方面，我们希望先生，对于我们的民主运动多多指导，在民主的新世界中，中国对于民主的修养实在是落后得很。我们想急起直追，向先进国学习。我们只求孙中山先生的三民主义和林肯先生的民有、民治、民享的政治，罗斯福先生的四大自由能够实现，中国就有光明远大的前途了。我现在正想站在教育的岗位上，推动全民教育，以帮助真正民主的实现。希望您常常指教。

受业陶行知拜启

（十一月六日译成中文）

附一：杜威致陶行知函

亲爱的陶博士：

从你的老同事朱教授处得到你的消息后，一直感到欣慰。得知你的健康状况仍然很好，你的教育工作甚至在你所处的困难条件下还在继续进行，非常高兴。美国正在为你们遭难的国家尽一点力，这是我觉得欣慰的事，而我盼望——我肯定你也盼望——那样的时候来临。届时不仅在军事方面，而且在带根本性的各个方面，我能够为一个民主的社会、一种民主的教育做比过去多得多的事。如今世界结合得非常紧密，除非民主的目的和方法在全世界普遍确立起来，否则，我恐怕这些目的和方法在美国也不会长久盛行不衰。

致最佳祝愿和问候。

哥伦比亚大学名誉教授

约翰·杜威

1944年6月10日

附二：朱启贤致陶行知函

陶先生赐鉴：

阅报知，尊驾抵沪筹办社会大学，至为快慰。育才如何？何人代为负责？晓光弟现在何处？出国有无希望？至念。贤抵美两年余进步不多，思之愧汗。论文刚开始写（《科学的哲学与教育》，题附奉上），但愿明年春能写完。如国内有事可作，希望明年夏天回去（过欧洲）。

报载先生致杜威老翁信，此信他没收到，不知何故？他应蒋梦麟约原定今年八月间赴华讲学，并参与中国教育改造之设计。唯现在身体欠适，届时能否成行，殊难一定。

日前克伯屈翁来舍下，讲论《民主，民主教育与中国教育问题》，甚精要。附奉讲稿，如译出发表，乞将该杂志或报纸剪寄两三份来，为祷。

贤去年八月托汪如川（他在经济部资源委员会做事）及刘英（他在重庆海关做事）二君代买第三年度外汇（内子刘静和买第二年度的）迄今尚无结果。所有法定手续均一一遵照办理。兹拟再次催促望当局“依情依理依法迅即批核准予以国币二十元合美金一元之申请时之汇率购买”。（燕大校长司徒雷登等曾为此事电孔。）附奉贤及□□之呈文各一件，乞托人转递（闻冀先生在沪中行研究处，确否?）为祷。

余容后详，谨颂

健康

后学　朱启贤叩

附：1. 克伯屈翁讲稿

2. 论文题及内容要点

3. 呈财政部文两件

4. 附给申府先生信一纸，乞转。

请伸出友谊的手*

——致杜威

杜威博士：

您是一位民主战士，同时也是一位民主和自由的保卫者。希望通过您，通过您的国际威望和影响，伸出友谊的手来，有力地支援我们民主党派和为民主与自由献身的战士，以抵抗国民党的血腥屠杀。国民党的独裁统治是世界上最残忍、最野蛮的法西斯暴力，它企图使中国人民永远处在水深火热之中！我们觉醒了的人民，坚决为争取中国的民主和自由而斗争，使中国也能像二百年前的美国那样，在林肯总统的领导下，把民主、民治、民享的权利归还给人民，使和平、民主与自由永远植根于中国的土地上。

杜威博士！过去我曾聆听过您的教益。今天我作为您亲密的朋友，我愿把我的祖国从黑暗的统治中解放出来；同时把我的祖国建设成为一个具有充分民主自由的国家，把当前统治中国的法西斯细菌永远消灭。作为您的亲密的朋友，希望通过您，用您的威望和影响，使美国政府制裁国民党政府的倒行逆施，迫使他接

* 此系1945年昆明“一二·一”惨案及1946年重庆较场口事件后，陶行知在重庆口授的电文，由汪刃锋记录。陶签名后，汪送到民主报社发往“美国加利福尼亚世界人权保障同盟”。汪刃锋时为育才学校教师。

摘自汪刃锋文《和陶行知先生在一起的日子》，载北京《文史资料选辑》第28辑。题为编者拟。

受人民的愿望，使我国实现联合政府的原则，从而走向和平民主新的未来！如能这样，则国家幸甚，人民幸甚！

您的亲密朋友　陶行知

武训颂*

朝朝暮暮，快快乐乐。
一生到老，四处奔波。
为了苦孩，甘为骆驼。
于人有益，牛马也做。
公无靠背，朋友无多。
未受教育，状元盖过。
当众跪求，顽石转舵。
不置家产，不娶老婆。
为着一件大事来，
兴学，兴学，兴学。

一九四五年十二月五日作于重庆

* 原载李士钊编著、孙之儁绘画，上海三联书店1996年7月版《武训画传》第3页。画传有一百幅画，第一幅画是20世纪前夕由山东临清画庙的老画师李松亭追忆武训的印象画成的。1936年段绳武和孙之儁合作了一本《武训先生画传》，1938年曾由段在长沙单独出版。1940年段去世后，其夫人王赓尧把画版捐赠生活教育社，陶行知为该书再版本（1944年4月）作跋（载本全集四卷459—461页），1945年陶行知又将其文字部分译成英文出版。陶曾对作者说："影响社会上产生许许多多的'新武训'，武训是好人，好人越多越好。"而且对李士钊说："到北平一定要找到孙之儁先生，请他再画一部精美的《武训画传》。"1950年按照陶的意思重新绘制出版了画传。随着对《武训传》电影的批判，画传及其作者也受到极大的伤害，1996年7月画传再版。

把武训从四个小圈子里解放出来*

——在武训107周年诞辰纪念大会上的演说

武训先生需从四个小圈里解放出来：第一，是要从“苦行”的小圈里解放出来。人总说武训先生是苦行兴学，但我却证明武训先生是一个快乐的人。他认清一件大事，就快快乐乐的歌唱着做下去，做好做成功为止。苦是人生最怕的，怕就不敢做不能做事了。所以我要把武训从“苦行”的小圈子解放出来，就是要人人都能学着快快乐乐做一件大事。第二，是要把武训先生从“异行”的小圈子解放出来，譬如张默生先生写了一篇很好的武训传，就把它放在《异行传》里。“异行”就是稀奇古怪的今古奇观，只可作为茶余酒后闲谈的资料了。所以我要把武训先生从“异行”的小圈子解放出来。平平凡凡地工作，作出一些平凡而伟大的事业来。第三，是要把武训先生从“圣人”的小圈子里解放出来。因为圣人要五百年才能产生一个，要这样来普及教育，需要五万万年才能普及了！所以要把武训先生从“圣人”的小圈子解放出来。因为武训先生本来就是一个平平常常的老百姓，一到了平凡的老百姓，就能够做更平凡而伟大的大事。第四，我们要把武训先生从“我们”的小圈子解放出来。因为武训先生是属

* 摘自方与严在1946年1月1日《民主教育》第3期上发表的文章《武训纪念会与普及教育》。方与严在演讲记录之后还写道：“最有趣的，是陶先生鼓励小学生做小先生，陶先生问一声愿意不愿意？大家都举起小手齐声喊出：‘愿意！’声播场壁。赤子赤心兼赤胆，真是纯洁得令人喜爱不置。”

于中国的，属于中国人民全体的。要叫武训从“我们”的小圈子里飞出去，飞到每个中国人的怀抱去，给他一些温暖，一些热量，发出普及教育的力量来，男的成为男武训，女的成为女武训，老的成为老武训，小的成为小武训。最好，政府还能发护照，准许武训出洋，到印度去普及教育，到许多小的穷的国家去普及教育，就连金元美国也需要武训去普及红人和黑人的教育。

商量出版诗集*

——致朱培臣

重庆印制厂

朱培臣兄：

介绍郭富昌先生代表奉商出版敝著《行知诗歌集》，务希玉成为盼。

育才学校校长

陶行知

地址：重庆和平路管家巷28号

附： 诗歌集原稿奉还

本厂奉令结束，兹将诗歌集原稿奉还，即请查收为荷，此致

陶行知先生

中央印刷厂重庆厂启

民国三十五年五月廿日

* 此系1945年12月8日在自己的名片上写的介绍信。1946年5月20日中央印制厂重庆厂因奉令结束而将诗歌集原稿退还。

《行知诗歌集》自序*

这是我二十七年来所写诗歌全集，大部分之译诗来不及搜集，故未列入。这里面有不少的烂污泥，因为不忍割爱，姑且留着它，给人知道我的全貌。而且虽是烂污泥，我的诗歌便是从它那儿长出来的，里面有莲花，也有空心菜，不大美丽，但可供穷人下饭。还有一些只是粗糙的肥料，不嫌脏的人，可以用它来培养更好吃的菜蔬或更美丽的莲花。

陶行知

卅四、一二、九

* 这是陶行知1945年12月9日编《行知诗歌集》第一卷的《自序》。手稿首刊于1997年1月28日《羊城晚报》第十一版《晚会》栏胡晓风文《陶行知墨宝回娘家》。

1946 年

较场口事件前后的讲话*

政协会议已经闭幕，“双十协定”也早签了字。但是纸上的东西，还要我们用行动去争取才能实现……我今天去开会是准备挨打，甚至流血，希望参加大会的师生也要作好思想准备，要勇敢，镇定，团结一致。

沉着！要知道民主是需要用血、用生命去争取才会到来的。

打骂吓不倒我们，法庭更不可怕。我们多经一次风雨，也是多一次锻炼嘛！

* 1946年2月10日，重庆各界人士在较场口举行群众集会庆祝旧政协闭幕，国民党特务大打出手，制造了“较场口血案”。事后他们又向法院诬告育才师生破坏这次大会。陶行知立即聘请史良担任育才的常年法律顾问，准备迎击国民党反动政府的挑战。第一段是2月10日早晨出发参加集会前对育才师生的讲话，第二三段是较场口事件发生后的讲话。摘自张达扬《大哉陶子——深切怀念陶行知先生》一文，载湖南教育出版社1984年版《陶行知一生》。

文化教育要人民自己办*

中国人民一直在苦难中生活着，我们的文化教育也要在苦难中发展，我们要为人民解除痛苦，为人民谋幸福，为人民服务。

最近，政府要还政于民，我们要求还文化于民，还教育于民。将来的文化教育，也要人民自己来办，不要官办。

* 摘自记者1946年3月17日下午关于民主文化教育事业协进会举行迎新大会的报道。到会者有沈钧儒、陶行知、邓初民、章乃器、杜国庠、田汉、李公朴、史良、周宗琼、方与严等80余人。原载《新华日报》1946年3月18日第3版。

开展社会大学运动*

要在上海及各大都市去发展社会大学。我估计中国全国有四百万职业青年需要社会大学帮助他们进修。我们应该在全国展开社会大学运动。在各大都市建立夜大学和早晨大学来应付这广大的需要。

我改孔子“大学之道：在明明德，在新民，在止于至善”，为“大学之道：在明‘民’德，在亲民，在止于人民之幸福。”社会大学之道：首先要明白人民的大德；其次要亲近老百姓；第三要为人民造幸福。

社会大学有两种：一是有形的，二是无形的。社会大学运动是要把有形的普及出去，并要给无形的一个正式的承认，使每一个人都承认这无形的社会大学之存在，随时随地随事进行学习。无形社会大学是只有社会而没有“大学”之名，他是以青天为顶，大地为底，二十八宿为围墙，人类都是同学。依“会的教人，不会的跟人学”之原则说来，人类都是先生，而且都是学生。新世界之创造是我们的主要的课程。

---

* 摘自吴玉章文《回忆陶行知先生》，载1946年9月22日《新华日报》。

晓庄我是一定要来的*

(1946年4月14日，陶行知偕夫人未打招呼步行到了晓庄学校，四乡农友得知后纷纷奔走相告，赶来看望离别16年的亲人。不一会到了一两百农民，大家聚在操场上围成一团，向陶问长问短。农友陈荣贵关切地问："陶叟，这么远的路，怎么不坐车子?!"陶笑着风趣地说:)

汽车贵来稀，人力车不便宜，十一号车子最惬意！（大家欢笑不止。陶介绍重庆的风土民情:)

重庆是个山城，也是一个雾都。那里老鼠有小猫那么大。……

这几年在重庆办了育才学校，学生大都是在战争中失去或暂时失去了父母的孤儿。这些孩子都很聪明。在学校经过一段时间学习，各具有专门知识，有的已走上工作岗位为国为民服务了；还有两百多人马上要搬到上海来。（这时陆大妈等急忙问："这回来晓庄您就不走了吧?"陶收起笑容说:)

晓庄我是一定要来的，要办师范部，还要办晓庄研究院。可是，现在还不行。抗战虽然胜利了，但蒋介石又要挑起内战。当前最要紧的事是反对独裁，制止内战，争取民主！

---

* 摘自胡同炳著《南京儿童自动学校十年努力记》中《晓庄小学复校》一节，四川教育出版社1989年12月版。题为编者拟。

儿童自动学校的小先生，如今多长大成人了，他们有志把晓庄小学恢复起来，精神是可贵的。乡亲父老们要多多支持他们，把学校的事情办好。他们一定会把我们种田人的孩子教好，农民的孩子也将会成为农艺师、科学家、教育家、航海家。

（陶要回城了，大家送了一程又一程，直到五班村，经陶再三劝说，农友们才依依不舍地分别。而同学们却一直送到迈皋桥镇，陶说：）

天黑了，不能再送。望大家多为农民办好事，国事要紧。我很快就要去上海了，将来见面机会多着呢！（大家这才停步目送，直到不见陶的身影始返。）

教育与生活不可分割*

目前困苦的生活，使教授们的停课不可免的。停课对于学生有很大的心理影响。可是我们得认清：这活生生的事实正叫每个人明了教育与生活的不可分割。

这次经过南京，勾留了五天，简直把我闷坏了。我向来有阅读书报的嗜好，每天必须看各党各派无党无派的报章杂志，在南京就太片面了。到了上海，才看到《文汇报》《联合日报》《周报》《民主》《消息》等民间的书报，“饥饿”就顿时解决。做记者也唯有像你们“记者有其报”的时候，才会真正地感到自由愉快幸福。直到如今，我国真正“记者有其报”的又有几个呢？

以办教育的立场来说，敬师尊师都是理所当然的事。大家都能争先恐后地表达这种敬师尊师的意义是好的。不过，老师生活的维持要是寄托在这一批天真的学生身上，那是不可能的事。就是家长，八年来沦陷区的苦痛和如今的物价，已是说不尽的困难，还要再增收第二次学费，实在不是根本办法。重庆文化教育界已提议将教育经费提高到百分之四十。但要做到这点，却又必须实现民主，因为只有民主政治才是安定教师生活的唯一办法。

---

* 此系1946年4月19日接见《消息半周刊》记者的谈话。见非飞《陶行知先生谈敬师》一文，原载1946年5月2日《消息半周刊》第8期。

我同意学生团体联合会的敬师运动旨在推广宣传，博取全市全国全世界人民对教师苦难的同情；也希望另一批“尊师”运动的人除了“尊师献金”和申请救济品之外，更能将充公的敌伪财产中支出一部分来补贴教师。

这几天事特别多，过两天我要把生活规定一下，半天做事半天读书。待生活安定之后，将有新诗在《消息》上发表。

争取“六大解放” *

封建时代的统治者有一样新的发明：用一条条包脚布制造出无数三寸金莲。现在的统治者用一块块包头布，把人民包出了一个个三寸金头。我们一定要解放我们的头脑！解放人民群众的思想！解放三寸金头！

中国经济的发展中，把劳心者与劳力者分了开来，劳力者被压了数千年，劳心者悠哉游哉。我们要解放人民的“双手”，做到手脑并用；还要解放人民的“眼睛”，让人民群众放眼全国，放眼世界；解放“嘴”，让老百姓都能讲话，都敢讲话；解放“时间”，不能使青年们埋头死读书，要让他们有充分的时间，去关心国家大事，关心老百姓的痛痒，投入各项活动；解放“空间”，要让青年人接触社会、了解社会以改造社会。

---

* 此系1946年5月21日在上海沪江大学的演讲。摘自林雪娟文《争取“六大解放”——追忆陶行知在沪江大学的讲演》，载1994年8月31日中国陶行知研究会、基金会会讯第77、78期合刊。

为育才学校申请演奏音乐的呈文*

径启者：敝校音乐组东下在即，为答谢陪都①各界人士雅爱，特定本月二十四、二十五、二十六日假江苏同乡会举行音乐演奏会三日，并为弥补开支，略定票价壹仟元、壹仟五佰元两种（捐税在内）。节目有《小夜曲》、《寂寞之夜》等。届时除请光临指教外，并恳惠允演奏及价购票券为荷。

私立育才学校校长　陶行知

三十五年五月二十二日

注释

① 陪都　指抗战时期的首都重庆。

* 呈文出自重庆社会局1946年5月档案材料。题为编者拟。

当时陶行知已去上海。5月23日社会局长收到呈文后即转市长张笃伦。24日张发布指令：“呈悉。准予演出三日，捐税照征。除分令财、警两局知照外，仰即知照。”

振兴女子教育*

——在苏州振华女校毕业典礼上的演讲

王校长、各位先生、各位来宾、各位同学：

我这一次能到贵校来演讲，真是非常荣幸。我知道振华的精神一向是很好的，尤其是女子教育一项，振华是数一数二的，是苏州第一个学校，也是振兴女子教育最早的先锋。一个国家文明之高下，可以拿女子教育来决定。在重视女子教育的国家，这个国家必定是兴旺的，而轻视女子教育的国家，是靠不住的。这里有两句话："提倡女学；解除天生囚犯"。一个女孩子生下来就给她裹足，她本是自由人，生在中国就变成了一双三寸金莲。贵校长达夫人，开创放足运动，她既开办了女校，又提倡放足运动，使中国的女子得到最大之自由，是多么值得我们所景仰。现在女足已放，再也不要放足的精神了，但我们的足虽然解放了，我们还有别的压迫，也应该要求解放，即使是很轻很微小的压迫，我们也要有普遍解放的精神。尤其是我们的头脑，更要加倍去求解放，这是一个自然的解放。缠头表面上虽然看不出，但实际上是有一块布缠着你们的头。裹头布好像看书看报受限制，已暗示我们的头被裹起了一部分。

在国父的《三民主义》上说："一个人必有普遍的思想，然

* 录自《苏州振华女校四十周年纪念刊》。系1946年6月29日，专程由上海去苏州在振华女校高中19届、初中16届毕业典礼上的演说。尤家玉、顾鹤翚记录。

后可以贯通信仰，由于信仰的贯通，然后发生一种极大的力量，这一种力量就是创造新中国的力量，就是打倒帝国主义的力量。”中山先生所以放这几句话在《三民主义》的前章，就是说任何的书籍，我们都要去看，由此他就能得到普遍的思想，而贯通信仰，然后发生一种极大的力量。中山先生之所以能创造新中国，也是鉴于思想的解放，所以不但要求放足，更要求思想解放！有许多人恨不得把我们的头裹起来，变成一个“三寸金头”，这在我们中国的大门未开之前，或许是没有什么关系，现在我国已是五强之一，是有了地位的一个国家。我们有代表到别国去，别国当然也有代表到我们这里来，别国的代表都是好好的头脑，我们却是每个人一个“三寸金头”，岂不令人笑话呢？所以我们要解放头脑，最大的目的：一、培养道德，二、研究深学。如果我们的头脑还裹着，试问怎样去培养道德研究深学呢？所以要有决心，代代而下，我们的头脑就可以解放了。章太炎先生的解放天囚，同样是长达夫人解放女足的目标啊！

今天我们毕业了到社会上去，是进社会大学的一天，毕业总是给我们一个不大好的影子，就是自以为自己的学识是足够了。我们要知道，今天的毕业是开始独立生活的一天，决不是自己的学识达到最高峰的一天。德国歌德的名著里说：“如有一天我满意自己，那末我是失败了，所以不能自己满足。”他更述及有一个人他创造了共和国，他有点满意自己，但不久忽而被人所杀。所以你们不能满足自己的毕业，应该到处研究学问，承认自己一无所成。要学到人家所不能的，不但把人家会的学过来，还要学到人家所不会之处。女孩子也要把学问献给一切人，贡献文化，本天下为公之原则，决不能把我们的学问时常藏在脑中，变成了一个大头鬼。

最后，我要介绍几位我所最崇拜的女性，其中有几位你们也许知道，有几位或者你们不熟悉。第一位就是你们所知道的沈骊英先生，她是贵校的先生，因为王校长的帮助，她才能出国研究植物之种植及改良品种。她已是三个孩子的母亲，但是她没有放弃她的学问，同时做着贡献国家的工作及农业的研究，终于她成功了。她苦心的研究获得了一种不怕狂风暴雨的麦子，当然能抵挡狂风暴雨的麦子才有好的收获。当民国二十八年，她在中央农业实验所工作，有一天正当狂风暴雨的时候，沈先生冒着暴风雨，在麦地中实地观察，当时发现有一丘麦子不被暴风雨所残杀，她把这种麦子定名为“中晨二十八”①。对于品种的改良方面，她有着历史上不可磨灭的伟大贡献，可惜她已死了。开追悼会时，李德全夫人曾命我写一篇文章追悼她，我们称她是“麦子女圣”，后来才知道她是这里的先生，而且是王校长的学生。我希望贵校能继续产生像沈骊英先生一样的女圣，产生不被暴风雨所摧杀的女圣。我们都颂赞振华女校产生这样一位伟大的女性。第二位是爱迪生的母亲。我们都知道电的发明是爱迪生一人首创。在八九十年以前，外国的学校也和我们中国学校一样，学生不能自由活动，但是爱迪生是好动的，同学都说他坏，三月后他以坏蛋的名义而被开除了。但是他有一个很好的母亲，她说：“我的孩子并不坏。孩子，你在地窖里工作，药品上注明毒与无毒，但不能带入厨房。英文、历史、地理我可以教你，几何、化学我不擅长，你自己去研究。”因此，爱迪生能成为一大发明家，他的母亲是一个能了解小孩子的母亲。所以你们要有爱迪生母亲的精神，孩子发问时不要责备他，对孩子要表同情，不能讨厌。孩子发问，独裁的母亲是不容许孩子言论自由。孩子动手实验，才能有真学问，如果阻止孩子动手实验，就说不定中国的爱迪生被埋没了。讲到这里，我又有一个故事讲给诸位听。我的朋友何太太有一天对我说：“孩子把我的金表弄坏了，真气死人！”我说：“你的孩子有这本领很不错，你拿了你的金表到修表铺去，他们索价你不要还价，只是有一个条件，让你的孩子同时看他们修理。”她听了我的话去做，果然她的孩子很细心地看修表，这修表所花费的二元五角变成了学费，修表店成了学校，修表人成了先生，这孩子便变成了学生。所以孩子们好奇研究的心理是不能阻止他们的。在目前许多先生中有不少是不准孩子发问的，我希望许多先生们都应学爱迪生母亲的精神。第三位是朱平瑜，她是在女青年会念书，同时也是英美烟草公司的女工。这公司里每天十二时放工午餐，工人们大都十分钟就可餐毕，还有五十分钟自由活动时间。她见到女工们不识字的很多，就利用这空余时间向她们宣传，教她们念书，有许多人取笑她，第二天她不敢教了。她跑来和我商量，我想，中午十二时小学不是放饭、学生不上课吗？有教室空着。于是我就给她一张名片，叫她去向附近小学校借教室。这小学校长恰巧也姓朱，他答应借课堂给她上课。过了一星期，一个教室变得满满的，她又发生了困难，又来和我商量，结果第一星期的学生变成了先生，再教另一批工人。第二星期两个教室都满了，第三个星期，三个教室都满了，终于整个小学的教室在放学时都让工人们占去用作念书了。而这位朱平瑜每天放工后还要跑四五里路渡江回上海再上二小时课，她又是一百多个工人的教授，的确值得钦佩。第四位是平老静的太太，在保定开肉包子店的。冯玉祥先生他每日吃四个肉包，而这肉包一定要在平老静店中去买。为什么呢？因为老静有极高尚的人格。他自己没有本钱，向人借了一只包金镯子，当了作本钱，待他赚了钱赎回的时候，觉得赎回的手镯很重，他就和店友说："弄错了。"店友正忙着有事，不跟他多说话，老静没法，只得返家。他的太太见了，确定为真金镯子，就说："我们穷人，不应该拿不义之财。"老静拿了镯子去见店主，店主非常感激他解救了他的不幸和困难，因为如果原主来赎回真金镯子的时候，得保全当铺的信誉，所以当即酬谢他五百元钱，而老静并不爱财就走了。第二天早上，当铺店主带了许多礼物亲自到老静家拜谢，别人因此惊奇，可老静虽然接见了店主，但对店主送的礼物并不肯接受，最后他答应店主，他的肉包店搬到当铺门口去开。于是大家都知道老静的人格极高尚的，这一名誉使人们都对他发生了敬慕和信仰，但这不能不归功于他的太太，因为她说过：“我们穷人不应该拿不义之财。”第五位是曾大娘。她是广西人，有一个儿子当兵去了。一天儿子因为思亲逃回来了，母亲送他回去，经过三百多里路，而且鼓励他儿子：一日不太平，母子一日不能团聚。军中本要严办他儿子，但因母亲教导有方而赦免了。第六位是刘大娘。她有一个孩子名叫刘楷，他并没有告诉他的母亲而去当兵了。一天刘大娘在街上看见队伍中有一人极像她的儿子，她仔细一看，果然是她的爱子，于是她去买了许多爆竹，命人燃放。有人问她为什么燃放爆竹，她说：“颂祝我的儿子胜利归来。”在这爆竹声中刘大娘出名了。

注释

① 中晨28号　在本全集九卷594页中为“中农28号”。

官与民　苦与甜*

你想做官就做官，官多民少；
我不吃苦谁吃苦，苦尽甜来。

* 1946年7月7日为上海幼专学生贺一欧题词。

增进中美友谊相互谅解的措施*

——就司徒雷登出任驻华大使答记者问

早在辛亥革命前一年，我就在南京认识他了。我一向敬重他，因为他知道中国人民的痛苦、意愿和渴望。我认为杜鲁门总统这样的做法，是出于美国最高的智慧，也是中美两国共同的福音。美国这一行动，关系很大，不但能增进中美友谊与相互的谅解，而且也可以帮助中国，促进远东与世界的和平。

附：我所认识的陶行知

司徒雷登

三十年前，我掌教金陵大学的时候，陶行知先生的卷子，我曾细心看过。他的思想超脱，笔致清新，一见便使人相信是前途最有希望的优秀学生。在校时，他专攻王阳明的学说，同时对于基督的真谛探讨不遗余力。并行不悖，殊途同归，确是不世出的奇才。毕业后，负笈新大陆，从杜威博士游，以旧学切实的基础，益以实验主义的精华，至是自信力越强，创造力益大。学成之后，回国提倡平民教育运动，乡村教育运动，开办晓庄学校，山海工学团，发明“小先生”制以助成普及教育运动，并主张“生活即教育，社会即学校”，躬行实践，不务浮夸，为中国教育

---

* 原载上海《联合晚报》，转引自1946年7月20日《燕大双周刊》第17期《各方反响促进世界和平》。此系1946年7月11日答《联合晚报》记者问的讲话记录。题为编者拟。

界造就不少人才。二三十年来，我在燕京大学服务，他在东南西南一带效劳，地北天南，使我们不能时常聚首，然而他的学问和成就，事业的发展，我无时不关怀。假如天假以年，我相信他对中国教育的贡献一定不可限量。不料最近积劳成疾，溘然长逝，使我个人失去一位相尚以道的良友，中国教育界失去一位前进勇敢的导师。缅怀往事，不胜怅惘之至！

原载1946年“三联”初版
《陶行知先生纪念集》第5、6页。

活的教育*

（一）活的人要受活的教育。活的教育要使人长，向上长。

（二）中等教育是生长的一段过程。小学走错了，中等更错。

（三）中国教育与读书成了一个名词。

初等教育是要人读死书；

中等教育是要人死读书；

高等教育是要人读书死。

（四）活教育是要人用活书，活用书，用书活。

（五）过什么生活，受什么教育。

（六）社会即学校，宇宙即学校。

（七）百工皆吾师，众生皆同学。

（八）过现代的生活即受现代的教育，科学。

（九）过生产的生活即受生产的教育，生产的工人。

（十）教学做合一，手脑相长，百见不如一做。

（十一）拆墙，社会成了学校，大自然成了学校。

（十二）蝌蚪换环境，长了四只脚在水里便要死。

（十三）静时如冬天的种子，动时如海中之鱼，空中之鹤。

（十四）装钟拆钟，扎棕叶编物，和平之井，天原电厂。

（十五）天象观察。

---

* 未刊稿，原题前还有“春分点”三字，被圈掉。系1946年7月中旬在上海茂名路315号对中等教育研究会演讲的部分提纲。

与文幼章的谈话*

国民党专横独霸已经有二十年了。他们拥有全国的军队与警察，然而他们还要像蛇蝎一样的向上爬，去盗窃那些进步的手无寸铁的评论者的生命。

* 此系1946年7月16日讲。摘自加拿大友人文幼章《悼念我的朋友陶行知博士》一文。原稿为英文，由陶宏翻译。载生活教育社1950年7月编《陶行知先生四周年祭》。

肯得为民主牺牲 中华民族才活得下去*

——同李俞的两次谈话

太无耻了，一个执政的政党，有着军队警察宪兵特务，还要施用暗杀……这也是统治者胆怯的表现。……中国还不是一个文明国家啊！把一个野蛮的国家改变成文明的国家，这是我们的责任。

我们在上海要把社会大学赶紧办起来，为了纪念李先生，就取公朴的名字。

（一队飞机从头顶上掠过，传来重甸甸的震撼着空气的隆隆声。）这飞机可能是去苏北作战的，听说它们经常用机关枪扫射人民，内战看样子还要扩大……

（第二天，李俞问：“陶先生为学校的事忙得很吧？”陶答：）

没有，我现在没有功夫管学校的事情，只募了一点钱寄去。前一些时替学校看了一幢房子，倒很不错。可是因为我到北站去欢送人民代表，又代表人民团体联合招待过一次外国记者，就把房子吓掉了。

嘿，嘿，嘿……（轻声笑着）

* 摘自李俞著《陶先生在上海》一文，原载1946年8月13日《新华日报》。题为编者拟。

（谈及反对内战和民主运动问题，在提起传闻中的黑名单时，陶中止了笑声，从桌上翻出一张纸条，沉重地说道：）

我给育才学校写了一封信，告诉他们：肯得为民主牺牲，而中华民族才活得下去。

与吴晗等人的谈话*

一、对付捣乱的艺术

我也不用播音器，直着嗓子喊。那一批人也换一个办法：喊口号，和演讲的声音抵消。我一想，也改变办法：有人喊口号的时候就不说，借此机会休息一下，等到他们喊累了，插进去说一段；又喊起来了，再停；等他们喊不动了，再说。如此一停一说，原来准备说十分钟的，拖了三十分钟，到底还是说完了要说的话。

二、两件应该办的事

第一件，应该组织一个国际性的人权保障会。

第二件，洪门领袖司徒美堂先生已经到上海。过去曾和司徒老先生见过面，谈得极好。我们应该招待一次，说明我们的主张和看法。

* 1946年7月23日下午3时，民主同盟假愚园路国社党党部开会，商讨编辑发行李公朴、闻一多纪念集事，到会十多人，陶行知赶来出席。第一节，是会前对吴晗问及6月21日陶在上海大同大学演讲情况的回答。第二节是在会上的提议，得到与会人一致同意。第一件事推陶负责筹备；第二件事定在7月25日下午4时举行，由陶主办。摘自吴晗文《陶行知先生在上海的回忆》，载生活教育社1950年7月编《陶行知先生四周年祭》。

黑榜探花*

——与郭沫若最后一次对话

郭：你是黑榜状元，应该留意呢！

陶：不是状元是探花，是黑榜探花。你也准定榜上有名的。

---

* 原载《陶行知先生纪念集》第142页，摘自郭沫若7月26日文《痛失人师》。郭沫若在文中还说："我和他最后一次的见面是二十三日的晚上，他和好些朋友在我寓里谈了很久的话。八点过，我们又同赴一位朋友的邀宴，在十点钟左右我们便分手了。""现在想起来，这'黑榜探花'倒成了事实了，他恰巧是李公朴、闻一多遇刺以来为民主而死的第三名。"

附 录

陶知行星期日演讲*

现代问题演讲会定于三月二日（星期日）下午三时，在米市大街青年会礼堂，敦请陶知行演讲《提倡平民读书处的办法和经验》。昨日发出通告云：

“近年国人都知平民教育的重要，但各处所取提倡的方法，不是办理平民半日学校，就是平民夜校。所以，许多店铺的学徒，或人家的仆役，因时间、地点或职守，依然不能就学。自去年中华平民教育促进会，新编了一部《平民千字课》，在各地试验；他们为解决事实上的困难，又想了一个平民读书处的办法，不论在家庭中、机关内或店铺里，都可以组织。这个办法是要利用种种识字的人，去教种种不识字的人，一人教两人，两人教四人，四人教八人，提倡既易，而收效又速又大。

现在这种平民读书处，在江苏、湖北、江西等处，已组织了不少，北京也有好几十处。但还有许多人不甚明白其内容。陶知行先生，是中华教育改进社的主干，《平民千字课》的著者，又是平民读书处的首倡人。所以本会定于三月二日下午三时，请他在本会演讲‘办理这种读书处的方法和经验’，务望本会会员及眷属，并各学校青年会职员，均能到会，为幸！”

此种演讲会，纯属公开，各界关心教育，或有意提倡平民教育之人，均可惠临听讲。

---

* 原载1924年2月29日《晨报》第六版。

编制学校模范报告调查表大纲*

一、概况　如学校之宗旨、历史及地理；地方人口与学生人数之比较；学生家寓与学校之距离等。

二、行政方面　如校长之资格、权限；教务、会计、事务及图书各部之组织。

三、教学方面

（一）教师　如教师之资格、薪水数目、教授年限、教授钟点；教师与学生人数之比例等。

（二）学生　如学生体格之检查；统计年龄之分配、年级之分配；缺席之统计；升级、留级之统计；学生之家庭；学生之各种课外活动等。

（三）毕业生　如毕业之位置、薪水，及其服务与升学及转业之统计等。

（四）课程　如课程之种类：公共必修，专科必修，选修；学程之分量与每学程之钟点等。

（五）教学　如各种测验之实施；各级对于各科之平均分数；各种教学法之实施（如设计教学法及道尔顿制等）。

（六）训育　如训育之方针；训育主任之专任或兼任；职权

* 1923年4月15日，陶行知在南京第一女子师范学校与陆步青、朱君毅、程稚秋、王仲和、王仲武等人开会，讨论中华教育改进社因编制学校教育模范报告的进行计划议决了此大纲。原载1924年4月26日《晨报》第六版。

与方法、结果等。

四、经费方面　如学校之经费总数；每学生所得之数；各部分之经费分配等。

五、建筑设备　如房屋之种类及价值；设备之种类及价值；如用施菊野调查量表测之应得几分等。

六、卫生方面　如有疾病者之百分比；及每种疾病之百分比；校医及看护之数目；校舍与设备能合卫生之原理否等。

七、推广事业　如平民学校、夜校等之建设于校内者；学生在社会上之各种服务与活动等。

八、结论　如学校各种优点与弱点之总结与比较；各种之建设及未来之各种扩张与计划等。

中华教育改进社十四年度之进行方针*

本社今后对于教育之努力应向适合本国国情及生活需要之方向进行。其入手方法为选择宗旨相同并著有成绩之中学、小学、幼稚园与之特约试验。合研究者之学术与实行者之经验为一体。务使费用少而收效宏，并将试验结果随时介绍全国，俾多数之学校可以共向此途进展。

* 抄自陶晓光存8—10袋胶印件。这是特约试验学校的来历。

对《中华教育改进社章程》的修改提案*

凡未经中国法律承认或注册之外人所办，及含有政治侵略主义或强迫学生学习、服从党纲与宗教之学校，不得介绍［为］本社机关社员。

* 此系与查良钊1925年8月20日合议提案，未获得“大会到会四分之三以上”的社员赞同，未能通过。摘自《中华教育改进社年会第四日》一文，原载1925年8月23日《晨报》。

关于英国国会庚款议决案*

敬启者：英国处分庚款法案业经由其国会议定，其咨询委员六人，近正在华征集各方意见，此中真相如何，国人急宜注意。兹就英国国会议决原案及敝社考虑所得，觉有可以报告者三点：一、此款仍为英国所有并未退还我国。二、照此种精神，在我国领土内办理各种事业，是否有损我国主权，应请国人共同慎重考虑。三、敝社主张，以为国人对于此事应先保主权，后谈用途。凡今提议直接用于教育，或先办实业取其余利再办教育诸端，将来国人尽可和衷协商，以谋公允而宏实效。在主权问题未确定以前，实属无从讨论。京中各界同志现正在商量应持态度，不久当可表示。贵校关心国事，此事真相度亦极所乐闻。兹将英国国会关于庚款议决案译文奉上，藉供参考。我国人对此究应持何态度，敬请研究，赐教。无任盼幸，祇颂公绥

中华教育改进社谨启

三月十七日（民国十五年）

关于发表反对日本利用庚款实行文化侵略的宣言

敬启者：日本利用庚款实行文化侵略，国人以其损我国权辱我国体，曾迭加反对。近日人乘我政局靡定与中国在京委员续议改前此总委员会为东方文化事业总委员会，并通过会章十三条，筹画在京建设图书馆，积极进行悍然不顾，若不严重反对，贻害将不堪设想。敝社特与全国教育联合会庚款委员会、北京国立九校教职员代表联席会议、北京五私大联合会，集会讨论，发表宣言，并电赴日委员江君翼云，请本国人公意力争。

兹将宣言及致江电奉上，敬请察阅，一致主张以图挽救，无任盼幸，专此祇颂

公绥

中华教育改进社谨启

九月七日

约聘招待克伯屈博士筹备会委员 *

——致教育界名流

敬启者：

美国哥伦比亚大学教授克伯屈博士（Prof. Kllpatrick），为世界教育哲学泰斗之一。所著《教育哲学》、《教育的基本方法》、《设计教学法》数书已在近代教育上发生深刻之影响。其本人之教课，亦已达艺术化之境界。故聆博士之言论，不但能领略其推阐之基本原理，并对于本人之艺术化教学，亦可得一亲切之观感。

现博士应中华教育改进社之聘来华，分地讲演、讨论约三月。初到达上海，所有上海方面招待事宜，业由中华教育改进社联合各团体组织敝筹备会共同集议。

博士此来，于联络中美邦交，革新我国学校教学方法，关系甚巨。夙仰先生敦尚国交，热心教育，必极关怀此事。兹推请先生为某委员会组织委员，以便分途筹备。务乞惠允担任，不胜感幸。专此敬颂。

招待克伯屈博士筹备会

* 原载1927年1月19日《申报·教育消息》。

冯玉祥与陶行知的交往*

——《冯玉祥日记》摘录

1928年8月7日（南京）

下午一点，游燕子矶。〔在晓庄演讲，演讲词原载《冯玉祥先生名著集》上册91、92页。现附如下：〕

在晓庄师范学校之演词

（1928年8月7日）

中国过去的教育，完全是害人的教育，空的教育，教得一般青年，连爸爸妈妈都不认识了。在学校里住的是洋房，一跑到家里，看见了那些芭草房子，就头痛。他只晓得穿西装，涂花露水，眼睛上不架上一副眼镜，像就看不见东西，手臂上没有一只手表，几乎不敢露出来给人看。还有许多人，明明不会写字，偏偏要买一枝西洋铅笔佩起来。甚至有些家里穷得饭都没有得吃，他也要跟着一般人大阔而特阔，问起他们的内囊来，简直一文不值，你骗我，我骗你，先生骗学生，学生骗先生，学生骗文凭，先生骗钱，造成一个骗人的世界。你说痛心不痛心，这里〔晓庄〕的精神、信条，都和普通一般学校不同，主张教学做合一，师生共甘苦，养成农夫的身手、科学的头脑、艺术的兴趣、改造

---

* 《冯玉祥日记》系《民国名人日记丛书》之一。现已出版五册，从1920年11月25日开始，到1940年12月31日止。中国第二历史档案馆编，江苏古籍出版社1992年1月出版。文中〔 〕内文字均系编者校注。

社会的精神的人材，一洗普通学校的恶习，实在使我佩服万分。诸位要知道西北军的治军方法，其实西北军治军方法很简单，最要紧的，也就是官兵共甘苦。下雨的时候，兵不张伞，官也不张伞；天热的时候，兵不摇扇子，官也不摇扇子；天冷的时候，兵不穿皮衣服，官也不穿皮衣服。这叫“三不”。还有“二要”：就是吃饭的时候，兵没有饭吃，官不得单独先吃；住宿的时候，兵未安营，官不得先休息到房子里去。还有：凡是目兵所要遵守的，官长先要遵守；凡是目兵所要做的，官长先要做；凡是目兵所要会的，官长先要会。到晓庄来，原想请几位同志去办教育，但是陶先生说，毕业同学已都被人家聘请去了，我只得等在校的同学毕业以后再来请，而现在先来定一下子。因为这个原故，今天与其说诸位欢迎冯玉祥，不如说冯玉祥来欢迎晓庄的新教育家。还有我预备派几个人到晓庄来学学，将来回去，用晓庄的教育方法训练兵士与民众，还希望诸位不吝指教。

1928年8月19日

九点，晓庄师范学校行授枪典礼，余讲话曰，枪械皆以血汗买来，吾等有此利器，当加意练习，以备为民除害之用。

〔8月18日，陶行知写信与冯谈“武八股”。信中说：“晓庄军事训练开办伊始，深望借一军事家，指导数月，如蒙明日同来，尤为感激。”此前冯已派刘队长及六位同志到晓庄学校指导。〕

1928年10月27日

三点，到晓庄，住于山顶茅屋。

1928年10月28日

七点，与尹同山谈晓庄学校内部情形，并告以余之来此，专为养病。

十二点，与许士骐夫妇，谈美对俄及日对我之态度。

1928年10月29日

七点，由晓庄返行营，与陈裕光〔时任金陵大学校长〕谈陕西灾情。

1928年11月4日

十一点，与蒋介石夫妇谈陇海铁路近况。继与偕游晓庄。〔这是新发现的蒋介石夫妇第一次游览晓庄的记录〕

下午六点，与陶知行谈应除官僚习气，提倡平民化。

1928年11月5日

下午一点，与陶知行谈改良南京学校办法。

1928年11月7日

八点，赴晓庄，写字。

1928年11月18日

十一点半，赴晓庄游览。下午四点返。

1928年12月2日

十二点，携眷赴晓庄浏览。

1928年12月3日

十点，与陶知行谈办学校事。

1928年12月16日

十点，与陶知行、程源铨谈西北旱灾及汽车路交通状况。

1929年1月12日

十一点，告陈秘书国梁，回开封创办利他社。并在开封演武厅，筑一能容五千人之大会场。

1929年2月28日

下午五点，青年会干事陈国梁、宝庆林等来，报告开封利他社，二星期可以修成。

1929年4月25日

午后六点，王县长作舟〔又名王佐周，1908年出生，河南罗山人。晓庄学校高中部师范1930年毕业生，即冯玉祥派往去晓庄学习的，以后参加山海工学团，1933年1月陶在《卖艺第一夜》的诗里曾有“馒头吃好去买铁，作舟买了铁来铸斧头”诗句。后随冯玉祥在其部队供职。〕来，报告修路情形。余因告之曰，吾固不习法律，然听讼之道，亦不过准乎天理、国法、人情三者，排难解纷，使各得其所而已。

1931年4月16日

陶知行不知在何处，真对不起他。

〔冯玉祥与蒋介石对抗时，蒋介石夫妇曾第二次去晓庄师范巡视，陶知行正在上课。晓庄学校照例派学生值日生接待。蒋在参观过程中发现晓庄乡村自卫队有从西北军中借来训练的枪支。蒋介石借题发怒，于1930年4月8日凌晨密令晓庄师范停办，4月12日对陶知行发通缉令，陶被迫经上海逃往日本。〕

1931年9月6日

午后读《世界通史》及《唯物观经济史》上册，又读《出师表》，并学唱《锄头歌》。

1932年6月9日　（山东泰安）

闻南京城外之晓庄师范已驻军队。

1932年11月15日　（张家口）

日前接某君函，为给伍朝枢先生，是陶知行先生的事，内有甘地三事，言如要救中国，非与民众合为一起不可。此事为我应一刻不忘而努力的事。

〔某君指吴涵真，吴当时在广东、香港从事儿童福利工作。1932年吴曾受伍朝枢之托，专程去上海邀请陶去海南岛襄办乡村教育。吴陶一见如故。陶在海外期间与国内的联络，大都由吴负责。〕

1934年4月18日

葛心斋先生由上海回来，谈见陶行知先生的事。

1934年4月23日

连海往上海去，为见连山及陶行知先生去。

1934年4月24日

我同张雪山先生谈两条事，为写《我的生活》的事及找陶行知先生的事。

1934年4月25日

刘纯德本日往张家口，带书给过、鹿、石、陈、秦，为陶先生的小诗及×夫斋……〔“×夫斋”疑为《斋夫自由谈》〕

1934年6月7日

我要勉励我自己作一个武训也是好的。我要勉励我作行知先生的好友。助他成事。

1934年6月13日

刘复先生言，我同行知先生的诗为一派也，有意思。

1934年6月14日

昨日寄来武训先生像片及行知先生所印之武训诗，更使我愧到不能见人。立志办一百个不要钱的小学校，十个中学校，尽我一点本分。

1934年7月7日

为巢县竹柯村办小学事，交文华洋二百元，给葛寄去。并说找陶行知先生请教育主任，须葛自己去为好。〔葛即葛心斋〕

1934年10月10日

陶先生行知来，谈办小学的情形，又到小王庄去看学校。

〔陶行知10月18日致程本海信中谈及10月10日“到华北去撒播小先生的种子，我要在日本文未变成必修科之前下这一着棋子”。小王庄的小学是冯于1934年7月创办的。〕

1934年10月11日

陶先生来，讲话的题目很自然：

一、小先生是什么。

二、小先生之工作。

三、工学团是什么。

四、双料少爷。

五、宇宙是学校。

六、社会是学校。

七、学校为办公室。

八、陈果夫之批某人信件。

九、生活教育之投稿者。

十、锄头歌之改进及小诗不少。

十一、此后之努力的三事。

午后三点北去。

1934年10月29日

行知先生有信来，为徐某〔徐建人，即刘季平〕在监狱内的事，来的是位徐女士，她说在青年会内做事。

1934年12月8日

陶先生的事我已经应允的，不可不办的。

1935年6月6日

本日见陶行知先生小诗，及攻破某某说法，读之极为敬服也。

1935年7月17日

陶宏先生来，为说天文也。带到行知先生信二件，尚未复。

1935年7月18日

陶〔宏〕先生自本日午后四点讲天文学。青年有为，可敬，可佩。亦可见陶行知先生有家教也。

1935年7月23日

同陶宏先生谈。知其乘自行车被汽车撞晕的事。〔1933年春，陶宏骑自行车在街上被后面一辆汽车撞得头骨裂开，当时雷沛鸿已买好请陶行知去香港转往广西的船票，陶因陶宏受伤打消了广西之行。〕

1935年8月2日

李友梅同马先生侣贤来，持有陶先生的信，其中言小先生之办法，又换人的办法。

1935年8月3日

午夜认星星，同陶先生宏。

1935年8月4日

李友梅先生同马先生对各校先生说小先生之办法。我听了很觉重要。

1935年8月9日

星斗的夜间，同陶宏看了一夜的星斗，亦是我一生最有趣味的一夜也。如此研究，定能尽天文图也，勉之，勉之！应当写一篇很长的星名于此。

1935年8月10日

天文学半日讲两次，完结了。陶宏之学问、之态度均很好，既天真又沉稳，诚一极好的青年，教育之关系太大了，然亦足见其父母之所重视如何为主了。行知先生之子应极好方为对的。

1935年8月11日

陶宏一早走上海，赠帛二匹、文物三件，惜未赠钱，后知其只有洋四毛云。我把钱二百元由上海良三给行知先生办事之法，我太不细心了。

1936年2月16日

午后，章先生讲货币之改革，真是很详细很要紧的。并收到章先生他们为救国会对此次中宣部的一篇宣言，可算是赤诚极了。

读上海救国会之宣言极有感，我拟即刻写一长函给蒋，请其特别注意造谣害人之人。〔章先生即章乃器，蒋指蒋介石。〕

1936年2月23日

午后，见石瑛先生，为蒙藏人员任用办法谈了一回，又谈些行知先生之冤枉事、丁先生受打之事，真伤心也，真伤心也。

1936年3月4日

见张某，说他是从吉林来的，有马相伯先生的信，有陶先生行知的信，没说多少话。

〔张某即张建东。陶给冯信载《全集》第八卷410页。〕

1936年3月5日

到蒋先生处一谈，所谈事项甚多：一、太炎先生事。二、丁慕韩先生事。三、陶行知、江问渔、章乃器各位先生救国会事，不可压而可联也。四、请委各友之事。五、展堂先生事。六、军委会报告事。

同丁先生谈国防事，同江问渔先生谈救国会并介绍其见蒋先生事。

1936年3月7日

午后，又到晓庄为送他们夫妇〔指仲达、志平夫妇〕。同陶宏、志杰谈了许多。看见苦同胞之营养不够，心中极为不安。

1936年3月15日

蒋介石先生来看我，谈话如下：一、日本近日尚未说出如何硬话。二、恐其不久将有硬话说出，亦未可知。三、丁〔慕韩〕、江〔问渔〕二位已见面。四、对于陶先生〔行知〕尚有不谅解之处：甲、陶不是共产教育法，乙、陶不是无政府教育法，丙、李石曾教育法亦非是，丁、蔡孑民之教育法亦不对，戊、非有系统不可、非有纪律不可。五、说到钢铁事，我以为应早日大办。蒋说极是，然须顾虑外人之注意。六、日本革命已开始，我们则已到山腰矣。约有半点钟始走，我送去楼下，因避风故未送出，德全代我送之。

1936年3月22日

晚住晓庄，想到行知先生之事业，心中生了无限感慨。

同陶宏先生谈学业问题，知其抱负不凡，诚可敬可佩。青年能如此坚决者有几人，如何不钦敬呢！然亦足见×××害人之深也，所谓不迷人而人自迷者，有由来矣。

1936年3月23日

同陶宏谈，知其刻刻不忘贫苦同胞，青年如此，诚可敬佩。

1936年4月28日

到晓庄为陶行知夫人〔4月23日陶行知去两广，当天其夫人汪纯宜病逝于上海。〕之死事送花圈去。大雨踏泥，见陶宏仍去上课，我心不快者久之，宏言：不敢劳伯父母这样周到，云云。

1936年5月8日

陶宏之母死，陶宏仍能上课，真可怜了。

1936年6月20日

接耿先生、陶宏先生来，为明日讲植物学的事，谈甚久。

1936年6月21日

早起，六点即讲植物学，甚有意思，如花之子房所在。

1936年6月27日

陶宏同张先生来见，为行知先生到英国事求我如何助之，我说有办法。又谈西南之事很多。

1936年6月29日

行知先生到英国去。借来大洋二千汇往香港。财政极困难，然助人为乐之事不敢稍怠也。

1936年7月20日

高兴亚、陈天秩归自上海，谈行知先生所召集之会，甚久。

我以为行知先生之学生聚会，如稍有色彩，恐不易行，必须很灰色方可。如此，我们亦可同他们说真抗日之道理也。

1936年8月16日

孙夫人差黎女士来，一为世界和平事，找我签名；一为救国会事，找我出人力、财力以助之。我以为此二事均为极有价值之事，谁都可以不办，唯我不能不以全力办之也。

1936年9月27日

午后七点，在晓庄同陶宏、胡某〔胡同炳〕看晓庄附近被中央政治学校新圈地亩事，西自砖窑大烟囱，东至反省院，十几村庄约千口人，一百多元之地给价十五元云。

1936年10月23日

十二点，请姚文采、许士骐、陶宏……王昆仑……

1936年11月12日

见马朝〔超〕俊先生，谈晓庄事。

1936年11月27日

陶宏来谈七人之事〔指“七君子”被捕事件〕，我告以已去电洛阳，尚未回电云云。

1936年12月6日

同陶〔宏〕先生谈七位先生被捕的事。

1937年4月6日

看报有陶行知被通缉事，阅之觉得心中万分难过，我真不明白其内容到是如何也。

1937年4月24日

十一点半，陶宏先生介绍一位潘先生〔一尘〕来谈，是庚款委会找他到绥远办农村教育的，问我的意见如何。

1937年5月10日

午后六点，同陶宏先生谈。他说有某人曾于十一年在开封入伍，我看了信及凭据，定为十二日早八时在韩公馆见他。又谈及他读书的事，我已允助到外国读书事。后又谈及志向高尚，我一面许其好，一面把连海在降州事告之，作为一点教训。谈及行知先生所办之普及教育事，我也说了一点意见，即以抗日为重，不可国内有任何对立也。

我对陶宏的感想：一、很洁白有志的青年；二、有相当的学问；三、知道是非黑白。

1937年11月3日

〔午后〕五时，会陶宏先生谈及伊父之来信，主张动员全体民众以作坚决之抗战。陶言最近有人去电敦其回国。果尔则预计年底当可到达。六时许，同进晚餐。

1937年11月20日

六时许起，陶宏来谈：一、科学社现已无人负责，留京者仅伊一人，多数物品尚在南京，个人为办事克始克终，拟将所有物品运抵四川，惟一切运费尚无着落请予以资助；二、伊之兄弟二人，在沪就读，现亦经济无着，请求设法补助；三、上海张宗麟及诸同人请求帮助，前曾托李连山有一长信寄来，不知能否设法；四、至个人则自大战以来，即欲求得些微与抗战有利之工作，惟以各方关系欠缺，致无从求得，嗣后先生如有所需，定当奔走效命。

我对科学社之物品及其赴川之生活费给三百元。对其小弟二人，助二百元。对张某之事，答以记不清楚。

八时半，与家人等及陶宏同进早餐。

1937年12月5日 （武汉）

〔午后〕五时，陶行知之公子小桃、蜜桃及潘一尘、季平、白桃、孙铭勋、宋承勋〔宋鼎〕来会，诸人皆陶先生昔日之同工人员而近则努力于救亡工作者。

1937年12月26日

〔午〕餐顷，陶宏先生来，谈以离京情形，及途中所见。

1937年12月27日

致陶行知先生电，请发动申包胥运动。〔申包胥，春秋时楚国大夫。公元前506年，吴国攻破楚国，申包胥到秦国求救，在秦廷痛哭七日夜，终于使秦国发动救楚。此指请陶行知在美国呼吁抗日援华。〕

1937年12月30日

见陶宏，给他父亲的电报交他看看，有望他教他们学生的军歌事。

1938年1月10日

陶宏来，谈以，伊拟一二日内赴川，尚有未了之事胪陈。我当告以：《战时教育》，余每月资助百元，惟以着老舍、刘英二人参助工作为先决条件。临时中学事，余亦允助百元。

谈颇久，辞去。

1938年2月16日

十二时，请孩子剧团午餐，至十二时三刻，一行26人由孩子头吴新稼率领来此。席终唱救亡歌曲数阕，或则悲惨哀吁，或则激昂慷慨，闻者皆为之动容。余亦不禁泪下。歌既毕，由孩子头吴新稼报告其成立经过，及由沪至此流浪情形。

白桃先生请余训话，我谈以："日前承白桃先生介绍，要我和诸位见面，我心里非常喜欢，并且愿意和诸位谈谈。今天请大家到这里来，没有预备什么好菜，只是一饭一菜一汤。不过聊示我一点对大家亲近的一点意思。我心里想要说的话很多，但现在都一句也讲不出来；看见大家这种天真的样子，为国家为民族，受尽日本强盗的欺凌，一看见这种情形，一听到各位的歌声，使我止不住眼泪往脸上与肚子里直流。我惟一希望大家知道：我把诸位当小兄弟小妹妹看待，有什么要我帮忙的地方，我一定不遗余力来帮助大家。"

冯夫人及刘清杨女士为诸儿童种牛痘。

1938年2月23日

九时，散步后会白桃，谈以：一、孩子剧团因不愿应抗敌后援会约，自动出走，今日始有三人回来；二、现在正组织儿童救国团，并请求经济帮点忙；三、赴李德邻先生处的几位已有来信；四、陶先生行知来两封信，不久要回国，信内提及在国外宣传情形甚详。我谈以：一、孩子剧团的歌曲太感动人了，所以很多人都掉眼泪，但是态度方面应好好的加以指导，因为在人家掉泪的时候，他们却笑了；二、我允以照上月助洋数（二百元）。

1938年3月23日

五时，预备过江，遇全国学生救亡团代表团，我告以往沈钧儒先生处取我已交洋一百元。着李景合送一百元至沈先生处。

孩子剧院团来找德全，我即告以六时我在汉口银行公会请客，愿意请你们几位去唱一唱歌。欣然应许，即同车与德全夫人、弗伐、小红过江。并请德全买点心以招待孩子剧团。

1938年7月12日（住武昌）

白桃先生来，云三件事：一、陶行知已有回国的消息，大约八月间可到这里〔汉口〕（并递来信叫我看）；二、请我再以物质帮助他们的工作；三、李公朴与陈先生的事，已经完了，李先生不久要到陕西去。

1938年11月19日（贵州都匀）

九时，省立师范校长及训育主任周其恒、晋启生二先生来见。二位都是陶行知先生的学生，某大学毕业，谈贵省抗战教育状况，及如何调整汉苗的关系，使之如同一家的问题。他们约我明日七点讲话。

1939年2月2日（重庆）

下午，阅杂志〔指1939年2月1日《反攻》第4卷第4期〕，陶行知先生作有《新秦桧》诗，甚好，写中堂一幅，我要挂在壁间，请大家常读。

1939年2月18日（重庆）

十时，陶行知先生来见，谈林则徐之孙组织之考察团来渝，欲介绍来见。余很愿意见。

1939年6月30日（小五基）

十时半，陶行知先生来一谈。

1939年7月25日（去北碚）

午后一时，在北碚应陶行知先生之约对抗战讲座讲话。二时五十分抵北碚，陶行知先生已派其子宏在站迎候。

往温泉小学，乘船上行嘉陵江五里始达，陶行知先生下山来迎。稍顷余在温泉小学之操场对同胞民众讲话。

1939年8月5日（抗倭庐）

郭永熙由北碚归云：陶先生行知请其任育才学校之军事教官，并给我陶宏带来之信。

1939年8月21日（巴县中学）

与陶行知先生、孙连仲将军谈片刻，也不外国际情况，战事胜败及其原委。

1939年9月7日（巴县中学）

晚饭后，同陶行知先生谈话。

1939年9月10日

晚间，陶行知先生来谈，说我国应竭力与英法交好，这是有利于我国的一个手段。我说：一个国家好与坏，全视其国家之民族性如何，是否有实干为公的精神，回顾吾国之所以败坏至今，病根就是在不能实干，不能为公，每个人都是唱高调，为了自己，结果国家坏了，个人还是倒了霉。

1939年9月16日（巴县中学）

晚七时，陶行知先生由参政会归来，谈几天来会中情形。

1939年10月24日

九点，与陶行知先生谈甚久，写了几副对联。

1939年11月11日（巴中）

十时，与陶行知、吴涵真先生谈。

1940年1月16日（金刚坡）

为陶行知先生结婚，送了他两个纪念表，和写中堂上的一首诗。

陶先生为我的最知己的朋友，民十七年他为我倒了霉，到现在还没起来，这是一位国之人才，而今不见用，不是他的倒霉，而是国家之倒霉。

1940年2月15日（巴县中学）

十二点，请萨镇冰、陶行知、陈绍宽、老舍、张之江、甘介侯、王昆仑、沈钧儒、沈宗瀚、薛明剑、熊观民、赖亚力、赵望云诸先生午餐。

1940年3月12日（巴县中学）

晚，与甘介侯、王昆仑、钱俊瑞、王炳南、陶行知、赖亚力开谈话会。

1940年3月13日（巴县中学）

陶行知先生来谈，说有三位没有居住证〔即戴伯桃等〕，请我想办法，我转任潮先生帮忙。

1940年3月15日

晚六时，请客，到的有孙蔚如、薛子良、凌冰、李时甫、吕向宸、张之江、陶行知、吕超诸先生。

1940年6月23日（抗倭庐）

八点半，陶行知夫妇自北碚来见我。余曰：日前北碚被敌机惨炸，我〔您〕受损失如何，您受不少的惊慌吧？陶答：北碚这个地方，山高洞固，毫不失色，敌机未到北碚上空时，我英勇驱逐机疾驰追击，敌为速逃即将弹卸下，均落外郊，我无损失。

余又接着说：要想驱逐日本鬼子，必须精诚团结，又必须耕者有其田。试看今日乡下的风气，地主仍是地主，佃户终为佃户，地主种种的剥削，佃户竭尽了筋骨每年入不抵出，坐着吃的笑是地主，立着种的哭是佃户。中国从来贫多富少，政府若不抓住一般劳苦者的心理，谁肯流血，谁肯卖命。如今余有时在乡间住，常与劳农接谈，据云：有年风调雨顺，尚能应付交租纳税，少〔稍〕有旱涝，即苦无办法，于是即向地主请求揭债，加之五分行息。所以酿成贫者愈贫、富者愈富，无数的贫民受层层的剥夺，政府毫不管不问，最少限使利息减轻，使交租按收入的多寡规定。平素政府呼吁为民兴利除害，而事实安在呢？

陶云：中国是以农立国，也就是说农业国家，政府若在农业上彻底整顿，使人人有饭吃，有衣穿，无资产、阶级之分，无地主、佃户之别，那么国家早就光荣发展。

余云：许多人认不清国际的情形，如同说苏联帮我们的忙，是人人所共鉴，一般少数不明白事理的人，不但不表友谊，而反暗地诋诬。今国家处危急存亡之秋，拯救我们者是谁？援助我们者是谁？三尺牧童也知道是友邦苏联，能亲苏联即能驱逐鬼子，不然终受惨杀。

又谈了苏德协定的原因及法国贝当上台停止德法战争的内容。

1940年8月11日（歌乐山）

晚七时，陶行知先生来，他请我介绍给潘大使〔苏联驻华大使潘友新〕，他们谈谈话。

1940年8月12日（歌乐山）

十点，见潘大使，谈陶、王二位〔陶行知、王昆仑〕要见他的事。

陶行知先生来谈：林语堂先生的几本书，又谈文艺的事。

1940年8月17日（歌乐山）

给李协和先生寄血压器，写了一信：

协和先生我兄尊鉴：

为陶先生的事仍无头绪，真太对不住友人了。前者李组绅先生托魏藕初先生带来试血压的表一具，兹由邮寄上，此为李先生赠给先生的，收到时请赐复示。定民先生转信均收到了。特此即请

大安！

弟冯玉祥敬启

二九、八、十七

1940年9月14日（抗倭庐）

九点，同王相毅牧师到歌乐山小学讲话，校长杨国平，男女学生有二百多名。讲话的题目就是“宣传员”：……陶行知先生写的小先生，他的小孩教他的母亲，也就是孙子教奶奶。至于我们呢？每个人都要作一个宣传员，吹起我们的号筒来，拯救我们的国家出水深火热之中，并不是哪一姓哪一个这样，应当人人尽其所有的力量，无有不成功的。无论哪一个国家，孩子的血是红

的，心是热诚的，什么都不怕。国家在此危难之秋，我们不能尽大力量、大本分，总是要尽小力量、小本分也好，我们大家要一致地努力，给〔跟〕我们的敌人日本帝国主义拼。至于谁成功，也不是你成功，也不是他成功，而是咱们大家成功！

十点，又警报了，到莲花池碰着周恩来先生，一同到金刚坡谈各党各派一致抗日，拥护中央。

1940年12月26日（巴中）

〔晚〕七时，同德全、理达、洪达去中国制片厂听音乐演奏会，这是陶行知先生办的一个学校里边的二十个小学生奏演，这是小音乐家，真是一班天才。

田汉先生的报告很对，中国人不是没有天才，不是没有音乐天才，只是没人教育，教育不得真方法，结果把人之天才埋没了不知多少。这一群都是战区的小朋友，在一年前都是在战区流浪很可怜的小孩子。经过陶先生一年的教育，有这么好的成绩真为国家庆，这也表现抗战中各方面都在成长着，都在进步着。

1940年12月28日（巴中）

〔晚〕七时半，去听孩子剧团与巴蜀小学、育才学校音乐演奏会。

1940年12月30日

二时半，请孩子剧团及育才学校吃饭，还有邓先生、陶先生同在坐。

从二周纪念想到陶师知行*

徐鸿仪

吾校自民国十六年三月十二日开学。在这烽火连天的时局，豺狼当道的地方，斩除荆棘，薙芟草莱，经过长时的垦拓，使教育荒岛上开出一朵含苞待放的鲜花。这都是我们同志用热泪来灌溉，用热血来培植的。现在二周纪念的盛典，在这光芒万丈青天白日底下的晓庄，欢呼举行。我们回溯从前缔造艰难的历程，觉得苦尽甘来，这是何等鼓舞兴忭，耐人意味的事情！

我是一个后来人，虽不得患难与共、辛苦同尝，但是常听到老师的谈话，述及吾校创业，的确艰苦卓绝。前年春间，陶师知行只拿了一千块大洋，到荒凉满目的小庄来，创办本校，培养乡村导师。这种冒险事业，平常哪里肯轻于尝试？当时也有友朋辈的劝阻，洋八股派的讥讽，但是陶师毅然决然地下乡来奋斗。这是何等的精神呀！景行仰止，企念贤劳，躬逢盛典，不得不联想陶师的伟绩，供我们的策励。

中国的教育，三十年来，中了宗法社会和洋八股的毒气，所以复辟思想、官财念头，仍旧滋长在民众的心坎里。十几年来，社会常在不安宁的状态中，也是受不良教育的赐予。陶师具远大的目光，用断然的态度，大声疾呼：中国教育已经走错了路！并且看准了五千年古国出头希望在于锄头。于是作歌著书，兴办乡

* 原载1929年3月15日《乡教丛讯》第3卷第3期《二周纪念特刊》第2号。

村幼稚园及小学、中学、师范。发明以生活教育为中心，以教学做合一的原则，用试验方法，去探求真理，矫正从前的错误，挽救以往的弊病。这真是我国教育界的福音，指示我们努力乡教的一条大道。

我更钦佩陶师的人格，使什么都受感化。不是正心诚意，一定做不列的。去秋安徽公学教职员与全体学生，手持旗帜，步行下乡，欢迎陶师回校主持。起初娓娓直道，继而泗涕横陈，末了竟嚎啕大哭起来，我们旁观者也觉酸鼻。后来我师进城，校务就日有起色。且决搬下乡来，□□中心动人，他的人格，更多么伟大啊！

曾宣誓为乡教努力三十年的陶师，虽有更舒服、更赚钱的位置，不愿去就，都婉辞谢却，已屡见不一见了。只拿月薪百元来苦度时光，更使人钦佩投地。有一次，陶师为要辞职，我们顿觉如稚子将离开慈母一样，连夜召集紧急会议，陶师也出席，同学说了几句真诚的话，泪珠已滚滚而下，全场也都洒同情的热泪，陶师也止不住泣了。后来决定，如不肯打消辞意，群坐不散。陶师无奈，只得打消辞意了。这样赚人眼泪，感人深切的事情，在挽近学潮澎湃的时代，哪里去找呀！

我们在这二周纪念会，决不是赏鉴过去的小小成绩就觉很是满意。我们追随陶师，要继续不断地进行，使乡教事业与年俱进，发辉而光大，前途方有无穷的希望。

末了，我再引朱端琰先生的言语作结："陶先生是中国的杜威。但陶先生可惜只有一个。若有十个，中国就可救了。"这句话，真很有见地。中国乡村教育，得陶师的热心提倡，切实去干，渐渐引起人们的注意了。将来十年、百年以后，乡教如能滋长成功，则饮水思源，陶师总是一个发现新大陆的哥仑布呀！

晓庄学校完成初步计划预算书 *

晓庄学校初步计划中最扼要的事业，为招收大学毕业程度学生，加以相当训练，俾有创办乡村师范学校或担任县教育行政的能力，以应各省区推广乡村教育之需要。依全国计算，此种人才，至少需二万人。本校拟先招大学年级生及毕业生一百人从事试验，俟有结果，再行逐渐推广。

本校现有经费、设备、人才，只可勉敷造就中心小学师资之用，如欲进而造就乡村师范导师及县教育行政人员，自非裕筹经费，增加设备，添聘专家，决难收效。

后列预算，一小部分为现有事业之用，一大部分为训练大学生之用，所填数目，虽经审慎核定，但未始不可依照需要、缓急与供给限度而略加伸缩。

一、临时门

（一）理化馆建筑费（生物馆已建筑） 10,000元

（二）理化仪器及其它工具（生物学仪器有大学院补助） 38,000元

（三）图书 16,000元

（四）发电机及抽水机等 3,000元

---

* 原载1929年3月15日《乡教丛讯》第3卷第3期《二周纪念特刊》第三号4页。

（五）电话（自和平门装至本校及燕子矶等处）	1,800元
（六）环庄马路及支路	3,000元
（七）活动影片机	500元
（八）田地及农事建设	1,000元
（九）创设农暇工艺所	5,000元
（十）扩充中心小学八所	2,000元
（十一）扩充中心幼稚园八所	2,000元
（十二）扩充民众学校八所	600元
（十三）扩充中心茶园八所	2,000元
（十四）扩充乡村医院	1,000元
（十五）扩充金木工	5,000元
（十六）公共汽车	5,000元
共计	95,900元

二、经常门

（一）加聘各科指导员	24,000元
（二）每年研究费	6,000元
共计	30,000元

1929年7月8日晓庄全体会议记录*

自张宗麟先生提出一个建议："谋注重研究，减轻事务，培养有特长的乡村导师并试验小学中心活动。"铨叙事实，详加规划，至为详尽。而全校同志亦群感现有制度之不善，殊有改革之必要，故于今日召集全体会议讨论办法至六时之久，各有充分理由发表，今已讨论终结，兹将议决择要公布，以明真相。

（一）减轻事务，注重小学，采用集团制出发前方，实地培养小学的人才。

（二）每一指导员，率领兴趣相同的同志组织集团开赴前方。

（三）全校分六集团六路出发。每路分配指导员一人，同学若干人；出发日期，由各集团军自行择定。为便利计，得以某组为主体。

1. 万寿康黑墨营集团军　　指导员邵仲香
   同学二十四人　　主体农艺组
2. 吉祥庵集团军　　指导员唐　毅
   同学十人
3. 和平门集团军　　指导员陶知行、陆静山
   同学二十人　　主体晓庄剧社、社会组
4. 三元庵集团军　　指导员吕镜楼

* 原载1929年9月15日《乡教丛讯》第3卷第15期。

同学十人	主体工艺组
5. 晓小集团军	指导员张宗麟
同学二十人	主体生物组
6. 幼稚园集团军	指导员王荆璞、徐世璧
同学□人	主体女同学

（四）潘一尘为巡回指导员。

（五）丁柱中为后方留守主任指导。后方一切校务教学做分设六部，仍由同学担任之。

1. 会计	2. 庶务	3. 文牍
4. 图书	5. 考核	6. 支配

（六）每个同学自今日会毕以后，必须到生活部签名，承认加入某一集团，限至明日止。如不愿加入任何集团而无充分之理由者，得施以相当之处分。

（七）前方指导员，每星期三天回后方，三天在前方。但初出发时，得采取四二制。

（八）每逢日曜可到后方修养各科教学做方法，使均衡发展。遇必要时得每星期有两次的集会。

（九）各集团军暂定半年换防。如认为有继续试验必要，得延长之。

（十）各集团军住宿问题，现暂可借居民房。至少限度之房租或设备，得由学校设法筹措。

（十一）各小学之书籍及实用工具，当尽量购办，以供参考。

（十二）签名后生活部得容纳各指导员之意见，得酌量情形更调营地。

主席陶知行、张宗麟　　纪录徐鸿仪

编者按：关于全体会议纪录各项有几点要纠正，并与以说明的：

第一，采用集团制出发前方，现将集团制改为学院制。

共分五院：和平学院，院长陶知行；万寿学院，院长邵仲香；晓小学院（晓庄幼稚园在内），院长潘一尘；吉祥学院（燕子矶幼稚园在内），院长张宗麟；三元学院，院长陆静山。现在五院都已经出发了。

第二，黑墨营小学校舍，原系借用金陵大学，现金大已收回，该小学停办。

第三，自改组后，凡旧有之行政部、生活部组织，现均并为校长办公处。现任校长办公室主任，不是丁柱中先生，是罗良铸先生。罗先生在德国研究乡村教育六年，学识渊博，经验丰富，回国后，历任教育行政要职。罗先生本其素志，毅然决然的下乡与农民为友，并与陶先生商筹乡村教育研究所计划。

中国乡村教育的途程上又加一生力军，这不但是晓庄的幸福，亦中国乡教前途的幸福。

第四，自罗先生抵校后，对于后方一切校务教学做组织校长办公处，内分考核、支配、出版、文书、编辑、图书、庶务、会计八部；为办事便利起见，每部内得分设各科，而由校长办公处主任罗先生总其成。

《乡教丛讯》编者识

晓庄生活日记数则*

张宗麟

九月七日　晴　土

回想起从前编教案的方法，确是有几分呆气。但是学生经过这样的准备，临时瞎凑与胡乱了事之弊是没有了。今天与陶先生谈到师范生去学院里教学做，决不应随便放松过去，与其失于随便，不如取严厉的态度来干。在事前有极缜密的预算，虽然当时情景变了，不能再用，但是为着师范生带小朋友起见，只有小变，不能全变，于事实上已经有了一番准备，触类旁通，也可以得到许多好的结果。因此我们拟了一张教学做方案表，将来师范生每与小朋友活动一次必须有这样一张表经指导员签字，然后去教学做。事后又须写一张报告。这样积了多少时候，那么教学做才有办法，同时师范生也实在得到好处了。

教学做方案

一、什么活动？

二、什么时间？

三、用什么材料？

四、在什么环境里？

五、要多少时候？是第几次？

六、用什么方法？（注意开场，进展，结束三项）

---

*　原载1929年9月《乡教丛讯》第3卷第15、16期。

教学做报告

一、一切与预定符合否？

二、儿童的反应？

三、儿童的问题？

四、导师的心得？

这是一件极麻烦的事，每课有方案，有报告。因此预算，每个师范生每天不能多担任活动，至多两节，将来纯熟了，那末可以渐渐增多，渐渐不写方案。

这是一件极不幸的事，校长今天寅会上宣布辞职，又出布告请我代理。原因是有一位师范生不满意罗、丁两指导员，写东西在墙上出“揭晓”。这是攻讦，校长以为应受纪律部制裁，这是昨天的事，那知今天就出此事。早饭后全体会议议决，攻讦事仍交纪律部议罚，对校长与罗、丁两指导员方面，推举代表五人慰留，我也是其中之一。干这种事，真真无聊，城内外跑了半天依然无头绪。

九月八日　晴　日

为着后方事，不能即赴前方了，那知后方又出了事了。昨天当我们进城去的时候，有学生臧其光君因失去皮箱，侦查数日，忽得线索，于是报告自卫团指挥，带着武装去搜查。这是一件极危险的事，事成则贼案破，不然即反坐。那知搜查以后，得不到多大证据。于是农人群集，大起冲突了。这是农民运动中必有的事。不过这样干法是错的，应该交给警察去干。现在已经走错了，所以急须有补救之方。陶先生于农人有相当信仰，今天在全体会议中推他做全权代表去办理。

第六届新同学来校，新生活又不开始，对于学校颇多隔膜，支配股要我有一次讲演，今天上午与新同学谈话。谈话的结果，他们只感觉到没事做，我指导他们“入国问境”的方法，认识晓庄，认识晓庄的人、事、环境，并认识晓庄的农村、农民，然后再来下一番考虑,哪件事是我应该干、急须干的?这样就有事做了。

复志成、企周信，因心绪不佳，不能详细答复他们的问题，殊歉。

秉先生来晓庄，对于晓庄生物组有极大的计划，但是需要人主持，因此就谈到我了。今天邀同陶先生等，谈了两小时之久，最后秉先生笑着说："知行，今后生物组无成绩，勿怪我，只怪你不让宗麟主持这件事。"秉先生希望我研究生物，且有六年计划，这是我的一个极好的机会，但是两欲之间，真不可得兼，奈何？站在十字路口的人，徘徊，彷徨，真感着无穷的烦恼呀！

九月九日　晴　月

吉祥庵中心小学旧有校舍极小，现有的小朋友已经住不下，再加上几个老师，更加不能住了。小朋友又是陆续的加进来，所以除租民房以外，只好借古庙。离吉祥庵不远，有一个老土地庙，仅有二个道姑，此庙可以借用。不过借庙须得地方人士的许可，所以与仲香兄议定办法：（一）请地方人士谈话，（二）与道姑谈话，（三）议借用办法，（四）正式借用。今天发请帖请季家冈吉祥庵闾长和道姑亲族，和地方上能说话、稍稍开通的人来谈话。请帖格式如下：

某某先生：

谨订于夏历某月某日某时在敝校叙谈略备茶点恭候。

台光

吉祥庵中心小学×××启

九月十日　晴　火

万不料晓庄会大家弄到辞职，什么校长、主任、指导员都辞起职来。今天我尽奔走之劳，把陶、罗、潘、王、吕、徐等先生都聚在一堂，讨论今后晓庄问题。晓庄问题倒没有谈了，而师范学校的办法倒谈出来了。师范学校除非像Class Method那样办法以外只有学院制可以当得，可以有意思。这里有几种理由：

（1）学院制　每学院有实际的事业。从事实际的事业，就可以实行在做上教在做上学的真精神。

（2）学院制不比从前晓庄有师范部又有小学部。因为每一个学院，有一个指导员，不至于学生去干，常常用“尝试错误法”。

（3）每学院有指导员，在精神上容易团结，又容易鼓起兴趣。而指导员因学生之共同进行，也就日进不息，这是互相得益之处。

不过学院制不应人数太多，人多了，事紧了，主持种种麻烦都需人，何以能谋进展呢？这是应该注意者一。

学院与学院间应有联合战线以收互助之效。不然指导员之偏见，学生也就跟着偏见。又某指导员长于某事，学生受暗示极大，也非佳事。这是应该注意者二。

师范学校是整个的，好比国家是整个的，学院不过是联邦罢了。所以除联邦以外，应该有一个政府，又应该有一个元首，对外负代表之责，对内负计划大事、筹措经济之责，所以师范应该有校长，更须有校长办公处以总其成。这是应注意者三。

各学院同志每月至少有一次全体会议，讨论，报告，因此可以谋全部的进展。这是应注意者四。

学院与学院间一切平等，勿使有轩轾，不然易起争执，这是校长行政方法。这是应该注意者五。

校长办公处对于学院应该负有监察考核之责，如各学院同志不努力，惟指导员是问。如指导员不努力，则在相当期内解约。这是应注意者六。

学院制之指导员必须有一艺之长，从这一艺之长，然后来培植出别种特长来。同时在学生方面，可以使众心诚服，努力培植。这是应注意者七。

学院制究竟行得通吗？全靠我们发现的同志们的努力。找出一条新路径，杀出一条血路，培植出些鲜艳的花来。

谈罢学院制，罗先生即日可以来晓了，陶先生辞意也渐渐和缓了。

谈罢学院制，陶先生即暗示我可以不代理校长，可以即日出发。不过为着后方事如何处置？陶先生意以百分之二十赴生物室，不必开小学实际问题讨论班，那末我的研究生物事，至此又告一段落，那末就准备出发前方了。

九月十五日　晴　日

一星期的悬案，今天解活了，丁先生从上海回来，听到校里情形，立刻打消辞意，陶先生经我们说明，也允许复职。

陶告复职辞中，有三个条件：（一）此后校长有经济支配权；（二）此后校长有进退同志权；（三）此后倘遇有同志侮辱同志而正义不伸者，知行与之同去。

晓庄这次风潮，可算很大了。一星期活动的停顿（后方），我们局外人的一星期的奔走，且种了许多印象在同志的脑海中。其实晓庄公然侮辱，（不算得公然侮辱，不过大家吃了饭没事，发牢骚罢了。）何止这一次呢？骂是寻常事，打都不止一次了，不过有许多件，陶先生或者不知道罢了！今天潘先生演讲中，有这么两句："愿今后晓庄同志和衷共济，如胶如漆。"很值得我们三思的。我的演辞中，加上脸上和心上一辙，大家和私上一辙，勿暗中捣鬼如日本骂中国的国民性，这次同志的"揭晓"，说我是好的，我就得了嫌疑。其实唆使了人们去骂人，还请他来赞自己，我虽下愚，不致于此。但是……事实会告诉我们，一个真切的证据。今天的欢迎复职会，我主席且报告经过，不说多话，因为我只愿此事速了，一张"今后校长职务请张宗麟先生代理"从速取消，我可以到前方去。此后后方大事，我们将士决不来预闻了。"各院应有一个时期，是'自扫门前雪'。"

这是陶先生劝告我们之言，努力试验学院制去罢！

为周恩来辟谣*

（一）

1932年2月16日至21日，上海《时报》、《新闻报》、《申报》、《时事新报》忽然连续刊出：

伍豪等243人脱离共产党启事

“敝人等深信中国共产党目前所取之手段，所谓发展红军牵制现政府者，无异消杀中国抗日之力量，其结果必为日本之傀儡，而陷于中国民族于万劫不回之境地，有违本人从事革命之初衷。况该党所采之国际路线，乃苏联利己之政策。苏联声声口口之要反对帝国主义而自己却与帝国主义妥协。试观目前日本侵略中国，苏联不但不严守中立，而且将中东路借日运兵，且与日本订立互不侵犯条约，以助长其侵略之气焰。平时所谓扶助弱小民族者，皆为欺骗国人之口号。敝人本良心之觉悟，特此退出国际指导之中国共产党。”（原文照抄）

当时，周恩来已离沪去江西苏区，用伍豪名义登的脱离启事，显然是国民党特务伪造出来反苏反共的，这必须想个办法加

* 本篇三节均载中共上海市委党史研究室编《潘汉年在上海》一书，1995年上海人民出版社出版。第一节为李一氓文《为周恩来辟谣》；第二节摘自刘人寿、何荜文《记潘汉年对隐蔽斗争工作片断》；第三节摘自迟爱萍文《陈云与潘汉年》。

以澄清。经过大家商量，决定由潘汉年找当时法租界巡捕房的律师陈志皋，代表伍豪登一个否定的启事。但陈说他虽然在巡捕房工作，总是中国人，出面不方便。国民党要是找到他，他难以解释。他建议代我们找一个法国律师巴和，代表周少山登一个紧要启事。

“兹据周少山君来所声称：渠撰投文稿曾用别名伍豪二字：近日报载伍豪等243人脱离共产党启事一则，辱劳国内外亲戚友好函电存问：惟渠伍豪之名除撰述文字外，绝未用作对外活动，是该伍豪君定系另有其人；所谓243人同时脱离共党之事，实与渠无关；事关个人名誉，多滋误会，更恐有不肖之徒，颠倒是非，藉端生事，特委请贵律师代为声明，并答谢戚友之函电存问者云云前来。据此，合行代为登报如左。

“事务所法大马路（今金陵东路）四十一号六楼五号”

这样，这个启事就于1932年3月4日在《申报》登载出来了。

这个启事没有用伍豪的名义而用周少山的名义，又说伍豪是周少山自己的笔名。这个小动作很妙，因为启事登出后，国民党曾派人去找巴和，问伍豪在哪里。巴和说：我的当事人是周少山，仅仅别名叫伍豪，你们要找的伍豪当然不是这个而且他自己也登有启事，你们可以直接去找他。这个启事的内容，明显地分辨出来那个伍豪启事是伪造的，因而我们没有很琐碎地去反驳他那些反苏反共的言论。同时党内也有一些油印刊物上刊登了反驳的文章。

在当时来说，这个启事花100两银子是贵了一点，但达到了我们的目的。因为周恩来已离开上海，他不会知道我们做了这些事情。以后也没人向他提过这件事。

麻烦出在“文化大革命”的时候，南开大学“红卫兵”查报纸，查出伍豪启事这一段，就告到毛泽东那里去了。这使得周恩来无缘无故一时处于很尴尬的地位。他不得不去找一些旁证，为自己做了辩护，写成一个送中央的大事记。那个大事记从1931年

1月中央开六届四中全会算起，分月分日，记到1932年2月，当时只能依靠毛泽东出来说一句话，但1967年他只批给林彪等人去“阅存”，1968年才批“此事已弄清，是国民党造谣诬蔑”。可惜那些“红卫兵”只知道周恩来化名叫伍豪，并不知道还有一个名字叫周少山的人，笔名也叫伍豪；更可惜当时周恩来不知道我们已经替他登了一个有力的否定的启事；加之“红卫兵”告状以后，没有人找潘汉年和我查问一下，那样的话，凭这个启事就可以解决问题。

巴和律师代表周少山紧要启事，原文无标点，上面启事的标点是我加的。作为法律文件，应该如此标点，其他标点都是不准确的。

（二）

反驳《伍豪启事》的斗争。1932年2月16日至21日，上海的《时报》、《新闻报》、《时事新报》连续刊登《伍豪等243人脱离共产党启事》。伍豪是周恩来曾用名，党内许多同志知道。这个启事，显然是敌特蓄意蛊惑人心、造谣污蔑的阴谋。但他们不知道周已于1931年12月上旬秘密离沪，12月底已到达江西瑞金。

1932年2月20日上海的中共中央机关报《斗争》发表对于《伍豪启事》的辟谣，指出：这是“国民党造谣污蔑的新把戏！”1932年2月下旬，毛泽东以中华苏维埃共和国临时中央政府主席名义发出布告，指出“事实上伍豪同志正在苏维埃中央政府担任军委会的职务”，“这显然是屠杀工农兵士而出卖中国于帝国主义的国民党党徒的造谣污蔑”。但《斗争》和苏维埃政府的布告发行的范围有限，为维护周恩来和共产党的威信，有必要用合法的、公开的方式向公众、向国际进一步澄清。

中共临时中央通过陶行知做《申报》负责人史量才的工作，2月22日《申报》刊出一则事实上辟谣的小广告：“伍豪先生鉴：

承于本月18日送来广告一则，因福昌床公司否认担保，手续不合，致未刊出。申报馆广告处启。”

后感到这个广告还不够有力。经大家商议，由潘汉年通过黄慕兰找法捕房律师，希望他能代表伍豪登一否认启事。这位律师说，他虽任法捕房律师，但毕竟是中国人，万一国民党找上门来，难以解释。他建议代找法国律师巴和代表周少山（亦周恩来曾用名）刊登启事。经陈云同意，重金延聘巴和律师，在3月4日《申报》上以醒目大字标题刊出：“巴和律师代表周少山紧急启事：兹据周少山君来所声称：渠撰投文稿曾用别名伍豪二字。近日报载伍豪等243人脱离共产党启事一则，辱劳国内外亲戚友好函电存问；惟渠伍豪之名除撰述文字外，绝未用作对外活动，是该伍豪君定系另有其人；所谓243人同时脱离共党之事，实与渠无关。事关个人名誉，多滋误会，更恐有不肖之徒颠倒是非，藉端生事；特委请贵律师代为声明，并答谢戚友之函电存问者云云前来。据此，合行代为登报如左。事务所：法大马路（今金陵东路）41号6楼5号”。这就有力地驳斥了敌特的造谣污蔑！

（三）

揭穿国民党伪造《伍豪等脱离共党启事》的真相。此事由中央特科协同党的上海地下组织付诸实施。当时，采取的主要反击行动是：

1. 在《申报》刊登《伍豪启事》。《申报》在上海影响大，共产党和申报馆又有一定的关系。1932年2月16日《时报》刊出伪造启事后，中共党组织即派人给申报馆广告处送去上海的临时中央所代写的《伍豪启事》，以否定国民党反动派的伪词。但申报馆广告处律师看后说：《申报》没有刊登《伍豪等脱离共党启事》，所以不便刊登《伍豪启事》。

2月20日，《申报》馆在国民党当局的压力下刊登了伪造启事。因此，党又派同志于当日上午到申报馆询问：《申报》已登《伍豪等脱离共党启事》，为何不登《伍豪启事》？申报馆答称：铺保手续不合，不能刊登《伍豪启事》。几经交涉后，终于在申报馆总经理史量才、顾问陶行知的支持下，同意用广告处的名义在报上公开回复："伍豪先生鉴：承于本月十八日送来广告启事一则，因福昌床公司否认担保，手续不合，不能刊出。"这是当时在国民党反动派统治下所能做到的公开否认国民党反动派的伪造启事的一种方法。它的作用是：（1）使人得知有两个伍豪，因为《伍豪等脱离共党启事》已在《申报》登出，而又说伍豪有个启事未能刊出，可见后一个伍豪与前一个伍豪不是一个人；（2）使人得知后一个伍豪的启事是对着《申报》已登出的伍豪启事来的。正如陈云在1972年6月13日指出的："当时临时中央设法登了一个小广告，用报馆回答伍豪先生的方式，间接说明伍豪有一个否认并揭穿国民党造谣的声明，但因为保人关系，不能登出。用这个小广告使白区和全党同志知道国民党的阴谋，不受其欺骗。"

2. 在上海散发了反击国民党反动派造谣诬蔑的传单。这一传单于2月20日由中共江苏省委宣传部署名，题为《反对国民党的无耻造谣》。传单指出："最近在时报、新闻报各反动报纸堆中所登载的伍豪等二百四十三人脱离共产党的广告，就是帝国主义走狗国民党无耻造谣的一例。"无论这些狗东西怎样造谣诬蔑，并不能动摇共产党在劳苦群众中的威信！"

3. 在党内披露事实真相。2月27日，在上海出版的党报《实报》第11期上，刊登了党组织所代写的另一《伍豪启事》，指出：《伍豪等脱离共党启事》"是国民党造谣诬蔑的新把戏"，"一切国民党对共产国际、中国共产党与我个人的造谣诬蔑，绝对不能挽救国民党于灭亡的"！同期《实报》还发表了题为《国民党造谣的又一标本》的文章。文章指出："疯狂的白色恐怖，以卑鄙的造谣……假借伍豪同志的名义来污蔑伍豪同志（共产党的领袖之一），污蔑中国共产党。”

4. 以周恩来的另一别名周少山的名义，请法国律师巴和代登启事以否认伪造启事，进一步肃清其影响。与此同时，在中央革命根据地，也以中华苏维埃临时中央政府主席毛泽东的名义，发布了中华苏维埃临时中央政府布告。布告中说：“上海时事新报、时报、申报等于1932年2月20日左右连日登载‘伍豪等二百四十三人’的冒名启事，宣称脱离共产党，而事实上伍豪同志正在苏维埃中央政府担任军委会的职务，不但绝对没有脱离共产党的事实，而且更不会发表那个启事里的荒谬反动的言论，这显然是屠杀工农兵士而出卖中国于帝国主义的国民党党徒的造谣污蔑。”

1983年1月23日，陈云在谈及此事时说：当时，我虽在上海临时中央，但已离开特科到全总任党团书记，所以我只知道报上登出《伍豪启事》时，恩来同志已去中央苏区，这个启事是敌人的阴谋，而不了解地下党设法揭露这个阴谋的情况。那时接替我负责特科工作的是康生。据他说揭露国民党伪造《伍豪启事》的任务，那时是交给潘汉年办的，由此也可以说明潘汉年同志在党的历史上是有很大功劳的。

编辑印行《生活教育》半月刊合同

儿童书局
生活教育社 **合同**

立契约人　儿童书局（以下简称甲方）　生活教育社（以下简称乙方）

兹经双方同意，由乙方编辑《生活教育》半月刊，由甲方印行，议定条件如下：

（一）《生活教育》每月出版两期，每期约贰万字，由乙方陶知行先生主编，按期交与甲方。

（二）甲方每月付与乙方壹佰陆拾元，由乙方陶知行先生出具收据于每月十六日取款，其用途由乙方陶知行先生负责支配如左（下）：

（甲）主编费肆拾元；

（乙）抄写校对费贰拾元；

（丙）稿件发表费壹佰元（普通文稿每千字二元，有创意者每千字四元，每期所占地位是三与一之比，即普通稿一万五千字，创意稿五千字）。

（三）《生活教育》定于每月一日与十六日上午九时在甲方总发行所开始发售，过时不发售每迟一天甲方罚洋拾元交与乙方，不满一天照一天算。

（四）《生活教育》每期定稿应由乙方于该期出版前足十天交与甲方；过时稿件不交足每迟一天乙方罚洋拾元交与甲方，不满一天照一天算。

（五）《生活教育》归甲方一家总发行，操有发行权；其投稿之著作权仍归著作者所有，甲方不得刊发单行本。

（六）投稿者曾领发表费，以后出单行本时须予甲方以优先接受之机会，甲方不收买时乙方投稿者才可以同等价格或版税与他方接洽；不领发表费而注明不受酬字样者，不受此限制。

（七）《生活教育》得由乙方开具名单，由甲方依照赠送与投稿人及推行或研究生活教育之主要机关及个人，至多每期不得过一百五十份。

（八）《生活教育》注册挂号事宜，统由甲方办理。

（九）本契约试行二年。期满前一个月，如双方俱无停止之建议或修正之表示，则此约继续有效二年。以后类推。

（十）本契约一式两纸，双方各执一纸为凭。

立约人 儿童书局
生活教育编辑社
陶知行

中华民国二十三年一月二十二日

青年励志社敦请陶行知先生公开演讲通告*

启者：我国教育家陶行知先生，此次往英国赴世界新教育会议，道经星州。敝社以陶先生乃我国之实践教育家及小先生制之创行者，道德学问素所敬仰，特订于本月十六日（星期四）下午四时在本社（安顺路爱德华太子路九号）演讲《新教育与中国》。敦请我侨教育界及各界人士前来听讲。（如座满招待不周，请为原谅）谨此奉告，诸希公鉴。

青年励志社

民国廿五年七月十五日

* 原载1936年7月16日《南洋商报》。

毛泽东致章乃器、陶行知、沈钧儒、邹韬奋函*

（一九三六年九月十八日）

乃器、行知、钧儒、韬奋先生：

先生们抗日救国的言论和英勇的行动，已经引起全国广大民众的同情，同样使我们全体红军和苏区人民对先生们发生无限的敬意！但要达到实际的停止国民党军队对红军进攻，实行停止内战一致抗日，先生们与我们还必须在各方面作更广大的努力与更亲密的合作。

我相信我们最近提出的民主共和国口号，必为诸位先生所赞同，因为这是团结一切民主分子实行真正抗日救国的最好方策。

付上我们八月二十五日致国民党书，请求诸位先生予以审察，并以高见惠示我们。

国民党军队继续对于红军的进攻与一切野蛮法令的尚未撤废，到今天仍然把我们与先生们远远地隔离着，彼此不能经常共同讨论与交换抗日救国的具体意见。这也就不得不使诸位先生对于我们今天所执行的抗日统一战线的方针与实际行动，尚有若干

---

* 此系1936年毛泽东委托潘汉年致陶行知等四人的信。载《韬奋全集》第6卷，1995年10月上海人民出版社出版。

的隔阂与误会。因此，我委托潘汉年同志与诸位先生经常交换意见和转达我们对诸位先生的热烈希望。

此致

抗日救国的敬礼！

毛泽东

“九一八”五周年纪念日

纽约欢迎陶行知与陆璀*

大众教育家陶行知先生和“一二·一六”北平学生示威时冲敲城门的先锋陆璀女士已于本月九日由欧洲远道来到纽约了。陶、陆二位是国内大众的代表。一个是代表全国各界救国联合会的。一个是代表全国学生救国联合会的。所以，我人今天也将代表纽约的大众先向这两位国内大众的代表诚恳地致欢迎的敬礼！

陶先生这次出国，经欧来美，他的目标是求国内国外的抗日救国运动能够紧密联系。由于他的参加和赞助，全欧华侨抗日救国联合会已告成立了。我人因此极望陶先生到美以后，全美华侨抗日救国联合会也能早日实现。这是我人今天对陶先生的期望之一。同时陶先生在国内同沈钧儒、邹韬奋、章乃器三先生提出《团结御侮的几个基本条件和最低要求》以后，已造成极大极好的影响，我人也望陶先生在美洲之时，把这个主张在华侨大众中造成同样的好感和力量。

---

* 这是1936年11月纽约商报社论《欢迎（陶）行知与陆璀》的摘要，转引自1937年2月5日《学生道报》第二版。

司徒美堂先生对抗日救亡运动的大力支持*

陆　璀

我初次认识司徒美堂老人，是和陶行知先生一起，在1936年11月9日到达美国纽约以后。

那正是国难方殷、国亡无日的时刻。中华民族处于最危险的关头。党领导的北平学生"一二·九"运动掀起了全国人民抗日救亡的高潮，而蒋介石则仍坚持其"攘外必先安内"的政策，对救亡运动强加镇压。要求抗日救亡和坚持投降卖国的两种力量正在进行着激烈的搏斗。

就在这严峻的时刻，1936年5月在上海成立的全国各界救国联合会和全国学生救国联合会委派陶行知先生和我分别代表这两个组织，到法、英、美等国去宣传抗日救国并争取国际支援。

司徒美堂先生领导下的洪门致公堂是对我们热烈欢迎和大力支持的一个华侨社团。

陶先生和我到了纽约后，遍访了纽约的华侨社团和报社，不论其政治倾向为左、中、右，都一视同仁。

我们到纽约不久，长期旅居美国的辛亥老人、《先锋报》的负责人陈其瑗先生就陪着陶先生和我，去拜访司徒美堂先生。从陈其瑗先生的介绍中，我们了解到，司徒美堂先生是一位富于爱

* 原载《回忆司徒美堂老人》，1987年北京市政协文史资料研究委员会编辑出版。转引自陆璀著《晨星集》。

国精神和主持正义的老人。果然，老人十分热情亲切地接待并宴请了我们。虽然我们彼此讲的方言不同（他讲的是广东开平方言），因而在对话时，还要经过陈其瑗先生的翻译，但初次见面，司徒老人那种和蔼可亲、笑容可掬的神态，他的爱国热忱和虚怀若谷的态度就给我留下了深刻难忘的印象。之后，陶先生和我再一次去拜访他，向他进一步阐述救国会和全国学联关于团结御侮、抗日救亡的主张，他都表示完全同意和十分赞赏。

不久，11月21日，国内发生了震惊中外的救国会七位著名领袖被蒋介石逮捕入狱事件。陶先生和我得知后，十分悲愤，就和陈其瑗、冀朝鼎等人在侨胞中发起营救“七君子”运动，并发表《旅美华侨告海外同胞书》，要求释放爱国七领袖和对日抗战。司徒美堂先生义愤填膺地签了名。陶先生这些活动更激怒了蒋介石，他就悍然下令通缉陶行知。这是有意打击陶先生在美国的活动，给他制造困难。当然，这是吓不倒陶先生的。但是，在派别林立的侨团中，受国民党的影响和控制较深的，当然疏远我们了。有的国民党爪牙还对我们进行恐吓、威胁。这确实给我们在华侨中开展工作增加了很大的困难。

就在这样的困难时刻，司徒美堂老人却向我们伸出了热情相助的手。首先是，他主动邀请陶先生和我参加洪门致公堂。这表示了他对我们的极大信任和政治上对我们主张的支持。陶先生和我考虑到，要在华侨中开展抗日救亡工作，必须有一个依靠的力量；而洪门致公堂正是以“忠诚爱国、义气团结和互助互济”为宗旨的侨团，而且它的组织遍布全美洲各地，它的领袖司徒美堂先生又正是一个大义凛然的爱国老人。因此，陶先生和我就欣然同意了。1937年2月，陶先生和我，经过一个相当隆重的仪式，加入了洪门致公堂。从此，司徒老人对我们就更亲如一家了。他还请陶先生住在他的家里，以便对陶先生加以保护，并天天和陶先生畅谈救国之道。

由于蒋介石政府对爱国运动的加紧镇压，陶先生和我暂时都不能回国了。我们就决定争取时间，到美国各地去进行活动，介绍国内情况，宣传抗日救国的主张。这时，司徒美堂老人又给了我们以宝贵的支持和帮助。他慷慨地资助我们路费，并通知我们所去各地的致公堂给我们以接待与资助。正是在他老人家的支持和帮助下，陶先生和我才得以成行。我们去了从美东到美西的许多重要城市，所到之处，都受到当地致公堂组织和堂友们的热烈欢迎和接待，也带动了其他华侨社团参加，这就使我们在华侨中的宣传工作得以比较顺利地进行。这首先应当归功于司徒美堂这位爱国老人对我们工作的大力支持，而这也就是他对抗日救亡运动的大力支持。必须指出，在当时相当复杂和困难的形势下，这种支持，是尤其难能可贵的。

1937年“七七事变”后，国共第二次合作，全国抗战开始。华侨中的爱国热情高涨，出现了救国大联合的局面，我们的工作也比较好做了。那年8月，我离美赴欧。陶先生则继续在司徒美堂先生和致公堂的大力支持下，在美国、加拿大和拉美等地执行其“国民外交使节”的任务，直到1938年10月才回国。

考虑到现在陶先生早已去世，当时和我们常在一起工作并了解上述情况的陈其瑗、冀朝鼎、余光生等同志也都已不在人间。我作为一个幸存者，感到自己有责任把上述情况写下来，用以表彰这位爱国老人支持抗日救亡运动的功绩，也作为对司徒美堂老人的纪念。

印度援华医疗队与陶教授同船*

(印度)巴苏医生

1938年10月19日，星期三

……我们在船上结识了一位陶教授，他头已秃顶，戴着一副眼镜，是“小先生”运动的倡导人。他还是国民参政会的参政员，现乘船要去重庆。重庆目前是中国的陪都，位于离三峡很远的长江上游。他把我们介绍给他的同事，然后一起到轮船顶部拍了一张合影。

1938年10月20日，星期四

陶教授开始认真地教我们学习用拉丁字母拼写的汉语，我觉得并不难学。帮我们学习的还有一位毛老师，其实这是个瘦小的八岁的男孩子，是陶教授的门徒。他有一书包书和地图，他也是和陶教授一起的，他们走遍农村，甚至到过敌人的后方，在孩子、成人和妇女中间一面扫盲，一面开展爱国教育。

下午一时半，船抵沙市，这是个又脏又小的乡镇。我们从江边拾阶而上，来到大街，只见路两旁全是卖食品的铺子。小毛一直跟随着我们。我们给他买了点糖果，但他不要。他领我们到一

* 1938年10月19日至21日，陶行知与印度援华医疗队、立法委员张西曼以及参政员等同船由汉口到宜昌。这是印度援华医疗队巴苏医生在英文手稿《Dr.B.K. Basu's Diary（1938—1943，in China)》中的记载，选自商务印书馆1988年中译本。题为编者拟。

家书店，选购了一本书。他翻遍口袋，只有5分钱，而这本书的定价是两角。我们欣然替他付清了钱，他高兴极了，一跑到街上便捧着书朗读起来，读得那样专心，以至差点撞到一辆人力车上。

……一条和我们停靠在一起的轮船把它的乘客都转塞到我们这条早已有人满之患的船上来了。（据《衙备忘》25—052记载，这条船是“明兴轮”，是17日离开汉口的，共有1100人，他们是从汉口和湖北前线撤退下来的伤员，伤者占三分之二，死者七人。）……当该船和我们的船停靠在一起后，我们和陶教授等人一道过去慰问伤病员，并把我们凑钱买的食品和水果送给他们。

1938年10月21日，星期五

……陶教授一直不停地教我们学罗马拼音汉字。

古圣寺工作日志*

黄开富

五月二十日

（一）午后二钟二刻，由北碚乘木船到草街子，六钟到达。

（二）到草街子即派工友购买食品用具。

（三）到草街子即去拜访联保主任，不遇。

（四）七钟抵古圣寺，得该地小学校长吴学渊作向导，即与寺僧启发晤面，并持李育才的介绍信到善堂拜文宝华、王甫臣。文不在，即与王谈一刻钟。

（五）八钟时再与启发会谈，问明伊之生活情形后，即致送廿元作香灯费。

（六）夜饭时告诫工友：工作要认真，对人要客气，不能占人便宜，行动起来要顾着客观的环境，绝对禁止标新立奇，以引起人们误会与不满。此外，我们还得处处起模范作用，借人家的东西用，务必手续要到。事后务必复原。同时分配他二人的工作。

五月廿一日

（一）晨六钟到陶先生所指定的地方去勘查井地，以水源些微及工程难以做好，以为不可。

（二）早饭后即七钟二刻，听地方人之建议，到寺前软坡下

---

* 抄自6—2黄云孟手稿复印件。手稿存陶晓光处。黄云孟即黄开富。

之水沟勘查，此地水源不绝，即逢天旱年岁，亦可日取水八十挑，且现有井形，而工程容易着手做好，遂决定以此地筑井。随转寺到善堂与王甫臣商谈。甫臣得悉，又与我一道去新井地勘查，彼辈亦认为可以。

（三）新井地属明家所有，明家老翁现在善堂养病，王等与之甚善，王愿向老翁转说租地筑井事，并坚言决无问题。叫我上街请石工去。

（四）我九钟二刻带工友一人及周德厚上街赶场，十钟到达。

（五）上街即去拜访联保主任，仍不遇。即与大队长张小皋说明去意，并请帮忙指导。彼接受之，随同我一道上茶社寻晤古圣寺保长江义和等。

（六）在茶社坐下不久，所有古圣寺附近的首人绅士皆得而晤之。经我谈说了以后，皆愿出力帮忙，于是请石匠等等，都一时告成。

（七）午刻魏寿林等提及典当寺产事，经我观察考虑后，即回以半就意，同时又决定明日就寺宴客。

（八）就茶桌上写好请客帖子。

（九）着表弟送函给陶先生报告一切。

（十）到餐馆包好席桌。

（十一）午后二钟再访联保主任，得遇，即将去意说明，请指助，请明天到寺上吃饭，伊皆满意答应之。

（十二）午后三钟一刻同魏寿林、易健安、王恩久由场回寺。

（十三）魏寿林到寺后，即去见明翁和启发谈商租借井地与典当寺产事。皆得满意之结果。

（十四）六钟时易健安引易壁光来会。壁光敏捷、确实、简朴，实农村中之典型人物，甚高兴，以礼遇之。托彼监修水井，怡然得应。同时并引彼前去一看筑井地，彼云此地可以筑井，至多三百工就能告成。并云："我明天再去赶一下澄江口。"盖澄江口更可以请精工石匠也。

（十五）七钟时魏寿林前去明余氏家谈商租地筑井事，因井地还须动该氏之土地也。

（十六）睡前请启发到床头谈商典当寺产事，彼纯似山羊，不忍欺之。□□彼口：典当寺产，要押金一千两银子（合法币一千四百元），每年拐谷十三石，称租一百三十元。

（十七）僧去再叫工友来谈：对于启发师要客气恭敬，借他的东西，要讲手续。盖深虑工友辈欺负彼本分人也。

五月廿二日

（一）以昨日过倦，晨七钟始起床。早饭后派雷工友上街打酒买小零碎，派胡工友安置桌凳，以待客来。

（二）八钟上善堂与王甫臣、蒲孟仁会谈。租明家地筑井事果无问题。惟典当寺产事，彼等有固执之顾忌。我以为不关宏旨，从旁谈提一二句，遂告辞。

（三）八钟三刻魏寿林、易健安来也。盖昨日曾请寿林今天代作招待。

（四）魏寿林来后，我即与之商谈典当寺产业，并将昨夜寺僧之言告彼，彼听了即去见启发师，跟即转来道说，要求押金多添二百两银子，一劳永逸。我以此后还得找魏帮忙赞助，遂慨然允之。（还添租子十元，租谷二石）魏即云："黄先生真看得起人，启发也要感激你，我们也要感激你！"于是就请黄崇矩书写典当约据。零点二刻典当约据写成，租明家地筑井之独佃约据也写成，并依手续由我会同租金亲手交付。

（五）二钟吃饭，客到四席，连工友一齐坐五席。客人中有联保主任及保长绅士等。席间先由魏寿林代表和尚报告典当事，后由我代表陶先生致感谢之意。

（六）午宴后，客散之。仅留魏寿林、易壁光、易健安等人。我遂以育才学校在地方上的交涉事托魏办理，以目前经理内务事亦托付易壁光，彼二人皆欣然允诺。

（七）六钟时出门环视所租寺产（田地）之范围，十分方圆。

（八）晚饭后整理账目。

五月廿三日

（一）上午七钟二刻易壁光背了斧子锯子等上寺，我遂办理移交，并支付五十元作用，凡请工监工伙食事项都交伊办理。

（二）决定在寺庙次前右的楼下筑灶，因原有之灶，屋子太小，且在上面，运水不便。

（三）辞别善堂王甫臣、蒲孟仁，过草街子又拜访联保主任致殷勤。

（四）午刻回北碚。

（五）零点访陶先生不遇，晚间才得与陶先生见面，作工作之总报告。并将佃约收据交伊。

黄云孟记

五月廿四日

育才学校1941年八、九两月工作报告*

一、育才学校创造年计划大纲

(这一部分见本全集四卷23页，此处略。)

二、总务部

甲、事务科

八、九两月份本科工作如下：

(一) 调整工作人员，选拔幼年干事——本科事多人少，从学生中选拔幼年干事9人，助理工作，分任保管登记等职。

(二) 修理校舍校具——检补屋漏，粉刷墙壁，修理已损坏的校具，重新油漆全校黑板，完成舞台盖草粉壁工作。

(三) 调查校具——本校校具在暑期中重新登记并分类编号。

(四) 整理儿童服装——儿童服装多已破坏，暑期中调查整理、统计，以便作本期添制的依据。

(五) 制牌纪念——本校捐款人纪念牌业已购得，由陶校长写字，正进行中。

(六) 组织膳食委员会——本科膳食原由本科主办，但以人少，照顾难周，自九月起，由本科一人，教职员二人，学生二人，组织委员会，设法改善，注重卫生营养，力避浪费。九月份

* 1941年8月29日校务会议通过。

膳食较上月改善不少，兹将两月膳食消费列表如下：

育才学校卅年八月份膳食消费表

物名	单位	数量	平均单价	总价	备 注
米	老石	14.16	69.67	9862	1. 自出蔬菜未作价 2. 本月有十石米系购自大竹，价较市价低 3. 本月因自费生请假回家，人数191人，平均每人为71.09元
豆类	老石	1.19	605.00	714.60	
菜油	斤	178.00	3.27	584.70	
猪肉	斤	289.00	3.30	924.00	
炭	石	133.19	4.89	649.40	
盐	斤	140.00	1.98	277.50	
蔬菜				1025.24	
合计				14037.44	

育才学校卅年九月份膳食消费表

物名	单位	数量	平均单价	总价	备 注
米	老石	15.33	81.00	12414.36	1. 自出蔬菜未作价 2. 本月计208人，平均每人为84.33元
豆类	老石	1.9	659.00	1250.20	
猪肉、猪油	斤	354	3.82	1362.20	
菜油	斤	96	3.67	352.40	
盐	斤	116	2.10	250.40	
煤	石	112.74	5.58	660.70	
蔬菜				997.14	
合计				17287.40	

乙、生产科

这两月份的工作一方面是收获，一方面是赶种新作物，兹列表如下：

卅年八、九两月份生产登记

菜名	数量	金额
豇豆	38斤	19.00
茄子	368斤	107.00
丝瓜	106斤	19.20
冬瓜	50斤	12.50
菠菜	80斤	16.00
番茄	45斤	36.00
空心菜	1073斤	107.30
藕	509斤	407.00
猪肉	130斤	445.00
共计		1169.00

卅年八、九两月份农场下种数量表

菜名	数量
大蒜	20把
菠菜	1斤5两
芹菜	1两
香菜	1两
白菜	半斤
莴苣	1两
冬苋菜	2两
葱	10斤

丙、会计科

本校八、九两月份收支列表报告如下：

育才学校经费累计表

中华民国卅年八月份

科目及摘要		金额		
		小计	合计	总计
		元	元	元
收入部	上月结存	22200.44	22200.44	
	校董会交来捐款	18750.85	18750.85	
	学杂费	400.00	400.00	
	盐务局补助费	6000.00	6000.00	
	赈委会补助费	7000.00	7000.00	
	总计			54，351.29
支出部	图书费	194.81	194.81	
	仪器工具	84.85	84.85	
	修理建筑	1295.22	1295.22	
	生活设备	3709.02	3709.02	
	俸给	4366.91	4366.91	
	灯火薪炭	220.40	220.40	
	文具印刷	3392.89	3392.89	
	报章杂志	35.00	35.00	
	什项	78.20	78.20	
	办公费	794.42	794.42	
	学生零用费	774.00	774.00	
	医药卫生	68.00	68.00	
	学生膳食	10020.87	10020.87	
	还新华银行（7、8月份）	7000.00	7000.00	
	总计			34634.59
结存				19716.70

审核人：谭坤珩、张亚生　制表人：江淑和

育才学校经费累计表

中华民国卅年九月份

科目及摘要		金额		
		小计	合计	总计
		元	元	元
收入部	上月结存	19716.70	19716.70	
	校董会交来捐款	5666.58	5666.58	
	学杂费	702.90	702.90	
	盐务局补助费	6000.00	6000.00	
	赈委会补助费	7000.00	7000.00	
	保育会	6217.78	6217.78	
	总　计			45303.96
支出部	图书费	382.49	382.49	
	仪器工具	55.00	55.00	
	修理建筑	1426.87	1426.87	
	生活设备	2420.30	2420.30	
	俸　给	5019.20	5019.20	
	灯火薪炭	221.20	221.20	
	文具印刷	633.15	633.15	
	报章杂志	16.12	16.12	
	什　项	171.60	171.60	
	办公费	868.25	868.25	
	课　本	41.24	41.24	
	学生零用	756.00	756.00	
	医药卫生	336.05	336.05	
	学生膳食	11974.86	11974.86	
	总　计			24222.33
结　存				21081.63

审核人：谭坤珩、张亚生　制表人：江淑和

三、指导部

甲、拟定本部创造年计划纲要

依据本校创造年（卅年七月至卅一年六月）计划大纲，拟定本部计划纲要，作为本部工作进行之指标。计划纲要如次：

（一）原则：

1. 各组在“大同与大不同”统一原则下，尽量发挥更大的功能，使人人各尽其用和各得其所，以扩大教育效能。

2. 健全集体生活，加强组的领导和中队领导，以收学习生活合一之效。

3. 提高导师与学生对生活教育理论和实践的兴趣与运用。

4. 提高学生探讨的兴趣与精神。

5. 提高学生服务的“道德”能力。

6. 提高工友文化水准与康乐水准。

（二）具体工作：

1. 组主任在职之组，不另设生活指导。组主任远离之组，另设生活指导，处理学生生活学习事宜。

2. 组主任、组指导须督促中队长保证《育才学生每天十要》，及《学生总队创造年第一年计划》在各中队之具体实现，并处理各该委员会规定之学生奖惩事宜。

3. “特修课”由组主任预定进度，每月依照预定计划完成学习，月终依照表格填报指导部一次。

4. “普修课”由各科任导师预定进度，每月依照预定计划完成学习，月终依照表格填报指导部一次。

5. 提高学生服务精神，发动学生“为民众服务”。

6. 与研究部会商，每月至少敦聘名人学者一人来校讲演。

7. 与研究部会商，选拔培养幼年研究生卅名。

8. 协助各部、各科选拔培养幼年干事廿名。

9. 协助生产科“寸土运动”之推行，真正做到学校周围校地地尽其利，并帮助各种生产小组计划之实现。

10. 指导并帮助各种学习小组之发展与健全。

11. 指导并帮助学生总队创造年第一期计划之完全实现。

12. 发扬学生“即知即传”的志愿，以推行社会教育。

13. 根据生理、心理原则，配调课程分量和生活时间，俾学生劳逸得宜。

14. 有系统的考查学生生活学习成绩，并按时予以记载。

15. 改进工友教育，使工友取得必须之知识，以提高工友生活素养。

16. 加强学校卫生方面之人力物力，以增进保健效能。

乙、学生暑期生活概况（八月份）

普通学校在暑期中是放暑假，本校因学生最大多数是十五省流亡难童，放假则无家可归，于是决定暑期生活改变方式。其要可得而说的：

1. 学习生活一般自七月廿一日起，至八月卅一日止，定为暑期生活时期。暑期生活以“轻松愉快”而又能自动学习追求长进为原则，因此定为由学生就性之所近及学习而需要之同学为一自学团，发挥自学精神，并由各团学生聘请导师一人或二人为顾问，从旁指点，帮助解决学习上之困难。在暑期中学生自动组织之自学团于下表。

育才学校暑期自学团一览表

团体名称	团员人数	负责者	性质	原有或临时组织	顾问	备注
和声自学团	三	熊光炎	音乐	临	庄严	
乐理自学团	三	郭惠英	音乐	临	庄严	
唱歌自学团	三	魏国光	音乐	临	庄严	
数理化天文自学团	五	叶宏启	自然	临	陶宏	
榴火社自学团	四	陈文达	诗歌	原	邹绿芷 张亚生	

续表

团体名称	团员人数	负责者	性质	原有或临时组织	顾问	备注
佚名社自学团	一〇	李道逵 李　冬	文学	原	徐　荇	
夜莺剧社自学团	一六	刘国钧 韦荷珍	戏剧	临	徐　荇 钱　风	
舞蹈自学团	二九	裴未如	戏剧	临	吴晓邦 盛　捷	
连环画自学团	五	张作民	绘画	临	刘铁华	
甲班英语自学团	二三	时佩甲	英语	临	李乃忱	
乙班英语自学团	二三	卢　厂 王传义	英语	临	谭坤珩	
丙班英语自学团	二五	郭　璞 任敏心	英语	临	张再为 刘铁华	
算术自学团	三〇	张学如 陈贻鑫	数学	临	马侣贤 宁振镛	
古圣寺、育才学校考证自学团	二	朱振华 田兆法	考证	临	陶行知	
代数自学团	一三	时佩甲	数学	临	张再为 谭坤珩	
化学自学团	八	赵义熙	自然	临	陶　宏	

在上列十六种自学团中，能依照预定进度完成学习者达十分之八，尚余十分之二，未能完成。

2. 集体活动

在“八一三”全面抗战四周年纪念日，本校因应陆军八十八师政治部之约请，由指导部主任方与严、绘画组主任刘铁华、文学组导师徐荇、英语导师谭坤珩四位先生领导，音乐、戏剧、文学三组学生共六十人，步行九十里，亲往合川云门镇参加八十八师纪念大会宣传工作。两天两晚，演出《大合唱》、《活捉日本鬼》、《战斗三部曲》等节目。

3. 休闲教育

晚间暑气减退，每当月明荷池送香之时，师生成群纵谈上下古今，讨论抗战学术，收得休闲教育实益不少。

丙、各组生活学习概况

（一）音乐组

a. 学习项目：

1. “合唱”《旗正飘飘》、《打回东北去》；

2. “视唱”十五条；

3. “练耳”十五条；

4. “作曲”每人各作短曲一则；

5. “钢琴” Sonatina Baha Bugmuler.

b. 集体活动：

1. 参加陆军八十八师“813”四周年纪念大会一次；

2. 举行音乐晚会两次；

3. 参加本校全体游艺会三次；

4.《小喇叭》壁报，出版八、九两期。

（二）戏剧组

a. 学习项目：

1. “化装”演员练习化装十次；

2. “发音”个别发音，每天练习；

3. “排演”排演《爱在人间》、《抗日升平》、《荷叶舞》三舞。

4. “装置”设计及装置排演三舞中的装置；

5. “灯光”设计配合三舞灯光；

6. “服装”设计配合三舞服装；

7. “道具”设计配合三舞道具；

8.“效果”设计配合三舞效果；

9.“舞蹈”加强舞蹈学习，每天两课；

10.“理论”赵越先生讲戏剧理论六次；刘铁华先生讲“绘画常识与舞台构图”六次。

b. 集体活动：

1. 参加陆军八十八师“813”四周年纪念大会一次；

2. 与中国电影制片厂外景队举行座谈会一次；

3. 参加本校游艺会三次；

4.《新演剧》壁报，出版五、六两期。

（三）文学组

a. 学习项目：

1.“文学讲话”文学各论，诗，诗的起源，诗的定义，诗的要素，叙事与抒情诗；

2.“语文修养”国语文法，句之解析，句之图解法，句之主要成分；

3.“名著选读”文艺复兴之定义；

4.“英语名著”三篇。

b. 集体活动：

1. 参加陆军八十八师“813”四周年纪念大会一次；

2. 举行朗诵诗晚会一次；

3.《小文艺》壁报出版39、40、41、42四期；

4. 佚名社继续研究鲁迅先生《杂文》；

5. 榴火社《榴火》诗刊出版3、4、5、6四期；

（四）社会组

a. 学习项目：

1.“中国近代史”近代史的意义，鸦片战争；

2.“世界史”原始社会；

3.“国际问题”美洲美国地理，美帝国主义问题；

4.“社会科学常识”民族问题；

5.“自学方法”自学的意义；

b. 集体活动：

1. 举行时事讨论会三次；

2.《小时潮》周报，出版1—7期共七期；

3.《小战士》壁报，出版21、22两期；

（五）绘画组

a. 学习项目：

1.“水彩画”每人十二张；

2.“木刻”每人六幅，木刻连环画开始进行；

3.“粉画”每人二张；

4.“铅笔画”每人五张；

5.“钢笔画”每人三张；

6.“宣传画”每人八张；

7.“素描”每人八张；

8.“速写”每人每天五张，两个月共三百张。

b. 集体活动：

1. 举行讨论会一次，题目：《照像艺术》。A. 艺术品批评，B. 艺术与经济学，C. 艺术工作者的修养，D. 木刻民族形式。

2. 举行艺术讲演会三次：A. 赵越先生讲《照相艺术》；B. 关良先生讲《水彩画画法》；C. 廖冰兄先生讲《艺术新现实主义》。

3. 野外写生十次：A. 附近七次，B. 关良、廖冰兄先生领导两次，C. 往北温泉旅行写生一次。

4.《自动壁报》周报出第十一至十八，共八期。

5.《八月》、《九月》大壁报二期。

（六）自然组

a. 学习项目：

1.《物理学》引力和各种运动——万有引力，落体抛物体，圆周运动，转动，空气和水的阻力；

2.《物理学实验》物体的下落速度，补做比热的测定；

3.《化学》淀粉与蛋白质，墨水制造；

4.《化学实验》淀粉的化学性质，淀粉的测定，淀粉的消化。蛋白质的沉淀与凝固实验，墨水制造。

5.《算学》测量的基本原理与方法，三角函数——正弦，余弦，正切，及其应用。

6.《天文学》日食和月食，月影及地影之长的测算。

b. 集体活动：

1.《天文学观测》九月五日月食及九月二十一日日食各一次；

2.《谈天会》举行会员大会一次，讲演会二次——日全食；

3. 参加本校游艺会玩“科学把戏”三次；

4.《小科学》壁报出版第十四、十五两期；

5. 开始编辑《在现在我们所能做、所应做的植物学实验》。

c. 工具制造：

小小木工厂完成测量用分度杆全付，标杆五根，小靠木尺三把，丁字尺四把。

丁、各科工作概况

（一）训导科

归并指导部主任兼理，本科裁减。

（二）卫生科

a. 环境卫生：

1. 继续肃清臭虫，扑灭蚊虫、苍蝇；

2. 全校大扫除两次；

3. 检查个人整洁，每周检查抽屉一次，洗衣一次，沐浴一次，每月洗被一次；

4. 检查团体整洁，每周检查水源及滤水器各一次，校容整洁天天检查。

b. 医药治疗：

1. 医药室，门诊每天平均十八人，多为感冒及皮肤等症；

2. 入疗养室者十二人；

3. 重症送往北碚、二岩二处医院诊治九人。

（三）康乐科

a. 经常活动：

1. 每日早会后，作廿分钟早操（舞蹈性）或体力劳动——如修路锄草等；

2. 每日康乐时间，唱歌，下棋，吹箫，吹笛，弹琴，台球，篮球，排球，跳绳，打珠子等活动，六组依次轮流；

3. 开始英文旗语练习。

b. 特殊活动：

1. 举行"813"四周年纪念、游艺晚会一次；

2. 举行欢迎游艺会一次；

3. 举行音乐晚会一次；

4. 举行诗歌晚会一次；

5. 举行篮球赛两次；

6. 育才合唱团于九月二十三日成立。

（四）注册科

清理并登记两年来学生学习总成绩。

（五）缮印科

两月来共写蜡纸一百五十张，印用勾边纸一千五百张。

四、研究部

甲、拟定本部计划纲要：

本部根据学校创造年计划，拟定本部工作计划纲要作为工作进行之预定里程。计划纲要如后：

（一）总则：

1. 提高全校学术研究的空气。

2. 创造学习环境俾便于研究。

3. 发扬学而不厌诲人不倦的精神，以加强导师进修。

4. 以集体力量研究并解决本校教育设施之具体问题。

5. 以集体力量加深生活教育原理与方法之研究。

6. 在问题研究上加强学生研究力之培养。

7. 整理并编辑有价值之研究结果，贡献于社会。

（二）具体工作：

1. 健全研究组织及办法，俾研究工作易于进行。

2. 建立导师××进修组织，以便导师进修。

3. 每月举行教育问题研究会一次，研究教育问题与实施上之问题。

4. 导师各自选取研究专题，拟定计划，定期完成研究。

5. 经常举行学术性之座谈会。

6. 每学期聘请学者三位至五位来校讲学。

7. 增加图书一万卷。

8. 建立合理便利之图书管理办法。

9. 培养研究生三十名。

10. 以导师研究专题为基础，编辑丛书至少六种。

11. 以学生之研究创作为基础，编辑儿童用书至少六种。

12. 编辑本校教育实施报告一种。

乙、正式开始幼年研究生的培养

幼年研究生的培养，本年七月间即作初步尝试，成绩甚佳，现已拟定具体办法，从各组中选取研究生三十余名，切实进行，作为本部重要工作之一，幼年研究生培养办法如后：

1. 研究生培养之目的，在选取程度达相当水平之学生，加强其研究能力，提高其研究兴趣，在问题研究中予以切实之培养。

2. 研究生之培养，由研究部主持之。

3. 研究生由研究部商同指导部及各组主任选取之。

4. 研究生之选取，以具备下列条件为标准：

a. 学业成绩优良，或有特殊创作才能。

b. 生活态度良好。

c. 富于研究兴趣。

d. 文字通顺。

e. 身心健康。

5. 研究生每人选定问题加以研究，并须拟定具体研究计划，定期提出报告，完成研究。

6. 研究生每人酌量减免其达到相当水平之一般课程。

7. 研究生进行问题研究时，得请导师予以指导。

8. 研究生每星期集会一次，以讨论治学方法，交换研究经验，或作学术问题之讨论。

9. 研究生之研究报告，经研究部认可后，酌量发表之。发表之办法有三：

a. 在校内出壁报专刊；

b. 介绍到各报纸杂志上发表；

c. 介绍到晓庄研究所审核后，印成专刊。

10. 研究努力成绩优良者，由研究部提请考核委员会予以相当之奖励；工作不努力者，得停止其研究。

11. 本办法由研究部会议通过施行。

丙、教师进修

1. 分组学习外国语文——外国语文为治学之重要工具，全体教师均感迫切需要，现已组成英文、俄文、法文、德文、日文等学习小组，聘请教师中较有根底者担任指导。

2. 开始专题研究——全体教师在本年度希望各选择一适当问题加以研究，并拟定研究计划，定期提出研究报告，现已分别选取问题着手进行。

丁、编辑工作

本校绘画组所编辑之《幼苗集》第二集审查完竣，交重庆时代印刷社代为付印。

戊、图书馆

八月虽是暑假，但为使同学们和教师的精神食粮不致匮乏，图书馆每天仍照常开放。

由于少年管理员们的工作努力，五千余册的图书分类、整理、编号、贴袋等工作均大部分完成，只是借书卡片因材料缺乏的缘故，还有一部分未能完成。

月终，馆务上有了一番改进，组织系统变更了，工作人员也有了一番调整，并作合理之工作分配。

根据创造年计划大纲，对于精神食粮的充实，分四方面进行：

（1）向附近各地之公私图书馆商借图书；

（2）自行购书；

（3）代管私人存书；

（4）捐书。

九月份从北碚借到开明锌版《廿五史》九大本，《图书集成》1378册，《万有文库》第一集1933册，第二集1543册，合计有5222册，我们的精神食粮因此增加。

新购到之图书杂志，随即将书名布告。其他如《辞典》、《辞源》放置一处，以供自由翻用，馆内阅览时间也较前增长，充分给予读者便利。

与陶行知交往的数则日记*

阳翰笙

（一）请写儿童剧本

1942年1月2日　星期五

午后，汉文来访。

汉文来谈儿童剧运颇详，并主张我们须用大力以助陶先生。我很同意。

（汉文即辛汉文。陶先生即陶行知。当天中午，陶行知与辛汉文会商演出事。）

1942年1月4日　星期日

在办公室里将公务处理完毕后，即偕郭、尹两兄赴行知先生及汉文兄之午宴。

席间，陶托计划儿童学园，请写儿童剧本。我虽被派到一剧，可是自己觉得没有把握。

1942年1月18日　星期日

听华的怂恿去看了育才小朋友演出的《表》，果然不错。演主角那个孩子，真很聪明。

---

* 原载《阳翰笙日记选》，四川文艺出版社1985年2月版。题为编者拟。国民政府军事委员会政治部文化工作委员会于1940年10月成立，郭沫若任主任，阳翰笙任副主任，陶行知任委员。文工委于1945年4月解散。

（华即阳翰笙夫人唐棣华。他们的长子欧阳小修正在育才学校小学部读书。）

（二）筹备文化研究院

1945年4月8日　星期日

晚六时，渝中各党派的领袖及文化界人士在广东酒家欢宴郭老及文工会全体同人。到的人有一百多，真可说迎来重庆的一大盛会。

宴会由沈老主持，说话的人很多：

左舜生先生说：郭先生过去的自由天地太狭小，现在我们欢迎文化界的斗士回到更大的自由天地中来！

侯外庐先生主张在郭先生的领导下，创立一民间性的文化研究所。

陶行知先生更主张郭先生来筹办一民主研究院。

王若飞先生说，中国人民需要郭先生。并说：中共要求政府派郭先生为我国出席旧金山代表团顾问；万一不能实现，欢迎他到边区解放区去！

邓初民先生说：安慰是不够的，我们要努力争取民主自由。

史东山先生说：我们愿意学习郭先生及文工会诸先生的精神和作风，以他们各位先生的路线为马首是瞻。

柳亚子先生很愤慨地说：现在黄钟毁弃，瓦釜雷鸣，我们却应该把瓦釜毁弃掉，让黄钟大吕之音雷鸣起来！

马寅初先生只说了一句话，他说：那解散文工会的人，便是一只真空管！

翦伯赞先生说：文工会的解散，是表示最后扫荡了自由主义的文化。这是中国文化的灾难，是对中华民族灵魂的侮辱！

郭老最后起立致谢，并说：文工会是解散了，文化工作是留下了……我就是死了，在坟墓里我也要从事文化工作！

（陶行知的讲词见本全集四卷475页。）

1945年4月25日　星期三

在会中开第一次研究所筹备会。初老、师毅均到。讨论的结果：

（一）关于名称，用“郭沫若研究所”，或“文化研究所”，或“学术研究所”，下次开会时再定。

（二）缘起纲要大体可用，惟须再加修改。

（三）赞助人与发起人须再多征求。

（初老即邓初民。）

1945年4月28日　星期六

午后，在会中开第二次研究所筹备会。初老、陶行知均到。关于研究所的名称问题，陶主张不用郭老名。所太小，应该称院，索性用“文化研究院”亦行。至于赞助人与发起人，初老不主张公开。孙夫人的代表廖梦醒女士则说：孙夫人是愿意来作发起人的，但她不愿与有些人联名发起，因此她需要先知道发起人是些什么样的人。这一来，我们又将赞助人和发起人的名单重新合并审查了一遍。

今天的会，陶贡献的意见很多，特别是对国内外募款的方式，他提出了许多宝贵的经验。他对这一事业的前途非常乐观，因此他主张放开手来大干一下。

（孙夫人即宋庆龄。）

1945年4月29日　星期日

晨，我将昨天筹委会开会的情形告诉了郭老。他的表示还是很消极，他认为成功的可能还是非常小。因此，对于昨天开会的结果，他说他不敢赞一辞。

1945年5月2日　星期三

午后在会碰到小翁。据他说，关于研究所的事情，侍从室已有情报。我们筹备的详情，情报中都说得很详细。因此，他说布雷先生虽很愿意从旁来尽力赞助，但却不愿公开地作为发起人或赞助人。因此，小翁劝我还是从小处干起的好；陶行知的作法和说法在目前都是行不通的。

我倒很奇怪，为什么我们才刚刚开始，哪位打情报的先生就这样卖力，连这样一点公开的小事情，又都赶快加油加醋地就作报告去了！

这真不知是什么样的世界！

（小翁即翁择永。侍从室即蒋介石的侍从室。布雷即陈布雷，蒋介石侍从室的主任。）

1945年5月16日　星期三

接初老函，任老处的地方不愿借。转而商之郭老、乃超，大家都有意把研究院的筹备工作暂时停一停再说。

关于此事，拖延了整整一个半月，简直把我和乃超都拖得疲困不堪。能够暂时搁一下自然也是一个好办法。

（任老即黄炎培。）

1945年6月7日　星期四

天酷热，室外在百度以上。昨夜在逸梅家滚了一夜楼板，没有睡着。

午与海观、应人谈中苏研委会工作甚久。对于这一工作，我本是不打算负责的，现郭老既走，我不负责也得负责了。因此，我听了他们两人将会中各情况对我详细报告以后，我决定把责任负起来，一直到郭老归来我再将此事辞去。

晚，马、柳、陶、邓诸公为郭老饯行，我亦在座。席间谈话的人很多，而且很严肃，直至深夜始散去。

（蒋介石批准郭沫若去苏联。应人即霍应人，马即马寅初，柳即柳亚子，陶即陶行知，邓即邓初民。）

1945年8月11日　星期六

到育才参加陶先生所约集的文化界的茶会。大家交换意见的结果，都认为我们必须反对内战，要求和平、民主与团结。

1945年11月13日　星期二

午后到特园参加陪都各界反对内战联合会筹委会。今天的会由漱溟先生主持。到会的人特别多。发言时亚子先生的态度最激昂有力。他真是一位值得敬佩的老青年。

（漱溟即梁漱溟，亚子即柳亚子。）

延安新教育学会致函陶行知先生*

——庆祝生活教育社十五周年

生活教育社陶行知先生：

三月十五日，是晓庄成立十五周年纪念。谨代表本会同人，向您和生活教育社诸位先生致以崇高的敬礼和最热烈的庆贺。

十五年前，先生不辞艰苦，创办晓庄学校，提倡乡村教育，掀起了乡村教育的大浪潮，波及全国各省，晓庄变成了乡村教育运动的大旗。先生手执这面大旗，披荆斩棘，为中国乡村教育运动开辟了一条大路。

继而先生在艰苦困难中，创办自然学园，设立儿童科学函授学校，编辑儿童科学丛书，提倡“科学下嫁”运动，这又给中国自然科学大众化通俗化运动造成一个开端。

同时先生又创办工学团。发起和组织普及教育促进会，倡导小先生制，推动普及教育运动，使之推行到农村去，推行到工厂去，以谋劳动大众得到享受普及教育的机会，中国普及教育运动因此而增进了新的血液。

“一二·九”以后，先生提倡国难教育；抗战以来，先生及生活教育社诸位先生到处奔走，宣传抗战，继续提倡实行战时教育，坚决主张战时教育应为抗战建国服务。这就进一步促成了教育运动和政治运动的汇流。

---

* 原载1942年10月9日《解放日报》。

先生自从事教育事业以来，就打起反老八股和洋八股的旗帜，向传统教育和洋化教育进攻。创立生活教育的理论，主张教学做合一，注重理论和实践的联系，力图打破劳心与劳力的分裂，像先生这种进步的教育主张，正是对症下药，为治疗中国教育弊病的良方，而先生献身教育事业，不辞艰苦不怕困难的精神，更足以称为教育界的模范。

先生的教育主张及十五年来所辛苦经营的事业，在中国教育史上，实占了光辉的一页。这不仅是对摧毁中国传统教育起了很大的革命作用，同时也是为中国新教育树立了一块基石。我们恳切的希望先生和生活教育社诸先生，本着晓庄精神，本着生活教育精神，团结全国教育界人士，为中国教育而进一步努力。

本会成立的宗旨，即在团结全国教育界人士，以谋中国新教育理论以实际的建设，争取抗战建国的胜利完成。同人等不敏，愿与先生和生活教育社诸先生以及全国教育人士携手并进，共同为中国新教育之建设而努力。目前本会同仁正在研究生活教育的理论与实际；并决定编印先生的教育论文选集；以资宣扬生活教育的进步主张。本会成立不久，一切都在草创与摸索之中。尚祈时赐教言为幸。

此致

敬礼！

新教育学会：理 事 长　徐特立

副理事长　范文澜

生活教育运动十九周年纪念特写*

三月十五日是生活教育运动十九周年纪念日，很久以前重庆生活教育社及育才学校，就准备着扩大庆祝了。因为这是值得纪念的一天，它在中国教育史上展开了崭新的极可宝贵的一页。

双喜临门

今年的三月十五日，可以说是双喜临门的好日子，清早起身一看墙上已贴满了红绿标语，每个人都显得异常愉快而紧张。上午育才学校——生活教育社的实验园地，成立了"育才校友会"，除小学部外，全校师生都聚会到"管二十八"来了，在大会上有许多先生同学发表演讲，一致要求团结起来，互相砥砺，以力求进步，大家热烈地把"会章"讨论完毕后，十二点已过，恰好我们的领导者陶行知先生从法庭归来，刚踏进会场，立刻就响起了一阵异常热烈的掌声，全体并以诚挚慰问的目光送着他登上讲台，他的沉重的语气掩不住内心的兴奋，他说他很高兴能赶回来参加，"今天这个会是象征着我们的团结，惟有团结才能进步，也惟有团结才能有力量！"他更希望大家把力量贡献给人民，给新中国，给世界人类。

* 原载1946年4月1日《民主教育》第6期特大号，作者：明远。原题《"三·一五"速写》。现题为编者拟。

这一段简短扼要而有力的话，把每个人都鼓舞起来了，希望的光辉，在我们的眼前闪起。……

在阳光下

午后，很多朋友和附近的老百姓，都赶来参加庆祝大会，大家静静地坐在院子里，春天的阳光暖和和地照在身上。

两点钟时，大会开始，行礼如仪后，主席方与严先生报告。首先他说：今天是生活教育运动十九周年纪念，不是生活教育社十九周年纪念，生活教育社是民国二十年在上海成立的。接着他就讲到十六年在南京和平门外兴办晓庄学校的情形，他的生动的描述使许多听众都起了一种特别新鲜的感觉。以后他又讲到生活教育运动各个阶段的发展情形。

最后他提出：现在有两件事必须要做：一是普及教育运动，希望能在全国各地普遍推行。二为发展社员以促进整个的生活教育运动。

讲演者第一个是孙铭勋先生。

他说：现在和平建国时间到来，希望朋友们同心协力深入地研究生活教育的理论，努力把握“教学做合一”这种有效的教育方法，以求进一步的发展。因此，他就讲到育才的教育，并不是一般的天才教育，而是特别注意某一方面的特才教育。其任务一，为如何发现特殊才干，二，为如何培养这些才干；所以说它是专门培养人才幼苗的学校。希望朋友们共同努力，深入研究这些问题，以求得完美的解答。

接着是陈歼先生演讲。

他觉得生活教育运动，从晓庄到育才，从战前到现在，中间不知经过许多困难波折，尤其是今天陶先生还被那班无耻的暴徒诬告，要亲自出庭开审，实在令人非常愤慨。结束时他说：我们应向陶先生及许多艰苦奋斗着的同仁致敬，同时更要努力争民主政治的彻底实现。演讲完毕后，正好陶先生由法院回来，据庭长说：此案已由政协综合小组谋政治解决，可不必重开。盖因是非真假，人人皆知，开庭时刘野樵等暴徒更丑态毕露，旁听群众，莫不嗤之以鼻，正所谓："人民的眼睛已是雪亮的了。"听到这个好消息，大家的心情更加兴奋，心理的云雾完全散开。

空前热闹的晚间

太阳还没下山休息的时候，各方面的朋友们，已经从四面八方赶来了，今天他们和我们同样地感到喜悦和热烈。

电灯照耀着明亮如昼，招待员们兴奋地从人的空隙中穿来穿去，忙着请签名哪，送刊物哪，布置座位哪……陶先生自己也站在台前，忙着和许多朋友握手言欢，喜笑颜开。客人们像流水似的不断涌进，整个院子和奎杓堂都挤满了，大家无拘无束，谈笑风生，显然是个空前的盛会。

七点钟时，临时召集了一个小组会议，筹组生活教育社重庆分社，当时推选了五个筹备委员便简单地结束了。

将近八点钟，整个会场已经挤得水泄不通，连楼上窗口都站满了人，而大门外仍有络绎不断的客人进来，招待员带着非常抱歉的神气，四处找凳子给客人坐，结果也无法安排这两千左右的客人。这时只有宣布开会，使大家的热烈情绪安静下来，转移到精彩的游艺节目上。

白天所表演的节目，仍然受到热烈的欢迎，其中《凶手们拿出良心来》，更一剧引人记起"二一〇血案"的惨剧。而戴爱莲先生的舞蹈，《哑子背疯》，技巧的高妙，尤其令人敬佩不止。

最后是电影：《中国之抗战》，一开始便把大家带进痛苦的记忆里去了，那些惨绝人寰的画面，如"南京大屠杀"，"重庆大轰炸"等镜头，使观众痛彻心肺，顿足长叹，尤其是想到现在还有一些误国殃民疯狂无耻的希特勒的徒子徒孙们，仍在屠杀自己的同胞，进攻人民，制造惨案、血案，颠倒是非真假，梦想维持法西斯一党专政，而陷中国于万劫不复之地。这真是什么世界？什么国家？……

最后一个镜头又把观众从战争的痛苦回忆中，又带回到这峭寒的春夜里时，已经是夜深人静的时分了。

人们站起身，长长地舒了一口气，又川流不息地涌出了会场，投入夜的怀抱，各自走回去了。

在这充满动乱和痛苦的年代，我们度过了这最可纪念的一天。

明天，我们大家还要用更大的努力来进行更庄严的工作。

三十五年三月二十日深夜追记

育才学校向新华信托储蓄银行借款借据*

立借据人育才学校（后称借款人）今凭保向

新华信托储蓄银行（后称银行）借到国币伍万元正，并愿遵守左（下）列各条：

一、借款利率订定按月息三分贰计算，每　　结付利息一次。

二、借款期限以三个月为限，自民国卅三年一月十二日起至民国卅三年四月十二日止，到期本息一并清偿或分　　归还每还　　决不延误。

三、借款到期不还，银行得将借款人以任何名义存在银行之存款，或委托银行代收已到期或未到期之款项扣留抵偿，或将借款人以任何名义委托银行保管之其他财物变卖抵偿，所有开给借款人之各项凭证即行作废，借款人绝无异议。如尚不足以抵偿借款本息，由借款人完全负责立即如数补偿之；如有余数，银行得扣抵借款人所欠银行他项已到期或未到期之款项，借款人亦绝无异议。

四、借款人如不履行以上各条，由承还担保人负完全责任，自愿放弃民法第七百四十二条第一项及第二项之抗辩及同法第七百四十五条之权利，立即共同或单独代为将借款本息一并还清，决不延误。

五、在借款本息未清偿以前，承还担保人决不自行退保。但银行通知借款人更换担保人时，借款人即当照办。

六、借款到期，银行允许借款人延期或转期偿还，不必征求承还担保人之同意，承还担保人仍愿照旧负责至借款本息还清日为止。

七、本借据所载借款人及承还担保人，均包括其继承人、继续人及法定代理人。

八、本借据以银行所在地为履行地。

立借据人　　育才学校校长陶行知

住址　　和平路管家巷28号

承还担保人　　程海峰

住址　　陕西街17号三楼

承还担保人　　吴恒勤

住址　　棉花街卅一号大陆银行

中华民国卅三年一月十二日立据

郭沫若、冯玉祥、陶行知先生应本社之请举行四卖兴学*

（一）卖字，每件一万元。（二）卖文，每千字一万元。（三）卖演讲，市内每次一万元。（四）卖诗歌、校歌，每首一万元；寿挽、结婚诗歌，每首二万元。

办法：款先全付，一星期取件，纸自备或代办。

用途：收款尽充本社推行普及教育之用。

介绍：凡介绍十件以上者，赠三先生一位新书“文化为公”一幅；介绍五十件以上者，赠“文化为公”一幅，诗一首，刻碑悬像于武训堂以永纪念。

收信通信处：重庆和平路管家巷廿八号。

生活教育社启

* 原载1946年4月5日《民主生活》第2期。

哀悼“四八”烈士*

——中国人民救国会中央执委会唁电

恩来先生并转毛泽东先生暨中共中央委员会诸先生钧鉴：

惊悉王、秦、叶、邓、黄诸先生坠机殉国，本会同仁无任哀恸。诸先生毕生为中国人民事业奋斗不懈，功在国家，示人楷模，激励后进，其精神永垂不朽。值此和平民主之业尚未完成，此不可补偿之损失，只有全国民主党派、社会贤达益加团结奋斗或可补于万一。谨此致唁，并祈代转诸先生家属节哀，专此，敬颂公绥。

中国人民救国会中央执行委员会沈钧儒、沙千里、陶行知、曹孟君、史良、何惧、李公朴、胡子婴

四月十五日

* 原载1946年4月18日《新华日报》。

回忆1945年重庆育才学校*

——献给育才学校的师生

悼念育才学校的创造者
我的朋友陶行知教授
（加拿大）Donald.E.Willmott

（一）

和平的威力

1938年1月16日

陶行知博士献给加拿大朋友们

（英、中稿见本全集六卷638—640页，系陶行知在加拿大多伦多市写，由陶晓光翻译。）

* 作者是抗战时期史迪威尔将军领导下的美军总部的二等兵，年仅19岁，以后是加拿大约克大学格兰登学院社会学教授。这是他为悼念陶行知所编辑的小册子。其中（二）是他追忆访问育才时的情景；（三）是从他致别人的书信中摘录出来的。这里按照书信的前后排列。并不反映他访问的先后。前五则写于重庆，后一则写于昆明。此文根据1994年8月25日《行知行》总65期上江运之提供的材料校正。

（二）
育才学校陶校长的房间

校长室和忙碌的教室、宿舍只靠门帘隔开。在纸糊的格子窗下，一张大书桌上满布了笔记本、清单、信件、考卷和账册。一个伸展到有一面墙长的大书橱里面有托尔斯泰、杜威、济慈和卡尔·马克思的著作伴随着李白、郭沫若和鲁迅。两床折叠的棉被整齐的放在屋角木床上草垫的一端。墙上方，在一个写满提示的日历旁，一个钉子上挂着一件朴素的陆军式的短上衣，对面墙上悬挂着一幅一个学生的工作画，上面题着："杜立民敬献给敬爱的校长、陶行知博士。"在一个未上漆的松木柜上，一座石膏复制的"胜利女神"，面向着挂在屋中央的油腻的植物油灯。

（三）
有关育才学校的书信摘选

1. 1944年4月7日

4月3日是有趣的一天。我到育才学校的绘画组并和陶校长及一位美术老师作了一次有兴趣的谈话。我对这所学校越了解就越喜爱。我见一个女孩进来与陶校长讨论各种学校的事。陶说他（她）们管理或帮助管理差不多所有学校的事。

2. 1944年4月10日

今天我是第三次去参观育才学校的绘画组了。学生们在非常进步的普通教育的基础上，还要学习素描、色彩画、漫画、木刻和雕塑。我摄下了王先生（指王琦——编者）在户外上课和领导绘画组的照片。我也给他们最有才干的学生伍必端照了一张相。他有些作品正在国外展出。过去在成都教过我们美术的许先生（指许士骐——编者）也在育才兼课，我很高兴和他再次相见。

3. 1944年6月12日

陶校长告诉我，学校在北碚的部分有三个新发展：

他们又能够执行一个非常活跃的教育周围老百姓的“小先生”计划；

发动一个把话剧演给老百姓看的活动（这在重庆戏剧界已经引起重视和许多好评）；

增收了三百个新学生。

陶校长对这些新成就很高兴，他已经创造出奇迹。

4. 1944年11月2日

露丝·魏斯带我到广播大厦去听育才管弦乐队上演的每月音乐会。节目全是门德尔森的。这些年轻的学生演奏得很优美。我为他们这么年轻吃惊。露丝介绍我和学校的创办人陶教授——一位著名的人士相见。他约我去参观他办的学校，这是我非常渴望着去的。

[陶于11月13日在《衙备忘》46—029上记有：“今天要办的事：……（35）招待Willmott”]

5. 1945年4月19日

昨天我渡过嘉陵江到育才的音乐组去了。整个组在乡间只占几间简单的房屋。他们为我们作了演出：管弦乐、合唱和弦乐的重奏。第一小提琴杨秉荪有非凡的才干。我对音乐组主任黎国荃的活力和热心也留下了深刻的印象。我给他和他聪明的女儿照了一张相。

6. 1945年10月19日

今天偶遇育才学校的第一小提琴手杨秉荪。尤其是现在在昆明见到他。他参加中央交响乐团对美军基地作旅行慰问演出的。杨秉荪年仅17岁，学习小提琴只两年来，但他已是一个惊人的演奏者。育才音乐组的主任也在此地，他邀请我们另日去参加他的演奏会。他的才能很好，但我想杨秉荪将超过他！我们在一起有几次愉快的相处。

因为育才学校触怒了国民党政府，他们的每月广播音乐会被突然中断。他们的合同是演12次音乐会，又过了四个多月，他们决定与文学组联合演出。在演出中育才学生朗诵的一些诗是巧妙的反国民党和歌颂人民大众的。听众欢呼，要求再来一个！演出取得了很大的成功，说明今日的政府不得人心。但是育才接到通知不许再演出。学生们为此讽刺说：“给我们腾出更多的时间学习了。”显然，他们是非常失望的。育才并不公开教授左派理论，但学生在接受它，那是现实的遭遇给他们的教育。

（陶晓光译）

编后记

在本全集十卷付印时，编者曾慨叹“尚有不少陶行知的文章、演讲、教材和书信未搜集到，只得留待未来以竟全功。”这“竟全功”的愿望一直萦绕于心，且随着时间的推移而日见强烈。

幸好这“未来”并不遥远。在十卷出齐的三年之后，根据中国陶行知研究会的策划，以胡晓风为首的编辑班子从 1994 年起，集中力量在国内外开始广泛而深入地搜索。在各有关方面大力支持下，历时三载，觅得一批陶行知的珍贵佚著。1997 年 5 月编出《陶行知全集》第十一卷的“待编稿本”，收文 424 篇（陶著 366 篇，附录 58 篇。这在以后的审订中有增有删）。

这批稿件的来源：一是编辑出版委员会成员提供的；另有郭以实、贾培基、赵义熙、周洪宇、金林祥、宋恩荣提供的手稿、档案材料及首刊件。二是从蒋秋芝保存的陶晓光的资料中粗选出来的，参加粗选的有胡晓风、王铁成、曲淑平、周泰桂。三是从南京陶行知纪念馆保存的尚待整理的文稿中清理出来的，参加清理的有辛国俊、仲跻荣、刘理章、刘大康。四是从中国近代史研究所保存的胡适藏稿中找出的 21 通信函。五是从一些回忆著作中选摘出的。六是从编辑前十卷时留下的待定稿中复核挑选出来的。七是多次组织专门力量在上海图书馆徐家汇藏书楼、广西桂林图书馆以及四川绵阳师专、西南财经大学、四川大学、四川教育学院、浙江丽水师专、华东师范大学等校图书馆查阅旧报刊和书稿。胡晓风多次蹲图书馆，中午吃点干粮又继续查阅；有的馆中午要关门，只好在馆外溜达几圈（因离住所远），等开馆时再进去。这确实艰苦，何况还是七十多岁的人哩。单是将 1918—1936 年的《申报》一页页地查遍就很费精力。本卷收入的文章，相当大一部分来自《申报》。另有演讲稿 8 篇，是陈波从长沙《大公报》中查找出来的。

一直参加搜集资料的有吴纪真、王淑芳，先后参加的有钟立德、邹青、王燕、李亚宁、文龙、高永惠、梁宇光。

对一些稿子的考证认定，最是费神。回忆文章，作者健在的好办，有的抱病就有一定难度。1998 年 1 月 9 日逝世的陆怡老人，1997 年在病床上审改我们送去的稿子。他是在不接见任何人的情况下，由其家属协助进行的，真是令人感动。有的回忆已很难查证，只有编入附录或暂时不用以待进一步核定。对《申报》时评的考证历时最长，反复也较多。这里特别要提到李楚材，他不顾年迈体弱，逐篇字斟句酌，反复考核印证，五次来信提出其取舍的根据，为认定这批稿子起了很大作用。他的这种严肃认真的科学态度，令人敬佩。

吴纪真、王淑芳、张行可参加了全部稿件的编辑和校对工作。稿件全由赵文电脑打印。本卷的文言文部分，由贾沛若校订，改正了原稿中一些错字及不规范的标点，添补了漏字，删除了衍文。本卷的注释，多由胡晓风撰写。

四川教育出版社从搜集资料到编辑、出版的各个环节都投入了相当的人力、财力，功不可没。

本卷能如期出版，十二卷的搜集资料工作又得以顺利进行，确确实实与四川省党政领导的大力支持分不开。